RECURSOS HUMANOS

transformando pela gestão

Ana Paula Arbache
Denize Athayde Dutra
ORGANIZADORAS

RECURSOS HUMANOS

transformando pela gestão

FGV EDITORA

Direitos desta edição reservados à
FGV EDITORA
Rua Jornalista Orlando Dantas, 37
22231-010 | Rio de Janeiro, RJ | Brasil
Tels.: 0800-021-7777 | 21-3799-4427
Fax: 21-3799-4430
editora@fgv.br | pedidoseditora@fgv.br
www.fgv.br/editora

Impresso no Brasil | *Printed in Brazil*

1ª edição - 2018; 1ª reimpressão - 2018.

Preparação de originais: Sandra Frank
Editoração eletrônica: Abreu's System
Revisão: Michele Mitie
Capa: Studio 513

Ficha catalográfica elaborada pela Biblioteca Mario Henrique Simonsen/FGV

Recursos humanos: transformando pela gestão / Ana Paula Arbache, Denize Athayde Dutra (Organização). – Rio de Janeiro: FGV Editora, 2018.
420 p.

ISBN: 978-85-225-2044-2

1. Administração de pessoal. 2. Recursos humanos. 3. Desenvolvimento organizacional. 4. Cultura organizacional. I. Arbache, Ana Paula Bastos. II. Costa, Denize Athayde Dutra da. III. Fundação Getulio Vargas.

CDD – 658.3

Sumário

Prefácio

O aumento da complexidade dos negócios e da velocidade das mudanças sociais, políticas e econômicas exige que os colaboradores das organizações tenham uma formação e um desenvolvimento pessoal e profissional muito além da sua especialização funcional.

Estes colaboradores precisam: ser criativos e críticos; trabalhar bem em equipes, liderando e sendo liderados; resolver problemas complexos e se integrar nas estratégias de sua organização.

Tais demandas exigem que os profissionais de RH tenham formação e desenvolvimento muito além do que se entendia ser sua especialização funcional para poder desenvolver esses colaboradores.

O diretor de RH das organizações também precisa de um desenvolvimento que possibilite sua participação na agenda do presidente, sua colaboração com o plano estratégico e o alinhamento dos colaboradores com a estratégia da organização.

Este livro é uma contribuição de professores da Fundação Getulio Vargas para uma gestão atualizada da área de RH das organizações.

Paulo Mattos de Lemos

Introdução

Denize Athayde Dutra

Nas últimas três décadas, a gestão de recursos humanos evoluiu de departamento de pessoal e relações trabalhistas para uma função muito mais estratégica e abrangente: a de cuidar das pessoas para que essas possam cuidar das organizações.

Por outro lado, se analisarmos o perfil dos profissionais que atuam na área, há um descompasso entre o discurso do RH estratégico e a realidade da maioria das organizações brasileiras. No Brasil, como em outros países, as organizações encontram-se em diferentes estágios de maturidade na função recursos humanos, graças a um conjunto de variáveis, tais como tamanho, estrutura, forma de capital, natureza do negócio, entre outras.

O que trouxe o RH até o estágio atual, não será o mesmo que o levará à frente. Para dar conta dos novos desafios, as organizações carecem de profissionais mais preparados.

A Fundação Getulio Vargas, por meio da FGV Management, lançou, em abril de 2014, um novo programa de Master Business Administration (MBA) voltado para formar executivos de recursos humanos como especialistas estratégicos, capazes de contribuir para o alcance dos resultados organizacionais, propondo políticas, diretrizes e práticas de gestão de recursos humanos alinhadas com os objetivos estratégicos da organização e que dignifiquem a relação do homem com o trabalho.

Esta obra é o resultado da produção de parte do corpo docente do MBA de RH na busca de estabelecer as premissas conceituais básicas para cada disciplina que compõe o programa do curso, de modo que possa dar a outros profissionais, que não sejam alunos da FGV, um referencial teórico para a gestão de recursos humanos em suas organizações.

O capítulo 1 apresenta a evolução da área de recursos humanos no Brasil e sua valorização como determinante para agregar valor ao negócio e ao propósito das organizações, bem como, contribuir para o desenvolvimento do país.

O capítulo 2 traz conceitos para ajudar o profissional a entender o ambiente macroeconômico e seus impactos na tomada de decisão quanto às ações de recursos humanos na organização.

O capítulo 3 permitirá que o profissional de RH entenda seu papel na governança de uma organização e como este entendimento e reflexões sobre a ética podem contribuir para o desenvolvimento sustentável de sua organização e do país, para garantir espaço na tomada de decisão e numa atuação mais propositiva da área.

O capítulo 4 trata da questão da cultura organizacional e suas implicações no desempenho organizacional e nos modelos e práticas de gestão em um ambiente globalizado, de fusões, aquisições, *joint ventures* e surgimento de novos modelos organizacionais.

O capítulo 5 aborda a gestão da mudança e do clima organizacional, onde temos cenário de alta volatilidade, de mudanças aceleradas, de elevado grau de obsolescência de produtos e serviços, de padrões de comportamentos diferentes com os quais ainda nem aprendemos a lidar.

O capítulo 6 estimula o pensamento estratégico, fornecendo base conceitual e ferramentas para o RH desdobrar as estratégias da organização, por meio do próprio planejamento, alinhando todos os processos da função RH de forma sinérgica e holística, que contribua efetivamente para a melhoria da performance organizacional.

No capítulo 7, o autor amplia o olhar do RH para as finanças corporativas, gerando condições para análise de demonstrativos e indicadores e criação de métricas próprias da função RH como forma de fortalecer seu posicionamento como gerador de resultado e não como simples gerador de custo.

O capítulo 8 oferece ao especialista de RH uma importante metodologia para estruturar seus projetos e poder assegurar resultados nas ações de sua área. Outro aspecto do capítulo de gerenciamento de projetos é o RH ser suporte para os projetos estratégicos da organização, já que as estruturas organizacionais estão cada vez menos matriciais, adotando o modelo de gestão por projetos.

O capítulo 9 revê os princípios do direito trabalhista que são a base de uma relação capital/trabalho justa e discute um conjunto de temas atuais, como assédio moral, diferentes tipos de contrato de trabalho, expatriação, inclusão de portadores de necessidades especiais, entre outros que estão presentes nas organizações públicas, privadas e do terceiro setor.

O capítulo 10 refere-se aos processos de atração, seleção e retenção de pessoas como fator estratégico de sucesso para a gestão dos recursos humanos num contexto em que influenciar positivamente a percepção de valor do empregado (EVP) é um dos desafios da área de RH.

O capítulo 11 expõe um conjunto de conceitos sobre a importância da capacitação e da gestão do conhecimento e de novas metodologias de aprendizagem, especialmente aquela mediada por tecnologia, como uma solução para atender às demandas geradas pela revolução digital e de disseminação do conhecimento de forma mais rápida e econômica, considerando que hoje a atuação das organizações não tem mais fronteiras geográficas.

O capítulo 12 foca a gestão do desempenho e do modelo de gestão por competência, já que as empresas estão buscando novos formatos para lidar com o desafio da melhoria de performance dos colaboradores, à medida que o país tem ainda um dos mais baixos níveis de produtividade do mundo.

O capítulo 13 aborda um tema crucial que é a remuneração, benefícios e carreira dos colaboradores, já que esses aspectos impactam diretamente nos resultados e têm variáveis internas e externas à organização, dependendo inclusive do ambiente macroeconômico.

O capítulo 14 promove reflexões sobre a saúde corporativa e sobre a importância estratégica desse tema para as organizações, visto que os gastos com a saúde são, hoje, a segunda maior despesa de RH, depois da folha de pagamento.

O capítulo 15 analisa o comportamento humano como fundamento para entender as relações entre capital e trabalho, compreender os impactos do comportamento sobre cultura organizacional, bem como sua importância para o desenvolvimento da inteligência emocional.

O capítulo 16 traz conceitos para transformar gestores em líderes, que muito além da autoridade legítima de sua função, consigam influenciar as pessoas para contribuir com a missão organizacional, procurando elevar o desempenho e o potencial individuais em prol de objetivos coletivos.

O capítulo 17 estimula o desenvolvimento da competência de negociação, essencial para o sucesso de qualquer gestor, especialmente o profissional de RH, que lida com toda a complexidade dos seres humanos e seus diferentes interesses e pontos de vista. Ter propostas de trabalho e não conseguir negociar com os diversos *stakeholders* a implantação dos projetos não irá colocar o RH na posição em que a organização precisa dele.

O último capítulo, chamado "Tópicos especiais: e produção de conhecimento...", resume alguns trabalhos de conclusão de curso das primeiras turmas do MBA de RH da FGV, cujos alunos foram instigados a produzir conhecimento sobre temas relevantes para o posicionamento estratégico da função de recursos humanos e seus desafios.

Existe vasta literatura sobre gestão de pessoas e liderança, mas a produção de conhecimento sobre as funções de recursos humanos ainda é lacunar no Brasil; por isso, este livro tem por objetivo contribuir com conceitos e reflexões, que coloquem a FGV como protagonista do pensamento e das práticas de RH estratégico e transformador das organizações frente aos desafios presentes e futuros.

1. A evolução do RH no Brasil

Leyla Nascimento

Introdução

Neste capítulo abordaremos a evolução da área de recursos humanos no Brasil, seus principais desafios e como se posiciona em nosso país na promoção de estratégias e políticas de gestão de pessoas nas diferentes organizações. É fato que a área de recursos humanos, marcadamente durante os séculos, vem revelando sua importância no mundo corporativo. Costuma-se dizer que a organização é uma pequena amostra da sociedade na qual está inserida. A organização são as pessoas. Os profissionais que nela trabalham trazem consigo uma cultura, uma formação ou um preparo, e uma expectativa de obter autorrealização, quando colocam o trabalho como parte integrante de sua vida. Diante desse contexto, não poderíamos ignorar nas organizações, sejam públicas, privadas, pequenas, de médio ou grande porte, a importância de observar o quanto é prioritário o tema gestão de pessoas.

Gestão de pessoas: qual é o maior desafio?

O sucesso da forma como gerenciamos e preparamos os profissionais para que alcancem melhores resultados está diretamente ligado ao peso e reconhecimento da importância que a organização dá à área de recursos humanos.

A política de gestão de pessoas na organização é compreendida pelo valor dado no preparo dos líderes e de todos que nela trabalham. Consideramos líderes todos aqueles gestores de pessoas, independentemente da área ou segmento em que atuam. Uma boa estratégia de recursos humanos permitirá aos líderes fazerem com melhor assertividade a gestão de seus profissionais e de suas equipes. Em contrapartida, propicia às pessoas na organização sua realização profissional e o próprio bem-estar na vida, uma vez que o trabalho é parte essencial na sua realização enquanto ser humano.

O desafio está na evolução e nas constantes mudanças nos cenários políticos, econômicos e sociais que impactam diretamente as organizações e exigem uma permanente vigilância para a sobrevivência em um mercado altamente competitivo. Exigem-se inovação, renovação de processos e estratégias que as mantenham desejadas por seus clientes, que não mais são fiéis graças ao grande número de ofertas de serviços e produtos similares.

Estamos em um mercado de rede global onde as conexões, parcerias comerciais e estruturas de negociação trazem em seu bojo a necessidade de um capital humano que analise e busque respostas em um contexto de alta complexidade.

Quando tratamos do capital humano, também precisamos analisar seu contexto em uma sociedade em constante mutação, com novos arranjos familiares e profissionais, que traz para as pessoas a avaliação de atitudes requeridas e novas formas de convivência social; a atuação em estruturas de trabalho muito mais integradas, flexíveis e sem modelos prontos.

Essa compreensão nem sempre foi assim. Como tudo é reflexo da sociedade, e esta evolui continuamente, com a área de recursos humanos, no Brasil e no mundo, não foi diferente. Ela passou por fortes mudanças, evoluindo nos seus conceitos, missão, estratégias, práticas, sistemas e processos, e é desses aspectos que desafiam as áreas e os profissionais de recursos humanos que trataremos neste capítulo.

As sociedades e seus impactos

É preciso ter uma visão das sociedades para constatarmos o quanto a área de recursos humanos precisou se ajustar e antever em alguns momentos todas essas transformações necessárias no mundo corporativo e no próprio mercado de trabalho.

É interessante observar a evolução das carreiras, da mobilidade social e especialmente os desafios das novas gerações que chegam ao mercado com outro modelo mental. Elas questionam os modelos de gestão que ainda insistem em conceitos como o da hierarquia, dos organogramas piramidais e que não privilegiam a construção coletiva.

Para esses jovens profissionais, o poder está nas mãos de todos os níveis organizacionais. Os especialistas chamam a atenção para esse empoderamento que, quando não compreendido, não consegue atrair e engajar as novas gerações.

Falta-nos o hábito de leitura de cenários, do olhar sistêmico que possa conectar o nosso saber, fazer e ser. Fomos habituados pela educação recebida a fragmentar tudo, como tão bem nos indicou Edgard Morin (2001:18), quando fala da necessidade de "ensinar a condição humana". Sem isso, não teremos condições de conhecer profundamente essas transformações que impactam pessoas e organizações e buscar alternativas para gerir a força de trabalho.

Analisar as características das sociedades como a pré-industrial, industrial e a pós-industrial, contribui para compreendermos um pouco essa necessidade de mudança e esses impactos nos diversos segmentos e, muito especialmente, no mundo do trabalho e na vida profissional. Podemos recorrer a Daniel Bell apud De Masi (1999:49) e fazer uma análise sobre essas características (Nascimento, 2000:26).

Quadro 1

Comparação das características principais da sociedade pré-industrial, industrial e pós-industrial

	Sociedade pré-industrial	Sociedade industrial	Sociedade pós-industrial
Período	Até o século XIX.	Da metade do século XVIII até a metade do século XX.	Desde a II Guerra Mundial. Projeto Manhattan (1944-45), desembarque na Normandia (1944), descoberta da estrutura do DNA (1953), concentração da mão de obra no setor terciário nos EUA (1956), crise petrolífera (1953).
Instituições básicas	Dinastias, Igreja, Exército, família patriarcal, grupos primários.	Estado, empresa, sindicato, banco, família nuclear, grupos secundários, partidos.	Universidades, institutos de pesquisa e cultura, grandes empresas de comunicação de massa, bancos, família instável. Grupos primários e secundários.
Organização do Estado	Regimes autoritários dinásticos.	Democracias representativas e Estado do bem-estar, instituições rígidas, democracia associativa, socialismo real, Estado intervencionista.	Democracias representativas, neoliberalismo e Estado do bem-estar, participacionismo.

▼

▼

Recursos principais	Terra, matérias-primas, alto índice de natalidade.	Meios de produção, matérias-primas, patentes, produtividade.	Inteligência, conhecimento, criatividade, informações, laboratórios científicos e culturais.
Setor econômico dominante	Extrativismo, criação de animais, agricultura, pesca, exploração das florestas e das minas, produção para consumo próprio. Setor primário.	Produção de bens: fabricação, transformação, distribuição. Setor secundário.	Produção de ideias e fornecimento de serviços: transportes, comércio, finanças, seguros, saúde, instrução, administração, pesquisa científica, cultura, lazer. Setor terciário.
Estrutura profissional	Camponeses, mineiros, pescadores, operários não qualificados, artesãos.	Operários, engenheiros, empresários, funcionários de escritório.	Profissionais liberais, técnicos, cientistas, indústria do lazer, tecnoestrutura.
Local típico	Campo, pequenos centros urbanos, loja do artesão, manufatura. *Small is beautiful.*	Instalações industriais, fábrica, escritório, cidade, urbanização. *Big is beautiful.*	Difusão da informação, *electronic cottage*, laboratórios científicos, trabalho domiciliar *on-line*, urbano, fábrica descentralizada. Dimensões adequadas.
Desafios	Mortalidade infantil, fome, doenças, necessidades "materialistas", escassez.	Crise energética, alienação, poluição, desperdício dos recursos, anomia, disparidades sociais, guerra. Segurança no trabalho.	Qualidade de vida, saúde psíquica, conformismo, guerra, necessidades pós-materialistas. Preocupação com o ambiente.
O que está em jogo e conflitos sociais	Domínio e sobrevivência, subordinação e revoltas, guerras locais.	Propriedade dos meios de produção, apropriação da mais-valia, poder de compra, conquista dos mercados. Luta de classes, conflito industrial, guerras mundiais.	Elaboração e imposição dos modelos de programação, gestão do saber, *know-how*. Movimentos sociais, conflitos urbanos, guerra atômica e destruição da humanidade.
Atores sociais centrais	Proprietários de terras, aristocratas, senhores. Camponeses, artesãos, plebe.	Empresários, trabalhadores, sindicatos.	Tecnos, mulheres, cientistas, administradores da informação, intelectuais.
Estrutura de classe	Senhores, servos.	Burguesia, classes médias, proletariado.	Dirigentes, dominantes. Contestadores, dominados.
Fator de coesão	Solidariedade mecânica, *gemeinschaft* dimensões limitadas, origem comum, fé.	Solidariedade mecânica, ideologia, solidariedade de classe, *gesellschaft*, organização formal, objetivo comum, comunicações.	Solidariedade programada, redes múltiplas de comunicação, participação no grupo, objetivo comum, aldeia global.
Fator de mobilidade	Nascimento, herança, sucessão, afiliação.	Nascimento, herança, merecimento, espírito empreendedor, cooptação, clientelismo, carreira.	Conhecimento, ciência, instrução, estética, criatividade, cultura.
Metodologias	Experiência imediata, bom senso, tentativa e erro, ação e reação, sabedoria.	Empirismo e experimentação, busca de soluções, descoberta, organização científica do trabalho, padronização, especialização, sincronização.	Teorias abstratas: modelos, simulações; análise de sistemas; pesquisa dos problemas; enfoque científico dos processos de previsão, decisão; desregulamentação e descentralização.

Fonte: Bell (apud De Masi, 1999:49-51).

Quadro 2

INFLUÊNCIAS DAS CARACTERÍSTICAS DA SOCIEDADE PÓS-INDUSTRIAL NO MERCADO DE TRABALHO

	Sociedade pós-industrial	Influências no mercado de trabalho (contribuição própria)
Período	Desde a Segunda Guerra Mundial. Projeto Manhattam (1944-45), desembarque na Normandia (1944), descoberta da estrutura do DNA (1953), concentração da mão de obra no setor terciário nos EUA (1956), crise petrolífera (1953).	A introdução do fordismo como paradigma organizacional até 1968, no mundo e, até 1985, no Brasil, ocasionando a massificação do trabalho. Houve a gestão técnico-burocrática; a popularização dos PC's; o desenvolvimento da ciência e tecnologia de base microeletrônica e a globalização da economia: articulação nacional e internacional de mercados.
Instituições básicas	Universidades, institutos de pesquisa e cultura, grandes empresas de comunicação de massa, bancos, família instável. Grupos primários e secundários.	As universidades se tornam os grandes centros do saber e de trabalhos científicos; a televisão e os multimeios ganham espaço na comunicação de massa, os bancos passam a ter um papel determinante na área econômica e a família deixa de ser uma célula com o patriarca.
Organização do Estado	Democracias representativas, neoliberalismo e Estado do bem-estar, participacionismo.	Os regimes de ditaduras cedem lugar ao regime democrático e a uma ascensão de outras formas de participação da sociedade; e o governo como regulador na tentativa de preservar os direitos da sociedade representativa e valorização do caráter cidadão.
Recursos principais	Inteligência, conhecimento, criatividade, informações, laboratórios científicos e culturais.	O mecanicismo e a produção em série perdem espaço nas organizações, privilegiando a produção do conhecimento e a criatividade (flexibilidade).
Setor econômico dominante	Produção de ideias e fornecimento de serviços: transportes, comércio, finanças, seguros, saúde, instrução, administração, pesquisa científica, cultura, lazer. Setor terciário.	As áreas de serviços crescem sua participação no setor econômico, gerando empregos e criando benefícios em vários campos, como o entretenimento.
Estrutura profissional	Profissionais liberais, técnicos, cientistas, indústria do lazer, tecnoestrutura.	Trabalho autônomo; empreendedorismo; a tecnocracia; novas frentes de trabalhos na área do entretenimento e de serviços.
Local típico	Difusão da informação, *electronic cottage*, laboratórios científicos, trabalho domiciliar *on-line*, urbano, fábrica descentralizada. Dimensões adequadas.	Com a computação eletrônica e a automação, as fábricas modificaram sua logística e formas de distribuição. O trabalho não se configura somente nas instalações da empresa, mas em qualquer espaço físico e em qualquer parte do mundo, através do *on line*.
Desafios	Qualidade de vida, saúde psíquica, conformismo, guerra, necessidades pós-materialistas. Preocupação com o ambiente.	Surgimento de normas de preservação ambiental, maior preocupação com programas de qualidade de vida e programas sociais; diferentes grupos de participação no mercado.
O que está em jogo e conflitos sociais	Elaboração e imposição dos modelos de programação, gestão do saber, *know-how*. Movimentos sociais, conflitos urbanos, guerra atômica e destruição da humanidade.	Necessidade inerente do conhecimento de informática, da atualização constante do saber, participação do elemento na sociedade.

▼

▼

Atores sociais centrais	Técnicos, mulheres, cientistas, administradores da informação, intelectuais.	Cresce a participação da mulher no mercado de trabalho e os profissionais são levados a produzir e gerir informações; surgem os profissionais da era da automação e da rede de telecomunicações; ênfase na produção intelectual. A qualidade dos recursos humanos envolvidos nos processos produtivos, a formação acadêmica, a qualificação e a iniciativa.
Estrutura de classe	Dirigentes, dominantes. Contestadores, dominados.	Sociedade ainda com uma estrutura social de poder e de dominados; embora ainda timidamente, as organizações diminuem o número de níveis hierárquicos; aparece a figura dos contestadores que são os representantes da sociedade discordante (responsabilidade social e respeito ao consumidor).
Fator de coesão	Solidariedade programada, redes múltiplas de comunicação, participação no grupo, objetivo comum, aldeia global.	A computação, a comunicação *on-line* e a rede de internet possibilitaram maior interatividade entre nações e negócios, maior conhecimento de outras culturas e a atuação de empresas transnacionais.
Fator de mobilidade	Conhecimento, ciência, instrução, estética, criatividade, cultura.	Ascensão profissional ligada ao grau de instrução, formação acadêmica e profissional, dinâmica criativa, padrões estéticos e culturalistas.
Relações com o tempo e o espaço	Orientação para o futuro; cenários e previsões em longo prazo; ritmo de trabalho escolhido e individualizado, baseado no próprio indivíduo; vida baseada no lazer; real time.	O futuro é a razão de ser do presente, visão prospectiva e ações proativas dos trabalhadores.
Dimensão local	Dimensão transnacional; conexões telemáticas e televisivas de todos os lugares.	Possibilidade de atuação em qualquer parte do planeta, rede de comunicações a cabo e por satélite.
Estrutura psíquica	Personalidade narcisista	Transparência e visibilidade de ações.
Vantagens	Educação de massa, acesso às informações, lazer, invenção da natureza, redução da incerteza.	Educação a distância e educação continuada.
Desvantagens	Manipulação, direção externa, controle externo, massificação, marginalização, desemprego, fadiga psíquica.	O controle externo e maior manipulação das informações e das decisões; aumento do número de trabalhadores desempregados; pessoas à margem de uma vida digna; cresce o número de doenças oriundas das pressões sociais, econômicas e do trabalho.

Fonte: Nascimento (2006:30).

Com a leitura dos quadros acima, verificamos que saímos de uma sociedade pré-industrial onde as dinastias, a Igreja e a influência matriarcal das famílias eram determinantes. Passamos por outra sociedade, dita industrial, presumivelmente, até a metade do século XX, trazendo em seu bojo a presença forte do Estado, os bancos, as empresas e a forte influência dos sindicatos que passaram a impactar as organizações e suas políticas de recursos humanos com os acordos coletivos dos trabalhadores.

A evolução da área de recursos humanos e sua importância

Como a competitividade e a produtividade de uma empresa dependem da forma como preparamos e trabalhamos com as pessoas, é claro que esses impactos poderão ajudar a compreender a evolução de como atuamos em estratégias e práticas de recursos humanos no mundo corporativo.

Não levar essa análise em consideração é perder o que há de mais rico sobre a importância da estrutura de uma área de recursos humanos e o quanto os profissionais que nela atuam se revestem de uma importância ímpar.

Do ponto de vista de recursos humanos, podemos dizer que antes de 1930, no Brasil, não tínhamos ainda uma legislação trabalhista e nem sequer um departamento pessoal. As organizações possuíam seus controles e normas internos e estes regiam os trabalhadores. Era uma estrutura hierárquica rígida.

Após 1930, com a legislação trabalhista implantada no Brasil, as organizações sentiram a necessidade da criação do departamento pessoal para estruturar os processos operacionais que atendessem principalmente à legislação. Essa foi a época do surgimento das diretorias de relações industriais em um sistema meramente burocrático de recursos humanos.

Surgiram os grandes complexos industriais, o chamado "chão de fábrica", com técnicas de produção e com a necessidade de quantificar a produtividade, o que gerou várias críticas ao homem-máquina. O filme de Charles Chaplin, *Tempos modernos*, exemplifica muito bem o que ocorria dentro dos muros das empresas. Se olharmos para as profissões, observaremos o surgimento dos engenheiros, operários e a ênfase nos técnicos em administração e bancários.

Na sociedade pós-industrial, após a II Guerra Mundial, foi introduzida a tecnologia, houve o crescimento da área de serviços e uma demanda por maior criatividade e conhecimento, em que as universidades e os institutos de pesquisas foram as bases para gerar a formação necessária na qualificação e preparo das pessoas. Podemos dizer que, de 1930 até os idos de 1990, o conceito era de que as pessoas são também recursos, e surge a denominação de departamento ou área de recursos humanos. A área de recursos humanos passou a ser vista como um setor que, hierarquicamente, era subordinado a uma gerência ou departamento geral, administrativo e/ou financeiro.

Nesse período surge a influência da pirâmide de Maslow, as diferentes teorias do comportamento humano sob o olhar da psicologia e as dinâmicas de grupo de Kurt Lewin. Mesmo assim, assistíamos a gestão dos recursos humanos de uma forma subalterna e sem a importância que lhe era devida. A relação entre empregador e empregado se resumia na frieza de um contrato, quando o discurso corrente dos gestores era "ninguém é insubstituível".

As grandes fábricas enalteciam a produção em massa, e, por consequência, trabalhadores de massa. Mesmo aqueles profissionais mais especializados também tinham nessa relação a cultura de que deveriam se subordinar e carregar a "honra" de ter um trabalho em uma empresa, quando muitos não tinham tal acesso.

Essa cultura trouxe uma estrutura da área de recursos humanos estritamente departamental, totalmente voltada, tal como as máquinas, para a produção humana. Os treinamentos dessa época deveriam conter, de forma presencial, os manuais das linhas de produção. No tocante à avaliação, os denominados relatórios deveriam conter os registros de indicadores que melhor demonstrassem esses resultados: disciplina, assiduidade, pontualidade, receber ordens e executá-las, entre outros. Sem sombra de dúvida, esse foi um momento muito sofrido para os trabalhadores e para os departamentos de recursos humanos, que ficaram condicionados a reproduzir os modelos vigentes da produção industrial.

Com o reconhecimento da globalização, com as conexões em *real time*, em que tudo se torna transparente, as transformações vieram de forma impactante e mostraram um caminho sem volta. No Brasil, sua influência se deu a partir de 1990 porque, até então, as organizações possuíam como base a atuação local (Tenório, 2000:178).

Novos contornos, desafios e reconhecimento

O que é bom, é exaltado e reconhecido. O que não é, também é divulgado e propagado pelas diferentes mídias com sérios danos à imagem da empresa. As atribuições das áreas de recursos humanos ganham novos contornos, desafios e reconhecimento.

Com a tecnologia da informação, a operação de uma máquina de alto recurso tecnológico, os *drives* e os *softwares*, passam a compor os resultados das empresas e, para operá-los, os profissionais recebem, da parte do mundo corporativo, uma devolutiva sobre o real valor de sua participação. A concorrência passa a ser algo não mais presumível e é um alvo móvel. Pode estar fisicamente ao lado da empresa, em outro país ou na internet, bastando um clique em um *website* para que o usuário (cliente) fiel mude de produto ou marca.

A necessidade de acompanhar todas essas transformações, o reconhecimento pelas empresas sobre o ser humano e profissional, com suas competências individuais e técnicas, como o protagonista essencial para os resultados dos negócios, fazem com que as áreas de recursos humanos ganhem um papel altamente estratégico, do ponto de vista de funções e atribuições. Saem da subordinação de uma área administrativo-financeira, para, em alguns casos, o *status* de diretoria e vice-presidência subordinadas ao mais alto cargo de liderança da empresa.

Atualmente, algumas empresas denominam essa área com outras nomenclaturas, como área de gente, de talentos, de capital humano. Porém cabe ressaltar que a comunidade internacional utiliza recursos humanos (*human resources* em inglês), como padrão.

Outro ponto importante para esclarecermos é o uso da denominação gestão de pessoas e onde se aplica. Todo líder faz gestão de pessoas. Para alguns especialistas, não é adequado denominar uma área que trata de políticas e estratégias de recursos humanos como gestão de pessoas, padrão que, entretanto, será adotado em toda esta obra.

As áreas de recursos humanos são aquelas responsáveis por suprir as organizações com a força de trabalho necessária e alinhada ao negócio. A ela cabe atrair os melhores profissionais para o processo seletivo, engajá-los na cultura organizacional, estimulá-los em suas carreiras e propiciar-lhes condições para o pleno desenvolvimento profissional na organização. Aos líderes, com o suporte estratégico da área de recursos humanos, farão a gestão das pessoas.

No planejamento de uma área de recursos humanos é preciso ter claro quais são as necessidades da empresa (Dolan e colaboradores, 2007:5) não somente no quantitativo de colaboradores, mas as competências requeridas em uma visão do aqui, agora e de futuro; dar a devida importância à adequação permanente às demandas e necessidades que se apresentam no mundo corporativo.

Com as conexões em rede e as mídias sociais, estamos evidenciando a interligação entre os saberes, o estímulo à formação e preparo permanente dos profissionais. As transformações são constantes, exigindo uma formação generalista, mas sem perder a especialização. Isso diz respeito a não mais nos restringirmos à nossa especialização, mas a buscarmos outros saberes que nos preparem para todas essas mudanças.

Um bom profissional precisa conhecer a área financeira, planejamento estratégico, marketing, comunicação, administração, entre outras. As organizações esperam de seus profissionais o conhecimento e o entendimento do negócio, exercendo suas profissões alinhadas com as demandas desse mundo corporativo, o que teremos a oportunidade de abordar mais amplamente nos capítulos seguintes deste livro.

Com o entendimento dessas transformações, após o ano 2000, podemos considerar que a área de recursos humanos ganhou uma grande evolução por ser impulsionada pela necessidade de perenidade das organizações no mercado.

E quando o assunto é sobrevivência no mercado, as atenções dos principais líderes estão voltadas para as pessoas nas organizações. Até porque o nível de exigência por parte dos profissionais tem sido maior; eles também escolhem as empresas em que gostariam de trabalhar. Atualmente, o que constatamos é a expectativa do profissional de conhecer qual é o valor da organização para sua carreira.

Nessa evolução das políticas e estratégias de recursos humanos, temos a gestão das gerações. Com a perspectiva apontada por especialistas sobre o tempo de vida e carreira em uma mesma empresa, já está sendo possível a convivência de gerações diferentes, como a geração guerra, *baby bomer*, X, Y ou milênio. E assim novas perspectivas de engajamento desses profissionais se fazem necessárias. As novas gerações não conseguem conviver com estruturas organizacionais fechadas e reconhecem o poder em todos os níveis da organização. Para elas, o organograma é uma forma fluida de processos, comunicação e não de poder.

A denominação "remuneração hepática" (Savioli, 2005:10) vem dessa reflexão do quanto vale se manter em uma empresa em que decididamente não se atende aos valores ou autodesenvolvimento dos profissionais, o que poderá influir diretamente na saúde física e mental. Essas novas gerações deixam isso muito claro quando participam de um processo seletivo ou de uma entrevista de avaliação com seu gestor.

Como essas novas gerações são ávidas para entrar na vida corporativa muito cedo, e, por outro lado, as empresas precisam atrair os melhores, é importante registrar o valor para os jovens e empresas dos programas de estágios e *trainees.*

No Brasil, o programa de estágios de estudantes é regido pela Lei Federal nº 11.788, de 25 de setembro de 2008, que regula todos os aspectos curriculares e práticas das atividades das organizações. Mais do que uma lei, esses programas permitem às empresas e aos jovens uma troca rica de convivência de gerações, como também propicia a interação entre o mundo corporativo e a academia.

Essa experiência prática do estágio leva o aluno/estagiário a viver uma situação real de trabalho, diferentemente dos estágios dos antigos escritórios-modelo, onde tudo funcionava de forma correta, sem os imprevistos e o ineditismo que o mundo do trabalho vivencia todos os dias. A riqueza de um programa de estágio está na oportunidade dada ao jovem de exercer a prática que a teoria acadêmica fundamenta e, por parte da empresa, a convivência e o preparo dessas novas gerações ávidas por aprendizagem e, se possível, formar seus futuros quadros de profissionais.

O programa de estágio é tão importante no mundo corporativo e também para os jovens que foram as empresas multinacionais que, ao chegarem ao Brasil, introduziram essa cultura, mais tarde regulada pelo governo mediante normas e leis. Os estágios são formalizados por meio de um termo de compromisso e ocorrem com o acompanhamento de forma obrigatória pela instituição de ensino.

Um jovem que participou de um programa de estágio em seu período de estudos, no nível técnico e/ou universitário, certamente, em um processo seletivo para vaga profissional, obterá melhores chances de aproveitamento.

No programa de *trainees* a importância se dá para aqueles jovens, denominados recém-formados, que poderão participar dos processos seletivos quando estiverem nos últimos anos da faculdade e até dois anos depois de formados. Aqui o escopo é outro. São contratados com carteira assinada, diferentemente do programa de estágio, e ingressam nas empresas com os cargos de analistas ou gerentes juniores.

Com a "horizontalização" dos organogramas, as empresas adeptas do programa *trainee* não mais geram nos jovens expectativas de serem imediatamente contratados como gerentes, mas garantem a introdução em um plano de carreira com possibilidades de ascensão.

Essa é uma pequena revolução de convivência com essas novas gerações que adentram as organizações, públicas ou privadas, com o entendimento diferenciado do que é uma força de trabalho. Nessa evolução, as áreas de recursos humanos têm como desafio primar por uma cultura organizacional que privilegie a comunicação simples, objetiva e fluida, trazendo transparência e assertividade nas tomadas de decisões e, especialmente, o zelo pela missão, valores e imagem da organização.

Aos profissionais de recursos humanos caberá intervir nos modelos de gestão e influenciar essas mudanças, promovendo o engajamento das pessoas que integram as organizações, trabalhando a diversidade, sem o que a produtividade e a competitividade deixarão a desejar.

Por causa dessa necessidade de influenciar nas estratégias corporativas, os principais executivos de RH estão sendo convidados a participar dos conselhos, por meio dos comitês de pessoas. Eles propiciam a análise do alinhamento do plano estratégico da empresa com as políticas e estratégias de recursos humanos necessárias para o crescimento e sustentabilidade do negócio.

A certificação do profissional de recursos humanos, tal qual nas demais profissões, vem sendo uma exigência internacional. No Brasil, temos instituições que, em parceria com organismos reconhecidos internacionalmente, preparam e concedem os certificados para essa importante conquista e reconhecimento na carreira.

Toda essa realidade apresentada neste capítulo não é diferente na gestão pública. No Brasil, a evolução de uma gestão profissionalizada do setor público, leva a uma atuação maior de suas áreas de recursos humanos, mesmo submetidas ao cumprimento de uma legislação específica e subordinadas a uma hierarquia já estabelecida, com pouca flexibilidade. A gestão pública em nosso país apresenta exemplos de casos de sucesso e está contribuindo como *benchmarking* para as empresas privadas.

No Brasil, o setor público na gestão de seus recursos humanos tem tido incentivo na introdução de ferramentas e instrumentos que potencializam os processos e sistemas de gestão. Exemplos como a implantação de gestão por competências, pesquisa de clima organizacional, avaliação de desempenho, entre outros, têm sido indicativos de uma gestão de recursos humanos atenta aos desafios que se apresentam.

Conclusão

Os profissionais, independentemente de no setor público ou privado, estão nas empresas com um nível de exigência maior em busca de um propósito e significado para sua vida e carreira, acompanhado de uma coerência ética, maior autonomia, inclusão e autorrealização. Caberá aos profissionais que atuam nas áreas de recursos humanos contribuir para que o mundo corporativo acompanhe esses desafios, e a principal estratégia é aliar essas expectativas à cultura e ao negócio.

O preparo das lideranças deve ser a lente norteadora das áreas de recursos humanos. São os gestores de pessoas que possibilitarão a implantação dessas mudanças, gerando engajamento das equipes frente às demandas de um mundo cada vez mais mutante e incerto. O trabalho do profissional de recursos humanos no Brasil nada fica a dever a outros países, e vem sendo referência na inovação e na flexibilidade ao acompanhar os desafios das organizações na sociedade em que vivemos, com suas exigências e complexidades.

Assim, procuramos, neste capítulo, despertar o leitor para a importância de um olhar mais amplo sobre o papel e atuação de uma área de recursos humanos provida de profissionais atentos aos sinais da sociedade e das organizações, evoluindo para a valorização cada vez maior do alcance da sua influência e resultados no mundo corporativo.

Referências

BELL, Daniel. *O advento da sociedade pós-industrial.* São Paulo: Cultrix, 1973.

DE MASI, Domenico Franco Angeli. *A sociedade pós-industrial.* 3. ed. São Paulo: Senac, 1999.

DOLAN et al. *La gestión de los recursos humanos.* Espanha: MC Graw-Hill, 2007.

MORIN, Edgar. *A religião dos saberes*: o desafio do século XXI. Rio de Janeiro: Bertrand Brasil, 2001.

NASCIMENTO, Leyla Maria. *Os gestores de pessoas*: os impactos das transformações no mercado de trabalho. Rio de Janeiro: Qualitymark, 2006.

SAVIOLI, Nelson. *Reflexões sobre o exemplo*. Rio de Janeiro: Qualitymark, 2005.

TENÓRIO, Fernando Guilherme. *Flexibilização organizacional, mito ou realidade?* Rio de Janeiro: FGV, 2000.

2. Interpretando a realidade macroeconômica

Rogério Mori

Introdução

Um dos papéis fundamentais do macroeconomista é interpretar a realidade econômica que o cerca e, a partir disso, elaborar análises e cursos de ação em diferentes níveis. Este capítulo tem como objetivo fundamental proporcionar uma visão ampla sobre os principais indicadores macroeconômicos brasileiros (e alguns internacionais) e como interpretá-los por uma ótica prática e aplicada à área de recursos humanos, que é estratégica no contexto das organizações.

A realidade macroeconômica que nos cerca representa um dos aspectos de maior interesse público em geral. Tal interesse pelo tema não é sem razão: o comportamento das variáveis macroeconômicas afeta nossa vida e nossos negócios a todo o momento. Nesse sentido, o conhecimento dessa realidade e de suas conexões é fundamental, pois ela representa o oceano econômico em que navegamos: entendermos antecipadamente os sinais que representam mudanças no ambiente possibilita que adotemos estratégias e ações que permitam que naveguemos de forma mais adequada em mares tempestuosos. Ao mesmo tempo, uma percepção adequada da realidade macroeconômica permite perceber o momento da inversão em uma recessão pronunciada e possibilita que as empresas estejam prontas para uma retomada das vendas e dos negócios quando os bons ventos voltarem.

A relevância do tema pode ser percebida pela importância e espaço que a mídia dedica às questões macroeconômicas. Boa parte dos noticiários é dedicada a temas econômicos e aborda as ações de política econômica adotadas pelo governo, procurando noticiá-las e, em muitos casos, interpretá-las para o público em geral.

Por essa perspectiva, é fato que nunca na história tivemos acesso a tantas informações econômicas e financeiras de forma tão rápida e tão ampla. Os governos, bancos centrais, organismos internacionais e institutos de pesquisa disponibilizam atualmente enormes bancos de dados econômicos ao público de forma gratuita via internet. Relatórios, notícias, opiniões e análises econômicas estão disponíveis em *sites*, *blogs* etc. a quem tiver interesse no tema.

Essa imensa massa de informações, no entanto, não poderá ser utilizada adequadamente se não forem compreendidos os principais aspectos e fundamentos macroeconômicos. Nesse sentido, o bom entendimento sobre os principais indicadores macroeconômicos se insere em um contexto importante nesse processo, que representa o insumo básico para a tomada de decisão em múltiplas dimensões. Para o profissional de recursos humanos, o entendimento do que está ocorrendo no ambiente macroeconômico se torna fundamental para que o mesmo compreenda a dinâmica que envolve o ciclo econômico e seus efeitos sobre a empresa e sobre o mercado de trabalho.

Usualmente, os livros-texto brasileiros voltados para o campo do estudo macroeconômico utilizam esse eixo analítico focando-se em temas sobre como calcular o produto interno bruto (PIB), estruturas básicas da contabilidade nacional etc. Dessa forma, dado que esses temas são amplamente abordados em livros e cursos de contas nacionais (que não se focam em teoria macroeconômica), nossa abordagem será mais focada em torno da realidade econômica brasileira e nacional estruturada a partir da realidade aplicada dos principais elementos de contas nacionais e dos demais indicadores macroeconômicos relevantes para a economia brasileira.

Em função disso, na próxima seção será apresentado um guia rápido introdutório sobre como interpretar os principais indicadores macroeconômicos de um país. Na seção seguinte, discorreremos sobre os principais aspectos ligados ao PIB e contas nacionais. Em seguida, abordaremos a temática da inflação e dos principais índices de preços nacionais.

É claro que não pretendemos com isso (nem de longe) esgotar a totalidade dos indicadores macroeconômicos existentes no país e em âmbito internacional. No entanto, a visão panorâmica proposta tem como objetivo proporcionar os fundamentos básicos da compreensão de quais são, o que representam e qual é a mecânica operacional dos principais indicadores macroeconômicos. Uma vez que a intepretação desses indicadores tenha sido obtida, o profissional de recursos humanos estará mais qualificado para atuar em sua empresa, posto que compreenderá os principais aspectos econômicos no qual navega seu negócio.

Indicadores macroeconômicos: interpretação & mecânica

Durante as campanhas eleitorais brasileiras, observa-se de maneira recorrente que todos os partidos se esforçam em mostrar que, quando estiveram no poder, a economia apresentou o melhor desempenho possível. Gráficos e tabelas construídos de maneira artística procuram evidenciar o sucesso econômico de cada um, indicando que durante sua administração o crescimento foi o mais elevado, o desemprego caiu significativamente, a inflação foi a menor registrada na história do país e a taxa de juros atingiu seu menor nível.

Em meio a toda massa de informações e dados que são apresentados, o cidadão comum sente que há algo errado nesse discurso e que nem todos podem estar dizendo a verdade. A realidade dos fatos, no entanto, revela que é possível, a partir das informações econômicas básicas, construir gráficos e análises que induzam a conclusões que procuram destacar o lado favorável de cada administração do ponto de vista econômico. Dessa forma, o bom conhecimento dos indicadores macroeconômicos permite uma avaliação clara e precisa da realidade que nos cerca.

Abordaremos aqui os indicadores de atividade econômica e inflação, uma vez que afetam mais diretamente o ambiente de negócios das empresas e para os quais o profissional de recursos humanos deve estar atento.

Do ponto de vista analítico, é preciso fazer um esforço de sintetizar cada indicador de forma prática, procurando traduzir sua essência informacional com vistas a auxiliar tecnicamente o economista, seja na composição do quadro macroeconômico direcionado a decisões de investimento, seja no entendimento do conteúdo informacional daquele indicador e do seu escopo de inserção em um modelo macroeconômico como uma variável relevante ou em alguma outra função relevante.

Por conta disso, a abordagem aqui adotada em cada categoria assinalada visa apontar quais são os indicadores mais relevantes, seu grau de abrangência e seu significado. De forma complementar, é importante associar, a cada indicador, onde e quando o mesmo é publicado, assim como se ele está sujeito a revisão ou não. Por fim, e mais importante que tudo, como os indicadores macroeconômicos devem ser interpretados.

As informações divulgadas pelos institutos de pesquisa e pelo governo podem vir em diferentes formatos, dependendo da natureza da construção do indicador e da informação que deseja transmitir.

Os indicadores podem vir nos seguintes formatos:

- volume, como número de veículos produzidos, total de grãos colhidos, número de empregos gerados etc.;
- valor, como valor nominal do PIB, faturamento do comércio varejista, total de exportações em dólares etc.;
- preço, como o preço internacional do petróleo ou a cotação do dólar norte-americano;
- taxa, como a taxa de desemprego, a taxa de juros, a taxa de inflação, a taxa de inadimplência sobre a carteira de crédito dos bancos etc.;
- número índice, construído a partir de uma série de dados originais que permitem visualizar diretamente variações percentuais em relação a uma determinada base.

Os índices de preços ao consumidor representam um bom exemplo desse tipo de informação.

Entre essas informações, as que requerem algum grau de compreensão maior remetem à questão dos números índices. Isso decorre do fato de que sua construção não é tão direta como as demais informações. Apesar disso, os números índices representam uma importante ferramenta de insumo informacional básico para os economistas em diferentes abordagens.

Taxas de variação – aspectos básicos

O comportamento das variáveis econômicas em termos de volume, valor, preço ou mesmo taxa pode ser observado diretamente. Por exemplo, a informação de que a produção brasileira de autoveículos caiu de 3.407,9 mil unidades em 2011 para 3.342,6 mil unidades em 2012 é direta e não requer maiores interpretações *a priori*. Da mesma forma, a informação de que a meta da taxa básica de juros brasileira (Selic) subiu de 9% ao ano para 9,5% ao ano também não exibe maiores dificuldades de compreensão.

No entanto, em economia, é possível apresentar a mesma informação de diferentes maneiras. Por exemplo, no mesmo caso mencionado, pode se afirmar que a produção brasileira de autoveículos caiu 1,9% no ano de 2012 relativamente ao ano anterior ou, no caso da Selic, que a taxa de juros subiu meio ponto percentual.

Por conta dessa pluralidade de formas de apresentação, é importante conhecer e permanecer atento às informações divulgadas, para que o teor da mensagem não seja interpretado equivocadamente ou não se perca alguma peça de informação importante do ponto de vista analítico.

Os indicadores macroeconômicos de volume, valor e preço podem ser expressos diretamente pelas suas unidades, por exemplo, toneladas de aço produzidas em determinado período. Os números índices são números puros, construídos a partir de séries originais e apresentados dessa forma.

Essas informações, no entanto, podem ser enriquecidas quando analisadas em termos de variação, o que permite observar seu comportamento em termos de desempenho. Essas variações também podem ser expressas pelas suas unidades ou em termos percentuais. No caso dos números índices, por se tratar de números puros, a forma usual de se apresentar suas variações é em termos percentuais.

Usualmente, as estruturas comparativas que se utiliza para apresentar as variações dos indicadores macroeconômicos ao longo do tempo são as seguintes:

- variação em relação ao período imediatamente anterior: nesse caso, a variação é calculada considerando-se o período imediatamente anterior de referência, podendo ser a semana, o mês, o trimestre ou o ano anterior. Exemplo hipotético: queda de 2% na cotação do dólar em junho relativamente a maio;

- variação em relação ao mesmo período do ano anterior: esse tipo de variação visa captar o comportamento da variável relativamente ao mesmo período do ano anterior de referência, geralmente mês ou trimestre. Exemplo hipotético: a produção de cimento cresceu duas mil toneladas em outubro relativamente ao mesmo mês do ano anterior;
- variação acumulada no ano: essa comparação visa analisar o desempenho do indicador em questão durante o ano até o mês de referência relativamente ao mesmo período do ano anterior. Exemplo hipotético: as exportações brasileiras de janeiro a agosto cresceram US$ 23 bilhões em relação ao mesmo período do ano anterior;
- variação acumulada em 12 meses: compara-se a variação do resultado acumulado nos últimos 12 meses com os 12 meses imediatamente anteriores. É interessante observar que em dezembro, esse tipo de comparação gera o mesmo resultado da variação acumulada no ano. Exemplo hipotético: o volume de vendas no comércio varejista cresceu 4,3% nos últimos 12 meses encerrados em maio;
- variação dessazonalizada: esse tipo de análise é feito apenas sobre alguns indicadores macroeconômicos que apresentam comportamento sazonal (exemplo: vendas no comércio), o que dificulta sua comparação na margem (mês relativamente ao mês imediatamente anterior). A dessazonalização é um processo estatístico que visa reconstruir a série eliminando o problema da sazonalidade, o que permite a comparação na margem sem distorções. Exemplo hipotético: queda de 0,3% no PIB no terceiro trimestre em relação ao trimestre anterior.

As formas apresentadas são as mais utilizadas nas divulgações de vários indicadores macroeconômicos. É claro que existem outras formas, que podem ser construídas dependendo do que se deseja mostrar ou enfocar. Por exemplo, é possível realizar uma análise de indicadores com médias móveis (trimestrais, por exemplo), o que permite suavizar as séries e torná-las menos voláteis.

Com relação aos indicadores expressos em taxa, como a taxa de desemprego, por exemplo, as variações são usualmente expressas em termos de pontos percentuais. Exemplo: a taxa de juros caiu um ponto porcentual.

Outra forma de registrar a variação desses indicadores é por *pontos-base*, em que cada ponto-base represente 0,01 ponto percentual. Nesse caso, um aumento de 200 pontos-base representa um aumento de dois pontos percentuais na taxa.

Essas são as formas mais diretas em que os indicadores macroeconômicos são divulgados e apresentados. Obviamente, as maneiras aqui apresentadas não esgotam totalmente o leque de possibilidade, mas procuramos nos restringir às mais usuais.

Produto interno bruto (PIB)

Produto interno bruto e identidades macroeconômicas básicas

Uma das principais medidas de desempenho em uma economia diz respeito ao produto interno bruto (PIB). Basicamente, essa medida representa o fluxo de produção, renda e demanda em uma economia, e seu comportamento é determinante. Quanto maior o PIB de um país, maior é seu fluxo de produção de bens e serviços, de renda e de demanda. A distinção moderna entre países ricos, de renda média e países pobres é construída através dessa métrica.

Um país que registra bons níveis de crescimento do PIB ao longo do tempo proporciona estabilidade, condições econômicas cada vez melhores para seus cidadãos. O crescimento do PIB torna possível que os habitantes de uma nação tenham aumento de renda, criando uma espécie de jogo de soma positiva, em que todos ganham. Em contrapartida, países sem crescimento econômico, em que o PIB permaneça estagnado em determinado patamar por um período prolongado, não permitem esse tipo de jogo. Nessa situação, a renda de um cidadão só pode aumentar à custa da queda da renda de outro cidadão. Em outras palavras, nessas circunstâncias, é criado um jogo de soma zero.

A definição e estrutura do PIB e de seus componentes é um dos pontos centrais da contabilidade social. No entanto, é relevante uma breve revisão abordando esse tema e contextualizando-o na discussão macroeconômica moderna.

O primeiro conceito relevante nessa discussão diz respeito ao fato de que o PIB é uma variável que representa um *fluxo* de produção (ou renda ou demanda) em um determinado período. Isso significa que se o PIB está crescendo ao longo do tempo, esse fluxo também está aumentando. A escala temporal em que o PIB é medido no Brasil é trimestral. Nesse sentido, os quatro trimestres do ano compõem o resultado do PIB de um ano específico. Por exemplo, o PIB brasileiro de 2014 representa o fluxo de produção (ou renda ou demanda) ocorrido nesse ano específico. Esse tipo de variável é claramente distinta de uma variável que indica um *estoque*, como é o caso do estoque de moeda no Brasil em um determinado mês específico.

O segundo conceito importante no contexto dessa discussão diz respeito ao fato de que o PIB é mensurado em uma *unidade monetária específica*. Esse é o expediente que permite que diferentes bens (carros, laranjas etc.) e serviços (educação, serviços médicos etc.) produzidos no país sejam agregados em uma única medida. No caso do PIB brasileiro, a medida oficial é feita na nossa moeda corrente, o real. Subsequentemente, pode ser feita a conversão dessa medida para outras moedas, como o dólar norte-americano, o que, em tese e de forma simplista, permite uma primeira comparação internacional entre o PIB de diferentes países.

O terceiro conceito importante com relação ao PIB diz respeito ao fato de que ele é uma medida de *produção agregada* de uma economia. Em outras palavras, o que se procura mensurar com essa métrica não é apenas a produção de uma firma ou indústria específica, mas sim do conjunto de bens e serviços de uma economia.

Basicamente, existem duas formas de mensurar a produção agregada de um país: por meio do *valor adicionado* em cada etapa produtiva ou por meio dos *bens e serviços finais*. A compreensão dessas duas formas pode ser feita mais facilmente com a ajuda de um exemplo ilustrativo. Vamos supor que determinada economia produza dois bens: automóveis e bolos. Suponhamos, de forma simplificada, que para a produção de automóveis utilizam-se chapas metálicas, que são bens intermediários, e, por sua vez, para que as chapas sejam produzidas, é necessário aço. De maneira similar, a produção de bolos utiliza o fubá como insumo no seu processo produtivo, que por sua vez, requer milho para ser produzido.

Nesse exemplo simplificado, cada etapa do processo produtivo utiliza o produto da etapa anterior como insumo e agrega valor para a venda na etapa seguinte. No caso dos automóveis, a produção de aço em determinado período tem um valor de venda de $ 100, que é adquirido pelo setor que fabrica chapas de aço. Esse setor agrega $ 100 de valor e as chapas são vendidas ao valor de $ 200 para as montadoras de automóveis. As montadoras, por sua vez, agregam um valor de $ 200 e vendem os automóveis a $ 400. Note-se, nesse exemplo, que o produto agregado desse setor pode ser medido de duas formas distintas: pela agregação de valor (aço $ 100 + chapas metálicas $ 100 + automóveis $ 200 = $ 400) ou pelo valor do produto final, que é de $ 400.

De maneira similar, pode-se medir a produção de bolos através da agregação de valor em cada etapa de produção (milho $ 90 + fubá $ 80 + bolos $ 110) ou pelo valor do produto final (bolos) de $ 280.

O valor do produto agregado nessa economia (automóveis + bolos) foi de $ 680 nesse período. Esse resultado pode ser obtido tanto pelo valor do produto final quanto pela soma de agregação de valor em cada etapa do processo produtivo. Todo esse processo está sintetizado no quadro 1.

Quadro 1
PRODUÇÃO AGREGADA

Produção de automóveis (em unidades monetárias – $)			
	Valor de venda	Insumo utilizado	Agregação de valor
Aço	100	0	**100**
Chapas metálicas	200	100	**100**
Automóveis	**400**	200	**200**
Produção de bolos (em unidades monetárias – $)			
	Valor de venda	Insumo utilizado	Agregação de valor
Milho	90	0	**90**
Fubá	170	90	**80**
Bolo	**280**	170	**110**

A partir desse exemplo, pode se dizer que o produto agregado é o valor de mercado de todos os bens e serviços finais produzidos em uma economia em um determinado período.

Nas economias modernas, todo processo produtivo gera uma contrapartida de renda. Essa renda, na verdade, é a remuneração dos fatores de produção nessa economia: trabalho (salários), capital físico (aluguéis), capital financeiro (juros) e capital próprio (lucros).

Imaginando-se inicialmente uma economia sem governo e o resto do mundo, pode se dizer que essa renda é apropriada pelas famílias, que a utilizam na demanda por bens e serviços na economia.

A dinâmica descrita, na verdade, pode ser representada de maneira simplificada pelo fluxo circular da renda.

Figura 1
Fluxo circular da renda

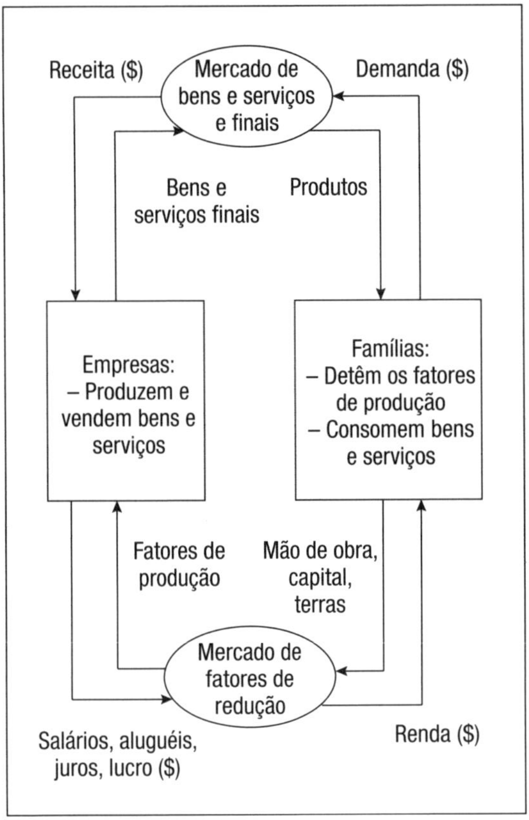

O fluxo circular da renda permite visualizar que:

produção agregada = renda agregada = demanda agregada

Logicamente, uma economia não incorpora apenas as famílias, assim como nem todos os bens e serviços finais produzidos em uma economia são destinadas às mesmas. Parte dos bens finais produzidos, como máquinas e equipamentos, são destinados a repor o capital depreciado ao longo do tempo ou a ampliar o estoque de capital existente. Esses tipos de bens são denominados bens de capital, de produção ou de investimento, e são adquiridos pelas empresas. A produção e o consumo desses bens são importantes para uma economia, pois representam a expansão da capacidade da oferta futura de bens e serviços nesse país. Em função disso, denomina-se "investimento" essa parcela de demanda agregada em uma economia, que diz respeito à aquisição de máquinas, equipamentos, novos prédios e variação de estoques. Por essa perspectiva, analisando-se a demanda agregada incorporando as famílias e as empresas no âmbito da economia de um país, pode-se dizer que:

demanda agregada (DA) = consumo das famílias (C) + investimentos (I)

Ao mesmo tempo, analisando-se do ponto de vista da renda, é possível observar que a mesma pode ser utilizada pelas famílias no consumo ou pode ser poupada, formando a *poupança agregada (S)*. Assim:

renda agregada (Y) = consumo das famílias (C) + poupança (S).

Como, a partir da identidade contábil básica, a renda agregada é igual à demanda agregada, tem-se que:

$$C + I = C + S \Rightarrow I = S$$

Isso significa que, em uma economia, os investimentos são iguais à poupança agregada.

A incorporação do *governo* no contexto dessa discussão expande a análise a um novo patamar. No contexto macroeconômico, o governo representa um importante agente, e seu consumo agregado absorve uma importante parcela do produto (bens e serviços) em qualquer país. O governo visa, basicamente, a oferecer um conjunto de bens e serviços públicos à sociedade, como segurança nacional, exercício do Judiciário etc. Seu consumo de bens e serviços na economia está diretamente ligado ao exercício dessas funções. Assim, podemos incorporar *os gastos do governo (G)* à demanda agregada e temos que:

$$DA = C + I + G$$

Ao mesmo tempo, para viabilizar o pagamento desses bens e serviços adquiridos, o governo arrecada *impostos (T)* da sociedade. Se os impostos forem incorporados na análise, a renda agregada pode ser alocada da seguinte forma:

$$Y = C + S + T$$

Isso significa que, dado que Y = DA:

$$C + S + T = C + I + G => S + T = I + G => I = S + (T - G)$$

A relação acima exibe um aspecto macroeconômico importante: se os gastos do governo (G) forem superiores aos impostos arrecadados (T), parte da poupança privada (S) será utilizada para financiar esse déficit.

Por fim, resta incorporarmos o *resto do mundo* na análise macroeconômica. Essa inserção provoca três alterações que devem ser incluídas na discussão, sendo que cada uma delas destina-se a um dos componentes da identidade básica apresentada anteriormente.

Nesse sentido, do lado da *oferta agregada total* de bens e serviços em uma economia, devemos incorporar as *importações (M)*. Do lado da *demanda agregada total*, devemos incorporar *as exportações (X)*, que representam a demanda do resto do mundo por bens produzidos no país em questão. A partir disso, a identidade macroeconômica básica pode ser reescrita como:

$$Y + M = C + I + G + X => Y = C + I + G + (X - M)$$

Voltando à ótica da destinação da renda agregada, podemos estender a análise para:

$$Y = C + S + T = C + I + G + (X - M) => (S - I) + (T - G) - (X - M) = 0$$

Essa identidade permite uma conclusão interessante: se o governo registrar um déficit (G > T), ele absorverá recursos do setor privado (S – I) e/ou recursos do setor externo (X – M) para que a identidade seja preservada.

Por fim, deve se proceder ao ajuste na renda agregada, uma vez que empresas sediadas no país podem se utilizar de fatores capital e trabalho originários do resto do mundo e que devem ser devidamente remunerados. A análise também é válida para empresas de residentes no país que vendem fatores trabalho e capital para o exterior e que, obviamente, devem ser remunerados por isso. Esse ajuste é consolidado na *renda líquida enviada ao exterior (RLEE)*, que representa o saldo líquido dessas remunerações.

Ao considerarmos o setor externo e o fenômeno descrito, surge um novo critério que deve ser considerado: o da renda interna e o da renda nacional. A renda interna refere-se à renda gerada dentro de um país. Por sua vez, a renda nacional refere-se à renda cuja propriedade pertence aos residentes no país, independentemente de onde ela tenha sido gerada – no território nacional ou no exterior. Em função disso, temos que:

Renda nacional (RN) = renda interna (RI) - RLEE

De forma similar, dada a identidade básica:

Produto nacional (PN) = produto interno (PI) - RLEE

Em termos de definição técnica, devem ser levados em conta os aspectos ligados à depreciação. Nesse contexto, deve-se considerar o fato de que a depreciação do estoque de capital ocorre a cada período no tempo. Isso significa que, para efeitos de cálculo líquido dos investimentos produtivos, que representam de fato o incremento do estoque de capital, deve-se subtrair a depreciação a cada período. Vale dizer que o investimento agregado líquido é igual ao investimento agregado bruto menos a depreciação. De maneira similar:

Produto agregado líquido (PL) = produto agregado bruto (PB) – depreciação

Ou, alternativamente, dada a identidade básica:

Renda agregada líquida (RL) = renda agregada bruta (RB) – depreciação

Uma última consideração a ser feita nesse leque de alternativas de representação do produto e da renda de um país diz respeito à sua mensuração a preços de mercado ou a custo de fatores. Os bens e serviços finais a preços de mercado embutem automaticamente os impostos indiretos, e do seu valor é que são reduzidos os subsídios. Se retirarmos desse valor os impostos indiretos e incluirmos os subsídios do governo, obteremos o valor do produto a custo de fatores. Temos, então, a seguinte relação:

Produto agregado a preços de mercado (pm) = produto agregado a custo de fatores (cf) + impostos indiretos – subsídios

Ou, de maneira similar:

Renda agregada a preços de mercado = renda agregada a custo de fatores + impostos indiretos – subsídios

Dessa forma, temos as seguintes possibilidades:

PIL = PIB – depreciação (RIL = RIB – depreciação)
PNB = PIB – RLEE (RNB = RIB – RLEE)
PNL = PNB – depreciação (RNL = RNB – depreciação)
PIB pm = PIB cf + impostos indiretos – subsídios
PNB pm = PNB cf + impostos indiretos – subsídios
PNL pm = PNL cf + impostos indiretos – subsídios

Produto interno bruto (PIB) e inflação

Conforme constatado na seção anterior, a construção do PIB é feita com base nas quantidades produzidas em um país em um determinado período, multiplicadas pelo preço desses bens e serviços nesse mesmo espectro de tempo. O cálculo realizado com base nesses preços e quantidades proporciona o valor do *PIB nominal* a cada instante no tempo.

No entanto, é importante ressaltar que o valor do PIB nominal, dada sua construção, é afetado a cada momento de duas maneiras: pela variação do fluxo de produção e por mudanças dos preços dos bens e serviços ao longo do tempo.

Logicamente, o efeito decorrente da alta dos preços no PIB é um reflexo apenas do processo inflacionário a cada período e não representa um crescimento em termos reais tanto do produto agregado quanto da renda do país. Isso significa que um ajuste em termos dos preços é necessário para eliminarmos o efeito da inflação a cada período.

O procedimento adotado para eliminar esse efeito é selecionar um ano como base e, a partir dele, calcular o PIB dos demais anos com base nos preços praticados nesse ano. Por exemplo, vamos considerar o ano de 2010 como ano base. Para conhecermos o PIB de 2011 tendo como ano base o ano anterior, calculamos o PIB a partir das quantidades de bens e serviços finais produzidas em 2011 considerando os preços de 2010 (ou seja, somatória de $\text{preços}_{10} \times \text{quantidades}_{11}$ de cada bem e serviço final).

A partir desse cálculo, uma vez eliminada a problemática relativa da variação dos preços ao longo do tempo, é possível conhecer a *variação do PIB real* a cada período, bastando verificar a variação percentual ocorrida a cada instante a partir desse cálculo.

Com esse tipo de cálculo também é possível obter o *deflator implícito do PIB*, construído a partir da *razão entre o PIB nominal e o PIB real* a cada período no tempo. O termo implícito deriva do fato de que o deflator não é diretamente observado, mas sim calculado a partir dessa relação. O deflator do PIB, em tese, representa a medida mais abrangente de variação dos preços da economia.

Inflação

A inflação pode ser definida como a variação positiva do nível médio de preços em uma economia. Pelo fato de a inflação representar uma variação média, isso significa que nem todos os preços de bens e serviços em uma economia estão necessariamente subindo. De fato, a situação mais comum nas economias é que alguns preços subam, outros caiam e alguns não registrem variação no período de mensuração. No entanto, a existência de inflação significa que os preços, na média, estão variando positivamente.

No entanto, a qual média essa variação se refere? Para efeitos de acompanhamento da inflação em bases mensais ou semanais, utilizam-se índices de preços, que são calculados pelos institutos de pesquisa brasileiros (Fundação Getulio Vargas - FGV, Instituto Brasileiro de Geografia e Estatística - IBGE, Fundação Instituto de Pesquisa Econômica - Fipe etc.).

Via de regra, esses índices expressam os preços de uma determinada cesta de bens e serviços definida a partir de critérios que cada instituto de pesquisa estabelece. As oscilações desses índices representam as mudanças nos preços do conjunto dessa cesta.

Pode-se perceber rapidamente que existe um grande número de índices de preços na economia brasileira, o que torna relativamente confuso o entendimento, para o leigo, do que está ocorrendo em termos de inflação. De fato, por diferentes razões históricas, surgiram diversos índices de preços no país e, mesmo com a estabilização da inflação brasileira em patamar baixo, eles não deixaram de ser calculados. Usualmente, nas economias desenvolvidas, são calculados basicamente dois índices de preços: um índice de preços ao consumidor - IPC (ou *consumer price index* - CPI) e um índice de preços ao produtor (ou *producer price index* - PPI).

No Brasil, podemos classificar, basicamente, os índices de preços em duas grandes categorias: os *índices de preços ao consumidor (ou IPCs)* e os *índices gerais de preços (ou IGPs)*. Em função disso, subdividiremos a discussão dos índices em dois grandes blocos.

Índices de preços ao consumidor (IPCs)

Os índices de preços ao consumidor têm como finalidade básica medir o comportamento dos preços que afetam diretamente o poder de compra do cidadão comum. Os IPCs se distinguem uns dos outros no Brasil pelas seguintes características:

- instituição de pesquisa: usualmente IBGE, FGV ou Fipe;
- metodologia utilizada;[1]

[1] O detalhamento das diferentes metodologias dos índices pode ser encontrado na documentação dos respectivos *sites* das instituições de pesquisa.

- faixa de renda: diz respeito à faixa de renda da população que o índice abrange;
- abrangência geográfica: localidades em que os institutos realizam a pesquisa;
- período de coleta: período em que os preços são coletados;
- divulgação: período em que o índice em questão é divulgado;
- utilização usual: uso em geral que é feito do índice.

Com base nas características definidas para cada índice de preço, os institutos de pesquisa realizam periodicamente (usualmente no espaço de alguns anos) a pesquisa de orçamento familiar, que visa basicamente levantar a estrutura de gastos das famílias nas faixas de renda especificadas nas áreas geográficas delimitadas pelo índice.

O quadro 2 sintetiza algumas das características dos principais índices de preços ao consumidor existentes no Brasil. Maiores informações podem ser obtidas no *site* das instituições de pesquisa (www.ibge.gov.br; portalibre.fgv.br; www.fipe.org.br).

Quadro 2

Principais índices brasileiros de inflação

Índice	Instituição de pesquisa	Faixa de renda (salários mínimos)	Abrangência geográfica	Período de coleta	Divulgação	Utilização usual
IPCA	IBGE	1 a 40	11 maiores regiões metropolitanas	1 a 30 do mês de referência	Até o dia 15 do mês seguinte ao de referência	Referência para o regime de metas de inflação e indexador de alguns títulos públicos
INPC	IBGE	1 a 5	11 maiores regiões metropolitanas	1 a 30 do mês de referência	Até o dia 15 do mês seguinte ao de referência	Usado em vários dissídios salariais
IPC	FGV	1 a 33	Sete principais capitais do país	1º até o último dia do mês de referência	Até o dia 10 do mês seguinte ao de referência	Usado como uma das referências para apurar a evolução do poder de compra do consumidor nas capitais
IPC-Fipe	Fipe	1 a 10	Município de São Paulo	1º até o último dia do mês, com atualização semanal	Até o dia 10 do mês seguinte ao de referência	Acompanhamento da inflação em São Paulo

Fontes: IBGE, FGV e Fipe.

Entre os índices de preços ao consumidor, o IPCA, calculado pelo IBGE, ganhou maior destaque desde 1999 pelo fato de ter se tornado, naquele ano, o índice utilizado como referência para o regime de metas para inflação, que foi implementado na sequência da mudança do regime cambial brasileiro. Desde então, o Banco Central do Brasil tem calibrado suas decisões de política monetária tendo como foco cumprir a meta para inflação estabelecida.

A estrutura desse índice encontra-se subdividida em nove grupos: alimentação e bebidas, habitação, artigos de residência, vestuário, transportes, saúde e cuidados pessoais. Cada grupo tem seu peso relativo ajustado mensalmente em função da cesta de consumo na data-base e da variação relativa dos preços dos itens componentes do grupo. O levantamento dos preços é feito em estabelecimentos comerciais, estabelecimentos de prestação de serviços, concessionárias de serviços públicos e, para efeitos de aluguéis e condomínios, em domicílios. O IBGE considera o valor de venda à vista na coleta dos preços.

Índices gerais de preços (IGPs)

A concepção do IGP, criado nos anos 1940 pela FGV, foi norteada para ser uma medida abrangente das oscilações de preços da economia brasileira. Nesse contexto, essa abrangência envolveria diferentes atividades e etapas do processo produtivo no país.

Essa lógica condicionou a estrutura do IGP, que é uma média aritmética ponderada de três outros índices:

- índice de preços no atacado (IPA) - 60%;
- índice de preços ao consumidor (IPC) - 30%;
- índice nacional de custo da construção (INCC) -10%.

O *IPA* tem abrangência nacional e pode ser subdividido tendo como base dois conjuntos:

- de acordo com a *origem da produção*: agropecuária (24,2%) ou industrial (75,8%);

- de acordo com os estágios de processamento: bens finais (36,0%), bens intermediários (39,9%) e matérias-primas brutas (24,1%).

O *IPC* da FGV, conforme descrito na seção anterior, abrange as sete principais capitais do país: São Paulo, Rio de Janeiro, Belo Horizonte, Salvador, Recife, Porto Alegre e Brasília e engloba o espectro de famílias com renda de 1 a 33 salários mínimos. É composto por sete grandes grupos: alimentação, habitação, vestuário, saúde e cuidados pessoais, educação, leitura e recreação, transportes e despesas diversas.

Por sua vez, o *INCC* tem por finalidade medir o comportamento dos custos das construções habitacionais. É calculado a partir da média dos índices das sete principais capitais do país (as mesmas em que a FGV realiza o levantamento do IPC). Desdobra-se em dois grupos: (i) mão de obra e (ii) materiais, equipamentos e serviços.

O IGP tem três versões diferenciadas basicamente pelo seu período de coleta e divulgação:

- *índice geral de preços – disponibilidade interna (IGP-DI)*, que é um índice tradicional cuja origem remonta os anos 1940. É amplamente utilizado atualmente para o reajuste dos contratos de vários preços administrados, além de ser o indexador da dívida dos estados com a União. O período de coleta do IGP-DI é de 1 a 30 de cada mês de referência e sua divulgação ocorre no início do mês subsequente;
- *índice geral de preços de mercado (IGP-M)*, criado para ser utilizado no reajuste de operações financeiras. Atualmente é o índice mais utilizado como indexador financeiro. Esse índice também é utilizado para a correção de alguns preços administrados. O período de coleta do IGP-M é de 21 a 20 de cada mês de referência e a divulgação se dá nos últimos dias do mês;
- *índice geral de preços 10 (IGP-10)*, que tem a finalidade de mostrar a dinâmica dos preços no período da coleta de sua referência. O período de coleta do IGP-10 é de 11 a 10 do mês de referência, sendo ele divulgado em meados do mês (vide figura 2).

Figura 2

Períodos de coleta do IGP

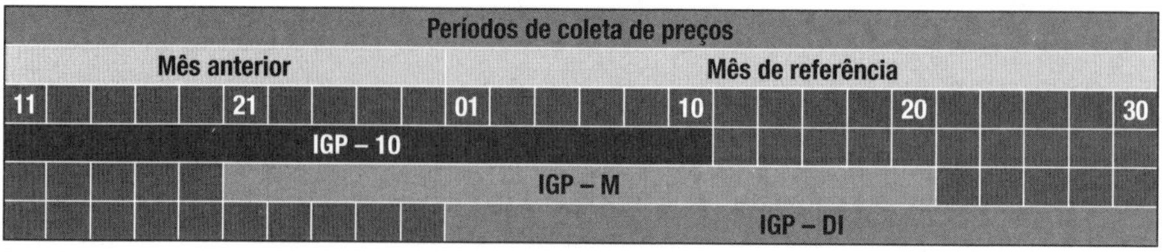

Fonte: FGV.

Outros índices de preços

Além dos citados, existem vários outros índices de preços no país com o objetivo de medir o comportamento de preços em regiões específicas ou de determinados setores da economia. Entre os mais conhecidos temos:

- cesta básica nacional – Dieese;
- cesta básica de São Paulo – Procon-SP; e
- índice de custo de vida (ICV) – Dieese.

3. Sustentabilidade estratégica e governança corporativa

Rubens Mazzali

Introdução

Este capítulo tem como objetivo apresentar conceitos e diretrizes do desenvolvimento sustentável e seus impactos nas organizações, particularmente nas políticas e práticas de governança, especialmente as vinculadas com a área de recursos humanos estratégicos. Tem por propósito a construção de uma resposta para a seguinte questão: Como a área de recursos humanos estratégicos pode dar suporte às organizações para que possam atender às demandas trazidas pelas diretrizes do desenvolvimento sustentável? Para tal, revisitamos historicamente a temática e procuramos estabelecer as relações existentes entre a sustentabilidade estratégica de uma organização e suas boas práticas de governança.

A sustentabilidade estratégica

Verde. Essa é a cor que nos vem aos olhos – ou à mente – quando ouvimos a palavra sustentabilidade. Logo nos lembramos de movimentos em favor do meio ambiente, tais como a proteção de uma espécie que esteja em risco de extinção, ou os cuidados com os níveis de carbono na atmosfera, ou ainda a preservação das florestas nativas. Essa correlação da palavra sustentabilidade com a cor verde é resultado do crescente espaço que as preocupações ecológicas têm ocupado nas discussões sobre o futuro do nosso planeta. Aliás, ao nos referirmos a preocupações macroecológicas cabe destacar a origem etimológica da palavra ecologia:[1] deriva de duas palavras gregas: *oikos* (casa) e *logia* (ciência), ou algo como o estudo da nossa casa, do nosso planeta. Portanto, nessa visão macroecológica, para sermos sustentáveis temos de cuidar da nossa casa para os futuros moradores. Todavia, este texto tem uma proposta que, apesar de estar alinhada com essa visão mais ampla, irá se restringir à sustentabilidade corporativa, i.e., à sustentabilidade e à perenidade das organizações. Veremos que a sustentabilidade de uma organização passa pelas relações éticas que mantém com todos os seus públicos de relacionamento e, nessa linha, perceberemos o quanto é importante a gestão estratégica de recursos humanos na perenidade da organização.

Para tal precisamos compreender os conceitos de desenvolvimento sustentável e de sustentabilidade empresarial.[2] *Desenvolvimento sustentável* pode ser definido ou conceituado como "a utilização dos recursos para atender às necessidades do presente sem comprometermos a possibilidade das futuras gerações em atender às próprias necessidades" (Brundtland, 1991:9). Já *sustentabilidade empresarial*, proposta deste capítulo, restringe-se à esfera das sociedades empresariais e pode ser conceituada como

> forma de gestão que se define pela relação ética da empresa com todos os públicos com os quais ela se relaciona e pelo estabelecimento de metas empresariais compatíveis com o desenvolvimento sustentável da sociedade [Mazzali et al., 2013:22].

Já Elkington (1997) afirma que uma empresa sustentável é aquela que contribui para o desenvolvimento sustentável ao gerar, de modo equilibrado, benefícios econômicos, sociais e ambientais. É dele a expressão *triple bottom line*,[3] atualmente bastante disseminada no ambiente empresarial e que sintetiza o equilíbrio dos resultados econômicos, sociais e ambientais, conforme podemos observar na figura 1.

---

[1] O termo ecologia foi criado em 1866 pelo biólogo e zoólogo alemão Ernst Haeckel (1834-1919), um dos maiores discípulos de Charles Darwin.

[2] É comum o uso da expressão sustentabilidade corporativa como sinônimo de sustentabilidade empresarial, porém, a primeira é mais restrita às corporações.

[3] Tríplice resultado, em analogia ao *bottom line*, a última linha ou linha de resultado dos demonstrativos de resultado contábeis.

Figura 1

REPRESENTAÇÃO ICONOGRÁFICA DO *TRIPLE BOTTOM LINE*

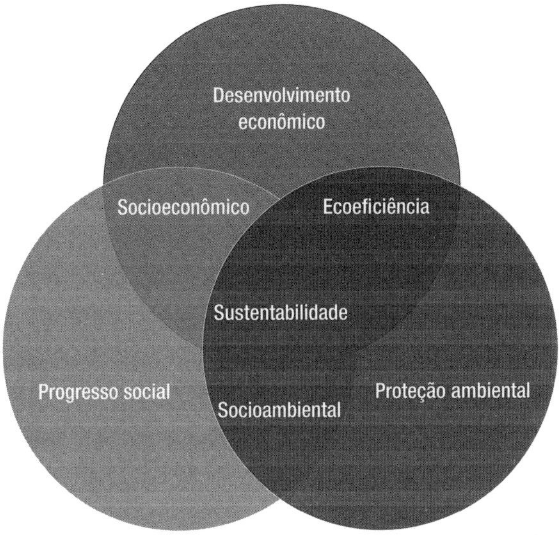

Fonte: baseada em Kraemer (2005).

Ainda em termos conceituais é importante analisarmos a expressão "responsabilidade social" ou "responsabilidade socioambiental", muitas vezes colocada como sinônimo de sustentabilidade empresarial. A norma internacional de responsabilidade social (ISO 26000), em seu item 2.18, define responsabilidade social como:

> [...] a responsabilidade de uma organização pelos impactos de suas decisões e atividades na sociedade e no meio ambiente, por meio de um comportamento ético e transparente que: a) Contribua para o desenvolvimento sustentável, inclusive a saúde e bem-estar da sociedade; b) Leve em consideração as expectativas das partes interessadas; c) Esteja em conformidade com a legislação aplicável e seja consistente com as normas internacionais de comportamento; d) Esteja integrada em toda a organização e seja praticada em suas relações.

Responsabilidade é dever. Logo, responsabilidade social é o dever da empresa com a sociedade, com toda ela e não com parte dela. Desse modo, responsabilidade social abrangeria deveres como o correto recolhimento de impostos, o pagamento de salários justos e dignos, o zelo pelo meio ambiente, o exercício de relações éticas com todos os seus públicos, enfim, a busca da sua razão social de existir. Não se deve, portanto, confundir responsabilidade social com ações sociais tais como doações, voluntariado ou filantropia. Ações sociais como essas são o que podemos considerar atitudes de reparação social, dado que buscam reparar passivos sociais causados pela falta de responsabilidade social da própria empresa, de outras empresas ou do Estado. Se, no passado, empresas não recolheram seus impostos ou não pagaram salários dignos, ou o Estado não utilizou de modo justo os recursos, passivos foram gerados e demandarão ações de reparação.

Nessa linha podemos concluir que uma empresa que estabelece relações éticas com seus *stakeholders*, cumprindo seus deveres com a sociedade e com o meio ambiente tende a ser uma empresa sustentável, pois está sendo socialmente justa, ambientalmente correta e economicamente viável. É importante lembrar que essa sustentabilidade só será realmente efetiva se essas relações éticas forem nos dois sentidos, i.e., desde que todos os *stakeholders* também sejam éticos com a empresa. Por exemplo, se a empresa recolher seus impostos, mas o Estado não fizer o uso correto desses recursos (construindo e modernizando portos, estradas, promovendo a educação e capacitação profissional da força de trabalho etc.), poderá comprometer a competitividade e, por consequência, a sustentabilidade das empresas.

A sustentabilidade, do planeta, das nações ou das empresas tem tido cada vez mais espaço na Organização das Nações Unidas (ONU) que, por sua vez, tem estabelecido diretrizes internacionais que orientam países e empresas. Uma dessas diretrizes pode ser observada nos Princípios do Pacto Global (Pacto Global, 2013). Já a formação de líderes globalmente responsáveis é uma preocupação embutida nos Princípios da Educação Responsável nos Negócios (Principles for Responsible Management Education, 2011). Investimentos responsáveis têm amparo na série de Princípios para o Investimento Responsável (Principles for Responsible Investments, s.d.). Além desses importantes princípios, podemos ainda destacar as seguintes iniciativas:

- Declaração Universal dos Direitos Humanos (ONU);
- Declaração da Organização Internacional do Trabalho (OIT);
- Declaração do Rio e Agenda 21 (ONU);

- Declaração Tripartite sobre Empresas Multinacionais (OIT);
- Diretrizes para Empresas Multinacionais da Organização para a Cooperação e Desenvolvimento Econômico (OCDE);

A Rio 92 (Conferência das Nações Unidas sobre Meio Ambiente e Desenvolvimento, que teve lugar no Rio de Janeiro, em 1992) abriu caminho para a Carta da Terra, para a Agenda 21 e intensificou a discussão internacional sobre os desafios ambientais produzindo convenções que se somaram a outros acordos existentes, tais como:

- Convenção de Viena para a Proteção da Camada de Ozônio (1985);
- Cúpula da Terra, no Rio de Janeiro (1992);
- Diversidade Biológica (1992);
- Protocolo/Tratado de Kyoto (1997);
- Convenção de Estocolmo sobre os Poluentes Orgânicos Persistentes (2001);
- Relatórios do Painel Intergovernamental sobre Mudanças Climáticas, IPCC.

A Rio+20 (Conferência das Nações Unidas sobre Meio Ambiente e Desenvolvimento, realizada no Rio de Janeiro, em 2012) demarca seu compromisso com os Objetivos do Milênio em relação à educação. A conferência encoraja as instituições de ensino a elaborarem programas inovadores, incluindo o empreendedorismo e a formação técnica e profissional contínua para o desenvolvimento de competências voltadas para o desenvolvimento sustentável (United Nations, 2015).

O legado da Rio+20 para a sociedade, para a política e para os negócios marcou a reinserção do desenvolvimento sustentável no ápice da agenda internacional. No ano de 2015, a ONU apresentou os desdobramentos dos preceitos da Rio+20 em sua 70ª Assembleia Geral, aprovando os Objetivos do Desenvolvimento Sustentável (ODS) e mais 17 medidas a serem adotadas por países, entre 2015 e 2030. Os ODS deram prolongamento às diretrizes dos Objetivos do Milênio (ODM), e a Educação para o Desenvolvimento Sustentável (EDS) ganhou destaque se tornando aliada relevante para a consolidação de uma governança em torno do desenvolvimento sustentável (Arbache, 2016).

Em dezembro de 2015 ocorreu a 21ª Conferência das Partes (COP 21) sobre Mudança do Clima (UNFCCC) – e a 11ª Reunião das Partes do Protocolo de Kyoto (MOP-11) realizada pela ONU, também denominada de Paris 21. O documento nascido das discussões da Conferência é o chamado Acordo de Paris, que estabeleceu o consenso para manter o aquecimento global abaixo de dois graus centígrados. Tais documentos compõem a Agenda 2030, que traz um *framework* global para a governança e suas responsabilidades para o futuro da humanidade em nosso planeta (United Nations, 2012).

Oswald e Almeida (2016) apontam que o Acordo de Paris pode se tornar um "Bretton Woods verde", fazendo do carbono uma nova moeda de troca em um futuro próximo. Os papéis que financiam organizações que investem em tecnologia de baixa emissão de carbono e reduzem o consumo da água, energia e matérias-primas avançam e têm o potencial de movimentar cerca de US$ 100 trilhões, sendo que em 2015 foram emitidos US$ 41,84 bilhões desses papéis, 14% a mais que em 2014.

Para competir pelo dinheiro e pelos negócios gerados pela Agenda 2030, as organizações brasileiras deverão aprimorar suas estratégias no sentido de seguirem para os próximos estágios das práticas sustentáveis. Assim, diante de tais desafios, sugerimos às organizações e a suas diferentes áreas de negócios, entre elas a área de recursos humanos estratégicos, uma lista de ações e apontamentos que podem contribuir para o aumento de sua maturidade em relação aos preceitos do desenvolvimento sustentável:

1. trazer à tona os desafios a serem enfrentados pela organização, diagnosticando-os para que possam ser estratégica e efetivamente solucionados;
2. aprimorar a cidadania empresarial por meio da promoção de políticas e práticas alinhadas com o pacto global e as diretrizes do desenvolvimento sustentável, contribuindo para perenizar hábitos e comportamentos de todos os envolvidos;
3. reconhecer que a transparência é um preceito essencial para que práticas de corrupção e suborno possam ser evitadas em todas as suas formas nas organizações;
4. aprender com os casos de sucesso que já existem em nossa sociedade e no mundo. Em diversos setores da economia é possível captar casos de sucesso aderentes aos preceitos do desenvolvimento sustentável e

é possível fazer a transposição de tais práticas para o nosso contexto (fazendo as devidas adequações às particularidades do cenário), dando velocidade aos resultados esperados e otimizando o tempo e o custo para implementação de ações (Arbache, 2012);

5. melhorar a gestão dos recursos naturais com auxílio de novas tecnologias, negócios e produtos;
6. aproveitar matérias-primas e promover sua transformação em resíduos para outras cadeias produtivas, assumindo padrões responsáveis de produção, consumo e pós-consumo (logística reversa);
7. integrar e aumentar a eficiência da cadeia de fornecedores, auxiliando na governança dos pequenos e médios e garantindo a rastreabilidade dos produtos envolvidos na parceria;
8. gerar novos negócios e receitas a partir do potencial da organização e do cenário na qual atua, como também da colaboração multi-*stakeholders*;
9. aliar inovação e valor compartilhado para conquistar resultados tangíveis e intangíveis aderentes aos preceitos da sustentabilidade. A promoção do engajamento de todos é decisiva para garantir responsabilidade compartilhada e resultados obtidos;
10. contar com o patrocínio das lideranças comprometidas e capacitadas e de uma governança que torne a sustentabilidade uma regra e não uma exceção;
11. promover educação para o desenvolvimento sustentável, por meio de "academias de sustentabilidade", auxiliando na qualificação de líderes e profissionais aderentes aos chamados "postos verdes de trabalho". Assim será possível suprir o *gap* de formação de profissionais aptos a responder com inteligência, escala e velocidade aos novos modelos de negócios pautados nas transformações e inovações geradas pela economia de baixo carbono;
12. engajar e reter líderes e profissionais que contribuam para o fortalecimento promissor dos negócios e práticas que tenham alinhamento com o desenvolvimento sustentável;
13. contribuir para o fomento à ciência e à tecnologia em redes de parcerias estratégicas para as operações da organização;
14. divulgar relatórios de sustentabilidade e incentivar as grandes organizações e as de capital aberto a integrarem essas informações às estratégias

de sustentabilidade pautadas na economia verde. O documento deve ser um pacto socioambiental aliado ao desenvolvimento econômico;
15. mobilizar consumidores para uma responsabilidade compartilhada;
16. mitigar o impacto das operações da organização sobre seu entorno, contribuindo para o fomento da economia local e atuando por meio de práticas socioambientalmente responsáveis, levando em consideração seus impactos na vida das pessoas, das comunidades e da sociedade.

Ao colocarmos a sustentabilidade no contexto dos negócios, a área responsável pelos recursos humanos da organização assume o importante papel de levar os conceitos às práticas corporativas. O que se apresenta é a necessidade de atrair, reter e engajar profissionais e líderes capazes de responder às demandas urgentes que as diretrizes do desenvolvimento sustentável apontam para as organizações.

Esses princípios e diretrizes internacionais dão a nações e empresas um norte para um futuro mais sustentável. Fica clara a importância da gestão estratégica de recursos humanos das empresas na instalação de uma cultura voltada para a sustentabilidade empresarial. Adotar tais diretrizes e princípios é uma das muitas ações que contribuem para solidificar as bases de uma gestão sustentável. Agindo com ética nas relações, a organização mitiga riscos e dá maior segurança aos seus credores, ao Estado, ao meio ambiente, e torna-se uma empresa mais desejada por clientes, colaboradores, fornecedores e investidores.

Quando há uma gestão ética, que não se preocupa apenas com resultados contábeis de curto prazo e amplia seu propósito na geração de valor nos médio e longo prazos, há uma clara redução de passivos intangíveis e uma elevação dos ativos intangíveis. Esse é o ponto que separa uma gestão oportunista, imediatista e focada apenas no lucro a qualquer custo de uma gestão perene, sustentável e geradora de valor. Essa geração de valor, normalmente refletida no preço das ações de uma companhia de capital aberto ou no valor percebido por investidores ou interessados em uma empresa de capital fechado, reverbera em todos os demais *stakeholders*.[4] Para uma compreensão melhor

[4] A palavra inglesa *stakeholder* é muito utilizada no mundo corporativo para representar as partes que de algum modo afetam, são afetadas ou ainda as que se sentem afetadas pela atividade da empresa, tais como acionistas, clientes, colaboradores, credores, fornecedores, o Estado etc.

desses movimentos de geração de valor, cabe uma análise um pouco mais aprofundada dos ativos e passivos intangíveis.

São muitas as definições de ativos intangíveis. Kayo (2002:14) tem uma das que consideramos mais completas:

> Ativos intangíveis podem ser definidos como um conjunto estruturado de conhecimentos, práticas e atitudes da empresa que, interagindo com seus ativos tangíveis, contribui para a formação do valor das empresas. São ativos de natureza permanente, sem existência física e que geridos pelas organizações passam – ou ao menos podem passar – a gerar resultados futuros.

Ativos intangíveis são, portanto, competências – de pessoas – que potencializam os ativos tangíveis e geram valor para as empresas. Patentes nada valeriam sem as competências técnicas dos seus criadores. Uma carteira de clientes de nada vale se não tiver um grau elevado de fidelidade conquistado por um bom atendimento. Uma obra arquitetônica de um Niemeyer não teria o valor que tem sem o talento do arquiteto. Uma banca de advogados não terá clientes se não houver lastro reputacional. São todos ativos intangíveis, ou seja, de difícil mensuração e contabilização imprecisa.

Já para os passivos intangíveis, selecionamos a definição de Pereira e colaboradores (2001:108): "O passivo intangível é uma exigibilidade cuja informação acerca de sua existência permanece encoberta ao usuário dos demonstrativos contábeis e em alguns casos até aos seus próprios dirigentes." Eles alteram significativamente a percepção de valor de uma empresa, tal qual nos ativos intangíveis, porém, em sentido inverso.

A falta de qualidade nas relações com os *stakeholders* reduz o valor dos ativos intangíveis e, mais grave, pode gerar passivos intangíveis. Por exemplo: uma empresa que, de modo deliberado, deixe de registrar legalmente seus colaboradores – ou parte deles – visando reduzir seus custos com as obrigações trabalhistas vinculadas à Consolidação das Leis do Trabalho (CLT) do Brasil, propondo a eles um contrato de prestação de serviços por meio de uma pessoa jurídica da qual seriam sócios. Essa prática é repudiada pela Justiça brasileira dado que camufla a sonegação e comprova vínculo empregatício. Os colaboradores que estiverem sendo prejudicados poderão requerer seus direitos e isso geraria um passivo intangível. Todavia, mesmo os trabalhadores não recorrendo à Justiça, o passivo intangível permanece existindo aos olhos dos investidores, pois poderá se realizar no futuro, a qualquer tempo.

Danos às relações com colaboradores geram passivos trabalhistas intangíveis como o citado; danos às relações com o meio ambiente, como o derramamento de poluentes em um rio, geram passivos ambientais intangíveis; danos às relações com os clientes, como a falta de respeito aos seus direitos de consumidor; danos às relações com o Estado e com a comunidade, como a sonegação de impostos, entre outros, são todos danos geradores de passivos intangíveis.

Assim, pode-se perceber que a gestão dessas relações merece atenção e esforço, uma vez que, relações éticas com os públicos com os quais a empresa se relaciona, especialmente com clientes e acionistas, torna-se fator fundamental para a sustentabilidade da empresa quando se tem por objetivo a geração de valor para todos.

Como podemos observar, o potencial de passivos intangíveis é significativamente reduzido, ao mesmo tempo que a participação dos ativos intangíveis na composição do lucro econômico da empresa é alavancada quando a empresa zela pela qualidade das relações com os públicos que impactam ou são impactados direta ou indiretamente por suas atividades. Ao se relacionar ética e responsavelmente com sócios, colaboradores, clientes, fornecedores e demais públicos, o gestor reduz riscos negativos e potencializa riscos positivos para a empresa.

Há várias maneiras de categorizar esse cuidado no tratamento com os *stakeholders* ou a zeladoria das relações sociais. Optamos por segmentá-la em três grupos distintos de ações: as de gestão de expectativas, as de gestão de oportunidades e as de gestão de riscos e crises (Mazzali et al., 2013) como veremos resumidamente a seguir.

A gestão das expectativas

Cumprir acordos e contratos, formais ou informais, de acordo com princípios éticos, é a forma pela qual o ambiente empresarial atende às expectativas de seus *stakeholders*. Espera-se que o estabelecido nesses acordos seja cumprido. Isso denota responsabilidade por parte do gestor. Por outro lado, o desrespeito aos dispositivos do acordado pode frustrar uma das partes, levando este *stakeholder* a diminuir o grau de confiança e, consequentemente, sua percepção de valor e perenidade na relação, fazendo com que sua contribuição para a sustentabilidade do negócio deixe de existir.

Imaginemos, para exemplificar, uma situação em que um cliente entenda que algum termo do acordo firmado com a empresa não tenha sido cumprido. Ele considera o descumprimento insuficiente para levar a um conflito entre as partes, mas, frustrado e decepcionado, manifesta essa insatisfação entre um grupo de clientes potenciais da empresa. Acaba de ser iniciado o processo de criação de passivos intangíveis por meio da geração de má reputação ou redução do grau de confiança, o que poderá levar ao encolhimento da carteira de clientes e do lucro, e, por consequência, à diminuição do valor das ações da empresa.

A gestão de oportunidades

Empresas orientadas para a busca de geração de valor para todos os seus públicos naturalmente direcionam seus esforços à constante superação das expectativas de seus sócios, clientes, fornecedores e colaboradores. Essa é uma ação positiva para a geração de oportunidades. Ela traz como resultados melhor percepção e maior confiança por parte de seus *stakeholders*, o que leva as empresas a se tornarem mais aptas à instalação interna da cultura de melhoria contínua, inovação e consequente geração de novas oportunidades.

Imaginemos uma empresa que, além de cumprir seus acordos integralmente, realize iniciativas como o recolhimento e reaproveitamento das embalagens de seus produtos, reduzindo a geração de resíduos e diminuindo a pressão sobre os recursos naturais (água, árvores, energia). Essa empresa, sem dúvida, elevará a percepção de seus clientes quanto ao seu compromisso com a sociedade e com o meio ambiente, aumentando seus ativos intangíveis. Poderá, com isso, atrair um grupo diferenciado de consumidores e gerar, assim, oportunidades de atuação em novos nichos de mercado e de negócios.

A gestão de riscos e crises

Na direção inversa, se as ações e o foco da empresa não primam pela manutenção das relações positivas com seus públicos, podem ser gerados riscos que devem ser monitorados e administrados.

Uma das grandes dificuldades da gestão sustentável reside na administração equilibrada entre decisões com consequências de curto e de longo prazo. Uma medida imediatista para a aparente superação de uma crise e redução de custos no curto prazo pode causar sérios danos no médio e longo prazo. Por exemplo, se após um acidente aéreo o porta-voz da companhia dirige-se à imprensa e procura eximir a empresa de culpa, transferindo-a, por exemplo, ao órgão responsável pelo tráfego aéreo, dispara-se automaticamente uma crise com consequências de médio e longo prazos. Essa "transferência de culpa" coloca imediatamente a opinião pública contra a empresa. Há perda de confiança e credibilidade. Iniciam-se, a partir daí, processos contra a empresa – inclusive do órgão de tráfego aéreo. Se a comunicação da companhia aérea e seu porta-voz não deixarem claro que a empresa responde por seus passageiros e fará de tudo para que culpados sejam punidos e as famílias indenizadas de forma justa, crise à frente.

Como vimos até aqui, a sustentabilidade de uma corporação só pode ser alcançada com uma gestão que contemple relações éticas com todos os seus *stakeholders*. Essas relações éticas são estabelecidas única e exclusivamente por pessoas e, desse modo, torna-se clara a importância estratégica da área de recursos humanos em uma organização perene e voltada para o desenvolvimento sustentável. Se estamos colocando expressões como "importância estratégica", "relações éticas", "organização perene" e "desenvolvimento sustentável" na mesma frase, estamos falando dos fundamentos de uma boa governança.

Governança corporativa

Tanto a orientação estratégica de uma organização como sua zeladoria ética são responsabilidades que, mesmo transversais a toda a organização, residem na alta governança. Desse modo, uma organização que se orienta pelas boas práticas de governança e pelas diretrizes do desenvolvimento sustentável, zela por relações éticas com seus mais diferentes públicos.

Não há unanimidade na conceituação de governança corporativa. Há diferentes abordagens, dependendo da época, da cultura em que elas se inserem e até mesmo dos modelos adotados em diferentes países. Destacamos, a seguir, a nosso ver, duas importantes interpretações.

> Governança corporativa pode ser definida como o conjunto de normas, leis, regulamentos, públicos e privados que organizam, direcionam e comandam as relações de uma empresa, isto é, de seus controladores e administradores com aqueles que investem nessa respectiva empresa por meio da compra de valores mobiliários [Garcia, 2005:3].

Já para Andrade e Rossetti (2004:25), governança corporativa é o "conjunto de valores, princípios, propósitos, papéis, regras e processos que rege o sistema de poder e mecanismo de gestão de empresas", abrangendo alguns aspectos, entre os quais: os propósitos dos acionistas empreendedores; a maximização da riqueza dos acionistas, minimizando oportunidades conflitantes com esse fim; e padrões de atendimento aos direitos dos *stakeholders*.

Arquitetura de governança corporativa

Seja por qualquer um dos conceitos apresentados, a governança de uma organização se realiza por meio de um processo decisório alicerçado em uma arquitetura que contempla órgãos representativos dos proprietários e dos gestores. A segregação entre os órgãos representantes da propriedade e os órgãos representantes da gestão é uma das principais características de uma organização que possui uma boa arquitetura de governança. A figura 2 fixa esses principais órgãos, melhor detalhados nos próximos tópicos.

A Assembleia Geral

A Assembleia Geral é o órgão que abriga os acionistas[5] ou cotistas[6] de uma organização e, portanto, possui absoluta soberania em relação a todos os demais órgãos e estruturas. As assembleias gerais se instalam ordinariamente

[5] Sócios de uma sociedade por ações, tanto de capital aberto quanto fechado.

[6] Sócios de uma sociedade por cotas de responsabilidade limitada.

uma vez ao ano para as aprovações das contas do exercício que se findou e o planejamento apresentado para o(s) exercício(s) seguinte(s), mas, podem, nos casos previstos no estatuto social, ter instalações extraordinárias e tempestivas.

Como proprietários e investidores, os sócios são capitalistas e, como tal, não precisam necessariamente possuir competências administrativas. São pessoas físicas ou jurídicas que investem capital na organização visando dividendos e valorização. Portando, tais investidores podem – e devem – delegar a administração estratégica da organização a profissionais que tenham as competências exigidas. Em uma arquitetura de boa governança, essa delegação se dá por meio da eleição de conselheiros administrativos, conselheiros fiscais e, em alguns casos, conselheiros consultivos.

Figura 2
SISTEMA – ESTRUTURA DE GOVERNANÇA

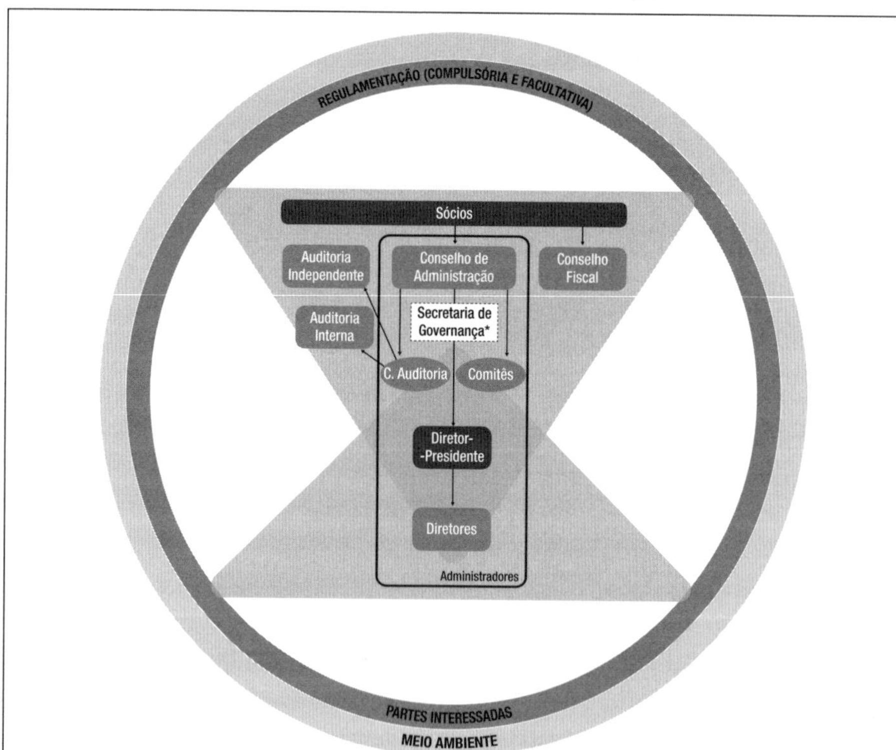

Fonte: IBGC (s.d.).

* O profissional da Secretaria de Governança não é administrador, apesar de inserido junto aos demais órgãos do âmbito dos administradores.

O Conselho de Administração

Os profissionais eleitos pelos acionistas ou cotistas para a administração estratégica da organização assumem os cargos de conselheiros de administração e, de modo colegiado, formam o Conselho de Administração, que tem como principal atribuição zelar pela sustentabilidade da organização. Para tal, deve pautar suas decisões preservando os valores e o objeto social da organização, respeitando os princípios da boa governança corporativa. O direcionamento estratégico do Conselho de Administração também deve mirar a geração de valor tanto para os proprietários (acionistas ou cotistas) como para as demais partes interessadas (clientes, colaboradores, fornecedores, Estado, comunidade e outros). Como vimos, a geração de valor se dá pela mitigação de riscos por meio de relacionamentos éticos com todos os seus *stakeholders*. Ou seja, é papel do Conselho de Administração gerar resultado econômico aos sócios sem abrir mão da responsabilidade de gerar valor para todas as partes interessadas.

O Conselho Fiscal

Como o próprio nome sugere, ao Conselho Fiscal cabe, em nome dos sócios e de modo independente, a fiscalização dos atos administrativos em todos os níveis da organização, promovendo os devidos relatos à Assembleia Geral. Seus membros, os conselheiros fiscais, são eleitos pelos sócios na Assembleia Geral. Sua instalação não é obrigatória e, caso a organização opte por tê-lo, sua atuação poderá ser permanente ou eventual, respeitados os dispositivos do estatuto social. Mesmo não sendo ele obrigatório, a existência de um Conselho Fiscal atento e atuante mantém a organização em conformidade com a lei e com as boas práticas de gestão e governança, reduzindo riscos e dando mais segurança aos sócios.

Os comitês de suporte à decisão

O Conselho de Administração é um órgão colegiado que se reúne regularmente. Cada organização determina a periodicidade de suas reuniões, mas são bastante comuns as reuniões mensais. Desse modo, são reuniões deliberativas e, portanto, os conselheiros precisam embasar suas decisões em análises, pareceres, projetos e estudos prévios. Esses instrumentos darão suporte técnico às decisões dos conselheiros. Para tal os conselhos têm a prerrogativa de instalar comitês de suporte à decisão, que são grupos de trabalho formados por técnicos da própria organização (que podem ser auxiliados por consultores externos), com o objetivo de produzir pareceres que auxiliem as deliberações do conselho. Os comitês podem ser permanentes, como um comitê de cenários econômicos, ou esporádicos, como um comitê de novos negócios. Organizações que já estão convencidas da importância estratégica de seus recursos humanos instalam comitês para definição e monitoramento constante das políticas vinculadas à área.

Princípios de governança corporativa

Neste livro adotamos os princípios de governança corporativa que as organizações brasileiras reconhecem e que foram publicados pelo Instituto Brasileiro de Governança Corporativa (IBGC) no Código Brasileiro de Melhores Práticas de Governança Corporativa, em sua quinta edição (2015).

Princípio da transparência
Consiste no desejo de disponibilizar para as partes interessadas as informações que sejam de seu interesse e não apenas aquelas impostas por disposições de leis ou regulamentos. Não deve restringir-se ao desempenho econômico-financeiro, contemplando também os demais fatores (inclusive intangíveis) que norteiam a ação gerencial e que conduzem à preservação e à otimização do valor da organização.

Princípio da equidade
Caracteriza-se pelo tratamento justo e isonômico de todos os sócios e demais partes interessadas (*stakeholders*), levando em consideração seus direitos, deveres, necessidades, interesses e expectativas.

Princípio da prestação de contas (*accountability*)
Os agentes de governança devem prestar contas de sua atuação de modo claro, conciso, compreensível e tempestivo, assumindo integralmente as consequências de seus atos e omissões e atuando com diligência e responsabilidade no âmbito dos seus papéis.

Princípio da responsabilidade corporativa

Os agentes de governança devem zelar pela viabilidade econômico-financeira das organizações, reduzir as externalidades negativas de seus negócios e suas operações e aumentar as positivas, levando em consideração, no seu modelo de negócios, os diversos capitais (financeiro, manufaturado, intelectual, humano, social, ambiental, reputacional etc.) no curto, médio e longo prazos.

Aspectos comportamentais do processo decisório

É importante destacar que uma organização que instalar órgãos típicos de governança, como Conselho de Administração, Conselho Fiscal e comitês de suporte à decisão não terá necessariamente instalado e praticado a boa governança. Se o processo decisório não estiver revestido de boas práticas de governança de nada adiantará a existência desses órgãos. Será apenas um mero organograma. Essa, inclusive, não é uma situação hipotética, pois existem inúmeras empresas que "implantam" uma estrutura de governança apenas no papel e não a praticam de modo adequado, como veremos a seguir.

Uma organização pode ter os órgãos de governança instalados e desrespeitar o fluxo decisório adequado. Se, por exemplo, permitir que o direcionamento estratégico seja determinado pelo CEO/diretoria para apenas ter a aprovação do Conselho de Administração, não estará praticando a boa governança. Nesse caso o correto seria o Conselho de Administração, apoiado por análises e pareceres de comitês específicos, definir o direcionamento estratégico da organização e delegar ao CEO sua execução. O monitoramento da conformidade dessa execução com a legislação, com a ética, com os valores da organização e com as boas práticas de governança é função do Conselho Fiscal. A aprovação final é prerrogativa da Assembleia Geral.

O fluxo decisório não é o único aspecto comportamental que pode comprometer a boa governança. Atitudes que visam prioritariamente aos interesses individuais em detrimento dos interesses coletivos também colocam em risco a boa governança e, por consequência, a perenidade e a sustentabilidade da organização. Outros capítulos deste livro tratam essa questão com mais profundidade, em especial o capítulo 15, "Comportamento organizacional".

Conclusão

A sustentabilidade de uma empresa só é possível quando ela consegue, ao longo de sua história, estabelecer e garantir relações éticas com todos os seus *stakeholders*. A ética é o ingrediente que dá solidez às relações corporativas, alicerçando – ou sustentando – o propósito da organização. A razão social de uma empresa – sua razão de existir – só atingirá o longo prazo, a perenidade, se suas relações éticas forem preservadas. Sem relações éticas com os colaboradores só se produzem passivos trabalhistas. Sem relações éticas com o Estado só se produzem passivos fiscais. Sem relações éticas com os clientes, com os fornecedores, com a comunidade ou com o meio ambiente só se produzem passivos reputacionais. Passivos esses que não se expressam na frieza dos números tangíveis – sejam eles azuis ou vermelhos – dos balanços contábeis, mas que se materializam no calor intangível da percepção da sociedade. O contrário é verdadeiro: uma empresa que escolhe o caminho ético, se afasta dos atalhos que a levariam aos lucros "a qualquer custo" e mitiga seus riscos de geração de passivos intangíveis. Com menores riscos e transmitindo maior segurança a seus *stakeholders*, ela passa a ser mais desejada por todos, inclusive por investidores, valorizando-se no mercado. Nessa escolha, ela deixa de ter passivos intangíveis e os substitui por ativos intangíveis. Troca o lucro contábil de curto prazo por lucro econômico de longo prazo. A escolha do caminho ético é humana. A escolha do lucro econômico é a correta. A gestão estratégica e econômica de recursos humanos é, portanto, um instrumento fundamental para que as organizações zelem pela perenidade de seus propósitos e, desse modo, contribuam diretamente para a sustentabilidade de sua região e, indiretamente, para o desenvolvimento sustentável das nações e, enfim, do planeta. A gestão estratégica e econômica de recursos humanos é aquela que escolhe o caminho da ética. Simples. Como deve ser.

Agradecimento especial

Agradecemos à professora Ana Paula Arbache, professora da Fundação Getulio Vargas e uma das coordenadoras deste livro, pelas importantes contribuições que deu a este texto, especialmente no que tange à lista de ações relacionadas ao desenvolvimento sustentável sugeridas às organizações.

Referências

ASSOCIAÇÃO BRASILEIRA DE NORMAS TÉCNICAS (ABNT). *NBR ISO 26000*. Diretrizes sobre responsabilidade social. Rio de Janeiro: ABNT, 2010.

ANDRADE, Adriana; ROSSETTI, José Paschoal. *Governança corporativa*: fundamentos, desenvolvimento e tendências. São Paulo: Atlas, 2004.

ARBACHE, Ana Paula. Suécia e Alemanha: desenvolvimento sustentável, inovação tecnológica e formação profissional. In: ________. *Sustentabilidade empresarial no Brasil*: cenários e projetos. São José do Rio Preto, SP: Raízes, 2012, p. 21-40.

________. *Educação para o desenvolvimento sustentável (EDS)*: o caminho percorrido a partir dos currículos de formação de lideranças para a prática da governança das empresas. 2016. 30 f. Artigo final (pós-douturado em educação) – Departamento Educação. Pontífica Universidade Católica de São Paulo, São Paulo, 2016.

BRAUN, Nina. *Investimentos verdes são a chave para a economia de baixo carbono*. São Paulo; CDP, 2016. Disponível em: <www.cdpla.net/pt-br/noticias/investimentos-verdes-são-chave-para-economia-de-baixo-carbono--artigo-de-nina-braun>. Acesso em: abr. 2017.

BRUNDTLAND, G. H. (Org.) *Nosso futuro comum*. 2. ed. Rio de Janeiro: FGV Ed., 1991.

CONFERÊNCIA DAS NAÇÕES UNIDAS SOBRE MEIO AMBIENTE E DESENVOLVIMENTO, 1992, Rio de Janeiro. *Agenda 21*. Brasília: Senado Federal, Subsecretaria de Edições Técnicas, 1996.

ELKINGTON, J. *Cannibals with forks*: the triple bottom line of 21st century business. Oxford: Capstone, 1997.

GARCIA, Félix Arthur. *Governança corporativa*. 2005. 41 f. Monografia (graduação em economia) – Instituto de Economia, Universidade Federal do Rio de Janeiro, Rio de Janeiro, 2005. Disponível em: <www.cvm.gov.br/export/sites/cvm/menu/acesso_informacao/serieshist/trabacademicos/anexos/Felix-_Arthur_C_Azevedo_Garcia-goc-corporativa.pdf>. Acesso em: abr. 2017.

INSTITUTO BRASILEIRO DE GOVERNANÇA CORPORATIVA (IBGC). *Código Brasileiro de Melhores Práticas de Governança Corporativa*. 5. ed. São Paulo: IBGC, 2015. Disponível em: <www.ibgc.org.br/index.php/publicacoes/codigo-das-melhores-praticas>. Acesso em: abr. 2017.

______. *Sistema*. São Paulo: [s.d.]. Disponível em: <www.ibgc.org.br/index.php/governanca/governanca-corporativa/sistema>. Acesso em: abr. 2017.

KAYO, E. K. *A estrutura de capital e o risco das empresas tangível e intangível--intensivas*: uma contribuição ao estudo da valoração de empresas. 2002. 110 f. Tese (doutorado em administração) - Faculdade de Economia, Administração e Contabilidade, Universidade de São Paulo, São Paulo, 2002. Disponível em: <www.teses.usp.br/teses/disponiveis/12/12139/tde-05032003-194338/pt-br.php>. Acesso em: abr. 2017.

KRAEMER, M. E. P. Responsabilidade social corporativa: uma contribuição das empresas para o desenvolvimento sustentável. *Revista Eletrônica de Ciência Administrativa*, v. 4, n. 1, p. 1-50, 2005.

MAZZALI, Rubens. *Gestão de negócios sustentáveis*. Rio de Janeiro: FGV Ed., 2013.

ORGANIZAÇÃO DAS NAÇÕES UNIDAS (ONU). *Principles for responsible management education*. Nova York: ONU, 2011. Disponível em: <www.unprme.org/about-prme/the-six-principles.php>. Acesso em: abr. 2017.

OSWALD, Vivian; ALMEIDA, Cássia. Clima deve levar a Bretton Woods verde. *Folha de S.Paulo*. São Paulo, 10 de janeiro de 2016. Caderno Economia, p. 26.

PACTO GLOBAL. *Os dez princípios*. São Paulo: Rede Brasil do Pacto Global da ONU, 2013. Disponível em: <www.pactoglobal.org.br/artigo/56/Os-10--principios>. Acesso em: abr. 2017.

PEREIRA, Anísio Cândido et al. A relevância do passivo oculto no *disclosure* da informação contábil. *Revista Álvares Penteado*, São Paulo, n. 6, p. 107-118, jun. 2001.

PRINCIPLES FOR RESPONSIBLE INVESTMENTS. *The six principles* Londres: PRI, [s.d.]. Disponível em: <www.unpri.org/about/the-six-principles>. Acesso em: abril 2017.

UNITED NATIONS. The future we want. In: ______. RIO + 20 United Nations Conference on Sustainable Development. Rio de Janeiro: UN, 2012. Disponível em: <www.rio20.gov.br/documentos/documentos-da--conferencia/o-futuro-que-quere- mos/at_download/the-future-we-want.pdf>. Acesso em: abr. 2017.

UNITED NATIONS Framework Convention on Climate Change. Conference of the Parties: twenty first session. Paris: FCCC, dez. 2015. Disponível em: <http://unfccc.int/resource/docs/2015/cop21/eng/l09r01.pdf>. Acesso em: abr. 2017.

4. Gestão da cultura organizacional

Almiro dos Reis Neto

Introdução

O tema cultura organizacional vem crescendo de importância no mundo e no Brasil nas últimas décadas porque há um entendimento cada vez maior, especialmente no topo das organizações, de que a boa gestão da cultura organizacional pode agregar aos resultados das empresas. Acionistas e presidentes parecem ser os mais interessados em incluir esse tema em suas agendas, uma vez que cultura parece ser entendida como um tema estratégico.

A seguir apresentamos as principais teorias para diagnóstico e gestão da cultura organizacional e também ferramentas para sua mudança, bem como o papel da liderança e dos profissionais de recursos humanos (RH) nesse processo.

Cultura e estratégia

Há muitas possibilidades de se tratar a questão da cultura corporativa: como uma questão ética, uma vertente do sistema de comunicação, na disseminação da missão, visão e valores, ou um aspecto essencial do processo seletivo. É nosso entendimento que a cultura organizacional é muito ampla e pode abranger quase todos os aspectos da organização. Louis Gerstner Jr. (2003)

declarou que antes de trabalhar na IBM como presidente, considerava a cultura algo secundário, mas lá aprendeu que cultura é fundamental.

Para os executivos que já entendem ou já sentiram o impacto da cultura organizacional no resultado de suas empresas, não há mais dúvidas de que ela está intimamente ligada à estratégia e vice-versa. A única dúvida é sobre o que vem primeiro e o que é mais forte: se é a estratégia ou a cultura. Schein (1992) é claro em afirmar que a cultura importa porque os seus elementos determinam a estratégia, os objetivos e o modo de operação da empresa. Os valores e o modo de pensar dos líderes e dos gestores são parcialmente determinados pela herança cultural de cada um e pelas experiências que compartilham. Esse conceito coloca a cultura como base para a definição da estratégia e, portanto, anterior a ela. Franz-Friedrich Neubauer (Lima, 2015:34) aponta na direção que parece ser a mais pragmática ao afirmar que "a cultura existe para sustentar a estratégia do negócio e gerar resultados. Se não serve para isto, precisa ser mudada. Valor tem que gerar valor!".

Por muitos anos, acreditou-se que os valores da empresa deveriam ser imutáveis. Thomas J. Watson Jr. (1995), ex-presidente da IBM, foi enfático ao afirmar que "as crenças têm sempre que vir antes das políticas, práticas e metas. Estas últimas têm sempre que ser alteradas se estiverem violando as crenças fundamentais". Não obstante essa afirmação, a própria IBM fez uma revisão profunda de suas crenças sob a liderança de Louis Gerstner ao enfrentar uma crise nos anos 1990. O mundo tem mudado tão significativa e continuamente nos últimos anos que qualquer empresa que queira estar viva no longo prazo precisa repensar sua estratégia e seus valores, não para renegar seu passado, mas para verificar se há algum fator deixado de fora e que será relevante no futuro. Em outras palavras, é necessário revisar a declaração de valores de tempos em tempos, pois o mundo está em mudança profunda e não se consegue antecipar tudo o que está por vir!

Lembrando que construir o futuro é algo bem diferente de repetir monotonamente o passado de sucesso, João Lima (2015:269) alerta que

> nas empresas modernas, cultura não pode ser fruto do acaso, nem orientada pelo passado. Deve ser ajustada ou reinventada sempre que necessário, e administrada de forma cuidadosa e inteligente a fim de tornar-se um diferencial competitivo a serviço da estratégia do negócio, orientando-o para o futuro.

Em síntese, uma cultura não é boa ou ruim *per se*, mas deve ser funcional em relação à estratégia da empresa, ou seja, deve contribuir para a realização dos objetivos de uma organização.

Três conclusões podem ser elencadas a partir do exposto acima:

- cultura e estratégia estão intimamente ligadas;
- a cultura tem claro impacto nos resultados das organizações;
- cultura pode e deve ser gerenciada.

O que é cultura organizacional?

Mesmo sem saber o que é cultura organizacional, qualquer colaborador pode senti-la e, até mesmo, descrevê-la intuitivamente. Quem já viajou para outro país, a trabalho ou a turismo, se deparou com comportamentos que pareceram muito diferentes daqueles a que estava habituado. O mesmo pode ter acontecido em uma mudança de emprego, em uma nova empresa. Em geral, nossa primeira reação é pensarmos que o nosso jeito é o certo e que os outros estão errados. Isto é o que chamamos de choque cultural, e esse choque pode ser apenas leve e curioso ou intenso e imobilizador. Em muitos casos, pode mesmo inviabilizar o desempenho e a permanência da pessoa nesse local, país ou empresa. Mesmo não tendo um entendimento claro do que seja cultura, sabemos, nesse momento, que estamos enfrentando um choque cultural. Existem muitas diferentes definições de cultura, e a seguir apresentamos as mais conhecidas e interessantes.

Hofstede, Hofstede e Minkov (2010:4) definem cultura como sendo "a programação coletiva da mente que distingue os membros de um grupo ou categoria de outros". À primeira vista, a palavra programação pode soar como sendo algo ligado ao campo de informática, algo meio cibernético ou futurista. Na realidade, o que os autores pretendem significar com isso é que as pessoas são educadas, ou mesmo doutrinadas, para certo tipo de comportamento em suas famílias, religiões e países, de tal forma que tendem a repetir um conjunto de comportamentos, consciente ou inconscientemente, pois isso as integra ao grupo. Os autores defendem que cultura não é um fator genético, mas sim aprendida ao longo da vida, especialmente nos primeiros dez anos, ou seja, um chinês tem comportamentos específicos, não porque é filho de chineses, mas porque viveu e foi educado na cultura chinesa.

Bob Waisfisz (2015:20) pragmaticamente define cultura como "uma ferramenta de gestão para assegurar a realização dos objetivos da organização".

Marvin Bower, ex-diretor da McKinsey (apud Deal e Kennedy, 1982:4) define cultura de uma maneira mais informal como sendo "o jeito como fazemos as coisas por aqui". Essa definição explicita o aspecto comportamental da cultura, sem entrar no mérito de questões mais profundas dos valores que determinam as decisões e, finalmente, os comportamentos.

Edgard Schein (1992:12) define cultura como:

> Um conjunto de suposições básicas e compartilhadas que o grupo aprendeu como sendo solucionador de seus problemas de adaptação externa e integração interna, e que tem funcionado bem o suficiente para ser considerado válido e, portanto, para ser ensinado para novos membros como sendo a forma correta de perceber, pensar, e sentir em relação a estes problemas.

Schein propõe, ainda, um modelo para a descrição de cultura baseado em níveis, que caminham progressivamente do mais visível para o mais profundo e inconsciente São eles:

- *Artefatos*: são os fenômenos que todos podem facilmente ver, ouvir e sentir ao entrar em contato com um grupo e sua cultura, o que inclui sua arquitetura, criações artísticas, linguagem, tecnologia, produtos, vestimenta, mitos, histórias sobre a organização, declarações de valores publicadas, cerimônias e qualquer comportamento visível ou processo organizacional que seja rotineiro e observável. Artefatos são fáceis de serem observados e, muitas vezes, difíceis de serem entendidos ou decifrados, ou seja, as razões do porquê estão onde estão, ou seus significados.
- *Valores compartilhados*: são formados a partir de experiências que obtiveram êxito na história daquela comunidade, consolidadas através da repetição em situações similares. Por exemplo: segurança é importante para o negócio, investir em propaganda e marketing é fundamental, gente é a alma do negócio etc.

- *Pressupostos básicos subjacentes*: expressam as crenças mais profundas, e eventualmente mais inconscientes, dos indivíduos e das organizações. Segundo Schein (1992:22), entram nessa categoria a possibilidade de suicídio ou sacrifício para o caso inconcebível de uma falha consciente nessa crença. Um exemplo empresarial seria a crença de que as empresas são constituídas para darem lucros e que, portanto, seria inadmissível projetar um orçamento com prejuízo! Integridade pode ser considerada outro pressuposto básico para organizações em geral, mas particularmente sensível para empresas de auditoria que dependem desse atributo para sua sobrevivência.

O que parece se destacar nessas definições é que a cultura se consolida a partir dos resultados positivos de sua história. Por analogia, acredita-se que os comportamentos apresentados no passado levaram a esses resultados; então, decide-se repetir os mesmos comportamentos no futuro. Em um mundo em que as mudanças aconteciam em ritmo lento, tal axioma poderia se manter, mas em uma economia com mudanças aceleradas, é preciso rever constantemente o que vem dando certo. Atualmente, o desempenho do passado não garante mais o sucesso do futuro.

Como a cultura nasce e se desenvolve?

É muito raro que um empresário comece criando uma empresa pela definição de sua cultura. Um empreendedor típico focará nas necessidades e oportunidades de mercado, descobrirá um produto que tem demanda e fará os desdobramentos necessários para colocar a empresa em operação. Mas isso não significa que esse empreendedor não tenha valores pessoais que esteja colocando em prática em seu negócio, consciente ou inconscientemente, por exemplo, em seu estilo gerencial, no tipo de pessoas que contrata ou nos controles que instala na empresa. A origem da cultura se dá pela escolha de soluções, consciente ou não, do que chamamos de dilemas. São as escolhas que fazemos, tais como: as pessoas podem ter autonomia ou precisam ser controladas, trabalhar duro ou buscar qualidade de vida, seguir o processo ao pé da letra ou ser flexível etc.

Ao fazer essas escolhas, estamos criando "o jeitão" da empresa, que será único, e que, sem dúvida, terá a cara do fundador. Em algum momento de sua vida, verá como sendo útil definir sua "declaração de valores". É claro que os valores corporativos não nascem nesse instante, mas são sintetizados e divulgados a partir desse exercício. Já houve um tempo em que a estratégia era confidencial e somente um pequeno grupo de executivos conhecia seu conteúdo. Esse tempo passou, e as empresas entenderam o benefício de engajar os funcionários na estratégia, sendo, para isso, necessário divulgá-la de forma clara e simples, de modo que todos possam entendê-la. Uma forma de fazê-lo é por meio da missão, visão e dos valores. Mas, como o mercado é dinâmico, assim deve ser a cultura, em permanente evolução para apoiar a consecução de objetivos da empresa. Veja, no quadro 1, a transformação dos valores do Grupo Gerdau ao longo dos anos.

Quadro 1
VALORES DO GRUPO GERDAU

1983	1993	2013
Lucro como medida de desempenho de eficácia e de preservação da livre iniciativa.	Cliente satisfeito.	Ter a preferência do cliente.
Seriedade com os vários públicos.	Qualidade de produtos e serviços.	Segurança das pessoas acima de tudo.
Busca permanente de alta motivação de pessoal e capacitação.	Pessoas como base da eficiência.	Pessoas respeitadas, comprometidas e realizadas.
Flexibilidade como fator de eficiência.	Tecnologia atualizada.	Excelência com simplicidade.
Independência: controle acionário e gestão.	Seriedade com todos os públicos.	Foco em resultados.
Permanente atualização tecnológica, visando qualidade, produtividade e custo.	Segurança e solidez.	Integridade com todos os públicos.
Baixo endividamento.	Lucro como medida de desempenho.	Sustentabilidade econômica, social e ambiental.
Nosso negócio é siderurgia.		
Crescer o nível de participação atual		

Fonte: Lima (2015:79).

Fundada em 1901, a empresa só definiu seus valores depois de muitos anos de existência e, nem por isso, deixou de ter valores fortes e praticados. Notem que a palavra cliente somente apareceu em 1993!

Como a cultura é disseminada?

Lima (2015:231) afirma que "os líderes são os grandes modeladores da cultura por meio de seu discurso e de sua prática, com exemplos concretos no dia a dia e pelo reforço dado àqueles alinhados a ela". Da mesma forma, Otto Levy (apud Lima, 2015:193), diretor de operações da Magnesita, expressa muito fortemente que:

> Não dá para você ter um líder com valores diferentes daqueles da organização, ou dos subordinados. Se o líder tem determinados valores e a organização tem outros, não vai funcionar. Além de ter os mesmos valores, o líder precisa praticá-los. Ele tem que dar o exemplo.

Os líderes são os embaixadores da cultura e devem fazer a ponte entre o presente e o futuro. Muitos executivos chamam essa atividade de catequese, por se tratar de algo que deve ser feito de forma repetitiva e interessante, podendo incluir o *storytelling*, contando casos pessoais, sua história da carreira, em que a questão da adesão à cultura corporativa tenha sido um fator preponderante para o sucesso profissional.

Todas as organizações, grandes ou pequenas, têm formas de controle social, ou seja, mecanismos para garantir a conformidade do comportamento dos indivíduos a um conjunto de regras e princípios tácitos ou explícitos aceitos pelo grupo. O controle social fortalece a uniformidade do comportamento do grupo, o que pode eventualmente facilitar ou dificultar a integração de um novo membro. Nenhuma pessoa que venha a fazer parte de um novo grupo quer ser rejeitada; daí a importância dessa força. O processo de socialização pode levar meses ou anos, dependendo da complexidade das regras formais ou informais de conduta do grupo. Por mais que a empresa tenha um bom processo de integração, não é possível transmitir toda a sua cultura de forma sistematizada e condensada em um manual. As regras de conduta vão sendo absorvidas nas experiências do dia a dia, quando o superior dá uma orientação sobre como proceder em uma reunião, quando um colega diz como lidar com um cliente especial, ou quando a assistente do diretor ensina como quebrar as regras e conseguir aprovar uma exceção.

O controle social aliado a uma prática de seleção de semelhantes tende a criar uma organização de cultura muito homogênea, popularmente chamada de "cultura forte". Tal homogeneidade contribui para que a organização tenha bons resultados, enquanto as condições de mercado se mantiverem. Por outro lado, pode se tornar uma característica negativa no longo prazo quando a organização necessitar fazer uma mudança ou uma inovação, pois enfrentará forte resistência. Em um ambiente em que todos têm uma perspectiva muito semelhante, pode ocorrer certa cegueira e grande resistência a mudanças e inovações. O que era até então uma vantagem, torna-se um desafio, pois os valores centrais da empresa não podem ser questionados.

Organizações têm feito um enorme esforço nas últimas décadas para capacitar seus executivos para que sejam melhores gestores, para liderar e trabalhar em equipe. Algumas finalmente entenderam que existe um inconsciente coletivo que também pode e deve ser gerenciado para buscar melhores resultados. Cultura e estilo gerencial estão intimamente ligados. Se a estratégia é atuar no mercado de *commodities*, que em geral é um mercado de margens apertadas e necessita de controles rigorosos, o estilo gerencial e os processos de gestão devem ser condizentes. Por outro lado, se a estratégia for de relacionamento com cliente, mais uma vez o estilo gerencial e os processos de gestão devem ser coerentes. Os gestores devem ter as competências necessárias para o processo e o estilo requerido pela estratégia da empresa. Infelizmente, quando as empresas tratam esses processos como atividades separadas o resultado pode ser frustrante. Quando alinhadas, é sinérgico!

Em resumo, a cultura corporativa é principalmente disseminada por meio do exemplo pessoal de seus líderes, de seus estilos gerenciais, como tomam suas decisões, e, principalmente, como tratam seus colaboradores no dia a dia.

Declaração de valores

Desde a publicação do livro *Feitas para durar*, de James Collins e Jerry Porras na década de 1990, muitas empresas passaram a criar e divulgar seus valores. Essas declarações de valores são, em alguns casos, de fato, a expressão do que a organização já faz, mas em outros representam muito mais o desejo daquilo que a diretoria gostaria que seus colaboradores passassem a fazer. Carolyn Taylor (2005:7) acredita que:

> Um dos grandes mitos desta área é o de que a cultura de uma organização está intimamente relacionada com sua declaração de valores. A menos que a organização tenha trabalhado muito ativamente com seus valores, durante um período longo de tempo, a declaração de valores será apenas uma intenção. Uma boa intenção, e uma boa coisa de ter, mas quase certamente não descreverá a cultura tal como ela é.

Essa discrepância nem sempre é clara e, no geral, a declaração de valores é divulgada como se já fosse o estado atual das coisas. Em muitos casos, não sendo a realidade dos fatos, e dos comportamentos, nem mesmo no nível mais alto da organização, pode gerar nos colaboradores um sentimento de incompreensão e cinismo, comentado pelos corredores da empresa: "Se eles não fazem o que falam, por que eu tenho que fazer?"

A declaração de valores representa mais um farol que indica o caminho a ser seguido, principalmente para dias de tempestade, quando a visão fica mais difícil e alguns se perdem no caminho. Lima (2015:69) sintetiza essa recomendação da seguinte forma: "Valores servem de guia para as atitudes e comportamentos que devemos exercer para apoiar a estratégia e conduzir o negócio."

Nem todo detalhe da cultura consegue ser sintetizado da declaração de valores. Assim, reconhecemos que existe uma parte da cultura que é praticada, mas eventualmente não registrada, denominada "cultura tácita". Por outro lado, toda a cultura registrada, documentada e divulgada é denominada "cultura explícita". É comum que muitos dos valores de uma organização sejam aprendidos no dia a dia, pela prática, e não pela leitura de manuais. Nem toda a "cultura explícita" é, de fato, praticada, e nem toda a cultura praticada é explicitada na forma de declarações, manuais ou cartilhas.

Figura 1
Cultura explícita e tácita

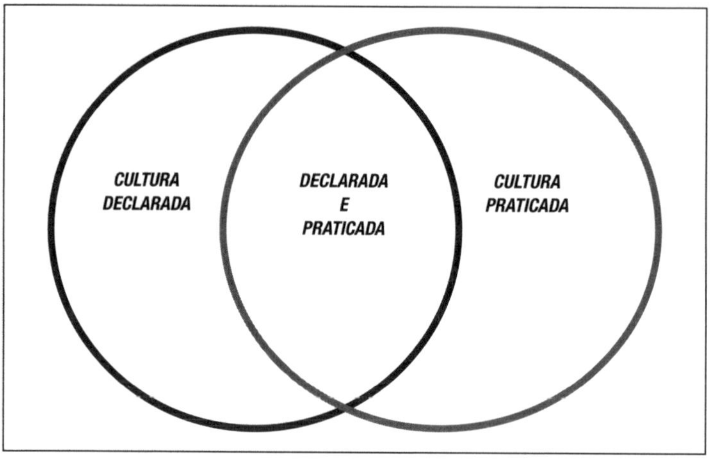

Uma empresa com uma boa e longa gestão de sua cultura tende a tê-la praticada muito próxima da explícita, enquanto que uma organização em estágio inicial da gestão ou da transformação de sua cultura tende a ter sua declaração de valores razoavelmente distante da prática do dia a dia. Robert Levering (2010:168), fundador do The Great Place to Work Institute, afirma que líderes de empresas que são excelentes lugares para trabalhar veem a cultura como central em suas estratégias, e eles frequentemente declaram isso explicitamente.

Qual é a sua cultura?

Se a declaração de valores não é necessariamente a síntese da cultura da empresa, como saber qual é, de fato, sua cultura? Realizar uma pesquisa com metodologia apropriada é a melhor maneira de identificar a cultura predominante na organização. Existem dois tipos de pesquisas de cultura que possibilitam um bom diagnóstico: qualitativa e quantitativa. Cada uma dessas metodologias traz um benefício específico, de tal forma que um projeto pode fazer uso simultâneo de ambas as metodologias.

As pesquisas qualitativas são realizadas por meio de observação do ambiente, entrevistas e leitura de documentos. É fundamental que sejam feitas por profissionais experientes e treinados, capazes de captar e interpretar discursos do tipo "somos uma empresa muito inovadora", que podem ter, ou não, conexão com a realidade, sendo eventualmente apenas um desejo da diretoria. É parte fundamental dessa metodologia a verificação do discurso por meio de fatos comprobatórios.

As pesquisas quantitativas são feitas com o uso de questionários com metodologia especialmente desenvolvida para tal fim. Existem diversos tipos de pesquisas quantitativas: algumas investigam especificamente se os enunciados da declaração de valores são praticados na organização e qual é o grau de aderência entre os colaboradores. Outras pesquisas sugerem que existe uma hierarquia universal de valores e buscam identificar o estágio de evolução da organização frente a essa escala. Por fim, algumas pesquisas de cultura propõem comparar os comportamentos com um grupo de fatores previamente pesquisados e testados como sendo relevantes para o entendimento das culturas organizacionais em geral. Carolyn Taylor (2005: 62) trabalha com cinco dimensões em sua pesquisa quantitativa:

1. Realização.
2. Foco no cliente.
3. Time único.
4. Inovação.
5. Pessoas em primeiro lugar.

Este também é o caso da pesquisa de cultura organizacional que utiliza o modelo de múltiplos focos, desenvolvida por Bob Waisfisz (2015:41), que utiliza, como base conceitual, algumas das mesmas premissas empregadas no modelo consagrado do professor Hofstede para a descrição de cultura nacional, entre elas o confronto entre valores antagônicos ou dilemas. As pesquisas do professor Hofstede revelam que a cultura é mais perceptível pela solução prática de tais dilemas, por exemplo, se na organização alvo da pesquisa:

- Os controles (de todos os tipos: financeiros, físicos, de entrada e saída de funcionários, de estoque etc.) são leves ou rigorosos?
- O fluxo de informações é amplo ou restrito?

Veja, no quadro 2, as oito dimensões utilizadas nessa metodologia.

Quadro 2
MODELO DE MÚLTIPLOS FOCOS

D1	Orientação para processos	Orientação para metas	D1
D2	Foco interno	Foco externo	D2
D3	Controle leve	Controle rigoroso	D3
D4	Relacionamento local	Relacionamento amplo	D4
D5	Sistema aberto	Sistema fechado	D5
D6	Orientação para os colaboradores	Orientação para o trabalho	D6
D7	Baixa aceitação do estilo de liderança	Alta aceitação do estilo de liderança	D7
D8	Baixa identificação com a organização	Alta identificação com a organização	D8

Fonte: Waisfisz (2015).

Quem pode fazer o diagnóstico da cultura?

Um agente interno terá dificuldade de perceber e identificar os traços da cultura que se destacam de outras organizações. Uma vez adaptado na cultura de sua organização, terá dificuldade para discernir o que é único nessa organização e, portanto, o que a difere de outras, e o que pode ajudá-la ou dificultá-la na realização de seus objetivos. Quanto mais um indivíduo trabalha na mesma organização, maior dificuldade terá para descrever adequadamente a própria cultura. John Kotter (2013:152), professor de Harvard, descreve a cultura por meio da analogia com "a forma com que o peixe se relaciona com a água. Ela está em toda a parte, embora invisível, e depois de um tempo, você simplesmente não pensa nela, apesar da grande influência que tem sobre você". É recomendado, portanto, conduzir a pesquisa com um agente externo à organização, pois, para um diagnóstico acurado, é necessário que seja um especialista no tema e não tenha envolvimento emocional com os dados encontrados. Waisfisz (2015: 9) aponta que "observadores e respondentes de pesquisas de cultura são subjetivos. O desafio é evitar respostas socialmente desejáveis tanto quanto possível e assegurar que os observadores sejam enviesados o mínimo possível".

A percepção de cultura é relativa, e é necessário ter múltiplas referências para uma análise adequada. Assim, é importante e relevante que aqueles que trabalham com diagnóstico de cultura tenham experiências em diversas organizações, suficientes para conseguir identificar especificidades e generalidades. Não só na coleta de dados é importante ter um agente capacitado, mas também na análise e apresentação dos resultados, pois é fundamental que o pesquisador consiga fazer uma análise imparcial e objetiva e não tema apresentar eventuais resultados difíceis para a diretoria, e consiga ajudar essa organização a buscar um caminho para alinhar estratégia e cultura.

Lembramos que cultura é o resultado do acúmulo de experiências de sucesso, ao que frequentemente estão associadas fortes emoções. Não é por acaso que muitos executivos têm muita dificuldade de encarar com objetividade e racionalidade a necessidade de mudança. Muitos veem, mas não enxergam, o fato de que algo não está bem.

Subculturas

Dentro de qualquer organização, independentemente de tamanho ou complexidade, convivem subculturas. Subculturas são variações da cultura geral da organização, expressam valores e comportamentos de áreas específicas e ajudam na consecução dos resultados; por isso, são mantidas e reforçadas. Deal e Kennedy (1982:151) afirmam que "todas as empresas têm subculturas, por causa das diferenças funcionais, e estas subculturas podem modelar valores e determinar comportamentos da mesma forma que a cultura onde estão inseridas". Para melhor entender esse conceito, vamos pensar em duas áreas que quase todas as empresas têm: contabilidade e vendas. Quais são os comportamentos mais comuns dessas áreas? Na contabilidade se verifica um ambiente de sigilo, método, análise, cuidado e perfeição. Já na área de vendas, tipicamente se verá muita comunicação, relacionamento, abertura com o mundo externo e flexibilidade com horário. Esses diferentes comportamentos, que revelam diferentes valores, ajudam essas áreas a alcançar seus objetivos. Não há por que a empresa homogeneizar esses comportamentos e criar apenas um padrão; ao contrário, vale a pena valorizar tais especificidades. Ao fazer uma pesquisa de cultura, é possível identificar traços gerais da cultura da organização e também traços muito específicos em áreas distintas, como as mencionadas acimas. Outras áreas em que a subcultura é muito perceptível são: produção, pesquisa e desenvolvimento, áreas que exijam grande segurança ou sigilo, e, sem dúvida, os diferentes níveis hierárquicos, pois há que se considerar que os comportamentos esperados da diretoria são diferentes do que se espera no nível de operação. Também muito discutido nas empresas, grupos com diferentes gerações podem apresentar traços distintos.

Existe uma única cultura que seja a melhor para todas as organizações?

Até o início do século XX, ainda se acreditava que existissem culturas nacionais melhores ou mais avançadas que outras, ou seja, haveria uma hierarquia nas culturas, da mais avançada para a menos avançada, e o sonho dos países seria alcançar o patamar dos europeus. Atualmente, esse conceito está superado e acredita-se que cada país tem sua cultura, que não é nem melhor nem pior; é apenas sua cultura. Da mesma forma, muitas empresas ainda estão em busca do sonho dourado, querendo copiar a cultura organizacional de alguns campeões de mercado. Robert Levering (2010:168) afirma que, "se não há uma única cultura de sucesso, a estratégia de colocar as pessoas em primeiro lugar tem sido extremamente bem-sucedida". Tendo trabalhado com centenas de organizações de diferentes setores industriais, Waisfisz (2015:137) é enfático ao afirmar que "não existe apenas um tipo de cultura boa ou ideal". Não seria uma boa prática partir do pressuposto de que haveria uma cultura ideal a ser copiada por toda e qualquer empresa. Não há que se imaginar que a cultura de uma farmacêutica possa ser comparada a uma varejista, ou que uma empresa de tecnologia possa ser comparada a uma instituição hospitalar. Fersen Lambranho (apud Lima, 2015:53), presidente do Grupo GP, empresa de *private equity*, não tem dúvida em afirmar que "cultura é a alma da empresa e alma não se copia". Vale lembrar que um dos fatores modeladores de uma cultura é o mercado em que atua e, dessa forma, não haverá um "sapato único que sirva a todas as organizações".

Gestão da cultura

Alguns executivos acham que gestão da cultura é um processo simples, que basta criar a declaração de valores, divulgá-la nas salas de reunião da empresa, e pronto, está feito! Podemos dizer que o primeiro passo foi dado. Uma etapa importante foi feita, mas ainda há muito a fazer. Cultura não se muda apenas pela comunicação. É necessário mudar os processos de trabalho e apoiar a mudança especialmente com as ferramentas de gestão de recursos humanos. Vejamos um exemplo: uma empresa que queira tornar sua cultura mais orientada para o cliente. Provavelmente não estará fazendo isso só porque parece ser bom, mas porque seus indicadores mostram que há atrasos sistemáticos nas entregas, talvez tenha altos índices de reclamação por parte dos clientes, e suas faturas talvez sejam emitidas erradas regularmente, afetando sua receita. Será que seria suficiente colocar nas paredes de suas salas algo como: "o cliente é o rei", "o cliente tem razão", "foco no cliente", "foco no foco do cliente"?

Certamente também será necessário mudar seu processo de trabalho e a forma como se relaciona com seus clientes. Deverá rever seu sistema de faturamento e verificar por que os relatórios apresentam erros. Seria falha humana ou de sistema? Talvez seja necessário criar um grupo de trabalho de alto nível, liderado por um diretor com autonomia e autoridade necessárias para alterar processos que cruzam várias diretorias e, eventualmente, contratar consultoria externa especializada nesse assunto. Nesse caso, é provável que vários conflitos surjam, e a mediação de alto nível do presidente será necessária. É nesse exato momento que veremos se o principal executivo quer, de fato, mudar a cultura da empresa, tomando o caminho do novo, ou se prefere manter o *status quo*. Muitas vezes, a mudança é incerta e não se sabe o resultado que afinal surgirá. Segundo Ronaldo Iabrudi (apud Lima, 2015:183), "quem não arrisca não inova, não muda a organização, não inspira as pessoas".

Tendo estudado mudança nas organizações por muitos anos, John Kotter (2013) concluiu que apenas uma pequena parte desses processos obtém êxito. Ele associa os insucessos à inabilidade de gestão de projetos complexos e também à falta de liderança, que não deve ser confundida com gerência de projeto ou de pessoas. Já Robert Kegan, professor da Harvard Medical School, pesquisou este tema por outro ângulo e criou a teoria de que desenvolvemos uma "imunidade à mudança", porque, em essência, a situação atual, por ruim que seja, apresenta benefícios suficientes para o indivíduo querer mantê-la (Kegan e Lahey, 2010). Racionalmente, podemos querer mudar, mas emocionalmente há dúvida sobre trocar o certo pelo duvidoso. E esse é exatamente o caso em que o líder principal da organização não pode ter qualquer dúvida sobre o que precisa ser feito. O principal líder precisa ser a mudança desejada. Precisa ser o exemplo.

Algumas organizações tentam mudar sua cultura alterando somente seus artefatos, e isso, em geral, não tem efeito prático ou duradouro.

Nove passos para a mudança da cultura

1. *Engajar o mais alto líder da organização neste tema*
   Todo presidente executivo ou de conselho tem conhecimento da importância de um planejamento estratégico, mas nem todos conhecem a íntima relação entre cultura e estratégia. Também nem todos têm conhecimento do impacto nos resultados que a cultura pode ter, para o bem ou para o mal. Assim, nem sempre o tema cultura estará automaticamente em sua agenda. Se esse for o caso, talvez ele ou ela precise ser pacientemente capacitado nesse tema, até tomar o assunto como seu. Nenhum projeto de mudança cultural pode ter a expectativa de êxito sem o total engajamento do principal líder da organização.
2. *Definir a cultura "ótima", em função da estratégia*
   Cultura ótima é aquela que será a mais funcional em relação à estratégia da organização. Essa definição é, em geral, o resultado de uma discussão de alto nível com as principais lideranças da organização, tendo como premissa sua estratégia. Cultura e estratégia precisam estar alinhadas.
3. *Avaliar as diferenças em relação à cultura atual, priorizar os focos de atenção e criar um plano de ação*
   Criar planos de ação factíveis pressupõe conhecer o ponto de partida, o tamanho da viagem e sua eventual dificuldade. Se o destino final de uma viagem é Londres, é fundamental saber se o ponto de partida é Paris ou Rio de Janeiro, senão qualquer planejamento fica mais difícil. Um bom diagnóstico da cultura atual é fundamental para a eficácia desse projeto. Nesse estágio, geralmente a organização descobre vários traços de sua cultura que gostaria de alterar. Deve-se considerar que os recursos são limitados e que nem todas as mudanças trarão resultados significativos, e por isso, é preciso escolher estrategicamente aquelas

que serão as de maior impacto: três, no máximo. Em termos de mudança de cultura, três já são um volume mais do que significativo para se fazer simultaneamente.

4. *Divulgar intensamente*
Existem muitas formas de divulgar esse trabalho, inclusive formulando uma nova declaração de valores, ou via capacitação da liderança, e, sem dúvida, nos materiais de integração de novos colaboradores. Jack Welch relata que, além das formas tradicionais de divulgação, "a GE distribuía cartões (com os valores) para serem mantidos nas carteiras e bolsas" (Welch e Welch, 2005:15). Outra forma importante de divulgar a cultura é a utilização de símbolos: por exemplo, quando se quer divulgar a ideia de transparência e fluxo de informação, uma forma é a adoção de espaços abertos, sem salas privativas, sem baias definidas. Apenas um grande "mesão" de trabalho onde qualquer um, de qualquer nível pode plugar seu computador e trabalhar, ficando gerente e analista lado a lado. Muitas empresas também consideram importante divulgar sua declaração de valores para o mundo externo, por exemplo, no *site* da empresa, pois isso auxilia no alinhamento de fornecedores e na atração de novos colaboradores com o perfil adequado.

5. *Alinhar os processos de trabalho à cultura desejada*
Não basta falar; é preciso ter políticas, processos e práticas que estimulem e sustentem a cultura desejada. A Natura é reconhecida no mercado pela firmeza com que gerencia seus valores, entre eles a questão da sustentabilidade. Buscando revisar seus processos de trabalho além das fronteiras mais óbvias, a Natura selecionou a empresa que iria fazer seu novo filme publicitário, entre outros critérios, em função da adesão de seu processo de produção de filmagem ao valor sustentabilidade, ou seja, a produção deveria deixar a menor pegada ecológica. Em outras palavras, o alinhamento dos valores da empresa estava indo muito além da própria produção industrial e impactando seus fornecedores.

6. *Ajustar as políticas e práticas de RH à cultura ótima*
A área de RH tem um papel fundamental na criação e propagação da cultura, pois gerencia ferramentas com impacto nessa área. Desde o processo de seleção, que deve ser ajustado para trazer pessoal compa-

tível e integrado com os valores da organização, passando pelo sistema de gestão de desempenho, com a remuneração variável "conversando" com a estratégia da empresa, com o programa de desenvolvimento de lideranças alinhado aos valores e ao estilo gerencial adequado à cultura pretendida, e com seu programa de comunicação sustentando o conjunto destas ações (veja abaixo).

7. *Capacitar a liderança para novos comportamentos*
   A liderança, de todos os níveis, é o principal fator disseminador da cultura e, portanto, da estratégia. Conhecer esses dois elementos do negócio em profundidade e saber reforçá-los no dia a dia do trabalho, em linguagem simples e acessível a todos, é papel inalienável do líder. Não apenas por meio da comunicação oral, mas principalmente por meio de seu exemplo pessoal, vivendo integralmente os valores da organização.
8. *Reforçar os comportamentos desejados e punir os indesejados*
   Jack Welch afirma que "para que os valores realmente signifiquem alguma coisa, as empresas devem compensar as pessoas que os demonstram, e 'punir' as que não os demonstram. Isto é muito importante" (Welch e Welch, 2005:17).
9. *Monitorar o progresso, fazer os ajustes necessários e começar de novo, em outro patamar*
   Segundo Campos (1998:61) "somente aquilo que é medido é gerenciado. O que não é medido está à deriva". Como qualquer outro projeto de mudança, de tempos em tempos é fundamental verificar o andamento e os resultados alcançados; analisar acertos e erros; definir novas metas e prioridades e reiniciar o processo.

A área de RH tem um papel fundamental na formulação e disseminação da cultura organizacional. Alguns dos projetos em que a área de RH mais tipicamente se envolve e que contribuem para a criação e disseminação da cultura, sem ordem de importância ou prioridade são:

1. criação ou revisão da declaração de valores;
2. criação ou revisão do código de ética;
3. comunicação à liderança e colaboradores em geral da nova declaração de valores incluindo *workshops*, *banners*, revisão do *site*, cartilhas etc.;

4. realização de treinamentos com a liderança sobre a cultura da empresa;
5. realização de *workshops* com a liderança para capacitação de estilo gerencial alinhado com a cultura;
6. apoio individual aos principais líderes para a mudança via *coaching*;
7. criação ou revisão do modelo de competências e seu uso para seleção, capacitação, movimentação interna, e avaliação de desempenho;
8. revisão do sistema de remuneração para alinhamento com a cultura;
9. revisão do processo de integração de novos colaboradores e materiais correlatos;
10. realização de pesquisa de cultura para monitoramento do progresso.

Quanto demora para mudar uma cultura?

Cultura é o resultado da percepção geral das ações que deram certo repetidas vezes e assim foram assumidas como sendo a escolha certa para determinadas situações. Nas palavras de John Kotter (2013:158) "a cultura muda apenas depois que se alteram as ações das pessoas com sucesso, e após o novo comportamento produzir algum benefício por algum de tempo". Já Jorge Paulo Lemann, um dos principais acionistas da AB Inbev (apud Correa, 2013:64), deixa claro que "construir uma cultura não acontece do dia para a noite. Demora mais de dez anos até que os primeiros *trainees* pratiquem o que aprenderam". É claro, portanto, que mudar uma cultura não é um projeto de curto prazo, mas sim um esforço de anos, consciente e meticuloso, e que deve contar com o apoio rotineiro dos mais altos níveis da organização e de toda a liderança.

Schein (1992) observa que mudar uma cultura consome um esforço intenso ao longo de vários anos. O esforço pela transformação deve permanecer consciente e gerenciado até que se torne o novo jeito como fazemos as coisas por aqui.

Conclusão

Este capítulo apresentou uma visão do que é cultura organizacional e como geri-la a partir de ferramentas que já são de uso rotineiro nas organizações, especialmente da área de RH, mas que podem ser adaptadas para este fim.

Referências

CAMPOS, Vicente Falconi. *Gerenciamento da rotina do trabalho do dia a dia.* 6. ed. Belo Horizonte: Desenvolvimento Gerencial, 1998.

COLLINS, James; PORRAS, Jerry. *Feitas para durar.* Rio de Janeiro: Rocco, 1995.

CORREA, Cristiane: *Sonho grande.* São Paulo: Sextante, 2013.

DEAL, Terrence E.; KENNEDY, Allan A. *Corporate cultures, the rites and rituals of corporate life.* Boston, MA: Addison-Wesley, 1982.

GERSTNER, Louis: *Quem disse que os elefantes não dançam.* Rio de Janeiro: Campus, 2003.

HOFSTEDE, Geert; HOFSTEDE, Gert Jan; MINKOV, Michael: *Cultures and organizations.* Nova York: McGraw-Hill, 2010.

KEGAN, Robert; LAHEY, Lisa Laskow. *Imunidade à mudança.* Rio de Janeiro: Campus Elsevier, 2010.

KOTTER, John. *Liderando mudanças.* Rio de Janeiro: Campus Elsevier, 2013.

LEVERING, Robert. *Transforming workplace cultures.* São Paulo: Primavera, 2010.

LIMA, João. *Gestão e cultura de resultados*: modelo para gerir e liderar pessoas realizadas e empresas vencedoras. São Paulo: Gente, 2015.

SCHEIN, Edgar H. *Organizational culture and e leadership.* 2. ed. Nova York: Jossey-Bass, 1992.

STAHL, G.; VOIGT, A. *Meta analyses of the performance implications of cultural differences in merger and acquisition*: integrating strategic, financial, and organizational perspectives. Fontainebleau: INSEAD, 2003.

TAYLOR, Carolyn. *Walking the talk.* Londres: Random House Business Books, 2005.

WAISFISZ, Bob: *Constructing the best culture to perform*: a manual by Bob Waisfisz based on research by Geert Hofstede. ITIM paperback, 2015.

WATSON Jr., Thomas J. *Uma empresa e seus credos*: as ideias que ajudaram a construir a IBM. Nova York: McGraw-Hill, 1995.

WELCH, Jack; WELCH, Suzy. *Paixão por vencer.* Rio de Janeiro: Elsevier, 2005.

5. Gestão da mudança e do clima organizacional

Paulo Monteiro

Introdução

A mudança é um tema muito mencionado e estudado atualmente, talvez porque seja o carro-chefe na vida corrida e variada de hoje. Sobram artigos, livros, teorias sobre a mudança organizacional, mas esta continua sendo extremamente difícil de gerir. A distância entre a quantidade dos conteúdos sobre esse tema e a eficiência na gestão e liderança da mudança organizacional é abismal. Daí a importância em abordar o tema de forma mais profunda e menos instrumental do que ainda vemos em muitos materiais sobre essa disciplina.

Os objetivos desta reflexão são buscar entender melhor a natureza da mudança e propor um caminho mais experiencial e comportamental para lidar com tal fenômeno nas organizações. O roteiro desta análise inclui a natureza da mudança, seu impacto na organização contemporânea, o papel do RH nesse contexto, um olhar mais criterioso na dinâmica da mudança organizacional, incluindo a transição individual, e, por fim, o impacto da mudança no clima organizacional.

A natureza da mudança

Heráclito de Éfeso foi um grande filósofo grego (540 a.C.) que preconizou uma importante expressão, *panta rei*, que significa "tudo flui". Foi dele a famosa ideia, cada vez mais repetida, de que não podemos banhar-nos em um mesmo rio duas vezes, porque na segunda vez o fluxo de água já é outro, entramos em um novo rio. Essa ideia está relacionada a um pensamento conhecido do filósofo: "A única realidade constante na vida é a mudança."[1] Desde tempos remotos do pensar humano, indivíduos e sociedades buscam desvendar o mistério do dualismo entre a estabilidade e a mudança.

Outro grande filósofo, Parmênides de Eleia (530 a.C.), contemporâneo de Heráclito, trouxe um contraponto ao seu colega ao defender que o ser é uno e imutável, e que não podemos confiar no mundo sensível, porque este nos engana com aparentes variações que não passam de ilusões.[2] Alguns atribuem a Parmênides o surgimento da ontologia – a filosofia da essência –, que evoluirá pelos séculos da história do pensamento humano. Podemos imaginar Parmênides dialogando com Heráclito, argumentando que entramos no mesmo rio porque, afinal, sua essência é a mesma; sua aparência parece mudar, mas, em certo sentido, o rio é o mesmo.

Ao olhar com maior cuidado para essas duas posições, podemos concluir que ambos tinham parte de razão: tudo o que existe muda, se amplia, adquire outra forma, mas parece haver uma essência básica que permeia qualquer mudança; afinal as características mais profundas e a identidade do que muda parece seguir existindo. O universo, desde sua criação, parece ter seguido essa forma de se comportar, ampliando-se e evoluindo em um constante fluxo de mudança, que vai tomando formas diferentes, cada vez mais complexas, mas com certos padrões que vão garantindo sua perenidade e desdobramento. A própria evolução da matéria até tornar-se vida aconteceu como uma combinação entre momentos de estabilidade e rupturas evolutivas, novas formas de existência que surgiam a partir de certo caos, levando a um novo equilíbrio provisório, com o impulso de um "propósito natural".

E esse fenômeno ocorre também no microcosmo. A física quântica desvelou o mistério do universo subatômico mostrando ao mundo que o que existe neste microuniverso é um movimento constante de energia e ondas, que circulam no vazio. A ideia de Demócrito, de que o átomo seria um bloco compacto, caiu por terra. Mas mesmo essa descoberta da constante mudança no interior

---

[1] Diels-Kranz, Fragmentos 12, 49a, 84a, 91.

[2] Parmênides de Eleia, Sobre a natureza, verdade.

do átomo revelou que há padrões mais essenciais e sutis que provocam todo esse movimento com algum tipo de ordem ou sentido. David Bohm chamou este padrão de *ordem implicada*.

O mundo se apresenta então como uma dança entre a permanência da essência/padrão e a variação da adaptação/evolução, dois aspectos complementares de um mesmo movimento: o *equilíbrio dinâmico*. Foram necessários mais de 2 mil anos para a ciência dar razão ao que filósofos como Heráclito e Parmênides tinham percebido de forma intuitiva e empírica.

Mais ao oriente, a filosofia taoista – concebida há mais de mil anos antes de Cristo – já defendia que toda existência era um fluxo em constante dinamismo e mudança, um movimento entre eixos complementares, duas grandes forças: o *Yin*, que representa a terra, o feminino, a noite, o denso etc., e seu complemento *Yang*, o céu, o masculino, o dia, o sutil etc. Se colocarmos as ideias de Parmênides e Heráclito na dança do *Tao*, temos a variação e novidade a partir da essência e de um equilíbrio, num movimento constante entre ambos os polos. Tal dinâmica é fundamental para entender a mudança e sua relação com as organizações, e por isso ela estará presente ao longo desta reflexão.

Figura 1

A NATUREZA DA MUDANÇA: O EQUILÍBRIO DINÂMICO

Fonte: elaboração do autor.

O ritmo das mudanças

Além de constatar que tudo o que existe é um fluxo contínuo, a dança do *equilíbrio dinâmico*, ao olhar para a evolução se percebe que a partir do momento em que a consciência humana surgiu – e com ela a linguagem e as primeiras ferramentas e tecnologias –, os saltos evolutivos têm sido cada vez mais rápidos: o lapso de tempo entre as grandes mudanças está diminuindo cada vez mais. Pensemos que o Big Bang ocorreu há, aproximadamente, 14 bilhões de anos, as primeiras células surgiram há 3 bilhões de anos, os organismos multicelulares há 1 bilhão, os primeiros descendentes humanos de símios, há 2 milhões de anos. Os intervalos entre esses saltos evolutivos foram de bilhões ou milhões de anos. Agora, pensemos nas mudanças no planeta nos 21 séculos da era cristã; estamos falando de 2 mil anos somente. Consideremos eventos como a invenção da imprensa, a Revolução Industrial, o advento do computador e da internet (estes últimos não têm mais de 40 anos!). A velocidade da tecnologia é assustadora. Hoje, um aplicativo ou *software* fica defasado em questão de meses! A própria dimensão do tempo ganhou outra leitura, e não conseguimos nem entender ou acompanhar tal rapidez. As mudanças vêm ocorrendo num ritmo alucinante!

O mundo de hoje é cada vez mais fluxo, novidade constante; o que era fixo passou a ser maleável e temporário. Este é o mundo líquido – segundo Zygmunt Bauman –, cada vez mais imprevisível, o que leva até os mais doutos futurólogos eximirem-se de fazer previsões. Por isso, é possível concluir que é, no mínimo, ilusório pretender que a existência seja estática, ou mesmo buscar evitar a mudança, porque o ser humano é a mudança mesma vivendo em um universo mutante. E o mais paradoxal é que este mesmo ser humano não gosta muito da mudança, costuma resistir às variações que constantemente o interpelam.

É possível afirmar, portanto, que a competência humana mais necessária atualmente é a adaptabilidade, a capacidade de viver a jornada reinventando-se nela, mantendo os aspectos mais essenciais ao mesmo tempo que se ampliam constantemente o ser e a existência. E essa constatação leva a uma importante pergunta: como as organizações estão lidando com este mundo em constante transformação? Elas estão preparadas para tamanho desafio?

A mudança e as organizações

No contexto mutante de hoje, os mercados estão mais "nervosos" e ágeis. Muitos segmentos se deparam com uma nova realidade e não sabem como lidar com ela. Como alguns exemplos podemos mencionar o desafio de jornais e revistas que se viram obrigados a reinventar-se diante da era digital, o mercado fotográfico que teve que reconfigurar-se com as fotos digitais e câmeras nos *smartfones*, o mundo fonográfico com os cada vez mais escassos CDs competindo com músicas a preço de banana a um clique ou grátis na pirataria virtual. Até mesmo os táxis no mundo e no Brasil não souberam lidar com os aplicativos que ofereceram o mesmo serviço de forma muito mais simples e eficiente.

Nesse mercado camaleônico, a tecnologia veio para redefinir o universo do trabalho e das organizações. Como um aspecto dessa realidade se percebe um consumidor mais exigente que acompanha o histórico das marcas nas redes e, se vê algo errado, tira fotos, manda matérias aos seus milhares de contatos que as reenviam para outros milhares, e assim sucessivamente.

Há certo descompasso entre um mundo em constante transformação – que demanda mais adaptabilidade – e a mentalidade e *modus operandi* de grande parte das organizações atuais. Talvez a trajetória da ciência da administração explique um pouco tal assimetria. Desde o início da era industrial, as organizações foram concebidas como unidades mecânicas, muito hierarquizadas, com um pequeno número de pessoas pensando e desenhando, e uma enorme quantidade delas produzindo. Esse modelo mecânico foi desenhado como uma teoria científica da administração (Morgan, 1996:27-35), que predominou durante parte do século XIX, todo o século XX e, surpreendentemente, ainda está presente em muitas organizações em pleno século XXI.

Quando essas estruturas mecânicas se encontram diante de um mundo complexo, em rede, multidirecional, sua capacidade de resposta é bem limitada. O paradigma racional, burocrático, concebe seus desafios a partir da abordagem técnica, de causa e efeito, respostas lineares para situações pontuais, em que manuais, processos e sequências bem definidas são os recursos escolhidos. Mas o nosso século traz outros tipos de desafios, em que o aspecto técnico não é suficiente para chegar à solução, e novas competências são necessárias, tais como: flexibilidade e resiliência, inteligência emocional, empatia, capacidade de estabelecer alianças, colaboração, tolerância ao erro, aprendizagem, inovação, gestão de paradoxos etc.

Em uma fusão entre duas organizações, por exemplo, é muito difícil pensar que o caminho para a nova realidade será por meio de aspectos técnicos somente. O desafio em questão vai muito além de contratar uma ótima agência para trabalhar a nova marca ou mesmo do mapeamento de uma consultoria que irá definir a nova estrutura e novos processos. O desafio adaptativo dessa nova organização estará além desse âmbito necessário, porém limitado: qual será a nova identidade? Como manter o melhor de cada organização nessa nova configuração? Como trabalhar os indivíduos para que sejam protagonistas da nova realidade? E é aí que muitas organizações atuais se perdem.

Um recente estudo realizado pela IBM[3] mostra que somente 20% dos projetos ligados a mudanças organizacionais obtiveram êxito. Segundo a pesquisa, os principais motivos para isso acontecer são o modelo mental e a resistência das pessoas, seguidos da cultura corporativa arraigada na organização. Ou seja, além da questão de o modelo mecânico ser pouco propício e adequado para as mudanças constantes, uma importante causa dessa ineficiência parece ter relação com a forma como o ser humano lida com a mudança.

Como diz o filósofo e professor Luc de Brabandere, faz-se necessário mudar duas vezes para que uma mudança possa ocorrer. Um primeiro aspecto da mudança organizacional é o externo, o que se percebe no ambiente, no contexto, nas estruturas etc., e um segundo âmbito é a reação interna e pessoal a essa mudança, em que se tem a adesão ou não à nova realidade.

Por décadas, a organização mecânica focou quase exclusivamente em aspectos externos, explícitos e tangíveis da mudança organizacional. Hoje essa organização terá de reinventar a forma de lidar com a mudança se quiser sobreviver e evoluir. Einstein afirmava que não podemos solucionar um problema no mesmo nível de consciência em que ele foi gerado. E como bem coloca Eichholz (2014:86): "Se você continuar fazendo as mesmas coisas hoje, obterá resultados piores." Então, para dar o salto a esse novo patamar evolutivo, mais adequado às exigências do século XXI, é preciso repensar e reinventar a organização atual.

---

[3] Pesquisa *Fazendo a mudança acontecer*, realizada pela IBM, em 2009.

A organização do século XXI

Aries de Geus – ex-vice-presidente de planejamento da Shell – questionou-se por muito tempo por que a maioria das organizações é tão pouco longeva. Nenhuma espécie viva, segundo ele (De Geus, 1999), padece de tal disparidade entre a expectativa de vida máxima e a duração de vida média. Para o ex-executivo e autor, as organizações falecem jovens porque suas estruturas, políticas e práticas se concentram no pensamento e linguagem da economia e da produção. Por isso, para muitos pensadores e profissionais do mundo da gestão, a melhor forma de conceber a organização na atualidade é pelo enfoque sistêmico. Tal abordagem pressupõe que as organizações são sistemas vivos e abertos ao seu meio ambiente e devem estabelecer uma relação sinérgica e adaptativa com ele para buscar a perenidade. Essas organizações têm o propósito no centro e as pessoas como protagonistas, são flexíveis e estruturadas em redes pouco hierárquicas, pulsam em criatividade e inovação.

Um exemplo: Dee Hock – fundador da Visa Internacional –, incomodado pela forma mecânica como as organizações funcionavam, buscou colocar em prática sua convicção de que as organizações são comunidades vivas e pulsantes, e pensou em uma forma inovadora de organizar a companhia que estava fundando. Cunhou o termo "caórdico", um neologismo que une o caos e a ordem, e que significa uma forma mais fluida, flexível, adaptativa e mutante de existir, com uma saudável ordem de princípios, valores e propósito (Hock, 2006).

Novas aplicações atuais buscam levar esse princípio à prática, como a nova metodologia de arquitetura organizacional chamada *holacracy* (em português, "holacracia"), que busca substituir o organograma tradicional e hierárquico por estruturas circulares, celulares, que consistem em projetos com um coordenador ao centro, com espaços de conexões e trocas a partir de interesses comuns. Tais ciclos de projetos (ou células) existem e se conectam com outros em reuniões pontuais ou frequentes, sempre em função do propósito do grupo maior e do resultado que se quer alcançar (Robertson, 2016). Algumas empresas, como Zappos, Whole Foods, a brasileira Vagas, entre outras, estão implementando tal metodologia.

A metacompetência da organização contemporânea: gerir a complexidade

A organização viva ou adaptativa vai além da visão simplista de lidar com os desafios como se fossem problemas que demandam soluções pontuais. Ela desenvolve uma capacidade especial de lidar com a complexidade, e um dos caminhos para isso é superar a mentalidade dualista e maniqueísta que herdamos do cartesianismo ocidental. A competência adaptativa requer uma capacidade de gerir paradoxos, entre os quais alguns são essenciais para a liderança da mudança organizacional, como saber olhar para o futuro trazendo o melhor da experiência passada, transcendendo-a, indo além do já conhecido para lançar-se ao desconhecido. Foi a constatação que Jim Collins e Jerry Porras fizeram em seu livro *Feitas para durar* (2007) ao estudarem as organizações visionárias e duradouras. Eles perceberam que essas organizações conseguiam combinar a preservação de sua identidade e valores centrais com uma energia renovadora capaz de estimular a inovação e o progresso. Como a dança dos polos *Yin/Yang*, tais organizações deixaram de escolher entre eixos que pareciam contrários/excludentes, passando a administrá-los como polaridades complementares.

Figura 2
O *TAO* DAS ORGANIZAÇÕES LONGEVAS

Fonte: Collins e Porras, 2007.

Outro paradoxo básico que deve estar necessariamente presente no paradigma organizacional contemporâneo vem da provocação de John Kotter, que faz uma importante diferenciação entre gestão e liderança. Para ele, "os aspectos mais importantes do gerenciamento incluem planejamento, orçamento, organização, recrutamento do pessoal, controle e solução de problemas" (Kotter, 1997:26). Esse foi o eixo mais priorizado pelas organizações numa era que focou em produção, quantidade e exatidão. Mas o autor lembra que a gestão não basta para garantir a saúde básica das organizações e evitar que caiam no caos total. É preciso incluir o exercício da liderança, que levará o sistema a visualizar sua necessidade de transformação e aprendizagem, mobilizando e engajando as pessoas em torno da visão da mudança. A liderança vai além da gestão e a completa, ambas se implicam mutuamente. Temos aqui outro Tao essencial para uma organização que queira ser adaptativa.

Figura 3

O *TAO* DA GESTÃO E LIDERANÇA

Fonte: elaboração do autor, com base em Kotter (1997).

A vasta literatura da gestão de mudança enfatizou e priorizou por décadas o aspecto técnico e processual desta, mas a maior parte dos desafios atuais se situa no âmbito humano e comportamental. As organizações de hoje insistem em enfrentar seus desafios complexos por meio do gerenciamento apenas, mas, como coloca Kotter (1997:26), "a transformação bem-sucedida consiste em 70 a 90% de liderança, e apenas em 10 a 30% de gerenciamento".

O RH contemporâneo: gestor de paradoxos e agente de transformação

Se a organização contemporânea deve ter outra natureza, mais adaptativa e evolutiva, a área de recursos humanos deverá acompanhar tal tendência.

Mais ainda, é a área que tem, por essência e missão, o dever de provocar uma nova forma de pensar e estruturar as organizações a partir do paradigma mais adaptativo e sistêmico.

Muitas organizações passaram a demandar e exigir do RH uma proximidade maior com o negócio. Falou-se muito do termo "RH estratégico", a visão de que os profissionais dessa área devem ser parceiros do negócio se quiserem ser valorizados depois de uma era de pouquíssima influência no contexto organizacional. Mas mesmo depois de vários anos de essa bandeira ter sido levantada, ainda são poucos os RHs que se posicionam dessa forma nos negócios em que estão inseridos. O RH contemporâneo tem um desafio: o de aproximar-se de verdade do negócio, não como um "espelho" do líder ou dos acionistas, e sim como um agente protagonista de novas ideias e iniciativas, mobilizando mudanças *a partir* das pessoas.

Dave Ulrich (2013), a partir de sucessivas pesquisas, levantou algumas competências que diversos profissionais no mundo consideram fundamentais para o RH. Em todas as pesquisas, observamos a presença de uma competência-chave para os desafios atuais desta área: líder da mudança. Os resultados dos últimos trabalhos desse autor mostram que se espera do RH contemporâneo uma atitude protagonista e transformadora, a de um campeão de mudanças (Ulrich, 2013): o especialista em transformação (que vai além do estratégico). E na linha das reflexões feitas aqui, cabe destacar que a mais recente pesquisa realizada por Ulrich[4] traz uma metacompetência, que ele situa no centro de todas: a capacidade de gerir paradoxos.

A dinâmica da mudança organizacional

Além de as organizações de hoje serem entidades mutantes, elas passam, eventualmente, por momentos formais de transformação e reinvenção. Entre as principais mudanças organizacionais estão: fusão/aquisição, *downsizing*, reestruturação, um novo grupo controlador, mudança no negócio, nova estratégia, nova tecnologia etc. Todos esses eventos e outros do tipo geram a necessidade de diferentes comportamentos diante da nova realidade. E para

---

[4] Ver: *HR Competency Study*, de 2016.

que essa dinâmica de reconfiguração possa ser bem-sucedida, é fundamental gerir e liderar bem o processo de mudança.

É possível afirmar que toda mudança segue uma dinâmica em que uma situação "A", anterior, chega ao seu limite, e uma situação "B" emerge, gradualmente, como um destino necessário, uma nova realidade, mais adequada para o sistema. Tal movimento entre "A" e "B" é um fenômeno não linear, experimental e adaptativo, no qual, pouco a pouco, vai se "descongelando" a situação anterior e descobrindo-se, gradualmente, a nova realidade para a qual se caminha. Em mudanças complexas – como a maioria, atualmente –, não se define totalmente, *a priori*, o destino ao qual se quer chegar, porque este deverá ser cocriado coletivamente.

O pesquisador e autor do MIT, Otto Scharmer, desenvolveu nos últimos anos – com a colaboração de executivos, pensadores e cientistas – uma teoria e prática que toda mudança adaptativa, para obter êxito, deveria seguir. Observando o comportamento de sistemas coletivos diante da mudança, ele representou o padrão que ocorre como um processo em U, um caminho que necessita desconstruir antigas verdades e práticas, passando por uma etapa mais profunda de ampliação, descoberta e conexão para depois criar novos caminhos e formatos, testando-os até consolidá-los como uma nova realidade (Scharmer, 2010).

Figura 4
A TEORIA U

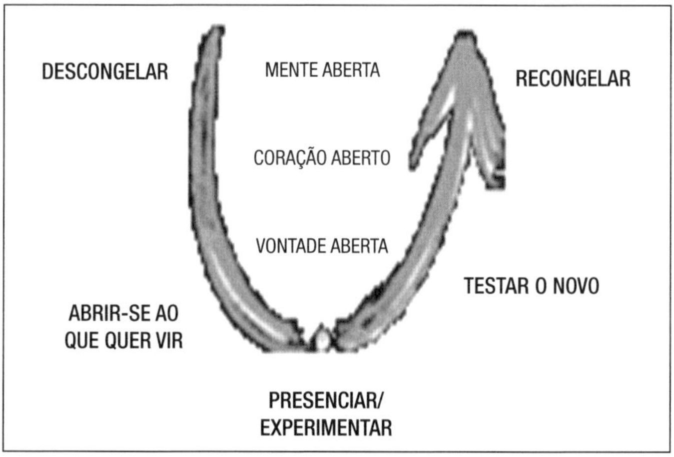

Fonte: Scharmer (2010).

É importante destacar que na jornada do U, a realidade "A" não necessariamente será aniquilada; ao contrário, podemos afirmar que sempre existirá algo do mundo anterior ao longo da transformação, e que ele será reconfigurado, ampliado, "ganhará uma nova forma".

O já citado John Kotter (1997) traz algumas etapas que precisam ser consideradas para que um processo formal de mudança obtenha êxito. De forma sintética e adaptada, alguns desses momentos-chave que não podem faltar em qualquer mudança organizacional são: a necessidade e urgência da mudança, a formação da equipe que irá liderar e gerir a mudança, a elaboração da visão e sua comunicação, a estratégia para implementar a visão da mudança, a implementação da visão da mudança e sua consolidação.

Seguindo a linha de pensamento desenvolvida ao longo desta reflexão, é possível inferir que tais etapas ou momentos não ocorrem de forma linear ou sequencial. Ao considerar a jornada do U como um fenômeno presente em toda mudança adaptativa, faz sentido percorrer as etapas inspiradas em John Kotter (1997), posicionando-as no modelo de Otto Scharmer (2010), como mostra o formato abaixo.

Figura 5

As etapas da mudança ao longo do U

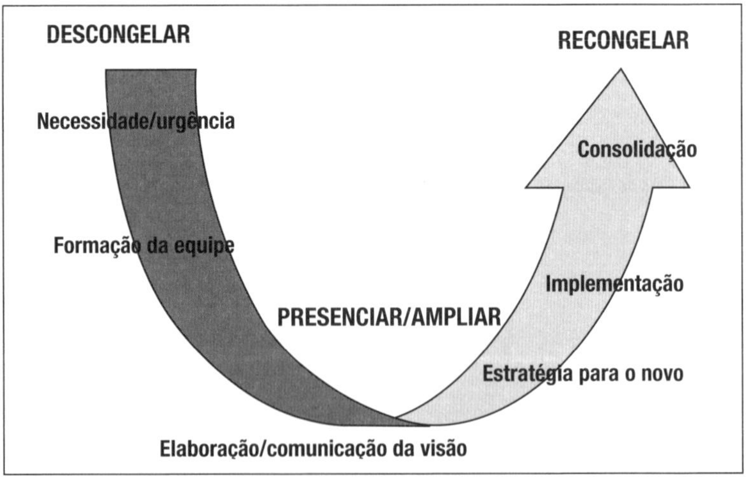

Fonte: elaboração do autor, com base em Scharmer (2010) e Kotter (1997).

As etapas de um processo de mudança

Explicitar a necessidade da mudança

Toda organização vive ciclos, em que uma realidade tem um tempo de existência, chegando a um ponto no qual precisará ser repensada ou mesmo enriquecida. Esse momento de ruptura pode surgir de forma oficial, por meio de uma decisão mais corporativa ou mesmo ser provocado. Em ambos os casos, tal ruptura provocará uma nova realidade e, com ela, uma reação das pessoas que fazem parte da organização.

O *modus operandi* natural das pessoas é a manutenção do passado e do que foi conquistado, uma busca constante por manter a segurança e estabilidade. No âmbito organizacional, é comum encontrar pessoas tranquilas em sua zona de conforto, complacentes com a situação atual. Tal complacência pode surgir também de um aparente ou momentâneo sucesso ou, simplesmente, pela anestesia da rotina.

No entanto, os desafios do mundo mutante de hoje demandam um saudável estado de alerta, a atitude proativa de quem vive além da rotina e do operacional, percebendo a necessidade da constante evolução e melhoria. Quantos fracassam por não olharem para tais sinais! Para gerar a energia da necessidade e urgência da adaptação e evolução, o RH *campeão da mudança* e os líderes organizacionais deverão estimular o sistema a olhar para dentro e para fora, com outros olhos. Dentro está o DNA, a identidade, o núcleo, que é a base para iniciar uma mudança, e fora está o mundo além de suas fronteiras: o que o ambiente, os cenários, o que os diferentes *stakeholders* estão demandando.

A efetiva liderança (mais além de cargos ou hierarquia) provoca o saudável desequilíbrio, traz a ruptura com o passado e com parte da tradição que se tornou obsoleta, interrompe o *status quo* conhecido e cristalizado. Esse caminho traz riscos e incertezas, mas é condição *sine qua non* para provocar a mudança necessária. E como provocar esse senso de urgência no âmbito organizacional? Há alguns caminhos e formas, como mostrar que a realidade atual está chegando ao esgotamento e limite. Tal ruptura deve se conectar com um olhar para o longo e o médio prazo, trazendo diferentes tendências e cenários e engajando os colaboradores para que se antecipem e se comprometam com as diversas possibilidades.

Muitas organizações buscaram antecipar-se aos limites que o próprio contexto impunha, como a IBM quando percebeu que perdia mercado e impacto com a chegada de computadores pessoais mais amigáveis e inovadores (como o Mac, da Apple). A gigante da computação conseguiu ler seu ambiente e as tendências, reposicionando-se como uma organização de serviço de inteligência da informação, consciente de que seu carro-chefe – os *hardwares* de que tanto se orgulhava – virava uma *comodity* (Eichholz, 2014:77-79).

Para provocar a ruptura com a inércia em voga, será necessária a ação de profissionais dispostos a exercer liderança, entendendo esse conceito como a capacidade de influenciar e mobilizar uma coletividade em direção ao seu desafio adaptativo. Há muitas formas de buscar isso, como trazer perguntas que rompam com hábitos mentais instalados, nomear questões "indizíveis" (que todos sabem que existem, mas não se atrevem a mencionar), mostrar vícios do sistema atual, com racionalidade e habilidade etc.

Além da antecipação de possíveis cenários ou da provocação de rupturas, em outros momentos o caminho será provocar uma saudável ambição de resultados e constante superação em qualidade, novas soluções etc. Os líderes formais e os agentes de mudança devem estar atentos para explicitar a diferença entre o almejado e o real, como forma de gerar uma tensão criativa e produtiva pela melhoria e evolução. Uma vez provocada essa tensão, será preciso "controlar a temperatura", regulando as dificuldades com motivação, ambientes protegidos e estimulantes, sem abrir mão da ambição e da energia mobilizadora. Muitas vezes os líderes desse processo deverão avançar e retroceder, sabendo que isso faz parte da dinâmica e que o resultado será o melhor possível se forem capazes de perseverar nessa tarefa. E para o êxito em tal missão, será fundamental explicitar os benefícios da mudança para engajar a todos no desconfortável processo de aprendizagem e evolução.

Essa etapa da mudança pode posicionar-se na parte esquerda superior do U de Scharmer (2010), ou seja, o momento de ruptura com a realidade anterior, o descongelamento e desconstrução da situação "A" e seus hábitos antigos para começar a abrir-se para o "B" que quer emergir.

Formando uma equipe para gerir e liderar a mudança

Para poder garantir o sucesso do processo de mudança em ambientes cada vez mais complexos, a formação de uma equipe coesa e forte é fundamental. Não é raro ver a mudança fracassar porque foi centralizada por algum "líder" que tentou conduzi-la sozinho. O outro extremo seria a formação de uma equipe fraca, sem poder, representatividade ou mesmo credibilidade para conduzir o processo de mudança. Para conseguir montar uma equipe forte que seja capaz de conduzir e liderar a transição, são necessárias algumas condições, tais como: aproveitar e incluir o poder formal da organização, contar com o conhecimento específico que a mudança requer, representatividade e diversidade dos membros da equipe.

Tal equipe deverá integrar profissionais mais técnicos e especialistas no processo de mudança em si (com seus conteúdos específicos) a colaboradores com conhecimentos e características mais comportamentais. Trata-se de unir os eixos da gestão e liderança para poder incluir tanto os aspectos mais externos quanto os elementos mais sutis e intangíveis que a mudança traz consigo.

Outro aspecto importante é buscar uma formação híbrida entre os que são mais favoráveis à mudança – os reformadores (que estimulam o progresso) – e os mais moderados – os conservadores (que preservam o núcleo). Assim se consegue uma amostra fiel da predisposição da organização diante de sua reinvenção, além de antecipar nas conversas do time as questões que certamente surgirão durante a implementação da mudança.

Além disso, a equipe gestora da mudança deverá criar e manter um canal constante de comunicação de mão dupla com as diferentes áreas da organização, que certamente serão impactadas e influenciarão toda a dinâmica de transformação. A gestão e a liderança da mudança se conseguem com movimento, caminhando nos corredores, visitando as áreas, conversando com os colaboradores, e não enclausurado entre quatro paredes. Deverão ser designados agentes da mudança para estimular essa energia transformadora.

Essa etapa da mudança pode ser posicionada também na parte esquerda do U de Scharmer (2010), ou seja, o momento de desconstrução e abertura ao que quer surgir, considerando que a equipe começa a ouvir as questões e necessidades, ajudando a repensar o antigo modelo, provocando a saudável ruptura para reconfigurar e ampliar a experiência da organização.

Elaboração e comunicação da visão da mudança

Para qualquer empreendimento humano que pretenda ser significativo, o primeiro motor deve ser o propósito, o fim, aonde se quer chegar e por quê. Aristóteles desenvolveu grande parte de sua filosofia a partir da ideia do *telos*: o fim que todos os seres e fenômenos buscam. A flecha só existe pelo alvo, o beija-flor busca o néctar, a cadeira é feita para que sentemos. A natureza e a atividade humana seguem o fluxo de sua finalidade. Por isso a visão é tão importante para a organização, mais ainda nos momentos de mudança. Ela vem de uma pergunta: "O que o mundo nos está convidando a tornar?" (Cooperrider e Whitney, 2006:18).

É recomendável que quem lidere a elaboração da visão em um processo de mudança seja a equipe gestora, já que é preciso limitar as vozes, discussões, opiniões, em um formato que viabilize no tempo o desafio de chegar a um sonho inspirador e mobilizador.

A visão da mudança deve chegar ao coração das pessoas. Deve ser uma projeção inspiradora, capaz de gerar um forte sentimento de significado, uma percepção de conexão e aspiração comum por um propósito superior. E quanto mais sistêmica, participativa e convergente, mais efetiva essa visão será. Quando um colaborador vê na visão da mudança suas intenções refletidas, se identifica e adere muito mais a algo que é como uma extensão de seu ser.

Além do que foi mencionado, há algumas características fundamentais para uma boa visão, como menciona Kotter (1997:72): imaginável, desejável, viável, concentrada, flexível, comunicável e conectada com a realidade do negócio. A pergunta importante deve considerar como a visão da mudança afetará os clientes, acionistas, colaboradores e concorrentes. E deverá criar-se um espaço de defasagem entre ideal e real que liberará a energia necessária para a mudança, buscando superar a já mencionada armadilha da complacência, o comodismo e a natural resistência que ocorre em um momento como esse.

Nessa dinâmica da concepção da visão, a comunicação passa a ser parte essencial de todo o processo. Não há um gestor ou líder de empresa que não saiba da importância da comunicação e, paradoxalmente, esse é o maior gargalo de quase todas as organizações atuais. Em plena era da informação, das redes e tecnologias que conectaram o mundo inteiro em uma grande teia comunicacional, é precisamente a frágil troca de conteúdos, mensagens e aprendizados entre as pessoas o que mais dificulta e até obstaculiza a evolução das organizações. É crítico superar os mecanismos dificultadores do bom e efetivo processo comunicacional.

Mas o maior desafio para a efetiva comunicação da visão da mudança está no próprio entendimento sobre a natureza da mesma. Desde que foi concebida uma teoria da comunicação, esta foi elaborada por engenheiros sobre pilares racionais e científicos. Assim, seu desenho pressupunha um emissor, um receptor e uma mensagem que era transmitida por um canal, em forma de "flecha": da origem (dotada de grande poder) ao destino (em geral muito mais passivo, quase inerte, um mero receptáculo). Hoje conhecemos os problemas e dificuldades que tal tipo de comunicação gerou em sociedades, Estados, escolas etc. e, claro, no mundo organizacional. Até hoje muitas empresas seguem esse modelo linear e unilateral de comunicação, muitas vezes em uma direção *top down*.

Mas se queremos realizar processos de mudança adaptativos e efetivos, devemos pensar em outro tipo de comunicação: de múltiplas direções, como ciclos comunicacionais sem emissor ou receptor, em que todos são agentes da comunicação e esta vai se formando e se delineando a partir da aprendizagem coletiva. A comunicação deve ser "educomunicação",[5] ou seja, um movimento que integra o fluxo comunicacional à dinâmica do aprendizado individual e coletivo. A própria origem latina do termo "comunicar" é *communicare*, que quer dizer "mover juntos", e tem um sentido de movimento coletivo. E essa raiz é a mesma de *communio*, que quer dizer "comum união". Nesse movimento experiencial e coletivo, não hierárquico ou unilateral, todos se sentem engajados e comprometidos com a dinâmica da mudança em curso porque se tornam verdadeiros coautores da mesma.

A equipe gestora da mudança deve aplicar a educomunicação em sua forma de gerenciar e liderar o processo. Isso significará montar equipes multidisciplinares e representativas do macrocosmo da organização, ouvindo os colaboradores e trazendo as informações para a própria concepção da mudança. Tal dinâmica de comunicação inicia o movimento de cocriação da visão: o sistema é ouvido e, a partir dessa escuta, vai se formando e consolidando a mensagem que ele próprio quer difundir, como mostra a figura 6.

---

[5] Ver Monteiro, 2016. O conceito de educomunicação foi adotado como parâmetro pelos participantes do fórum *Mídia e educação* (São Paulo: 1999), promovido pelo Ministério daEducação do Brasil, em uma ação conjunta com organismos da sociedade civil. Ver também Oliveira (2002).

Figura 6
O CICLO DA COMUNICAÇÃO

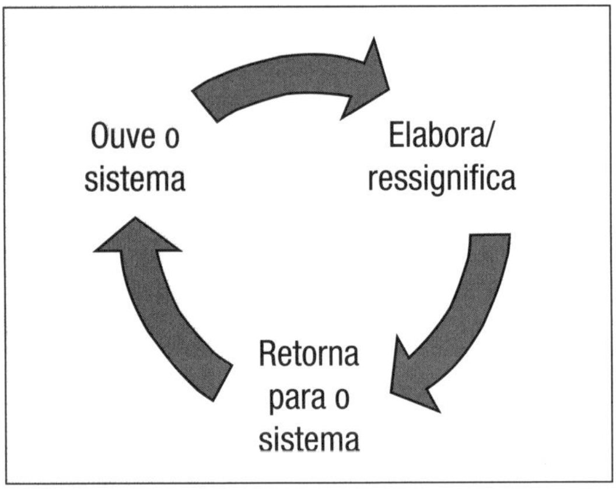

Fonte: elaboração do autor.

O momento da elaboração/comunicação da visão pode ser posicionado na parte mais inferior ou "a base do U" de Scharmer (2010); o espaço de maior conexão e presença com a nova realidade que vai surgindo. Por isso é tão importante que, nessa etapa, o sistema busque integrar mais o coração – o sentir e querer das pessoas – para poder acessar níveis mais sutis e intuitivos de uma dimensão ampla que quer emergir.

Desenhando a estratégia de desdobramento da visão

A forma de garantir a realização e alcance da visão é combinar o melhor dos dois mundos já comentados: uma liderança ampla que desconstrua a realidade anterior e obsoleta, projetando a imagem do futuro desejável e necessário, engajando os colaboradores em direção ao grande sonho, com uma gestão que possa traduzir esse grande objetivo e caminho em realização viável, com cronograma, metas concretas, funções e papéis claros, custos, investimentos e indicadores sob constante monitoramento e ajustes de percurso.

Os aspectos mais genéricos e inspiradores que a visão traz deverão ser desdobrados em diretrizes mais objetivas e concretas, por áreas, atendendo a todos os itens de planejamento mencionados acima. Será importante definir quais objetivos serão perseguidos com a implementação da mudança, explicitando categorias de indicadores (por exemplo: dimensão individual, cultural, de negócio etc.) para uma mensuração posterior. E, nessa estratégia, será fundamental definir canais de relação de mão dupla entre membros designados da equipe de mudança e os gestores das áreas, para que a visão realmente seja traduzida e concretizada em caminhos e ações tangíveis e mensuráveis.

A etapa de desenho da estratégia e planejamento pode ser posicionada mais à direita do U de Scharmer (2010), no início da "subida", onde o que foi desconstruído, repensado e concebido com a visão (a imagem do "B"), começa a ser estruturado para ser aplicado.

Implementação da mudança

A implementação da mudança em uma organização dinâmica e adaptativa requer – como sua concepção e planejamento – um movimento contínuo e iterativo de reflexão e ação. Tal ciclo consiste em desenhar um caminho, testá-lo, ter o *feedback*, refletir sobre o aprendizado, reconstruir, testar novamente, e assim por diante. A cada ciclo, a iniciativa se fortalece e fica mais clara em sua forma e conteúdo. O conceito de piloto – que vai se aperfeiçoando cada vez mais – é fundamental nesse momento do processo de mudança, como mostra a figura 7.

Figura 7
O CICLO DA IMPLEMENTAÇÃO

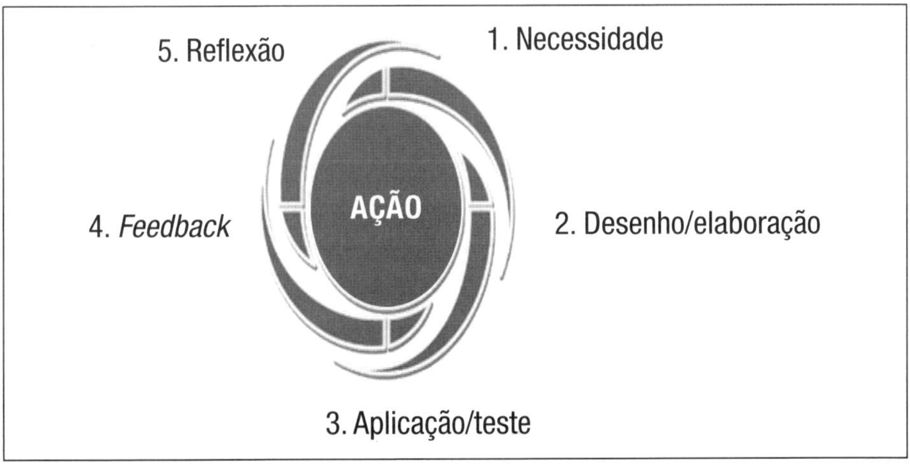

Fonte: Rimanoczy e Turner (2008:178).

Com esse ciclo de ação/reflexão/ação, diminuímos a distância que costuma existir entre o pensar e o fazer, entre o planejar e o executar. A partir de uma imagem/visão, o pensar e o fazer se entrelaçam em uma mesma realidade, ajustando-se a partir do processo, em gerúndio, ganhando forma à medida que acontece. Tal processo começa na própria elaboração da visão, passando pela estratégia e continuando em toda a implementação da mudança.

O ciclo iterativo da implementação serve tanto para a mudança em geral quanto para as dinâmicas específicas dos times naturais de trabalho. Em geral a mudança traz consigo novas formas de pensar e estruturar a organização, o que requer novos conhecimentos, experiências, competências. Para isso o melhor caminho é criar grupos simultâneos e sinérgicos de trabalho, que possam acelerar o processo de aprendizagem, trazendo os conhecimentos necessários para a mudança. Esses times deverão ser coordenados, idealmente, pela equipe gestora, que deve definir as tarefas, responsabilidades, resultados e prazos de forma assertiva.

O desenvolvimento dos colaboradores é outro ponto fundamental para garantir o sucesso da mudança. As ações de desenvolvimento devem ser incluídas no desenho da estratégia da transição para serem fielmente executadas durante a etapa de implementação. Mas esse ainda é um grande desafio para muitas organizações.

Outro aspecto de grande importância nessa etapa da mudança se refere a explicitar e nomear as conquistas de curto prazo (Kotter, 1997:119-132). Elas acabam funcionando como marcos que vão justificando o esforço exigido e aplicado por todos. São "avisos" de que todos estão no caminho certo e de que, antes de chegar à "terra prometida", há vários pontos de sucesso que vão sendo alcançados e que apontam para o grande objetivo. E nessa jornada, é fundamental a coerência entre o caminho proposto pela mudança e as estruturas vigentes. Se essa correspondência não existir, o projeto de mudança perderá credibilidade e sua efetividade ficará comprometida.

A implementação da mudança pode ser posicionada no meio da parte direita do U de Scharmer (2010), já que é o momento de aplicação da nova realidade, no processo iterativo e constante de fazer/pensar/fazer, aprimorando cada vez mais o caminho escolhido.

Consolidação da mudança

Uma vez que a implementação da mudança vai tomando corpo, os objetivos começam a ser alcançados e o aprendizado fica mais cristalizado e encorpado, o desafio passa a ser consolidar essa outra realidade em uma nova forma de ser dos indivíduos e da organização. Ao atingir e conquistar novos patamares, o foco da gestão deverá trabalhar para consolidar as estruturas e sistemas, a nova arquitetura e formato propostos, para assim confirmar que o caminho percorrido continuará sendo - de verdade - a escolha da organização.

E o mais delicado e imprescindível para a consolidação da mudança é o gerenciamento da cultura. Edgar Schein (2009) destaca a importância de não pretender mudar a cultura, *a priori*, em um processo de mudança, já que se trata de um nível muito arraigado e mais profundo (ver capítulo "Gestão da cultura organizacional"). Os modelos mentais vão se ampliando e se enriquecendo naturalmente, novos valores e atitudes vão gradualmente encontrando espaço e sendo encorpados, formando aos poucos um novo hábito organizacional.

A consolidação da mudança pode ser posicionada na parte direita superior do U de Scharmer (2010), já que é o momento de confirmação e cristalização da nova realidade (situação B), completando e cristalizando o caminho iniciado na implementação.

A transição: o impacto da mudança no indivíduo

A presente reflexão discorreu até aqui sobre o fenômeno da mudança adaptativa nas organizações, do ponto de vista da coletividade e da dinâmica do comportamento cultural. Agora é importante dar um foco maior na experiência do indivíduo diante da mudança.

Uma pessoa não teme a mudança; teme o que a mudança gera nela. Esse pedaço de seu ser que deverá ser reconfigurado a partir de um evento ou uma nova realidade é o que mais dói. Por ser consciente dessa verdade, o autor e consultor William Bridges (2004) fez uma distinção importante: mudança é um evento externo, circunstancial, pontual, episódico, e transição é um processo interno, pessoal, complexo, emocional e comportamental, que o indivíduo experimenta diante de uma nova realidade.

Muitas organizações ainda priorizam os aspectos financeiros e racionais do negócio durante uma mudança, deixando para o último momento (ou mesmo ignorando) as questões pessoais e uma atenção maior aos indivíduos. Como visto no início deste capítulo, a mudança tem de ocorrer *duas vezes* (externa e internamente) para se consumar. Na linguagem de Bridges (2004), é possível afirmar que são pessoas em transição que garantirão, juntas, a consolidação efetiva de uma mudança.

Bridges (2004) fala de três fases dentro de um processo de transição:

- término: para que a transição possa ocorrer, é preciso terminar algo, concluir um histórico passado, fechar esta porta para poder avançar rumo ao novo;
- zona neutra: é um momento de reinvenção, de certa confusão, um espaço onde o passado já não está presente, mas o futuro ainda não chegou; uma etapa desconfortável, mas necessária para poder avançar para uma nova realidade;
- novo início: momento de recomeço, experiência de uma nova realidade; trilhar um caminho diferente, consolidar novas ações e hábitos.

Aprofundando-nos nas três fases de Bridges (2004) é possível entender melhor a dinâmica da transição. A primeira condição para viver essa experiência é compreender que algo anterior precisa ser concluído: uma estratégia, um posicionamento, uma função, uma relação, uma aliança, um hábito etc; algo precisa terminar internamente para dar espaço ao novo. Uma vez estabelecido esse ritual de ruptura com a realidade anterior, caminha-se para uma fase incerta, ambígua, a zona neutra. É o momento em que se abandona o estado anterior, mas ainda não se iniciou o novo momento perseguido. É um espaço desconhecido, um momento de amplas possibilidades, um vazio criativo no qual deixam-se algumas certezas para trás e se incorporam novas formas e ações. Sem a zona neutra não há como avançar e evoluir para uma nova realidade. Por último tem-se o novo início, um momento em que se cristaliza e se consolida outra forma de comportamento em uma nova realidade. Gradualmente, o indivíduo evolui e se consolida nesse caminho, saboreando o positivo dessa fase e amadurecendo em seu novo agir.

Elizabeth Kübler-Ross é uma autora e pesquisadora que percebeu que há um caminho emocional vivido pelas pessoas a partir de uma perda importante que pode ser considerada um luto. Ela formatou tal percurso no que depois foi chamado de *curva da transição*. Essa curva tem sido trabalhada por muitos profissionais em processos de mudança mais significativos, e hoje apresenta uma variedade de formatos. O importante é considerar que a pessoa que vive uma transição – sobretudo se esta é provocada por uma mudança mais impactante –passa por diversos momentos emocionais, tais como: choque, negação, raiva, angústia, impaciência, aceitação etc. (Kübler-Ross, 2017).

E para cada fase da transição com suas manifestações emocionais, há formas específicas de gerenciar e liderar os indivíduos:

- término: momento de paciência e empatia com as pessoas. Muito acompanhamento e apoio. Importância de mostrar as razões da mudança. Ritualizar o fim da realidade anterior e fazê-los perceber os benefícios que virão. Respeitar o passado e entender que desejam manter alguns aspectos de sua forma original de ser;
- zona neutra: explicitar e explicar que se trata de um momento de desconforto. Oferecer estrutura e processos que deem conta do período de incerteza. Encorajar criatividade, experimentações e laboratórios, com tolerância ao erro e provocando aprendizagem, com acompanhamento próximo;
- novo início: confirmar o propósito e a visão. Simbolizar a nova identidade. Ser consistente com o novo caminho ao garantir estruturas, sistemas e recursos compatíveis. Garantir as conquistas e celebrar os sucessos, com reconhecimento.

Não é difícil perceber a correspondência entre os momentos da teoria U de Scharmer (2010) e as fases da transição de Bridges (2004). São duas dinâmicas concomitantes, caminham juntas e se correspondem. Uma coletividade seguirá seu movimento em U ao mesmo tempo que os indivíduos e o grupo vivem seu momento de transição (ver figura 8). É difícil pensar em um processo de mudança chegando à etapa da consolidação se grande parte dos indivíduos ainda não terminou a realidade anterior ou se encontra na zona neutra em sua transição pessoal. Enquanto as pessoas não conseguirem evoluir pelas três fases da transição, a nova realidade provocada pela mudança não se concretizará.

Figura 8

As curvas da mudança e da transição

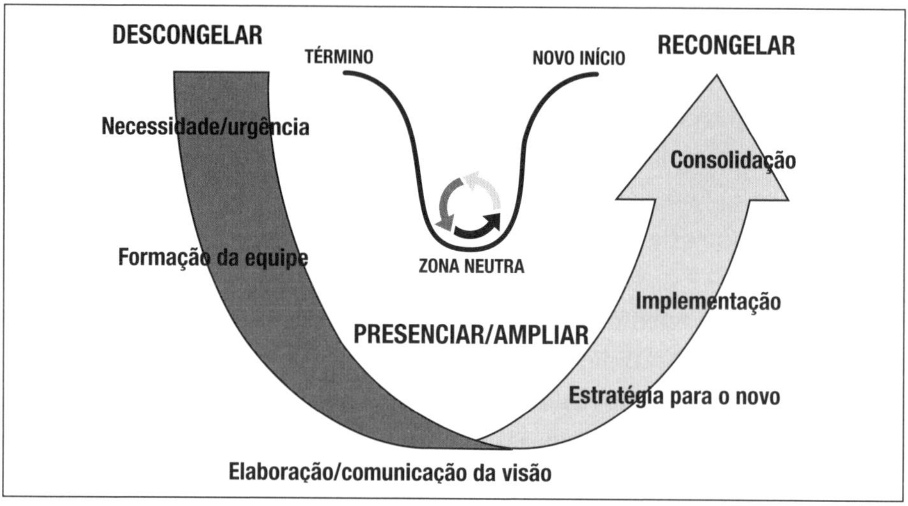

Fonte: elaboração do autor, com base em Kotter (1997), Scharmer (2010) e Bridges (2004).

O clima organizacional e a mudança

Ao percorrer o fenômeno da mudança – coletiva e individual – nas organizações, faz-se necessário relacionar essa dinâmica com o clima organizacional, realidade que está intimamente conectada com qualquer variação estrutural e ambiental. O clima de uma organização é a manifestação mais visível de sua cultura em determinado momento. Cada vez mais se dá atenção a essa dimensão e não são poucas as organizações que consideram e medem esse aspecto de sua cultura para poder entender onde estão e aonde precisam ir.

Entre as diversas definições de clima organizacional, podemos destacar a de Ricardo Luz, que o descreve como "a atmosfera psicológica que envolve, num dado momento, a relação entre a empresa e seus funcionários" (Luz, 2014:13).

Sendo uma manifestação da cultura em um momento específico, o clima é mais sazonal, enquanto a cultura é mais estável e profunda (como visto no capítulo "Gestão da cultura organizacional"). A cultura é a causa do clima, e este, por sua vez, impacta aquela em uma dinâmica complementar e de mútua influência.

Um dos papéis do RH é criar canais naturais de observação do clima para poder reagir com estratégias e ações que permitam a manutenção e evolução do mesmo. Há uma forma mais sutil e subjetiva de perceber o clima, que é a simples observação mais aguçada de como as pessoas se comportam, conversam e se envolvem nos projetos e tarefas etc., em parceria com os gestores, buscando visualizar possíveis caminhos de ação a partir da realidade atual.

Além de uma observação mais espontânea como a descrita acima, é recomendável utilizar metodologias formais de mensuração do clima, entre as quais a principal é a *pesquisa de clima*. Trata-se de uma intervenção estruturada que consulta a opinião dos colaboradores sobre diversos temas relativos à realidade da organização. A pesquisa, segundo Luz (2014:.49), tem algumas etapas básicas que precisam ser observadas se quisermos garantir uma gestão mais efetiva do processo como um todo: apoio da direção, planejamento da pesquisa, definição das variáveis a serem pesquisadas, montagem e validação do instrumento, definição de categorias para parametrização e tabulação, divulgação da pesquisa, aplicação/coleta/tabulação, divulgação dos resultados, definição dos planos de ação.

A relação do clima organizacional com a mudança é estreita. O clima pode ser, em um primeiro momento, uma espécie de "aviso" ou "alerta" de que a situação "A" está chegando ao seu limite e deve ser transformada. Quando observamos um clima com baixa motivação e pouco engajamento, por exemplo, este pode ser um sinal de que algo concreto deve ser feito para buscar modificar o ambiente. Por outro lado, o clima pode ser também um excelente indicador de como a mudança está impactando a cultura. No caso de o processo de transformação já estar em curso, a percepção e observação espontânea do clima pode ser um claro termômetro da efetividade do mesmo. Podemos prever que na parte esquerda do U de Scharmer (2010) certamente teremos um ambiente mais instável, já que é o momento da desconstrução, do aumento da tensão e do desconforto. Tal situação deverá mudar gradualmente na medida em que avançamos até a etapa de consolidação (etapa final do U), quando o clima deverá voltar a um estado de maior estabilidade, visto que o sistema já terá cristalizado a nova realidade.

Não é recomendável mensurar formalmente o clima durante os momentos mais críticos da mudança por tratar-se de um período de confusão e certo desequilíbrio. Mas, uma vez que a mudança atinja a etapa de consolidação, é recomendável utilizar recursos formais de mensuração do clima para registrar o impacto concreto do processo nas pessoas, no ambiente e no negócio. Muitas organizações utilizam o método de medir um processo de mudança antes do seu início e depois de sua consolidação, o que traz uma boa medida de evolução ou não da ação implementada.

Independentemente do propósito e momento em que a ferramenta de medição do clima será usada, é importante ter clareza de que se trata de um meio, um instrumento que deve ser utilizado em favor da organização. Por isso, deverá estar atrelado a ações subsequentes, e não aplicado como um fim em si mesmo. Nesse sentido é fundamental informar e envolver toda a organização nos diversos momentos de implementação da pesquisa, dando sentido à mesma e engajando os colaboradores em todo o processo.

Conclusão

Ao pensar a mudança de uma forma mais profunda, chega-se ao movimento do *equilíbrio dinâmico*, o necessário paradoxo que deve ser compreendido e gerido. As polaridades complementares como a *essência* e a *novidade*, ou a *ordem* e a *variação*, estão no coração da natureza da mudança, um desafio para o mundo ocidental que prefere ver a realidade de forma binária ou maniqueísta, como opções excludentes.

Só as organizações vivas e adaptativas serão capazes de enxergar a natureza mais profunda da mudança, vendo esse fenômeno tanto em sua dimensão mais externa como em seu nível mais sutil. Elas unem a gestão e a liderança em um propósito que visa manter o que é essencial ao mesmo tempo que se abrem para o ineditismo da novidade.

É assim que um processo formal de mudança se desdobra, descongelando o que deve ser repensado, mantendo o que é essência e criando um movimento de reinvenção rumo a uma nova realidade, mais adaptada e evoluída.

O RH contemporâneo deverá conhecer cada uma das etapas desse movimento de *descongelamento* que se transforma em uma nova realidade, entendendo também que o indivíduo é o protagonista de tal dinâmica e que sua maneira de lidar com ela não é linear. Há uma natural resistência ao novo, mas quando este é concebido e cocriado pelos colaboradores, eles encontram a motivação necessária para deixar o passado para trás e caminhar em direção ao desconhecido. Ao entender a natureza da mudança e a forma como o indivíduo lida com esta, o RH contemporâneo estará mais capacitado para liderar esse fenômeno nas organizações atuais, garantindo processos mais saudáveis que, por sua vez, irão impactar positivamente a cultura e o clima organizacional.

Referências

BRIDGES, William. *Managing transition*. Cambridge: Da Capo Press, 2004.

COLLINS, James; PORRAS, Jerry. *Feitas para durar*. Rio de Janeiro: Rocco, 2007.

COOPERRIDER, David; WHITNEY, Diana. *Investigação apreciativa*: uma abordagem positiva para gestão de mudanças. Rio de Janeiro: Qualitymark, 2006.

DE BRABANDERE, Luc. *O lado oculto da mudança*. São Paulo: Elsevier, 2006.

DE GEUS, Arie. *A empresa viva*. Rio de Janeiro: Campus, 1999.

EICHHOLZ, Juan Carlos. *Adaptive capacity*. Greenwich CT: LID, 2014.

HOCK, Dee. *Nascimento da era caórdica*. São Paulo: Cultrix-Amana-Key, 2006.

KOTTER, John. *Liderando mudança*. São Paulo: Elsevier, 1997.

KÜBLER-ROSS, Elizabeth. *A roda da vida*. Rio de Janeiro: Sextante, 2017.

LUZ, Ricardo. *Gestão do clima organizacional*. Rio de Janeiro: Qualitymark, 2014.

MONTEIRO, Paulo. *Una propuesta de educomunicación para la empresa*. Projeto final (mestrado) – Pontificia Universidad Católica de Chile, Santiago, 2016.

________; PASSARELLA, Wanderlei. *A reinvenção da empresa*: Projeto Ômega. São Paulo: Évora, 2017.

MORGAN, Gareth. *Imagens da organização*. São Paulo: Atlas, 1996.

OLIVEIRA, Ismar. *Gestão de processos comunicacionais*. São Paulo: Atlas, 2002.

RIMANOCZY, Isabel; TURNER, Ernie. *Action reflection learning*. Mountain-View: Davies-Black, 2008.

ROBERTSON, Brian. *Holacracia*. São Paulo: Benvirá, 2016.

SCHARMER, Otto. *Teoria U*: como liderar pela percepção e realização do futuro emergente. São Paulo: Elsevier, 2010.

SCHEIN, Edgar. *Cultura organizacional e liderança*. São Paulo: Atlas, 2009.

ULRICH, Dave (Coord.). *RH de dentro para fora*: seis competências para o futuro da área de recursos humanos. São Paulo: Bookman, 2013.

6. Gestão estratégica de recursos humanos

Jorge Cunha

Estratégia é uma palavra herdada dos gregos, que a usavam para designar a arte dos generais. Há mais de dois mil anos, *estragregos* era o nome dado aos comandantes escolhidos para planejar e comandar as guerras na Grécia antiga. Foi somente no século XX que o conceito de estratégia chegou às organizações. O pioneiro a usá-lo foi Peter Drucker, em 1955, associando-o às decisões que afetavam diretamente os objetivos mais importantes de uma organização.

De acordo com Mintzberg (2010), estratégia é uma forma de pensar o futuro. Um procedimento formalizado e articulador de resultados. Uma programação integrada ao processo decisório.

No campo da administração de empresas, estratégia possui vários significados. Algumas palavras-chave associadas a eles são: planejamento, longo prazo, ambiente e concorrência. Neste capítulo, o conceito de estratégia será entendido como o posicionamento que permite ultrapassar algum obstáculo, podendo, inclusive, ser percebida como habilidade e astúcia.

Pensar estrategicamente se torna mais importante a cada dia, tanto no campo profissional como no pessoal. Na verdade, o posicionamento estratégico estimula o pensamento antecipado que facilita, por exemplo, um jogador na criação de movimentos analisados e pensados antecipadamente acerca do seu plano estratégico.

No ambiente organizacional, os planos estratégicos são usados para melhorar a produtividade, a assertividade e, ao final, para alcançar os resultados pretendidos para o negócio.

Como visto no capítulo de ambiente macroeconômico e evolução de RH, no mundo em que vivemos não há como desenvolver um modelo de gestão organizacional sem que haja insumos de um posicionamento estratégico cautelosamente estruturado. Em outras palavras, definir a missão e a visão organizacionais é o primeiro passo que deve ser dado para a construção do plano estratégico do negócio.

A missão organizacional ou razão de ser de uma organização exerce extrema influência no direcionamento do seu destino, pois a partir de sua definição são identificados os caminhos a serem perseguidos, seus processos, objetivos, metas e desafios, que se transformarão em objeto de controle e gestão.

Ao conscientizar-se da força que a missão impõe à arquitetura organizacional, em que os processos estarão acomodados facilitando a realização do negócio e favorecendo a consolidação da organização no mercado em que atua, a organização estará dando os próximos passos para o desenho de sua estrutura.

O posicionamento estratégico ajuda também na construção da visão organizacional para que, através dela, sejam percebidos a dimensão e o tempo necessários para atingi-la. Assim, a organização passará a ser mais assertiva no desenho e na composição de seus processos, incluindo a maior atenção para que estejam fortemente relacionados à missão organizacional.

A visão deve tanto apresentar os possíveis desafios organizacionais quanto demonstrar as forças necessárias para dar início a esse grande projeto. Para tanto, será importante identificar, no universo interno, os conhecimentos e as características de comportamentos desejados. Assim, missão e visão sugerirão os insumos necessários para a construção de um modelo de gestão, que será a bússola do negócio, materializando-se por meio de processos, sistemas e pessoas.

O modelo organizacional

Uma organização se traduz na sua modelagem. Sua arquitetura é formada por processos operacionais compostos por funções exercidas por pessoas. Portanto, a organização precisa definir o modelo de gestão que melhor entenda e atenda ao negócio, esteja identificado com o mercado em que atua, considere as melhores práticas e custos, além das dimensões quantitativas e qualitativas e valores que suportarão e conduzirão a gestão.

Portanto, para selecionar, remunerar, capacitar e gerenciar o desempenho dos profissionais já se está com quase tudo pronto. É fundamental apenas a ajuda e a clareza da missão da área de recursos humanos e de todos os seus desdobramentos.

Uma forma simples de pensar ou visualizar a trajetória estratégica de uma organização é visualizá-la desde o primeiro ciclo de gestão ou *startup*. Sem dúvida, são diversos os elementos desconhecidos, mas é exatamente aí que a informação inteligente fará toda a diferença.

Saber onde, o que e como pesquisar, desenhar, refletir e criar etapas são os primeiros movimentos que levarão à elaboração do plano estratégico do negócio. Não se pode deixar de considerar, logicamente, que esses movimentos estão sujeitos a expressiva imprevisibilidade, e que gerenciá-la já indica uma das competências exigidas dos profissionais que farão parte da organização.

Podemos também afirmar que todas as etapas dos processos se constituem em oportunidades de efetivo aprendizado. Transformar o propósito de um negócio em planos estratégicos é, sem dúvida, um dos projetos mais importantes e geradores de conhecimento, uma vez que está sendo concebido no próprio cerne da organização.

Conhecimento e ambiente

Nos últimos anos, conhecimento e ambiente são, segundo Lucena (2004), as expressões mais utilizadas quando se discutem as ações a serem implementadas nas organizações.

Estamos diante de uma realidade de absoluta valorização dos chamados recursos intangíveis, conforme tratado anteriormente no capítulo 3 – "Sustentabilidade estratégica e governança corporativa". Para Hanashiro, Teixeira e Zaccarelli (2007), recursos intangíveis são verdadeiras fontes de vantagem competitiva. Portanto, cultura, conhecimento, ambiente, capacidade de realização, valor do produto ou serviço, mercado de atuação e cliente/consumidor compõem o que se define por capital organizacional. Torna-se assim fundamental que os processos internos sejam criados para atender ao desenvolvimento constante e estimulá-lo, entendendo-se, logicamente, a importância da visão de curto, médio e longo prazos, considerada um dos pontos estratégicos que permeará os planos de negócio.

A área de recursos humanos, com certeza, oferece forte e relevante contribuição nessa fase. Contudo em diversas organizações é perceptível a ausência do representante da área em fases importantes da construção dos planos estratégicos. Se considerarmos que assuntos como conhecimento e ambiente estão intimamente relacionados a cultura, competências e pessoas, não há área que possa ter mais a contribuir do que a de recursos humanos, responsável por gerar ideias e propostas para que, nessa parte do plano, seja prevista a necessidade, ao longo do tempo, de identificação de oportunidades potenciais para o desenvolvimento organizacional.

O ambiente empresarial possui duas interessantes características:

A primeira é como ele será composto e fisicamente constituído, fator percebido como um dos elementos da estratégia de RH, principalmente no que tange à valorização do trabalho, à qualidade de vida, à saúde ocupacional, à legislação trabalhista etc.

A segunda é o que podemos chamar de sutil organizacional, em que se constroem práticas de informalidade, perfis de comunicação, formas de trabalho em equipe, práticas de liderança e, sobretudo, um clima amistoso gerador de ideias e inovações que contribuam para a capacidade competitiva no mercado e sustentabilidade no longo prazo.

Caberá à área de recursos humanos apresentar propostas na justa medida, que atendam às características do ambiente, uma vez que, assim, ela poderá definir claramente os perfis profissionais que buscará no mercado, ou mesmo adequar e desenvolver internamente.

Cenários e suas influências

Quando se aborda o tema plano estratégico, deve-se ressaltar a importância das informações oriundas dos cenários previstos para o futuro. Fatores como economia, tendências políticas, crescimento tecnológico, legislação e desenvolvimento social fazem parte das informações inteligentes acima mencionadas que compõem as configurações de cada um desses cenários.

A seguir, os exemplificaremos, destacando características importantes em suas análises.

Fatores econômicos

As taxas de inflação, juros, câmbio, distribuição de renda, balança comercial, mercado de capitais e estabilidade monetária, entre outros fatores, impactam o negócio. Os fatores econômicos influenciam e podem alterar a competitividade das organizações.

A desvalorização do real em relação ao dólar é um exemplo da influência dos fatores econômicos, em alguns segmentos com resultados críticos, chegando a ameaçar, por exemplo, as importações quando essas são parte da estrutura de preço do produto de uma organização. Por outro lado, a desvalorização da moeda também pode representar uma boa oportunidade para as organizações exportadoras de produtos.

Fatores políticos

Os fatores políticos influenciam de forma expressiva o ambiente social e econômico em que a empresa está inserida, podendo, inclusive, gerar modelos de atuação diferenciados das centrais sindicais. Esses componentes fazem parte das decisões e da gestão estratégica e econômica de recursos humanos.

Fatores legais

A legislação afeta os aspectos fiscais, comerciais, o direito do consumidor e, sobretudo, a legislação trabalhista, em que a relação capital x trabalho é alvo efetivo do propósito legal. Em especial, sugerimos atenção para os setores brasileiros pertencentes a segmentos influenciados por agências reguladoras as quais atuam de forma influente nos planos econômicos e estratégicos de mercado das organizações.

Fatores sociais

São fatores educacionais, de saúde e de geração ou não de emprego, que influenciam a atuação das organizações, tornando-as mais ou menos atrativas e competitivas na busca por talentos. Outro importante fator presente nas análises sociais é o crescimento setorial e geográfico que pode motivar a expansão de algumas atividades empresariais.

Fatores tecnológicos

Um dos mais importantes indicadores de cenários. Os impactos causados pelo desenvolvimento tecnológico podem representar, além da melhoria da qualidade do serviço ou do produto, oportunidades para a própria estrutura de custos e também para a precificação.

Sua influência abrange todas as áreas do conhecimento, a criatividade, a agilidade e tantos outros fatores que, além de atraírem e reterem pessoas e clientes, podem gerar crescimento de mercado. Nos últimos anos, o desenvolvimento tecnológico originou o entendimento da inovação como diferencial competitivo.

Fatores ambientais

Estamos diante de uma nova ordem mundial, em que a responsabilidade ambiental é parte integrante do posicionamento e da visão estratégica de uma organização. Nesse cenário, indicadores como leis de proteção ambiental, gestão e operação do tratamento de resíduos, foco e estratégia no consumo de energia consciente e geradora de reservas, valores ecológicos do consumidor e a opinião da população sobre os fatores ambientais são objeto de muita atenção nas ações e na operação do negócio.

Caberá à organização, por meio dessa visão, envolver seus colaboradores e buscar parceiros de negócio que estejam na mesma direção e com os mesmos valores e posicionamento.

Recursos humanos: importante parceiro do negócio

Os novos tempos exigem uma atuação diferenciada dos profissionais de RH e bem mais envolvida com o negócio do que se observou em décadas passadas, conforme vimos no capítulo 1 – "A evolução do RH no Brasil".

Conhecer o negócio, entender suas características operacionais e de atuação, avaliar o ambiente externo em relação às tendências e práticas e, por fim, dominar os processos funcionais passou a ser fundamental para o sucesso dos profissionais de RH.

As áreas internas esperam da área de recursos humanos, além da presença no campo/operação, maior transferência de conhecimentos e ferramentas de gestão e, principalmente, apoio para maior liberdade de ação na chamada "ponta". Segundo Becker, Hulselid e Ulrich (2001), os gerentes de linha precisam perceber o real papel da área para o sucesso da organização.

Diversas organizações já têm profissionais de RH dedicados e alocados nas distintas unidades ou áreas de negócio. São os chamados de *business partners*, que atuam de forma compartilhada, apoiando os gestores de linha, chegando até a possuir experiência técnica e/ou profissional nas referidas áreas sob sua orientação.

Esse contexto ajuda os profissionais a pensar de forma mais abrangente e, dessa forma, a desenvolver soluções que reflitam as estratégias e práticas de gestão de RH, atendendo e satisfazendo as necessidades do negócio, sem perder de vista suas contribuições para uma gestão economicamente viável e geradora de resultados financeiros.

Além da maior velocidade nas soluções, esse modelo de atuação de RH gera forte capacidade de alinhamento entre áreas e processos de gestão de RH, considerando-se aí a importância de se ter uma linguagem única, um modelo de gestão disseminado da mesma forma e, sobretudo, uma visibilidade maior das ações da área de RH junto a seus clientes internos.

Conhecendo o negócio

Independentemente de como está desenhada a estrutura organizacional/funcional de recursos humanos, ressaltamos a importância do conhecimento do negócio por todos os profissionais que lá atuam. Muitas vezes, nos deparamos com atuações disfuncionais, que pouco se relacionam ou traduzem as características e especificações de uma determinada organização.

Tomemos como exemplo as entrevistas nos processos de atração e seleção, em que os entrevistadores desconhecem a realidade da operação, o segmento e o mercado de atuação. Por vezes, deixam sem respostas consistentes perguntas fundamentais para a decisão e escolha do candidato.

Quando nos referimos ao conhecimento do negócio, estamos reforçando a importância do nível de conhecimento da operação e das estratégias organizacionais, a ponto de poder influenciar o desenvolvimento de soluções que irão antecipar-se às necessidades futuras, gerando assim expressivo valor para a organização e sua competitividade no mercado.

Outro importante fator que se deve ressaltar como foco para os profissionais de RH é a compreensão dos indicadores financeiros que vão ao encontro dos interesses dos acionistas e, consequentemente, contribuem para a evolução do negócio. Principais clientes, balanço patrimonial, rentabilidade, lucro, retorno de capital, concorrência, entre outros indicadores, devem fazer parte do vocabulário de uma área de RH com foco estratégico, podendo assim influenciar seus planos e objetivos na busca de contribuições expressivas.

Plano estratégico de RH

Um plano estratégico da área deve contemplar:

- estrutura organizacional ajustada às reais necessidades do negócio e contributiva para o equilíbrio econômico-financeiro da organização;
- programa de gestão do desempenho como efetivo valor estratégico;
- processos seletivos planejados com base nas atividades funcionais e competências exigidas para aquela vaga;
- pessoas com competências e potencial, identificadas com os valores da empresa e com o negócio;
- proposta de sucessão que garanta ao menos a reposição dos cargos-chave da estrutura e que suporte o desenvolvimento e a sustentabilidade do negócio;

- programa de reconhecimento e recompensa que mantenha a atratividade e a motivação dos profissionais;
- projetos de capacitação que desenvolvam as competências individuais no grau necessário à minimização dos *gaps* de competência e ao alcance de metas e resultados;
- ambiente interno estimulante e desafiador para que a inovação, competitividade e sustentabilidade sejam objeto de interesse e foco de todos.

Como conquistar o alinhamento estratégico

Segundo Becker, Hulselid e Ulrich (2001), o alinhamento estratégico é a vinculação das diversas unidades e áreas à estratégia da organização, assegurando que o trabalho, ações, decisões e o comportamento de todas as pessoas, de todos os níveis, estejam diretamente ligados para apoiar a estratégia. Permite ainda a sincronização dos esforços das diferentes unidades de negócio, processos e áreas funcionais, com a visão e a estratégia da organização; o acompanhamento dos resultados; a orientação para os clientes, acionistas, fornecedores e comunidade; a integração e o desenvolvimento de pessoas de alto desempenho e a melhoria contínua do desempenho. Assim, a área de recursos humanos deve preocupar-se com o constante desafio de conquistar a coerência entre as competências organizacionais e os planos da organização como um todo, ou seja, não perder de vista que cada vez mais os ciclos estratégicos são menores, e mantê-los alinhados com o saber fazer requer um olhar singular, com análises e ajustes periódicos.

Muitas organizações passam por diversas crises, frutos da influência dos cenários externos. Essa constante necessidade de mobilidade exige alinhamentos de curto prazo que, em vários casos, atendem apenas às necessidades momentâneas e são em seguida substituídos por outras reformulações motivadas por distintos indicadores de mudanças.

Parte dos executivos das áreas de negócio e mesmo os de RH resistem a atuar de forma flexível e adaptável, entendendo, por vezes, que pequenas oportunidades não justificam grandes mudanças. Esses são pensamentos e posicionamentos perigosos e devem ser alvo de revisão. Ocasionalmente, situações inéditas e percebidas com poucas expectativas de permanência transformaram ou mesmo redirecionaram substancialmente as estratégias de médio e longo prazos. Portanto, não há como desconsiderar a importância de um alinhamento constante entre pessoas, processos e planos estratégicos e, nessa linha, a área de RH pode dar importante contribuição à cultura organizacional para que a mesma tenha adaptabilidade, agilidade e foco como competências básicas.

É fundamental ter em mente que vivemos numa era de constantes mudanças, e muitas delas estão dentro de uma perspectiva pouco sustentada por fatores críticos de sucesso. Para Becker, Hulselid e Ulrich (2001), gerenciar a mudança passou a ser, na atualidade, uma competência indispensável. Para os profissionais de RH, essa competência assume importância vital, uma vez que, no papel de facilitador, contribuindo com sistcmas, processos e até mesmo na busca por competências que influenciem o processo de comunicação e disseminação de tudo para todos, conquistam a adesão e o comprometimento dos profissionais diretamente envolvidos com os objetivos da mudança.

Planos avaliados como possíveis riscos e incertezas, etapas e fases de implementação, agentes facilitadores do processo de mudança e objetivos que serão alcançados ao longo do processo de mudança fazem parte dos desafios previstos nesse gerenciamento. Entretanto, para parte das organizações ou mesmo dos profissionais responsáveis, as variáveis que mais causam preocupação são os riscos e incertezas que, de certa forma, encontram-se relacionados à cultura de erro, negada por eles e pelas organizações. Acreditar que tudo tem origem nos riscos e incertezas incide diretamente na proposta de desempenho e desenvolvimento organizacional.

Analisando realidades internas e externas ao negócio

Entre as muitas opções de ferramentas de apoio ao planejamento estratégico, optamos pela análise SWOT, que funciona como um diagnóstico de sua organização. O termo é um acrônimo das palavras *strengths*, *weaknesses*, *opportunities* e *threats*, que significam, respectivamente: forças, fraquezas, oportunidades e ameaças. É bastante comum, aqui no Brasil, usar a sigla FOFA em lugar da tradicional. Sabe-se que a técnica foi fundamentada por Kenneth Andrews e Roland Christensen e tinha por objetivo auxiliar e aprimorar o planejamento estratégico empresarial, que já vinha sendo bastante estimulado nas escolas tradicionais americanas ao longo das décadas de 1960 e 1970.

Para entender melhor a forma de usar a ferramenta, imagine-se diante da necessidade de tomar uma importante decisão pessoal e da necessidade de apurar prós e contras para tomá-la. É importante atentar para os fatores que lhe dizem respeito, como disponibilidade de tempo, recursos financeiros etc., mas também fatores ambientais relacionados a família, trabalho, condições de segurança, entre diversas características que fogem do seu controle. Nas organizações, a matriz SWOT funciona de forma similar e ajuda os gestores a colocar na balança o que há de vantagem e desvantagem nos processos de tomada de decisão e revisão dos rumos estratégicos.

Muito utilizada pelas organizações durante os exercícios de *planejamento estratégico*, a análise SWOT deve ser usada pelo menos uma vez ao ano e consiste em estudar detalhadamente a situação do negócio no cenário econômico. Seu principal objetivo é oferecer o diagnóstico estratégico que possa prever e prevenir condições negativas, além de firmar diretrizes que promovam decisões e/ou projetos diferenciados.

Tudo começa pela identificação dos quatro elementos que envolvem a realidade organizacional. Na verdade entende-se que tais elementos servirão de norteadores e, ao mesmo tempo, de pilares de sustentação para adoção de ações mais direcionadas, com condições de ajustes no decorrer do tempo e com maiores oportunidades de sucesso.

O modelo é reconhecido pela sua praticidade e objetividade, oferecendo à organização uma fotografia realista do momento analisado, influenciado pelas expectativas ou exigências estratégicas, funcionais e culturais. A seguir apresentaremos a conceituação mais detalhada de cada elemento, incluindo alguns exemplos práticos para melhor compreensão da ferramenta.

Forças

As forças internas são elementos internos que beneficiam o desempenho organizacional, permitindo o gerenciamento e, portanto, representam a parte fundamental para a tomada de decisão em relação a novos rumos e até mesmo às estratégias para superações de resultados.

Alguns exemplos de forças:

- equipes que trabalham na busca de inovação;
- os ativos que a organização possui como: estoque de matéria-prima, equipamentos de última geração;
- posicionamento de mercado;
- relações consolidadas com fornecedores;
- lideranças participativas.

Inúmeras podem ser as forças que um negócio possui. Contudo algumas organizações brasileiras não costumam avaliar esse elemento e identificar seu diferencial competitivo. Assim, perdem a oportunidade de gerar novos planos estratégicos para o negócio.

Vamos aprofundar o exemplo acima.

- equipes que trabalham na busca de inovação motivam a organização a investir em pesquisas e desenvolvimento, suportando assim projetos viáveis e competitivos;
- os ativos como estoques adquiridos com custos geradores de uma boa margem e equipamentos de última geração propiciam uma qualidade maior do produto acabado;
- correto posicionamento de mercado permite à organização concorrer com certa vantagem em relação à concorrência;
- relações consolidadas com fornecedores facilitam as ações de sua cadeia de valor e não comprometem o conceito, a cultura e a prática de qualidade;
- lideranças participativas favorecem o aprendizado constante e uma boa gestão do desempenho

Fraquezas

As fraquezas são elementos que pertencem ao ambiente interno. Ao contrário das forças, podem comprometer a competitividade, os resultados e o desenvolvimento organizacional. Embora sejam elementos gerenciáveis, podem inviabilizar a missão.

- produtos perecíveis;
- líderes resistentes a mudanças;
- pouca qualificação técnica nas equipes;
- sistemas não integrados;
- cultura centralizadora.

Esses são elementos que justificam e exigem ações de reversão, buscando fazer alterações para que possam ser transformados em forças. Vamos aos exemplos:

- produtos perecíveis exigem gestão com alteração de preços, evitando o custo causado pela falta de venda;
- líderes resistentes a mudanças comprometem o processo de desenvolvimento ao deixar de gerenciar oportunidades que elevam a competitividade da organização;
- pouca qualificação técnica nas equipes impede o desenvolvimento de novos processos de operação e inovação, aumenta custos e ameaça a qualidade dos resultados;
- sistemas não integrados exigem maior quantidade de homem/hora na operação e provocam repetições no trabalho;
- cultura centralizadora produz baixa visibilidade de desenvolvimento do potencial humano.

Oportunidades

As oportunidades são situações externas à empresa e podem afetar de forma positiva o negócio. São variáveis que estão fora de controle ou gestão, mas que possuem potencial de concretização. Eis algumas delas:

- fusão com concorrentes que tragam aumento de mercado;
- novas tecnologias;
- alteração na legislação fiscal/trabalhista;
- profissionais com especialização de última geração;
- novos fornecedores com maior qualidade e melhores custos.

As oportunidades são percebidas como chances de melhoria em diversos aspectos. Exigem mais que o interesse sobre elas. Exigem o preparo das organizações para conquistá-las e, assim, gerar o potencial percebido. Portanto, planejar, identificar áreas de ajustes e adequar-se a elas é fundamental. Vamos aos exemplos:

- fusão com concorrentes produzem aumento de *market share*, reduzem custos, unificam processos ao optar pelas melhores práticas e tendem a aumentar a competitividade;
- novas tecnologias trazem a melhoria da qualidade, economia no ciclo produtivo, maior conhecimento no capital intelectual;
- alteração na legislação fiscal/trabalhista oferece oportunidades de usufruir benefícios fiscais na gestão orçamentária, encargos trabalhistas com redução ou incentivos de contratações com benefícios no custo da folha de pagamento;
- profissionais com especialização de última geração trazem mais agilidade aos processos de transformação, na competitividade e na disseminação de novas competências;
- novos fornecedores, com maior qualidade e melhores custos, representam a oportunidade ideal para aumento de *market share*, satisfação do cliente e aumento de margem do produto/serviço.

Ameaças

São situações externas que podem comprometer muito os resultados do negócio. Não são controláveis pela organização e possuem boas chances de acontecer. Alguns exemplos:

- variação cambial com desvalorização da moeda local;
- alterações de procedimentos das agências reguladoras do segmento da organização;
- falta de mão de obra especializada em determinado setor;
- greves de segmentos relacionados à cadeia produtiva da organização;
- acidentes da natureza.

As ameaças devem ser percebidas como fatores de risco ao negócio e sugerem reflexão estratégica com a construção de planos de ação, evitando assim maiores impactos. Portanto, a exemplo das oportunidades, as ameaças também devem fazer parte da agenda dos gestores na construção dos planos estratégicos do negócio. Vejamos a seguir:

- alterações de procedimentos das agências reguladoras do segmento da empresa indicam a necessidade de rápida adaptação de processos internos;
- falta de mão de obra especializada em determinado setor sugere maior desenvolvimento da capacitação interna;
- greves de segmentos relacionados à cadeia produtiva da empresa abrem espaço para a necessidade de diversificação nas carteiras de fornecedores/parceiros por meio do desenvolvimento de soluções rápidas;
- acidentes da natureza impõem a criação de planos alternativos e avaliação de novos mercados.

Resumindo, para usar essa ferramenta *estratégica*, basta inicialmente definir os pontos fracos e fortes do ambiente interno do negócio, ou seja, o que está sob o controle da organização. As fraquezas, como visto, derivam da análise do que pode ser feito para melhorar o negócio: se os colaboradores possuem as capacidades que o cargo exige, quais são seus *gaps* de competência, produtos e/ou serviços, perda de *market share* e de clientes etc.

Em seguida, definem-se os pontos fortes, aquilo que a organização deve fazer ou possui de melhor, recursos disponíveis, diferenciais em relação aos concorrentes e o que transforma seus clientes em clientes fiéis.

Por fim, deve-se analisar o ambiente externo ao negócio, do qual a organização não tem controle. Nesse quesito, são observadas as oportunidades que existem no mercado – como as tendências/novidades, expansão da linha de produtos, chances de conquistar novos clientes – e que podem gerar receita e valor. Também são analisadas e exploradas as ameaças que podem surgir, como novas organizações atuando no mesmo nicho, queda no padrão de consumo, investimento em novas tecnologias por parte dos concorrentes e tudo o que puder afetar negativamente a receita ou a imagem do negócio.

Sugere-se listar todos os pontos levantados, separando-os em quatro quadrantes distintos como indicado na figura 1.

Figura 1
Análise SWOT

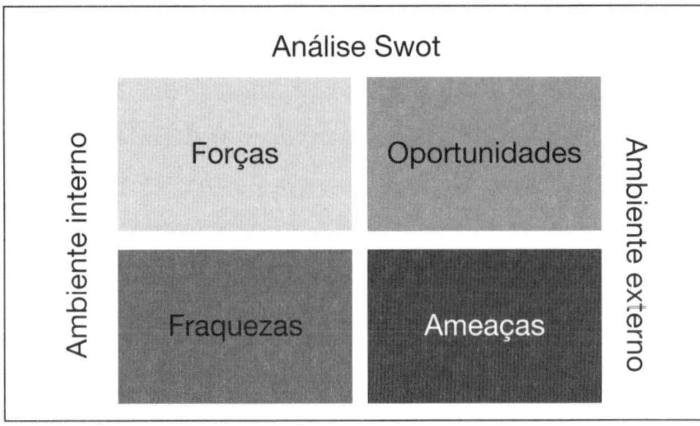

Em tempos incertos, a matriz SWOT adapta-se como uma luva para definir relações existentes entre os pontos fortes e fracos das organizações e o que se verifica de mais importante no mercado, seja em nível local ou global. A análise permite entender a posição de sua organização comparada à de seus concorrentes, conferindo mais confiança, segurança e força para lidar com os imprevistos e situações desafiadoras.

Como gerenciar o plano estratégico e garantir sua realização?

O grande desafio de um plano estratégico, além da sua assertividade, é garantir à organização, o controle e a gestão dos insumos planejados e também que todo o estudo possa ser desdobrado na forma de objetivos, metas e indicadores.

É nesse sentido que outra ferramenta de apoio e análise, o *balanced scorecard* (BSC) estrutura, organiza e orienta a organização tendo como perspectiva quatro horizontes de absoluta contribuição estratégica. São eles: finanças, cliente, processos e aprendizagem.

O BSC é uma sigla que, traduzida, significa indicadores balanceados de desempenho e, segundo Becker, Hulselid e Ulrich (2001), essa metodologia pressupõe que a escolha dos indicadores para a gestão de uma empresa não deve se apoiar apenas nas informações econômicas ou financeiras. Os indicadores financeiros não são suficientes para garantir que a organização está caminhando na direção correta.

É necessário monitorar, juntamente com resultados econômico-financeiros, desempenhos de mercado junto aos clientes, desempenhos dos processos internos e pessoas, inovações e tecnologia. Isso porque o somatório das pessoas, tecnologias e inovações, se bem aplicado aos processos internos das empresas, alavancará o desempenho esperado no mercado junto aos clientes e trará à empresa os resultados financeiros esperados. É o que se chama de "criar valor com ativos intangíveis".

O BSC foi criado pelos professores da Harvard Business School, Robert Kaplan e David Norton em 1992 e, desde então, vem sendo aplicado com sucesso no mundo inteiro em centenas de organizações do setor privado, público e em organizações não governamentais. Constata-se, dessa forma, a valorização do BSC e o entendimento de que para os executivos ele representa um instrumento de medida da *performance* organizacional que valoriza a eficácia como efetiva ferramenta de gestão. Todavia, na maioria das organizações brasileiras, percebemos que o fator cultura pode ser um limitador do sucesso da ferramenta em sua integralidade (início, meio e fim).

Seus autores enxergam o BSC com um elo importante para o equilíbrio entre os objetivos de curto e longo prazos, com as medidas financeiras e não financeiras, com tendências de mercado e, por fim, com as perspectivas interna e externa de desempenho.

Sendo uma das práticas de gestão percebidas como mais contributivas, visa reduzir as limitações dos sistemas de gestão e avaliação do desempenho, que em muito comprometem o desenvolvimento de um plano estratégico.

Para Becker, Hulselid e Ulrich (2001), desenvolver e implementar o BSC exige duas perspectivas distintas que devem ser amplamente observadas e adequadas às áreas e processos de gestão organizacional.

Especificamente na área de RH, entende-se que o BSC só terá eficácia e qualidade quando absolutamente alinhado à estratégia da empresa. Para tanto, cabe ressaltar a importância das funções, dos sistemas e ferramentas de RH e, sobretudo, do comportamento dos colaboradores. Portanto, para que seus efeitos sejam positivos, há de se garantir sua aceitação, bem como a compreensão da cultura e o domínio das práticas do cotidiano organizacional.

Segundo Kaplan & Norton (1997), os requisitos para definição dos indicadores buscam a maximização dos resultados baseando-se, como já foi dito, em quatro perspectivas que se desdobrarão em macro-objetivo, objetivo, indicador e meta, e assim realizarão a visão e a estratégia. Perspectivas:

- finanças;
- clientes;
- processos internos;
- aprendizado e crescimento.

Suas considerações levam em conta o conceito segundo o qual um sistema de medição e de gestão estratégica está diretamente suportado por indicadores de extrema relevância para o sucesso de um plano. Nessa linha, o papel da área de recursos humanos no monitoramento, na conduta e no alinhamento do BSC nas demais áreas da empresa pode ser um diferencial para o *alcance* dos objetivos previstos *que, a partir daí, serão tratados junto às* metas e aos indicadores. E, para tanto, reforçamos a seguir, alguns importantes fatores de sucesso *na utilização da ferramenta.*

Plano ou macro-objetivo – Destina-se a explicitar a estratégia da organização apresentando os objetivos e suas interfaces dentro das quatro perspectivas.

Objetivo – É o que se pretende alcançar. São fatores críticos para o desenvolvimento e superação da empresa.

Indicadores – São métricas do alcance dos objetivos e para serem efetivos devem deixar claro como o objetivo será medido e acompanhado. Os indicadores devem perseguir alguns requisitos, tais como:

- clareza ao transmitir a informação e confiabilidade na mesma;
- facilidade para gerar informação;
- aderência aos textos organizacionais estratégicos, como visão e missão;
- indicador de medida representado por números absolutos, percentagens (taxas de crescimento, pesos), prazos (dias, horas) e valores;
- definição de agente de controle e responsabilidade que atuará no monitoramento e na apreciação dos referidos indicadores;
- aderência às estratégias organizacionais apresentadas de forma objetiva e crível para toda empresa.

Metas – Definem de forma quantitativa a expressão do alcance ou da superação indicada e esperada no BSC. Elas podem estar representadas por percentuais, prazos de realização ou qualquer outro referencial numérico que qualifique os resultados alcançados pelos indicadores.

Figura 2
BALANCED SCORECARD

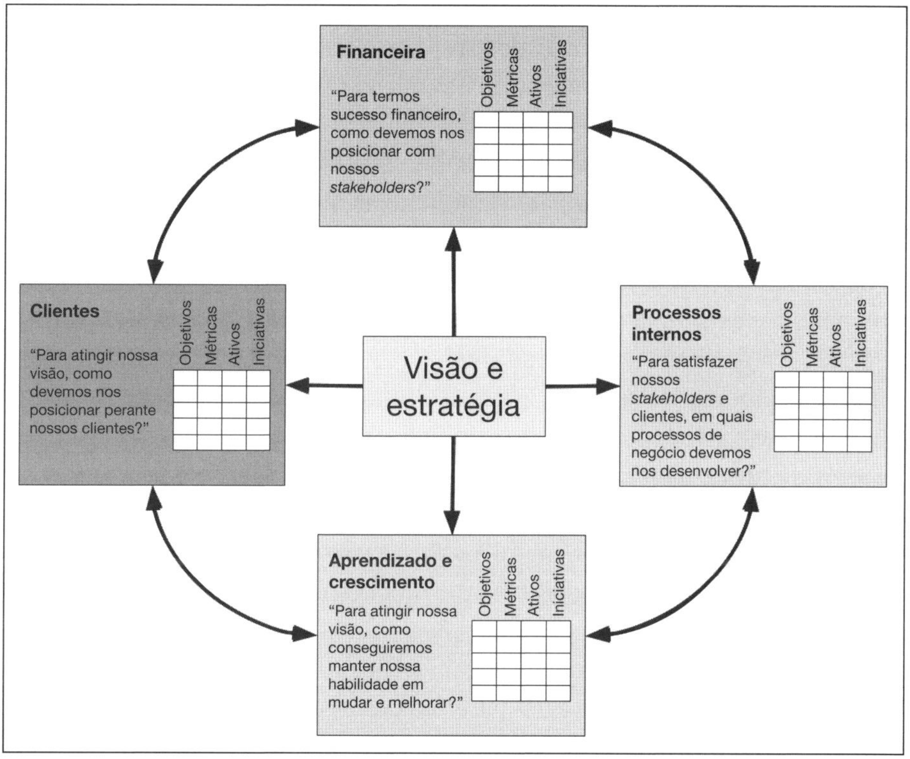

Fonte: Upwards. Disponível em: <www.upwa.com.br>. Acesso em: jul. 2017.

Conclusão

Ao longo deste capítulo, tratamos de forma objetiva a gestão estratégica de recursos humanos tendo como ênfase os planos da área. Procuramos enfatizar a necessidade do alinhamento às estratégias de negócio sob a régia de uma visão econômica e atual da gestão estratégica de RH.

Não é tarefa simples pensar na matéria estratégica em uma economia como a brasileira, com inúmeras variáveis que interferem de forma previsível ou não no modelo de gestão das organizações. Por outro lado, não se pode aceitar esse fato como justificativa para a abdicação das lideranças no que tange à visão e ao monitoramento da direção dos negócios. Especificamente, ao tratarmos dos profissionais de uma organização, essa questão se torna ainda mais relevante para garantia de uma gestão assertiva e voltada para a perenidade e prosperidade.

Nesse sentido, a área de RH detém papel estratégico e deve ser guardiã dos interesses do negócio, fazendo com que esses sejam alvos de constante revisão e posicionamento, e atuando de tal forma que a organização legitime seu espaço nos processos de influência, tomada de decisões e mudanças. Para tanto a área terá de demonstrar competências imprescindíveis à condução dos sistemas de gestão.

Seus planos, processos e ferramentas devem, portanto, passar por constante vigília e exigência absoluta de alinhamento e contribuição ao processo de gestão e aos resultados pretendidos.

Outro importante aspecto que ressaltamos foi à necessidade do compartilhamento e transferência do conhecimento sobre a gestão de RH aos gestores de linha, para que os mesmos possam deter insumos relevantes ao posicionamento estratégico da função de RH na "ponta".

De vital importância também foi a sugestão para a compreensão e a análise dos cenários externos e as expectativas da organização quanto ao papel de RH, para que na sua efetiva contribuição conquiste a parceria indispensável ao desenvolvimento constante da organização.

Alguns pressupostos para fazer parte do posicionamento estratégico de RH e que foram identificados em experiências de sucesso da área foram também compartilhados.

Como sugestões finais, o recomendamos refletir sobre algumas ações que entendemos serem facilitadoras do alcance da participação assertiva de RH no negócio e seus planos. São elas:

- *Adotar um direcionamento estratégico* – Avaliar o ambiente futuro dos negócios estabelecendo posição competitiva promovendo mudanças para o alcance dos objetivos estratégicos, energizando a organização para um ambiente produtivo e inovador.

- *Promover projetos de mudanças constantes* – Planejar e desenvolver mudanças entendendo os riscos e as incertezas inerentes aos segmentos de atuação, tendo foco na implementação e facilitação do alcance dos objetivos propostos, deixando assim a tradição de propostas tão somente no papel e, efetivamente, influenciar todos a fazerem acontecer!
- *Promover a gestão do desempenho do negócio RH* – Utilizar-se de instrumentos financeiros valorizando os fatores econômicos que envolvem todos os subsistemas de gestão, estabelecendo controles e buscando superações em cada ciclo de desempenho.
- *Voltar-se para pessoas* – Estruturar e ajustar modelos operacionais junto às lideranças de linha, na busca da "pessoa certa no lugar certo", e objetivar a proteção do conhecimento e o desenvolvimento do potencial humano de forma a consolidar um verdadeiro ambiente de trabalho em equipe.
- *Identificar e trabalhar os relacionamentos* – Entender os principais *stakeholders*, como governo, concorrentes, entidades acadêmicas, sindicatos, clientes e áreas internas, apoiando, negociando e construindo alianças.

Finalmente, desde o início deste capítulo, deixamos clara a importância do desenvolvimento de uma ampla visão do leitor para a compreensão não somente das práticas e resultados recentes, mas, principalmente, das mudanças que se fizeram necessárias para o presente e o futuro processo de gestão de recursos humanos, influenciadas por uma abordagem econômica e estratégica tão exigida pelas organizações e seus colaboradores.

Referências

BASS, B. From transactional to transformational leadership: learning to share the vision. *Organizational Dynamics*, v. 18, n. 3, p. 19-36, 1990.

BECKER, Brian E.; HULSELID, Mark; ULRICH, Dave. *Gestão estratégica de pessoas com* "scorecard": interligando pessoas, estratégia e performance. 13. reimp. Rio de Janeiro: Elsevier, 2001.

CHARAN, R.; DROTTER, S.; NOEL, J. *Pipeline da liderança.* Rio de Janeiro: Elsevier, 2009.

DRUCKER, Peter. *A prática da administração.* Rio de Janeiro: Fundo de Cultura, 1962. Versão em português.

_______. *Desafios gerenciais para o século XXI*. São Paulo: Pioneira, 1999.

FERREIRA, D. *Como alcançar o sucesso em 7 semanas*. Joinvile, SC: Clube de Autores, 2008.

GALLWEY, T. *O jogo interior de tênis*. São Paulo: Textonovo, 1996.

GRIFFITHS, M. A. Components model of addiction within a biopsychosocial framework. *Journal of Substance Use*, v. 10, n. 4, p. 191-197, ago. 2005.

GRANT, L. *Coaching high-performance teams*. Charleston: BookSurge, 2005.

HANASHIRO, D. M.; TEIXEIRA, M. L.; ZACCARELLI, L. M. *Gestão do fator humano*: uma visão baseada em *stakeholders*. São Paulo: Saraiva, 2007.

KAPLAN, Robert S.; NORTON, David P. *A estratégia em ação*: *balanced scorecard*. Rio de Janeiro: Elsevier, 1997.

KOUZES, J.; POSNER, B. *Credibilidade*. Rio de Janeiro: Campus, 1994.

KRAUSZ, R. Coaching executivo. São Paulo: Nobel, 2007.

LUCENA, Maria Diva da Salete. *Planejamento estratégico e gestão do desempenho para resultados*. São Paulo: Atlas, 2004.

MARRAS, Jean Pierre. *Administração de RH*: do operacional ao estratégico. São Paulo: Saraiva, 2011.

MILARÉ, S.; YOSHIDA, E. *Coaching* de executivos: adaptação e estágio de mudanças. *Revista Psicologia: Teoria e Prática*, v. 9, n. 1, p. 86-99, 2007.

MINTZBERG, Henry. *Safári de estratégia*: um roteiro pela selva do planejamento estratégico. 2. ed. Porto Alegre: Bookman, 2010.

SCHNEIDER, Luis Carlos. Pensamento estratégico organizacional: origens, evolução e principais influências. In: ENCONTRO DE ESTUDOS EM ESTRATÉGIA, VI., 2013, Bento Gonçalves, RS. *Anais*... Porto Alegre, RS: UniRitter, 2013.

ULRICH, Dave (Org.). *Recursos humanos estratégicos*: novas perspectivas para os profissionais de RH. São Paulo: Futura, 2000.

VROOM, V. H.; YAGO, A. G. The role of the situation in leadership. *American Psychologist*, v. 62, n. 1, p. 17-24, 2007.

_______; YETTON, P. W. *Leadership and decision-making*. Pittsburgh: University of Pittsburgh Press, 1973.

WHITWORTH L.; KIMSEY-HOUSE, H.; SANDHAL, P. *Co-active coaching*: changing business, transforming lives. Boston: Nicholas Brealey, 1998.

ZHU, W. et al. CEO: transformational leadership and organizational outcomes. *The Leadership Quarterly*, v. 16, n. 1, p. 39-52, 2005.

7. Finanças e indicadores de recursos humanos

Carlos Alberto dos Santos Silva

Introdução

No capítulo anterior vimos que o planejamento estratégico permite a adoção de *balanced scorecard* (BSC), que tem como função tornar realidade os levantamentos e as discussões ocorridos na fase do planejamento.

Para tanto são criadas métricas, que têm, em princípio, quatro quadrantes, a saber:

- métricas de pessoas (ou ambiente);
- métricas financeiras;
- métricas de inovação;
- métricas de clientes.

As métricas financeiras devem ser objetivas e eficientes, além de claras o suficiente para que todos na organização possam ter acesso a elas e saber como analisá-las. São essas as métricas que julgamos importantes para a área de recursos humanos (RH), pois darão base suficiente para o gestor de pessoas participar de reuniões tendo como suporte o conhecimento da situação financeira da organização em que atua, útil para decisões imediatas ou de impactos.

O objetivo deste capítulo é apresentar os conceitos das métricas financeiras, desde sua origem até sua aplicabilidade. Considerando que a maioria se origina da contabilidade, iremos também apresentar fundamentos da ciência contábil, úteis para o entendimento das métricas oferecidas.

Nosso caminho será então dividido em:

- conceitos gerais de contabilidade e finanças;
- definição de métricas;
- estudo de caso;
- principais métricas e fórmulas;
- balanço social, absenteísmo e *turnover*;
- comentários;
- conclusões;
- referências bibliográficas.

Fundamentos de finanças e contabilidade

Conforme Crepaldi (1999), Gitman (1997), Marion (2003), Matarazzo (2004), entre outros, a contabilidade representa uma atividade de grande importância no processo de gestão das organizações e tem como objetivo gerar informações acerca da situação econômica, patrimonial e financeira.

A simplicidade e utilidade das informações deve ser comparada a um sistema de informação normal, onde observamos que dados sempre são processados, transformando-se em informações.

Figura 1
SISTEMA DE INFORMAÇÃO

Dados → Processamento → Informações

Fonte: elaboração do autor.

Da mesma forma, afirma-se que a informação contábil deve ser encarada como um sistema, conforme se observa na figura 2.

Figura 2
SISTEMA DE INFORMAÇÃO CONTÁBIL

Fatos contábeis → Registro → Demonstrativos contábeis → Usuários

Fonte: elaboração do autor.

Fatos contábeis são as diversas transações que ocorrem em uma empresa. Podemos citar como fatos a compra e venda de mercadorias, as aquisições de imobilizado, os impostos a pagar ou pagos e as previsões efetuadas.

Segundo Marion (2003:16-17), veja como podemos exemplificar:

- Fatos de origem econômica representam, por exemplo, as previsões, entre outros. Constituem, assim, o regime de competência, pois referem-se a fatos futuros.
- Fatos de origem financeira representam, por exemplo, os pagamentos e os recebimentos. Constituem, assim, o regime de caixa, pois referem-se a fatos pagos ou recebidos.

As informações contábeis são oriundas das demonstrações contábeis, que são cinco, a saber:

- balanço patrimonial (BP), que tem como finalidade indicar a situação econômica e financeira das empresas em certos momentos;
- demonstração do resultado do exercício (DRE), que indica a apuração do lucro das empresas, por meio do confronto entre receitas, custos e despesas;
- demonstração do fluxo de caixa (DFC), que apresenta a movimentação e o saldo;
- demonstração do valor adicionado (DVA), que indica o valor da riqueza gerada pelas empresas (exigida para as empresas de capital aberto);
- demonstração de mutações de patrimônio líquido (DMPL), que indica as variações no patrimônio líquido das organizações, comparadas em dois ou mais exercícios.

Habitualmente, as demonstrações contábeis são destinadas a usuários, que são classificados como internos e externos.

Como usuários externos, podemos citar o governo, os fornecedores, os clientes, os acionistas. Como usuários internos, citamos a diretoria e a gerência interna. Ambos os usuários utilizam as informações para tomada de decisões e com finalidades diferentes, tais como:

- o fornecedor, para aprovação de crédito;

- o cliente, para decisão de compra, após verificar a solidez da empresa;
- o governo, para verificação de recolhimento correto de impostos;
- os acionistas, para verificação de geração de lucros e rentabilidade do capital investido.

As demonstrações contábeis são todas interligadas, pois as informações de uma são úteis para a composição de outra. Veja como ocorre essa interligação.

O balanço patrimonial indica algumas contas contábeis que se interligam, a saber:

- caixa, no ativo circulante, interligada com a demonstração de fluxo de caixa;
- patrimônio líquido, interligado com duas demonstrações: como a DRE e a DMPL;
- a DRE, como dito acima, apura o lucro (ou prejuízo) líquido do exercício, que se tornará parte do patrimônio líquido (PL) no BP.

O BP também pode ser apresentado da forma da figura 3.

Figura 3
FLUXO DE CAPITAIS

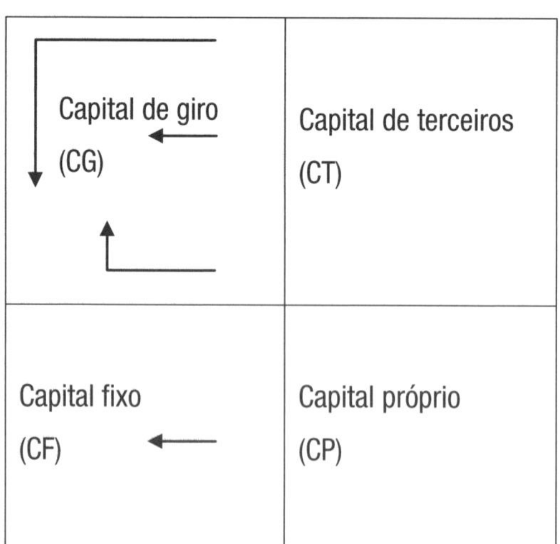

Fonte: elaboração do autor.

Capital de terceiros e capital próprio são considerados como origens de recursos.

Os recursos são considerados como externos (oriundos de empréstimos, fornecedores ou contas a pagar) ou internos, representados pelo aporte de capital pelos sócios, adicionado à reserva de lucros auferidos. Tais recursos são aplicados no capital de giro e no capital fixo. Quando aplicados no giro, citamos os estoques, contas a receber, aplicações financeiras. Quando aplicados no fixo, citamos o imobilizado.

Afirma-se que gastos são os consumos de bens e serviços, adquiridos à vista e/ou a prazo pelas empresas. Em princípio, todos os gastos geram desembolsos de caixa. São eles:

- custos, considerados como gastos com o objetivo de gerar bens ou prestação de serviços. Os custos podem ser:
  - diretos, a saber: matérias-primas, mão de obra direta, entre outros;
  - indiretos, a saber: aluguéis, luz, água, telefone, segurança, entre outros;
- despesas, consideradas como o consumo de bens e serviços adquiridos com o objetivo de gerar receitas. As despesas podem ser:
  - despesas de vendas;
  - despesas administrativas;
  - despesas financeiras;
  - despesas tributárias;
- perdas, consideradas como gastos anormais ou efetuados de forma involuntária pelas empresas. As perdas são, por exemplo:
  - inadimplência de clientes;
  - perda total de veículos avariados;
- investimentos, considerados como a aquisição de bens que serão ativados. Os investimentos podem ser:
  - bens destinados à geração de renda, como aluguéis;
  - ações de outras empresas;
  - aplicações financeiras.
- imobilizado, representados por bens adquiridos para utilização nas atividades produtivas das empresas.

Métricas contábeis normalmente utilizadas

Segundo Iudícibus (2004), Matarazzo (2004), Padoveze e Benedicto (2007), entre outros, a análise das demonstrações contábeis mostra ao usuário uma série de índices, que permitem a indicação de tendências, que são primordiais para que as organizações se preparem para movimentos futuros.

Normalmente esses índices são separados em quatro blocos, porém iremos aqui promover a indicação de parte deles, que julgamos os mais úteis para utilização da área de RH.

Veja a seguir a separação deles.

Índices de estrutura patrimonial

Têm como finalidade avaliar a segurança oferecida pela empresa aos capitais externos e revelam a política de obtenção e alocação nos recursos obtidos no ativo da empresa:

- endividamento geral (EG) – mostra o grau de endividamento da empresa. Indica se existe maior ou menor dependência de capital de terceiros;
- composição das exigibilidades (CE) – mostra como o endividamento é contratado, ou seja, se a curto ou se a longo prazo;
- imobilização do patrimônio líquido (IPL) – mostra o quanto do patrimônio líquido está investido em imobilizado.

A característica principal desses índices é: *quanto maior, pior*.

Índices de liquidez

Têm como finalidade medir a posição financeira das empresas, em termos de capacidade de pagamentos.

- liquidez corrente (LC) – mostra de quanto a empresa pode dispor em termos de capital de giro, ou a capacidade de pagamentos da empresa;

- liquidez seca (LS) – mostra de quanto a empresa dispõe de capital de giro, sem considerar os estoques;
- liquidez geral (LG) – mostra quanto a empresa tem de recursos de curto e de longo prazos, para liquidar suas obrigações de curto e de longo prazos. Também é chamado de índice de solvência geral.

A característica principal desses índices é: *quanto maior, melhor.*

Índices de rentabilidade

Têm como finalidade avaliar o desempenho global da empresa, em termos da capacidade de gerar lucros.

- margem bruta (MB) – indica o lucro bruto obtido das vendas efetuadas, considerando receita de vendas e custos de produtos vendidos;
- margem operacional de lucro (MOL) – indica o lucro operacional da empresa, considerando não só os custos oriundos das vendas, como também as despesas ocorridas no período;
- margem líquida de lucro (ML) – indica a margem líquida da empresa, após os devidos cálculos de imposto de renda a recolher;
- giro do ativo (GA) – indica a eficiência da utilização dos ativos nos negócios da empresa;
- rentabilidade do patrimônio líquido (RPL) – indica a remuneração do capital próprio investido na empresa.

Indicadores de prazos médios

Têm como finalidade revelar a política de compra, estocagem e venda de produtos na empresa. São índices que atuam em conjunto.

- prazo médio de compras (PMC) – indica o prazo médio, em dias, em que a empresa paga seus fornecedores;
- prazo médio de estoques (PME) – indica o prazo médio, em dias, em que a empresa realiza seus estoques;

- prazo médio de recebimentos (PMR) – indica o prazo médio, em dias, que a empresa demora para receber os recursos das vendas efetuadas no período;
- ciclo operacional (CO) – indica o período, em dias, ocorrido entre as compras de matérias-primas e o recebimento dos recursos das vendas efetuadas;
- ciclo financeiro (CF) – indica o período, em dias, que a empresa necessita ou não de recursos adicionais ao seu ciclo operacional. Indica, assim, a necessidade de capital de giro ou excesso (ou folga) de caixa.

Quadro 1

Glossário de fórmulas dos índices

Índices	Fórmulas
Endividamento geral (EG)	$EG = \frac{PC + PNC}{Ativo\ total} \times 100$
Composição do endividamento (CE)	$CE = \frac{PC}{PC + PNC} \times 100$
Imobilização do patrimônio líquido (IPL)	$IPL = \frac{Ativo\ não\ circulante - realizável\ longo\ prazo}{PL} \times 100$
Liquidez corrente (LC)	$LC = \frac{AC}{PC}$
Liquidez seca (LS)	$LS = \frac{AC - estoques}{PC}$
Liquidez geral (LG)	$LG = \frac{AC + ARLP}{PC + PNC}$
Margem bruta (MB)	$MB = \frac{Lucro\ bruto}{Receita\ operacional\ líquida} \times 100$
Margem operacional de lucro (MOL)	$MOL = \frac{Lucro\ operacional}{Receita\ operacional\ líquida} \times 100$
Margem líquida do lucro (ML)	$ML = \frac{Resultado\ líquido}{Receita\ operacional\ líquida} \times 100$
Giro do ativo (GA)	$GA = \frac{Vendas\ líquidas}{Ativo\ total} \times 100$
Rentabilidade do patrimônio líquido (RPL)	$RPL = \frac{Resultado\ líquido}{PL} \times 100$

▼

▼

Prazo médio de compras (PMC)	$PMC = \frac{Fornecedores\,(curto\,e\,longo\,prazos)}{Montante\,das\,compras} \times 360$
Prazo médio de estoques (PME)	$PME = \frac{Estoques}{Custo\,das\,mercadorias\,vendidas - CMV} \times 360$
Prazo médio de recebimentos (PMR)	$PMR = \frac{Clientes\,(curto\,e\,longo\,prazos)}{Receita\,operacional\,líquida} \times 360$
Ciclo operacional (CO)	$CO = PME + PMR$
Ciclo financeiro (CF)	$CF = CO - PMC$

Fonte: elaboração do autor.

Estudo de caso de uma empresa júnior[1]

O objeto da contabilidade é o patrimônio e seu objetivo é a correta apresentação das demonstrações. Como a área financeira consolida todas as informações das organizações, necessário se faz interpretá-los à luz das pessoas que participam do processo de mutação desse patrimônio. Se os funcionários da área de RH souberem calcular e interpretar essas métricas (ou índices), conhecerão melhor os números da organização e, consequentemente, poderão:

- solicitar mais verbas para treinamentos;
- repassar essas métricas aos funcionários, explicando o significado dos números;
- ajudar a organização na melhor aplicação das verbas destinadas à área de RH;
- compreender a situação econômico-financeira da empresa e otimizar a verba disponível para a área etc.

Para entendermos a importância das métricas em todas as análises econômico-financeiras e, principalmente, na área de recursos humanos, apresentaremos abaixo, um estudo de caso de uma empresa júnior.

---

[1] Estudo de caso real de uma empresa júnior – levantamento feito pelo autor.

Quadro 2
Demonstração de resultado do exercício (DRE) da empresa júnior

Empresa júnior	Ano 1 ($)	Ano 2 ($)	Ano 3 ($)
= Vendas brutas	48.500	77.000	135.500
- Impostos	–3.500	–5.000	–9.500
= Vendas líquidas	45.000	72.000	126.000
- CPV	–23.000	–36.800	–64.400
= Lucro bruto	22.000	35.200	61.600
- Despesas operacionais	–24.000	–37.000	–63.600
Comerciais	–6.000	–10.000	–16.800
Administrativas	–2.000	–3.000	–4.500
Financeiras	–16.000	–24.000	–42.300
= Lucro operacional	–2.000	–1.800	–2.000
- IR/CSLL	–	–	–
= Lucro líquido	–2.000	–1.800	–2.000

Fonte: elaboração do autor.

Quadro 3
Balanço patrimonial (BP) da empresa júnior

ATIVO	Ano 1 ($)	Ano 2 ($)	Ano 3 ($)
CIRCULANTE	17.000	20.550	25.370
Disponível	1.000	1.400	2.000
Contas a receber	10.000	12.000	15.000
Estoques	6.000	7.150	8.370
IMOBILIZADO	17.000	22.500	29.250
Imobilizado	20.000	31.500	47.250
(–) Depreciações	–3.000	–9.000	–18.000
Total	34.000	43.050	54.620

PASSIVO	Ano 1 ($)	Ano 2 ($)	Ano 3 ($)
CIRCULANTE	24.000	34.350	45.870
Fornecedores	1.000	1.600	2.000
Empréstimos	21.000	29.650	41.870
Tributos	2.000	3.100	2.000
PATRIMÔNIO LÍQUIDO	10.000	8.700	8.750
Capital	10.000	10.000	10.000
Reservas	2.000	2.500	2.550
Prejuízos acumulados	–2.000	–3.800	–3.800
Total	34.000	43.050	54.620

Fonte: elaboração do autor.

Demonstração dos cálculos e análise dos índices do ano 1

$$EG = \frac{PC + PNC}{Ativo\ total} \times 100 = \frac{24.000 + 0}{34.000} \div 100 = 70,59$$

Significado: de toda a aplicação de recursos dessa empresa, 70,59% são dívida exigível.

$$CE = \frac{PC}{PC + PNC} \times 100 = \frac{24.000}{24000} \times 100 = 100,00\%$$

Significado: 100% das dívidas exigíveis dessa empresa são de curto prazo.

$$IPL = \frac{Ativo\ não\ circulante - realizável\ longo\ prazo}{PL} \times 100 = \frac{17.000 - 0}{10.000} \times 100 = 170,00\%$$

Significado: as aplicações de caráter permanente, nessa empresa, utilizam todo o PL e mais 70% de capital de terceiros.

$$LC = \frac{AC}{PC} = \frac{17.000}{24.000} = 0,71$$

Significado: para cada R$ 1,00 de dívida, essa empresa tem R$ 0,71 para pagar no curto prazo.

$$LS = \frac{AC - estoques}{PC} = \frac{17.000 - 6.000}{24.000} = 0,46$$

Significado: para cada R$ 1,00 de dívida, essa empresa tem R$ 0,46 para pagar no curto prazo, porém, sem usar os estoques para isso.

$$LG = \frac{AC + ARLP}{PC + PNC} = \frac{17.000 + 0}{24.000} = 0,71$$

Significado: para cada R$ 1,00 de dívida, essa empresa tem R$ 0,71 para pagar usando suas aplicações de curto e longo prazos.

$$MOL = \frac{Lucro\ operacional}{Receita\ operacional\ líquida} \times 100 = \frac{-2.000}{45.000} \times 100 = (4,44\%)$$

Significado: o resultado das operações líquidas demonstram uma perda de 4,44% no lucro das operações desta empresa.

$$ML = \frac{Resultado\ líquido}{Receita\ operacional\ líquida} \times 100 = \frac{-2.000}{45.000} \times 100 = (4,44\%)$$

Significado: o resultado das operações líquidas dessa empresa gera uma perda de 4,44% no resultado líquido.

$$GA = \frac{Vendas\ líquidas}{Ativo\ total} = \frac{45.000}{34.000} = 1,32$$

Significado: as vendas dessa empresa superaram todas as aplicações em 1,32 vez.

$$RPL = \frac{Resultado\ líquido}{PL} \times 100 = \frac{-2.000}{10.000} \times 100 = (20,00\%)$$

Significado: as aplicações feitas nessa empresa geraram um prejuízo de 20,00%.

$$PMC = \frac{Fornecedores\ (curto\ e\ longo\ prazos)}{Montante\ das\ compras} \times 360 = \frac{1.000}{24.000} \times 360 = 15\ \text{dias}$$

Significado: em média, essa empresa leva 15 dias para pagar pelas compras que faz.

$$PME = \frac{Estoques}{Custo\ das\ mercadorias\ vendidas - CMV} \times 360 = \frac{6.000}{23.000} \times 360 = 94\ \text{dias}$$

Significado: em média, essa empresa fica 94 dias com seus estoques parados no almoxarifado.

$$PMR = \frac{Clientes\ (curto\ e\ longo\ prazos)}{Receita\ operacional\ líquida} \times 360 = \frac{10.000}{45.000} \times 360 = 80\ \text{dias}$$

Significado: em média, essa empresa precisa de 80 dias para receber pelas vendas.

CO = PME + PMR CO = 94 + 80 = 174 dias

Significado: entre o momento da compra e o momento do recebimento pelas vendas que faz, essa empresa necessita de 174 dias.

CF = CO - PMC CF = 174 - 15 = 159 dias

Significado: esta empresa paga aos seus fornecedores e, somente 159 depois, recebe de seus clientes (em média).

Quadro 4

RESUMO DAS MÉTRICAS (OU ÍNDICES) ORIUNDAS DA ANÁLISE DO ESTUDO DE CASO – EMPRESA JÚNIOR

Índice	Sigla	Ano 1	Ano 2	Ano 3	Tendência
Endividamento geral	EG	70,59%	79,79%	83,98%	+
Composição endividamento	CE	100,00%	100,00%	100,00%	=
Imobil. patrimônio líquido	IPL	170,00%	259,00%	334,29%	+
Liquidez corrente	LC	0,71	0,60	0,55	(–)
Liquidez seca	LS	0,46	0,39	0,37	(–)
Liquidez geral	LG	0,71	0,60	0,55	(–)
Margem bruta	MB	48.89%	48.89%	48.89%	=
Margem operacional lucro	MOL	(4.44%)	(2.50%)	(1.59%)	(–)
Margem líquida lucro	ML	(4.44%)	(2.50%)	(1.59%)	(–)
Giro do ativo	GA	1,32	1,67	2,31	+
Rentab. patrimônio líquido	RPL	(20,00%)	(20,69%)	(22,86%)	(–)
Prazo médio compras	PMC	15 dias	15 dias	11 dias	(–)
Prazo médio estoques	PME	94 dias	70 dias	47 dias	(–)
Prazo médio recebimentos	PMR	80 dias	60 dias	43 dias	–
Ciclo operacional	CO	174 dias	130 dias	90 dias	–
Ciclo financeiro	CF	159 dias	115 dias	79 dias	–

Fonte: elaboração do autor.

Métricas adicionais

- *Analise vertical* – informa, percentualmente, a participação de cada item em uma demonstração contábil em relação ao somatório do seu grupo.
- *Analise horizontal* – informa, percentualmente, o acréscimo ou decréscimo dos componentes de uma demonstração contábil, considerando dois ou mais exercícios.
- *Ebitda (earnings before income tax)* – informação oriunda de ajustes na DRE e que indica a geração de caixa.
- *Necessidade de capital de giro (NCG)* – É uma informação gerada pelo ciclo financeiro (CF), que indica a necessidade ou não de financiamento externo para otimizar seu ciclo operacional (CO).

Utilizaremos o mesmo estudo de caso (empresa júnior), para demonstrar as análises vertical e horizontal.

Quadro 5

RESUMO DAS ANÁLISES VERTICAL E HORIZONTAL DA DRE – EMPRESA JÚNIOR

Empresa júnior	Ano 1 ($)	AV (%)	AH (%)	Ano 2 ($)	AV (%)	AH (%)	Ano 3 ($)	AV (%)	AH (%)
= Vendas brutas	48.500	107,78	100	77.000	106,94	58,76	135.500	107,54	179,38
– Impostos	-3.500	(7,78)	100	-5.000	(6,94)	42,86	-9.500	(7,54)	171,43
= Vendas líquidas	45.000	100.00	100	72.000	100.00	60,00	126.000	100.00	180,00
– CPV	-23.000	(51,11)	100	-36.800	(51,11)	60,00	-64.400	(51,11)	180,00
= Lucro bruto	22.000	48,89	100	35.200	48,89	60,00	61.600	48,89	180,00
– Desp. operacionais	-24.000	(53,33)	100	-37.000	(51,39)	54,17	-63.600	(50,48)	165,00
Comerciais	-6.000	(13,33)	100	-10.000	(13,89)	66,67	-16.800	(13,33)	180,00
Administrativas	-2.000	(4,44)	100	-3.000	(4,17)	50,00	-4.500	(3,57)	125,00
Financeiras	-16.000	(35,56)	100	-24.000	(33,33)	50,00	-42.300	(33,57)	164,38
= Lucro operacional	-2.000	(4,44)	100	-1.800	(2,50)	-10,00	-2.000	(1,59)	–
– IR/CSLL	–	–	–	–	–	–	–	–	–
= Lucro líquido	-2.000	(4,44)	100	-1.800	(2,50)	-10,00	-2.000	(1,59)	–

Fonte: elaboração do autor.

Quadro 6

RESUMO DAS ANÁLISES VERTICAL E HORIZONTAL DO BALANÇO PATRIMONIAL – EMPRESA JÚNIOR

ATIVO	Ano 1 ($)	AV (%)	AH (%)	Ano 2 ($)	AV (%)	AH (%)	Ano 3 ($)	AV (%)	AH (%)
CIRCULANTE	17.000	50,00	100	20.550	47,74	20,88	25.370	46,45	49,24
Disponível	1.000	2,94	100	1.400	3,25	40,00	2.000	3,66	100,00
Contas a receber	10.000	29,41	100	12.000	27,87	20,00	15.000	27,46	50,00
Estoques	6.000	17,65	100	7.150	16,61	19,17	8.370	15,32	39,50
IMOBILIZADO	17.000	50,00	100	22.500	52,26	32,35	29.250	53,55	72,06
Imobilizado	20.000	58,82	100	31.500	73,17	57,50	47.250	86,51	136,25
(–) Depreciações	-3.000	(8,82)	100	-9.000	(20,91)	200,00	-18.000	(32,95)	500,00
Total	34.000	100,00	100	43.050	100,00	26,62	54.620	100,00	60,65

PASSIVO	Ano 1 ($)	AV (%)	AH (%)	Ano 2 ($)	AV (%)	AH (%)	Ano 3 ($)	AV (%)	AH (%)
CIRCULANTE	24.000	70,59	100	34.350	79,79	43,12	45.870	83,98	91,13
Fornecedores	1.000	2,94	100	1.600	3,72	60,00	2.000	3,66	100,00
Empréstimos	21.000	61,76	100	29.650	68,87	41,12	41.870	76,66	99,38
Tributos	2.000	5,88	100	3.100	7,20	55,00	2.000	3,66	–
PATRIMÔNIO LÍQUIDO	10.000	29,41	100	8.700	20,21	(13,00)	8.750	16,02	(12,50)
Capital	10.000	29,41	100	10.000	23,23	–	10.000	18,31	–
Reservas	2.000	5,88	100	2.500	5,81	25,00	2.550	4,67	27,50
Prejuízos acumulados	-2.000	(5,88)	100	-3.800	(8,83)	90,00	-3.800	10,62	190,00
Total	34.000	100,00	100	43.050	100,00	26,62	54.620	100,00	60,65

Fonte: elaboração do autor.

Análise vertical

Demonstração de alguns cálculos e análise do ano 2, tendo em vista que os demais cálculos são similares.

Vale ressaltar o que já foi descrito: a análise vertical informa, percentualmente, a participação de cada item no somatório do seu grupo.

$$AV\%\ vendas\ brutas = \frac{77.000}{72.000} \times 100 = 106,94\%$$

Significado: as vendas brutas dessa empresa equivalem a 106,94% da base de análise, que são as vendas líquidas. Demonstra também que os impostos somam 6,94%.

$$AV\%\ CPV = \frac{-36.800}{72.000} \times 100 = (51,11\%)$$

Significado: o custo dos produtos vendidos dessa empresa equivalem a 51,11% das vendas líquidas.

$$AV\%\ ativo\ circulante = \frac{20.550}{43.050} \times 100 = 47,74\%$$

Significado: o ativo circulante dessa empresa equivale a 47,74% do total do ativo.

$$AV\%\ fornecedores = \frac{1.600}{43.050} \times 100 = 3,72\%$$

Significado: a conta fornecedores dessa empresa equivale a 3,72% do total do ativo.

Análise horizontal

Demonstração de alguns cálculos e análise do ano 2, tendo em vista que os demais cálculos são similares.

Também aqui vale ressaltar o que já foi descrito: a análise horizontal informa, percentualmente, o acréscimo ou decréscimo de um componente, considerando dois ou mais exercícios, levando em conta sempre um determinado ano como base (100%).

$$AH\%\ vendas\ brutas = \frac{77.000}{48.500} \times\ 100 = 158,76\% - 100,00\% = 58,76\%$$

Significado: as vendas brutas dessa empresa, no ano 2, aumentaram 58,76% em relação ao ano 1.

$$AH\%\ CPV = \frac{-36.800}{-23.000} \times\ 100 = 160,00\% - 100,00\% = 60,00\%$$

Significado: o CPV dessa empresa, no ano 2, aumentou 60,00% em relação ao ano 1.

$$AH\%\ ativo\ circulante = \frac{20.550}{17.000} \times\ 100 = 120,88\% - 100,00\% = 20,88\%$$

Significado: o ativo circulante dessa empresa, no ano 2, aumentou 20,88% em relação ao ano 1.

$$AH\%\ fornecedores = \frac{1.600}{1.000} \times\ 100 = 160,00\% - 100,00\% = 60,00\%$$

Significado: a conta fornecedores dessa empresa, no ano 2, aumentou 60,00% em relação ao ano 1.

Balanco social, absenteísmo e *turnover*

Segundo POMI (2005), o balanço social é considerado por muitos especialistas como o principal instrumento de diálogo das empresas com seus diferentes públicos. Nesse documento, a empresa dá uma visão geral de todas as suas atividades econômicas e de seus impactos sociais e ambientais. É também no balanço social que ela pode apresentar seus compromissos, com metas econômicas, sociais e ambientais, e relatar as dificuldades enfrentadas e os desafios a vencer.

O balanço social é resultado de um processo que inicia com um diagnóstico da gestão da empresa, passa pelo planejamento, execução e avaliação de suas ações e resulta num documento que revela ao público os resultados que ela obteve e as metas a que se propõe para o ciclo seguinte.

O primeiro modelo brasileiro de balanço social foi lançado pelo Ibase em 1997, resgatando uma iniciativa pioneira tomada pela Fides em 1978.

O *Guia de elaboração do balanço social* proposto pelo Instituto Ethos (2007b), cuja primeira versão foi lançada em 2001, é resultado do conhecimento acumulado por seus associados, por seus parceiros nacionais e internacionais e por sua equipe, dando continuidade ao caminho aberto pela Fides e pelo Ibase.

Além desses modelos nacionais, há uma relevante contribuição mundial no sentido de se estabelecerem padrões internacionais para o modo de as empresas divulgarem suas ações. Trata-se da Global Reporting Initiative (GRI), que tem todo o apoio do Instituto Ethos (2007b).

Assim, além deste *Guia de elaboração do balanço social*, as empresas brasileiras dispõem atualmente de dois outros guias: o modelo do Ibase (*Balanço social anual*) e as diretrizes do GRI. Vale a pena lembrar, entretanto, que nenhum dos modelos de orientação existentes no momento é definitivo nem pode ser tomado como parâmetro único para definir o que deve conter um documento dessa importância. Os guias trazem diretrizes gerais que ajudam a empresa a organizar melhor as informações de interesse dos públicos afetados pelos seus negócios.

Diálogo com todas as partes interessadas, provendo informações relevantes e claras: eis como deve ser definido o conteúdo de um bom balanço social.

Estrutura do balanço social: princípios e critérios

Segundo o Instituto Ethos (2007a), é essencial que, ao longo dos próximos anos, os relatórios sociais venham a adquirir a consistência e a credibilidade de que gozam os relatórios financeiros. Para tanto, recomenda-se que os seguintes princípios e critérios qualitativos sejam observados em sua preparação:

- relevância – as informações apresentadas no relatório serão julgadas úteis caso sejam percebidas como relevantes pelos seus diferentes usuários. Isso exige, por parte da empresa, um bom grau de conhecimento quanto às expectativas e necessidades desses usuários;

- veracidade – as informações serão consideradas confiáveis na medida em que revelem neutralidade e consistência na sua formulação e apresentação;
- clareza – deve-se levar em conta a variedade de públicos que farão uso do relatório, o que exige clareza e fluidez de texto. Nesse sentido, recomenda-se cautela no uso de termos técnicos e científicos, assim como a inclusão de gráficos, quando se julgar pertinente. Em alguns casos a apresentação de um glossário pode ser útil;
- comparabilidade – uma das expectativas dos usuários do balanço social é a possibilidade de comparação dos dados apresentados pela empresa com os de períodos anteriores e com os de outras organizações, o que exige consistência na escolha, mensuração e apresentação dos indicadores;
- regularidade – para garantir que os diferentes públicos possam acompanhar os resultados e tendências de natureza econômica, social e ambiental da empresa, o relatório deve ser apresentado em intervalos de tempo regulares. Apesar de a periodicidade anual ser a prática comum, deve-se considerar a possibilidade de atualizações mais frequentes dos dados, em função das facilidades oferecidas pela internet. Também se deve considerar as diversas alternativas hoje possíveis para veiculação do relatório além da impressa, como a internet, CDs, DVDs... De acordo com o público a que estiver sendo encaminhado, o relatório pode ser distribuído em versão completa ou resumida;
- verificabilidade – apesar de ainda não exigida pelo mercado, verificação e auditoria das informações contidas no relatório contribuem para sua credibilidade.

Diante da exigência crescente dos *stakeholders* por transparência, as empresas devem estar preparadas para responder pela integridade dos indicadores apresentados.

É importante lembrar que os indicadores compõem um conjunto básico a ser informado pelas empresas. Eles sempre podem ser ampliados e outros podem ser incluídos, levando-se em conta os interesses daqueles que tenham sido considerados como os públicos prioritários da organização. Caso se deseje detalhar um indicador para atender a uma demanda muito específica, recomenda-se que isso seja feito em um anexo do relatório.

O balanço social tem por objetivo demonstrar o resultado da interação da empresa com o ambiente em que está inserida.

Custo com absenteísmo e *tunover*

O absenteísmo é um elemento que provoca alterações no custo dos produtos e/ou serviços. Para Pomi (2005), o absenteísmo causa prejuízo na produtividade e, portanto, provoca elevação dos custos, sendo que alguns podem ser facilmente identificados enquanto outros dependem de uma análise mais detalhada.

O índice de absenteísmo exprime o percentual de tempo não empregado no trabalho causado pelas ausências em relação ao volume de atividade esperada ou planejada pela empresa.

Assim, o índice de absenteísmo pode ser calculado a partir das seguintes fórmulas:

$$\textit{Índice de absenteísmo} = \frac{\textit{Dias de ausência}}{\textit{Efetivo médio} \times \textit{quantidade de dias}} \times 100$$

$$\textit{Índice de absenteísmo} = \frac{\textit{Horas perdidas}}{\textit{Horas trabalhadas}} \times 100$$

As principais causas do absenteísmo podem ser identificadas por:

- doença efetivamente comprovada – com atestado médico;
- doença não comprovada – exemplo: gripe;
- razões diversas de caráter familiar – doença, problemas financeiros etc.;
- atrasos involuntários por motivos de força maior;
- faltas voluntárias por motivos pessoais;
- dificuldades e problemas financeiros;
- problemas de transporte;
- baixa motivação para trabalhar;
- supervisão precária da chefia;
- políticas inadequadas da organização.

O custo com absenteísmo pode ser calculado tomando as horas não trabalhadas no período multiplicadas pelo salário médio do departamento em que ocorreram, pois alguém precisou substituir o funcionário faltoso e isso representa um aumento de custo. Aí, o prejuízo é maior.

O turnover está relacionado ao fluxo de entradas e saídas de pessoal de uma empresa, ou seja, está relacionado às contratações que são feitas para substituir as demissões, seja por vontade própria, por vontade da empresa, abandono de trabalho ou aposentadorias, e a cada montante de demissões faz-se necessário número equivalente de contratações, para manter um equilíbrio.

Assim, a rotatividade de pessoal é o resultado da saída de alguns funcionários e a entrada de outros para substituí-los no trabalho. As organizações sofrem um processo contínuo e dinâmico que acaba gerando custos e influenciando tanto a produtividade como a lucratividade das empresas.

Os custos com *turnover* estão relacionados diretamente ao desligamento do colaborador e o esforço financeiro para sua substituição. As despesas do processo de recrutamento de um novo colaborador para preenchimento da vaga do funcionário desligado, despesas com treinamento e capacitação, despesas com integração são algumas que compõem esse processo. Existem outros custos relacionados aos aspectos intangíveis, cuja característica é excepcionalmente qualitativa e são difíceis de mensurar numericamente, ou seja, referem-se aos efeitos colaterais e imediatos da rotatividade, que tem como exemplo as perdas na produtividade por causa do tempo necessário para a substituição do colaborador que se foi, levando em conta sua capacitação e adaptação.

Assim, o índice de *turnover* pode ser calculado a partir da seguinte fórmula:

$$\textit{Índice de turnover total} = \frac{\dfrac{\textit{Entrada} + \textit{saída}}{2}}{\textit{Total de funcionários}} \times 100$$

onde: entrada = número de empregados contratados no mês; saída = número de empregados desligados no mês; total de funcionários = total de empregados da empresa no mês.

Deve-se usar o total médio do mês (número de funcionários do início do mês + número de funcionários do final do mês dividido por 2).

O índice de rotatividade de pessoal exprime um valor percentual de empregados que circulam na organização em relação ao número médio de empregados. Assim, se o índice de rotatividade de pessoal for de, por exemplo 5%, isso significa que a organização pode contar apenas com 95% de sua força de trabalho naquele período. Para poder contar com 100%, a organização precisaria planejar um excedente de 5% de pessoal para compensar esse fluxo.

Quando se trata de analisar apenas as perdas de pessoal e suas causas, não se consideram as admissões (entradas) no cômputo do índice de rotatividade de pessoal, mas somente os desligamentos, sejam eles por iniciativa da organização ou dos empregados.

Nesse caso, o índice de *turnover* pode ser calculado a partir da seguinte fórmula:

$$\textit{Índice de rotatividade de pessoal} = \frac{\textit{Saídas}}{\textit{Total de funcionários}} \times 100$$

onde: saída = número de empregados desligados no mês; total de funcionários = total de empregados da empresa no mês.

Deve-se usar o total médio do mês (número de funcionários do início do mês + número de funcionários do final do mês dividido por 2).

A gestão do índice do *turnover*, principalmente entendendo suas causas, pode reduzir o custo da empresa com a contratação e demissão de funcionários.

Qual seria o custo de rotatividade de pessoal?

Somam-se:

- despesas de rescisão de contrato de trabalho;
- despesas de recrutamento;
- despesas de seleção;
- despesas de treinamento;
- despesas de adaptação, e;
- outras despesas variáveis (advogados, Justiça do Trabalho etc.).

Para reduzir o índice de rotatividade de pessoal, devemos, em primeiro lugar, pesquisar as principais causas que podem estar acontecendo internamente na empresa e, através delas, diagnosticar cada uma e finalmente atribuir uma solução.

Esse trabalho exige do profissional muita criatividade, pois encontrará diversos problemas relacionados com a área humana, tais como:

- problemas com chefias x subordinados e vice-versa;
- padrões de salários abaixo do mercado;
- benefícios insuficientes ou mal empregados;
- sociabilidade precária;
- baixa interação entre grupos de trabalho;
- ambiente e clima de trabalho desconfortável;
- política interna de pessoal mal empregada etc.

Para detectar os respectivos problemas, além das entrevistas com chefias e funcionários, pode-se adotar a "ficha de entrevista de desligamento". As informações serão sempre preciosas, capazes de identificar os problemas que ocorrem na empresa.

Conclusão

O ambiente competitivo atual exige das empresas rapidez nas tomadas de decisões, de forma a não perder oportunidades que surgem como resultado do impacto de mudanças no ambiente externo.

As organizações, por seu lado, necessitam de profissionais mais participativos e que entendam a visão sistêmica, não só da área em que atuam. Isso é muito importante para as empresas, pois, tornam-se colaboradores que se arriscam a sair de sua zona de conforto e passam a conhecer a empresa como um sistema social, desde a obtenção dos recursos até a transformação deles em produtos ou serviços.

A missão deste capítulo foi fornecer ao profissional de RH conhecimentos suficientes para participar de reuniões estratégicas na empresa em que atua, podendo dar opiniões a respeito de decisões que envolvem mudanças organizacionais e de rumo, necessárias no ambiente econômico turbulento que o segmento possa estar vivendo.

Informamos aqui métricas oriundas da área financeira que, a bem da verdade, tornou-se a área que centraliza as informações totais da organização. Por meio dos índices aqui fornecidos conseguimos observar:

- a liquidez da organização e a fortaleza do capital de giro;
- os prazos de compra, venda e estocagem necessários para a oxigenação do giro;
- o grau de endividamento e como ele se compõe;
- a imobilização ou não da empresa;
- o absenteísmo;
- o *turnover*.

Acreditamos que, com essas informações, conseguimos intensificar o trânsito do profissional de RH dentro das empresas, dando-lhe condições para uma ativa participação nos processos decisórios.

Referências

CREPALDI, S. Aparecido. *Curso básico de contabilidade*. 2. ed. São Paulo: Atlas, 1999.

GITMAN, L. J. *Princípios de administração financeira*. 7. ed. São Paulo: Harbra, 1997.

INSTITUTO ETHOS DE EMPRESAS E RESPONSABILIDADE SOCIAL (ETHOS). *Guia de elaboração do balanço social e relatório de sustentabilidade*. São Paulo: Ethos, 2007a.

________. *O balanço social e a comunicação da empresa com a sociedade*. 7. ed. São Paulo: Ethos, 2007b.

IUDICIBUS, Sergio de. *Análise de balanços*. 7. ed. São Paulo: Atlas, 2004.

MARION, Jose Carlos. *Contabilidade empresarial*. 7. ed. São Paulo: Atlas, 2003.

MATARAZZO, Dante C. *Análise financeira de balanços*: abordagem básica e gerencial. 6. ed. São Paulo: Atlas, 2004.

PADOVEZE, Clovis L.; BENEDICTO, Gideon. *Análise das demonstrações financeiras*. 2. ed. São Paulo: Thomson Learning, 2007.

POMI, Rugenia Maria. A importância da gestão de *turnover* e o absenteísmo. *RH.com.br*, 17 jan. 2005. Entrevista concedida a Patrícia Bispo. Disponível em: <www.rh.com.br/Portal/Relacao_Trabalhista/Entrevista/3998/a-importancia-da-gestao-do-turnover.htmltrevista concedida a Patrícia Bispo>. Acesso em jan. 2018.

8. Gerenciamento de projetos

Edmarson Bacelar Mota

Introdução

O ambiente de negócios, independentemente de onde o estivermos abordando – iniciativa privada, governo ou qualquer outro tipo de entidade – está se tornando cada vez mais complexo e interdependente, não apenas no sentido de regulamentações e diversidades culturais e regionais, mas também pelas características da globalização no sentido da multiplicidade de plataformas de desenvolvimento, produção e integração de bens, serviços e produtos de natureza intelectual, entre outros (Kerzner, 2006).

Nesse contexto, os projetos e sua gestão competente representam fatores-chave de sucesso para pessoas, grupos, organizações, regiões, países ou blocos econômicos que desejem lutar de forma efetiva em um ambiente de negócios cada vez mais competitivo e ávido pelo novo.

A complexidade dos projetos, a integração da teia construída do sonho à implementação, geram desafios que estão sendo supridos por modelos de gestão que vêm sendo desenvolvidos a partir do início da segunda metade do século XX, em especial pelas duas maiores instituições de abrangência global – Project Management Institute (PMI), por meio do PMBOK, e International Project Management Association (IPMA), por meio do ICB-IPMA.

O que iremos abordar descreve e contextualiza os aspectos mais recentes e vigentes do que denominamos, em gerenciamento de projetos, "boas práticas". Os projetos de médio e grande portes são os que mais podem se beneficiar de uma gestão da dimensão humana mais competente, pois lidam com a barreira da complexidade e da dispersão da equipe. Em projetos menores, a competência específica do líder ou de algumas poucas pessoas poderá compensar a dimensão sistêmica mais simples; em projetos de maior envergadura ou naqueles de maior complexidade, o processo e as competências precisarão estar disseminadas e fazer parte de uma cultura assimilada por um grupo bem maior. Nesse ponto, o RH poderá fazer a diferença; aliás, uma grande diferença.

Definições, conceitos e aspectos gerais

O século XX trouxe a aceleração e efetiva implementação da sociedade industrial, em que a ocorrência cada vez mais corriqueira de empreendimentos orientados para a criação de produtos dos mais diversos tipos, desde a concepção em si, o *design*, até a elaboração de produtos de consumo, passando pelas máquinas produtoras, tornou completa a abrangência do escopo dos projetos. Dessa forma, podemos afirmar que toda a infraestrutura da sociedade industrial – prédios, instalações físicas, rodovias, meios de transporte etc. – até os produtos finalísticos da sociedade de consumo tornaram-se elementos característicos da concepção e implementação do talento e da energia humanos.

Ao longo da década de 1950, um marco relevante foi o projeto Polaris, do governo norte-americano – um desafio sem precedentes em todos os sentidos, pois seu escopo era integrar tecnologias de ponta nos âmbitos espacial (míssil), destruição em massa (bomba nuclear) e submarino com longa autonomia de deslocamento e submersão (movido a energia nuclear), envolvendo toda a estrutura de governo e militar mais inúmeras organizações da iniciativa privada e de pesquisa.

A evolução organizacional, o desenvolvimento científico e tecnológico, a demanda por "novidades", novas formas de trabalho e inúmeros outros fatores que caracterizam os últimos 40 anos impulsionaram o desenvolvimento de novas metodologias, buscando maior agilidade e efetividade na realização dos projetos. Adicionalmente, criar e desenvolver, ou seja, realizar projetos passou a ser uma necessidade das organizações dos mais variados tamanhos e setores de atuação, expandindo a demanda por profissionais qualificados fora do esquema tradicional do ambiente de projetos.

O que é um projeto?

Até o momento estamos falando sobre "projeto" presumindo uma percepção implícita do seu significado e alguns dos seus atributos fundamentais – limitação de tempo, de recursos e o estabelecimento de uma finalidade ou objetivo. Vamos então formalizar esse conceito e explorar um pouco alguns dos elementos explicitados e também os subjacentes. "Projeto é um esforço temporário empreendido para criar um produto, serviço ou resultado exclusivo" PMBOK 2013 (PMI, 2013:2).

Alguns termos relevantes (PMI, 2013):

Temporário
Esta é uma premissa básica: a delimitação do tempo de realização, para distinguir do processo ou ciclo operacional do objeto resultante do projeto (*deliverables* ou "entregas"). Isso, na prática, significa um prazo para conclusão e, a partir de então, as "entregas" se tornarão parte de um novo ciclo do produto resultante.

Criar
De modo geral, um projeto existe para criar algo novo ou então o aperfeiçoamento de algo já existente.

Entregas
São produtos, na forma de bens, serviços ou outros tipos, que serão entregues como resultado do que foi estabelecido como escopo do projeto.

Exclusivo
O termo "exclusivo" refere-se a peculiar, não existente, não rotineiro. O ato de criar está associado à diferenciação no resultado almejado; caso contrário, não seria um projeto, mas a realização ou produção de algo já definido; estaríamos então diante do que poderia ser classificado como atividade operacional.

Requisitos especificados
Na maioria dos projetos, há especificação ou uma boa descrição funcional do que deve ser entregue como resultado do projeto. Alguns tipos de projetos envolvem algo inovador, não claramente identificado, mas que se sabe

o "rumo" a seguir; nestes casos, os resultados vão sendo mais nitidamente estruturados ao longo da realização do projeto, no que poderíamos chamar de visualização e elaboração progressiva.

Fases/elaboração progressiva

Quase todo projeto pode ser organizado por fases, e cada fase apresenta características peculiares, graças a aspectos técnicos, administrativos, feitos pela própria organização ou por terceiros etc. As fases devem estar integradas e cada uma delas gera suas "entregas" específicas ou parciais, que ocorrem no âmbito interno do projeto, excetuando a última, quando vista em um fluxo de fases (ou subprojetos) que convergem para uma fase final, quando então temos a geração das "entregas" combinadas do projeto ao cliente final ou usuário do projeto. A figura 1 ilustra as fases e as "entregas" que vão ocorrendo.

As "entregas" parciais são pontos de controle relevantes, que em geral aprovam ou autorizam a evolução do projeto para a fase seguinte, dando maior consistência ao processo gerencial e garantindo a qualidade do projeto.

Figura 1
Fases e entregas associadas

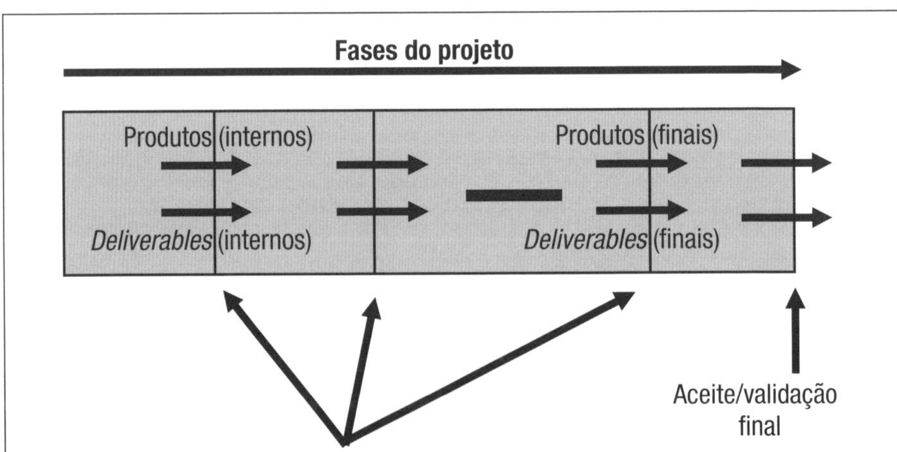

Fonte: elaboração do autor.

Recursos

Os projetos utilizam recursos de vários tipos: pessoas, equipamentos, instalações físicas, processos de apoio existentes na estrutura organizacional, insumos de consumo e recursos financeiros. Todo projeto utiliza recursos, mas não necessariamente há desembolso financeiro, pois alguns recursos já podem estar adquiridos ou fornecidos por terceiros e não computados diretamente.

Projeto como viabilizador de mudanças organizacionais

O mundo contemporâneo e as tendências rumo a uma sociedade intensiva em conhecimento e de base crescentemente tecnológica e inovadora apontam a demanda progressiva por projetos. Dessa forma, podemos afirmar que a boa gestão de projetos, incluindo o portfólio associado, se tornará um fator competitivo relevante e até mandatório para as organizações que desejarem participar de forma proeminente nesse novo ambiente de negócios.

Outra questão a considerar é a diversidade de negócios em que a demanda por projetos ocorrerá – em todos os tipos de ambientes. Negócios intensivos em operações de rotina, serviços, natureza intelectual ou artística, para não ousarmos ainda mais, serão convidados, ou melhor, intimados, a usar metodologias atualmente características de "setores projetizados" (Dinsmore, 2007).

A figura 2 ilustra a inserção típica do projeto no contexto das mudanças. Vamos analisá-la.

Figura 2
Estratégia e gestão de projetos

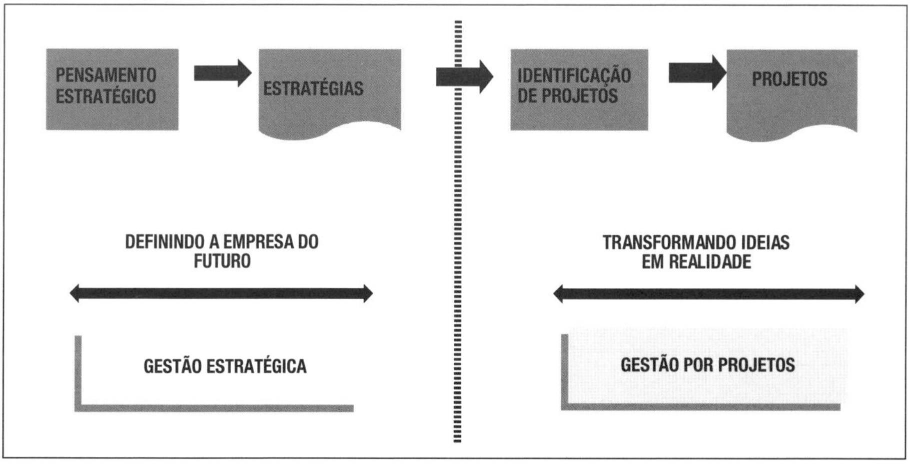

Fonte: elaboração do autor.

Existe uma fase característica no processo de mudança que é a dimensão estratégica, em que ocorrem dois grandes processos – pensamento estratégico e estratégia/planejamento estratégico. As percepções gerais são analisadas e discutidas, assim como os principais direcionamentos, posicionamentos estratégicos e linhas gerais de ação; é fundamental para o estabelecimento do rumo da organização, políticas e estratégias gerais e também no que é pertinente aos projetos.

A fase seguinte pode ser definida como "transformando ideias em realidade". Os projetos relevantes e necessários são identificados e elaborados, e a seguir executados. A habilidade em gerenciar projetos passa a ser uma competência essencial para completar todo o ciclo, do estratégico ao operacional. A conectividade entre as duas fases citadas é fundamental, e as dimensões de uma boa gestão são efetivamente colocadas à prova, pois é preciso ter a cabeça nas nuvens, mas também ter os pés no chão.

Gerente de projeto e gerente funcional

A função gerencial, independentemente de orientada para projetos ou atividades de rotina (operações), apresenta diversas semelhanças, entre as quais podemos destacar:

- é orientada a resultados;
- utiliza planejamento, execução e controle;
- é realizada por pessoas e atua sobre pessoas;
- favorece a alocação e otimização de recursos.

Entre as diferenças, podemos destacar em operações o fato de serem contínuas e repetitivas e usualmente utilizarem procedimentos ou processos bem estruturados e alto nível de previsibilidade.

Gerente de projeto: perfil, habilidades e atribuições

O quadro 1 resume as principais características associadas ao perfil do gerente de projeto. Naturalmente, há peculiaridades em função da natureza do projeto, do grau de autoridade que for delegado, dos papéis das partes envolvidas no caso de consórcios e associações entre empresas em um empreendimento de maior amplitude ou outros aspectos.

Quadro 1
PERFIL DE GERENTE DE PROJETO

Requisito	Descrição
Visão estratégica	Capacidade e predisposição para situar fatos e problemas em um contexto mais amplo, detectando implicações com outros sistemas e fatores mais abrangentes, dentro e fora do projeto. Capacidade para antecipar, captar e selecionar eventos e tendências futuras de interesses para o projeto, analisando suas consequências e formulando as estratégicas mais adequadas.
Capacidade de negociação	Competência para (1) identificar agentes politicamente relevantes para o fortalecimento do projeto; (2) compreender as relações das forças em jogo; (3) negociar e construir alianças e parcerias, visando ao desenvolvimento do projeto e ao fortalecimento de sua legitimidade, credibilidade e reputação.
Postura empreendedora	Capacidade para identificar, promover e viabilizar ações e apoios necessários ao desenvolvimento do projeto, correndo os riscos inerentes, administrando as resistências, tomando decisões pertinentes e alocando os recursos necessários à implantação das medidas requeridas.
Capacidade de programação e controle	Capacidade para (1) fixar e desdobrar objetivos, indicadores e metas para o projeto; (2) identificar e programar as ações e recursos necessários à sua realização; (3) avaliar risco e identificar e resolver restrições; (4) controlar e avaliar sua execução e resultados.
Liderança	Capacidade para (1) inspirar confiança, influenciar comportamentos, animar, orientar e mobilizar o pessoal alocado no projeto; (2) facilitar e estimular sua participação, direta e indireta, nas decisões operacionais; (3) acompanhar e avaliar seu desempenho.
Habilidade de delegação e cobrança	Capacidade para (1) transferir decisões e responsabilidades para o pessoal alocado no projeto, assegurando-lhes as condições operacionais requeridas; (2) avaliar seus desempenhos e o cumprimento de objetivos e prazos; (3) cobrar resultados e aplicar medidas de incentivo e de correção.
Capacidade de administração de conflitos	Capacidade para (1) administrar e resolver conflitos e disputas prejudiciais ao desenvolvimento do projeto; (2) lidar com diferenças individuais e de grupos; (3) compatibilizar pressões conflitantes surgidas na execução do projeto.

Fonte: metodologia GEOR-2016 (Sebrae).

Entre as diversas atribuições do gerente de projeto podemos relacionar (PMI, 2013):

- planejar;
- organizar e "controlar";
- formular métodos;
- alocar, obter e adquirir os recursos necessários;
- administrar tecnologia;
- administrar "interfaces";
- formar, motivar e supervisionar a equipe.

Características básicas na equipe:

- alta qualidade técnica;
- orientação e sensibilidade ao cliente;
- percepção e sensibilidade "política";
- intensa orientação para a solução de problemas e alcance de metas;
- autoestima elevada;
- capacidade de comunicação;
- saber lidar com problemas e obstáculos;
- saber lidar com negociações, barganhas e similares (*trade offs*);
- saber lidar com fracassos, riscos e os medos associados.

Associações profissionais de projetos: PMI e IPMA

O Project Management Institute (PMI) é uma organização com alcance global que foi fundada em 1969 na Pensilvânia, Estados Unidos da América, tendo como meta principal o avanço na prática, na ciência e na profissão de gerenciamento de projetos, de maneira consciente e proativa, para que as organizações em todos os lugares do mundo apoiem, valorizem e utilizem o gerenciamento de projetos. Atualmente, o PMI conta com mais de um milhão e meio de participantes, entre membros ativos e profissionais certificados, de 185 países (PMI, 2013).

Outras instituições, também influentes e com missões assemelhadas podem ser citadas. Por exemplo: International Project Management Association (IPMA), o Association for Project Management Group (APMGROUP), cujo *site* é <www.apmgroup.com.uk> e o The Australian Institute of Project Management (AIPM), *site* <www.aipm.com.au>.

O PMI <www.pmi.org> é uma instituição formada por profissionais e interessados em gerenciamento de projetos e visa ao aperfeiçoamento e desenvolvimento das técnicas associadas, assim como a valorização e reconhecimento dessa atividade como uma função gerencial especializada.

O IPMA é uma organização de profissionais de gerenciamento de projeto com atuação mundial e direcionada para competências no gerenciamento de projetos, programas e portfólio. É uma federação de associações de projeto sem finalidades de lucro, que procura atender a necessidades locais, assim colaborando para o desenvolvimento global, busca da excelência e certificação profissional. O site internacional é <www.ipma.ch>.

O IPMA representa 55 associações de profissionais em projetos, em todos os continentes. É a primeira das associações de profissionais de projeto, tendo sido criada em 1965.

O ICB (IPMA Competence Baseline) é um documento que contém as competências consideradas básicas para a efetividade e qualidade do trabalho realizado pelos gerentes de projeto. Sua primeira versão ocorreu na década de 1990 e vem sendo atualizada com certa periodicidade. É o documento-base para o processo de certificação profissional, organizada em quatro níveis de proficiência. As 46 competências estabelecidas pelo ICB estão organizadas da seguinte forma: competências técnicas (20), competências comportamentais dos envolvidos com o projeto (15), competências contextuais para projetos, programas e portfólio (11).

Escritório de gerenciamento de projetos: EGP ou PMO

A gerência de projetos é a uma das formas mais eficazes de reter e evoluir com o conhecimento dentro da organização, possibilitando que os processos fiquem cada vez mais ágeis e que as soluções sejam mais criativas e adequadas. A falta de processos adequados e padronizados de gerenciamento é, muitas vezes, culpada pelos altos índices de insucesso em projetos.

É nesse cenário que surge o escritório de gerenciamento de projetos (EGP) ou PMO (*project management office*) como um elemento organizacional formal responsável por fornecer a infraestrutura necessária para o gerenciamento de diversos projetos, priorizando e objetivando a redução de falhas. O sucesso do EGP é garantido na medida em que ele começa a ser reconhecido como uma autoridade no assunto e é considerado parte da estrutura organizacional.

São vários os motivos pelos quais as organizações vêm implementando escritórios de projetos. Algumas para resolver problemas de insucesso dos seus projetos; outras o fazem simplesmente por "modismo". Na verdade, o papel do EGP cresce nas organizações por uma série de motivos, entre eles, o *boom* da quantidade de projetos compondo o portfólio e a importância que os novos projetos assumem na busca por atingir metas organizacionais.

Os novos modelos de gestão *vis-à-vis* projetos

Muito se tem discutido e comentado na literatura especializada sobre os elementos que compõem as diversas opções da arquitetura organizacional e seus impactos na gestão, cultura, processos, pessoas, peculiaridades e efeitos no dia a dia.

Em projetos, simplificando a análise dos diversos modelos amplamente explorados na literatura especializada, em que podemos destacar Morgan (1996), existem três estruturas referenciais que se mesclam em diversos formatos. São elas: funcional, orientada para projetos e matricial.

Estrutura funcional

A figura 3 ilustra o modelo funcional, também conhecido como modelo clássico. Ele apresenta algumas características, pela ótica de projetos, que serão destacadas.

Figura 3
Arquitetura organizacional: modelo funcional

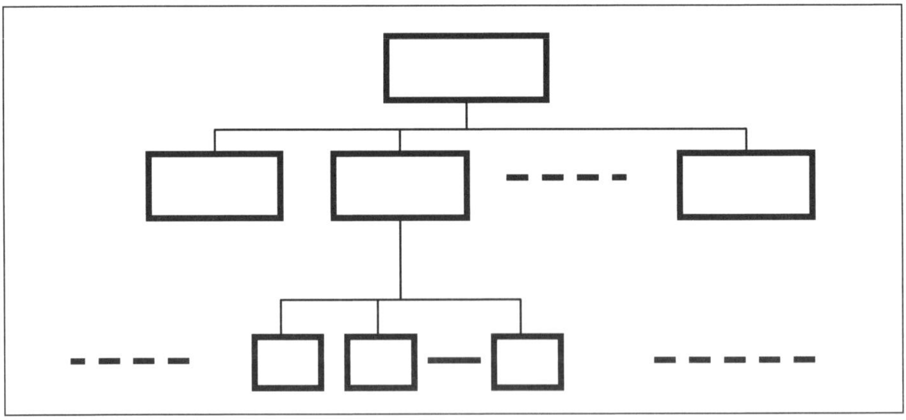

Fonte: elaboração do autor.

Cada "caixinha" tem sua atribuição específica, funcionalidade ou especialização. Assim, em um projeto, quando se necessita da realização de atividades pertinentes ao tipo de trabalho daquela área organizacional, o gerente do projeto tem sua autoridade técnica e administrativa bastante restrita, ficando altamente dependente das prioridades, decisões e humores da pessoa responsável por aquela área, ou até mesmo dos funcionários.

Normalmente, nas organizações que apresentam a predominância dessa arquitetura, os projetos são eventuais, sem "endereço" definido, sendo o gerente e a equipe escolhidos sem critérios e movidos por um sentimento de missão a cumprir, com muita dedicação e esforço.

Como esse tipo de organização provavelmente não utiliza projetos como elementos estratégicos relevantes para atingir seus objetivos, há muita carência metodológica; os processos administrativos, por estarem focados na rotina, são inadequados ou lentos para lidar com as demandas dos projetos, além de haver maior reatividade ao novo. Resumindo, há grandes dificuldades e desafios a mais para os gerentes de projetos.

Estrutura orientada a projetos

A figura 4 ilustra as características típicas da estrutura orientada a projetos.

Figura 4

ARQUITETURA ORGANIZACIONAL: MODELO ORIENTADO PARA PROJETOS

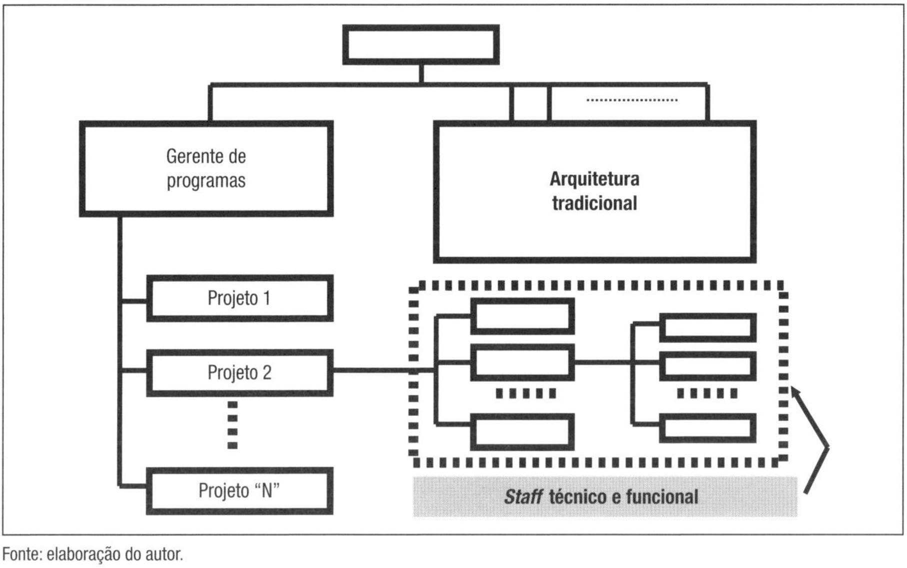

Fonte: elaboração do autor.

Apesar de normalmente esse modelo também operar com uma parte da estrutura organizacional nos moldes funcionais, essa "área", em geral, é propensa a apoios diversos, mas não diretamente envolvida como atividade-fim; isto torna a dimensão projetizada da arquitetura muito mais flexível e pouco contagiada por processos que são característicos de organizações voltadas intensamente para "produção" e operações.

Os gerentes são os líderes e formam sua equipe a partir das necessidades e dos objetivos e escopo de cada projeto, considerando os recursos organizacionais "disponíveis", tal qual um banco de talentos.

Estrutura matricial

A figura 5 apresenta um formato bem característico de modelo matricial. Podemos observar a superposição, ou compartilhamento, dos recursos nas dimensões "operacionais/processos de rotina". As gerências representadas na vertical são associadas à rotina e processos operacionais/produção. As gerências representadas na horizontal são associadas aos projetos demandados e realizados pela organização.

Figura 5

ARQUITETURA ORGANIZACIONAL: MODELO MATRICIAL

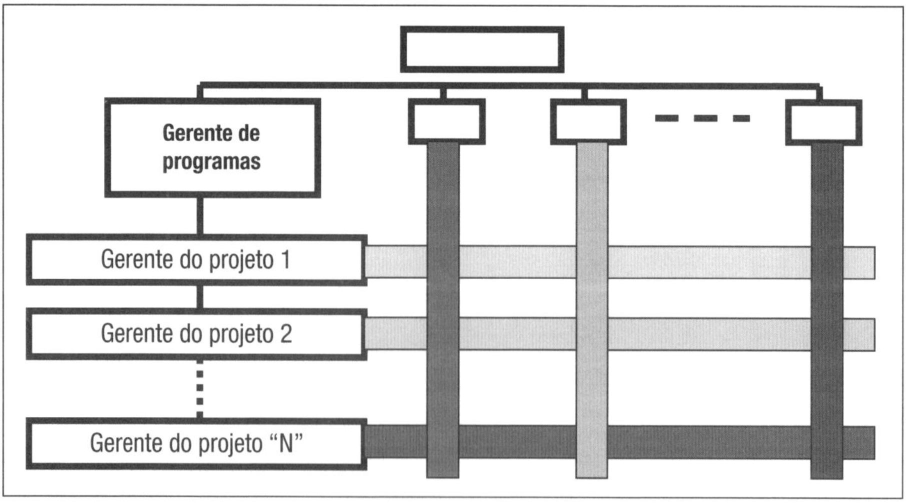

Fonte: elaboração do autor.

Essa estrutura procura conciliar os desafios típicos das organizações contemporâneas modernas – as demandas de produção em escala e processos otimizados e "enxutos" com o desenvolvimento de novos produtos, processos e conceitos, através de projetos. Dessa forma, busca-se um equilíbrio sutil e dinâmico entre o rotineiro e o novo.

Os recursos são gerenciados como se estivessem disponíveis em um *pool* liderado por áreas (gerentes) especializadas, mas com a responsabilidade de prover, compartilhar ou otimizar esses mesmos recursos de acordo com as demandas pelo "novo", hoje permanentemente presentes.

A arquitetura matricial pode ser classificada em fraca, balanceada ou forte, conforme vai migrando de um modelo mais parecido com o funcional até um formato mais assemelhado à estrutura projetizada.

Projetos e demandas relacionadas junto aos *stakeholders*

O PMBOK (PMI, 2013) define *stakeholders* como sendo todas as partes interessadas, envolvidas ou afetadas em um projeto. O conceito é muito amplo, mas sua profundidade e sua pertinência em um projeto são marcantes, pois a boa gestão pode diferenciar um projeto bem-sucedido de um fracassado.

Bourne (2009) define sucesso no gerenciamento do relacionamento com os *stakeholders* por meio do comprometimento ao longo do ciclo do projeto com os seguintes processos:

- identificação dos *stakeholders*, compreensão e gerenciamento de suas expectativas;
- monitoramento da efetividade das ações para engajamento dos *stakeholders*;
- revisão contínua para percepção da comunidade potencial de *stakeholders*.

Alguns princípios são fundamentais (Hiatt e Creasey, 2003) e devem servir de referenciais ao lidarmos com *stakeholders* e também com projetos em que o aspecto gestão da mudança é mais relevante, características apresentadas por quase todos os projetos de médio e grande portes. Vejamos quais são esses princípios:

- considere que a resposta certa não é suficiente;
- perceba que mudança é um processo e exige ação da "autoridade" e dos líderes;
- considere perfil e necessidades para ajustar os processos de transmissão e recepção da comunicação;
- leve em consideração o *status quo* e os processos de resistência;
- perceba e aja considerando também os sistemas de valores e a cultura da organização, mas mantendo o foco nos objetivos do projeto;
- perceba o significado e as formas mais adequadas para ações nas mudanças incrementais e nas mudanças radicais – as estratégias são distintas.

A PROSCI Inc é uma organização dedicada a pesquisas e *benchmarking* em gerenciamento da mudança e *benchmarkings* associados. É considerada, entre os especialistas em gestão de projetos, a mais conceituada instituição nessa temática, e seus relatórios são considerados a fonte qualitativa mais respeitável para compreensão e tomada de decisões nos contextos de gerenciamento de projetos em relação a "mudanças" e relacionamento com *stakeholders*.

O relatório PROSCI (PROSCI INC, 2012:9) afirma que "Projetos com excelente gerenciamento da mudança e de *stakeholders* apresentam cerca de *seis* vezes mais possibilidades de atender ou exceder as expectativas e objetivos do projeto" (grifo meu).

Também podemos encontrar no relatório PROSCI (2012) que existem dois aspectos que são fundamentais e estão no topo da lista das recomendações que gerentes de projeto experientes declaram:

- comunique-se sempre e o mais cedo que puder;
- envolva-se nos aspectos fundamentais da visão do projeto e com as pessoas estratégicas (principais *stakeholders*).

Pelo exposto, fica evidenciada a importância dos aspectos relacionais e comportamentais junto a esses importantes *stakeholders*, pois transcendem aspectos técnicos ou gerenciais no projeto, que são muito importantes, mas não são os únicos a considerar.

Hiatt e Creasey (2003) citam, logo no início de sua obra, algumas afirmativas, em tom de lamentação, de gestores a respeito da forma como poderiam ter lidado melhor com alguns dos *stakeholders* relevantes em seus projetos:

- "Eu deveria ter me comunicado melhor".
- "Na próxima vez eu envolverei mais pessoas".
- "Se a alta administração tivesse se envolvido mais e com maior amplitude de público em suas atuações, provavelmente teria sido bem melhor".
- "Tive pouco apoio ou fui até sabotado por gerentes que se sentiam ameaçados pelo projeto, por falta de compreensão adequada".

Como podemos perceber, os aspectos comportamentais e de comunicação que devem ser desenvolvidos em maior amplitude nos gestores, em especial nos que ocupam funções de maior relevância ou responsabilidade, são fundamentais para o sucesso dos projetos.

Processos e áreas do conhecimento no gerenciamento de projetos

Um processo é um conjunto de ações e atividades inter-relacionadas, que são executadas para alcançar um produto, resultado ou serviço predefinido. A partir daqui, chamaremos produto, resultado ou serviço de um nome só: *produto*.

Conforme o PMBOK (PMI, 2013), para que um projeto seja bem-sucedido, seu gestor deve selecionar quais processos serão os utilizados para iniciar, planejar, executar, monitorar e encerrar os trabalhos. Em seguida, entender os requisitos (necessidades, expectativas, anseios) dos *stakeholders*. Cumprir esses requisitos e obter um equilíbrio entre as demandas concorrentes de escopo, tempo, custo, qualidade, recursos e riscos (restrições) para gerar o produto. Os processos de gerenciamento de projetos garantem o fluxo eficaz da administração do trabalho ao longo de sua existência até que o produto seja encontrado.

"Boa prática" significa que existe um acordo geral de que a aplicação dos processos de gerenciamento de projetos pode aumentar as chances de sucesso em uma ampla série deles. A partir do entendimento da boa prática, cada organização deveria elaborar sua metodologia de gerenciamento de projetos (ou adequar-se a uma já existente).

Os gestores de projetos e suas equipes devem abordar com cuidado cada processo e as entradas e saídas que o constituem, criando sua própria metodologia.

De acordo com o guia PMBOK (PMI, 2013), os processos de gerenciamento de projetos são agrupados em cinco categorias, conhecidas como grupos de processos de gerenciamento de projetos (ou simplesmente grupos de processos):

- grupo de processos de iniciação – são os processos realizados para definir um novo projeto ou uma nova fase de um projeto existente, por meio da obtenção de autorização para iniciar o projeto ou a fase;
- grupo de processos de planejamento – são os processos realizados para definir o escopo do projeto e desenvolver o curso de ação necessário para alcançar o objetivo para o qual o mesmo foi criado;
- grupo de processos de execução – são os processos realizados para executar o trabalho definido no plano de gerenciamento de projeto para satisfazer suas especificações;
- grupo de processos de monitoramento e controle – são os processos necessários para acompanhar, revisar e regular o progresso e o desempenho do projeto, fase a fase. Pode também identificar as áreas nas quais serão necessárias mudanças no plano original e iniciá-las;
- grupo de processos de encerramento – são os processos utilizados para finalizar as atividades de todos os grupos de processos, visando encerrar formalmente cada fase e, por fim, o projeto como um todo.

Na prática, os processos se sobrepõem e interagem. Os profissionais de gerenciamento de projetos mais experientes reconhecem que há mais de uma forma de gerenciá-los. Os grupos de processos necessários e os processos que os constituem são guias para a aplicação de conhecimentos e habilidades de gerenciamento apropriados durante o projeto. Os grupos de processos de gerenciamento de projetos são vinculados pelas saídas que produzem. Raramente os grupos de processos são eventos distintos ou que ocorrem uma única vez; são atividades sobrepostas que ocorrem ao longo de todo o projeto. A saída de um processo, em geral, torna-se uma entrada em outro processo ou é uma entrega do projeto. O grupo de processos de planejamento fornece ao grupo de processos de execução o plano de gerenciamento e os documentos do projeto à medida que ele avança; com frequência envolve atualizações nesse plano e seus respectivos documentos. Se o projeto estiver dividido em fases, os grupos de processos interagem dentro de cada fase.

Grupos de processos de gerenciamento de projetos

A seguir identificamos e descrevemos os cinco grupos de processos de gerenciamento de projetos necessários em qualquer projeto (PMI, 2013). Esses grupos têm dependências claras e em geral são executados na mesma sequência em qualquer projeto. Um grupo de processos inclui os processos de gerenciamento de projetos que o constituem e que estão vinculados pelas respectivas entradas e saídas, onde o resultado de um processo torna-se a entrada de outro.

Grupo de processos de iniciação

O grupo de iniciação consiste nos processos realizados para definir um novo projeto ou uma nova fase de um projeto existente, obtendo autorização para tal. Nos processos de iniciação, o escopo inicial é definido e os recursos financeiros iniciais são comprometidos.

Os *stakeholders* internos e externos que vão interagir e influenciar o resultado geral do projeto são identificados. Se ainda não foi designado, o GP (gerente do projeto) será selecionado. Essas informações são capturadas no TAP (termo de abertura do projeto) e no RSH (registro dos *stakeholders*). Quando o TAP é aprovado, o projeto se torna oficialmente autorizado. Embora a equipe de gerenciamento de projetos possa ajudar a escrever o TAP, a aprovação e o financiamento são externos aos limites do projeto.

Em geral, o envolvimento dos clientes e de outros *stakeholders* durante a iniciação aumenta a probabilidade de propriedade compartilhada, aceitação da entrega e satisfação do cliente e dos demais *stakeholders*.

Esse grupo inclui os seguintes processos:

- *desenvolver o termo de abertura do projeto* – formalmente autoriza um projeto ou uma fase e documenta os requisitos iniciais que satisfaçam as necessidades e expectativas dos *stakeholders*;
- identificar os *stakeholders* – identificação de todas as pessoas ou organizações que podem ser afetadas pelo projeto e documentação das informações relevantes relacionadas aos seus interesses, envolvimento e impacto no sucesso do projeto.

Grupo de processos de planejamento

O grupo de processos de planejamento consiste naqueles realizados para estabelecer o escopo total do esforço, definir e refinar os objetivos e desenvolver o curso de ação necessário para alcançar esses objetivos. Os processos de planejamento desenvolvem o plano de gerenciamento e os documentos do projeto que serão usados para executá-lo:

- *desenvolver o plano de gerenciamento do projeto (PGP)* – documentação das ações necessárias para definir, preparar, integrar e coordenar todos os planos auxiliares e demais documentos do projeto. O PGP torna-se a fonte principal de informações sobre como o mesmo será planejado, executado, monitorado, controlado e encerrado;
- *coletar requisitos* – documentar as necessidades, expectativas e desejos dos *stakeholders* para alcançar os objetivos do produto e do projeto;
- *definir escopo* – descrição detalhada do produto e do projeto, suas premissas e restrições;
- *criar WBS (ou estrutura analítica do projeto – EAP)* – subdivisão do trabalho e das entregas em componentes menores e de gerenciamento mais fácil;
- *definir atividades* – identificação das ações específicas a serem realizadas para produzir as entregas do projeto;
- *sequenciar atividades* – identificação e documentação dos relacionamentos entre as atividades do projeto;

- *estimar recursos das atividades* – estimativa dos tipos e quantidades de material, pessoas, equipamentos ou suprimentos que serão necessários para realizar cada atividade;
- *estimar durações das atividades* – estimativa do número de períodos de trabalho que serão necessários para executar atividades específicas com os recursos estimados;
- *desenvolver cronograma* – análise das sequências das atividades, suas durações, recursos necessários e restrições, visando criar o cronograma do projeto;
- *estimar custos das atividades* – desenvolvimento das estimativas dos recursos monetários necessários para executar as atividades do projeto;
- *determinar orçamento* – agregação dos custos estimados de atividades individuais ou pacotes de trabalho para estabelecer uma linha de base autorizada dos custos;
- *planejar o gerenciamento da qualidade* – identificação dos padrões de qualidade do produto e do projeto, além da documentação de como o projeto atingirá a conformidade;
- *desenvolver plano de gerenciamento de recursos humanos* – identificação e documentação de papéis, competências, responsabilidades e relações hierárquicas do projeto, além da criação de um plano de gerenciamento das pessoas da equipe;
- *planejar gerenciamento das comunicações* – determinação das necessidades de informação dos *stakeholders* no projeto e definição de uma abordagem de comunicação;
- *planejar gerenciamento dos riscos* – definição de como conduzir as atividades de gerenciamento de riscos de um projeto;
- *identificar riscos* – determinação dos riscos que podem afetar o projeto e a documentação de suas características;
- *realizar análise qualitativa dos riscos* – priorização de riscos identificados para análise e combinação de sua probabilidade de ocorrência e impacto;
- *realizar análise quantitativa dos riscos* – análise numérica do efeito dos riscos identificados nos objetivos gerais do projeto;
- *planejar respostas aos riscos* – desenvolvimento de opções e ações para aumentar as oportunidades e reduzir as ameaças aos objetivos do projeto;

- *planejar o gerenciamento das aquisições* – documentação das decisões de compras do projeto, especificando a abordagem e identificando fornecedores em potencial;
- *planejar o gerenciamento dos stakeholders* – processo de desenvolvimento das estratégias apropriadas de gerenciamento para envolver os *stakeholders* de maneira eficaz no decorrer de todo o ciclo de vida do projeto, com base na análise das suas necessidades, interesses e impacto potencial no êxito do projeto.

Grupo de processos de execução

O grupo de processos de execução consiste nos processos realizados para concluir o trabalho definido no PGP de forma a cumprir as especificações do projeto. Esse grupo de processos envolve coordenar pessoas e recursos e também integrar e executar as atividades do projeto em conformidade com o plano de gerenciamento do mesmo.

Durante a execução do projeto, os resultados poderão requerer atualizações no planejamento e mudanças nas linhas de base. Isso pode incluir mudanças nas durações previstas para as atividades, na produtividade, na disponibilidade dos recursos, além de riscos imprevistos. Uma grande parte do orçamento do projeto será consumida na execução desse grupo de processos, que inclui:

- *orientar e gerenciar o trabalho do projeto* – realização do trabalho definido no PGP para atingir os objetivos do projeto;
- *realizar a garantia da qualidade* – auditoria dos requisitos de qualidade e dos resultados das medições de controle de qualidade para garantir que sejam usados os padrões de qualidade e definições operacionais apropriados;
- *mobilizar a equipe de projeto* – confirmação da disponibilidade dos recursos humanos e autorização da equipe necessária para executar e completar as atividades planejadas e atribuídas aos recursos;
- *desenvolver a equipe de projeto* – melhoria de competências, da interação e do ambiente global da equipe para aprimorar o desempenho do projeto;

- *gerenciar a equipe de projeto* – acompanhar o desempenho dos membros da equipe, fornecer *feedback*, resolver questões e gerenciar mudanças para otimizar o desempenho do projeto;
- *gerenciar comunicações* – circular as informações relevantes à disposição dos *stakeholders* do projeto conforme fora planejado. Comunicação e interação com os *stakeholders* para atender às suas necessidades e resolver as questões à medida que ocorrerem;
- *conduzir aquisições* – obtenção de respostas de fornecedores, seleção de um fornecedor e adjudicação de um contrato;
- *gerenciar as expectativas dos* stakeholders – processo de se comunicar e trabalhar com os *stakeholders* para atender às suas necessidades/expectativas, abordar as questões à medida que elas ocorrem e promover o engajamento apropriado das partes interessadas nas atividades do projeto, no decorrer de todo o seu ciclo de vida.

Grupo de processos de monitoramento e controle

O grupo de processos de monitoramento e controle consiste nos processos necessários para acompanhar, revisar e regular o progresso e o desempenho do projeto, identificar todas as áreas nas quais serão necessárias mudanças no plano e iniciar as alterações correspondentes. O principal benefício desse grupo de processos é que o desempenho do projeto é observado e mensurado de forma periódica e uniforme para identificar variações em relação ao PGP. O grupo de processos de monitoramento e controle também inclui:

a) controlar as mudanças e recomendar ações preventivas em antecipação a possíveis problemas; e
b) monitorar as atividades do projeto em relação ao plano de gerenciamento e linha de base de desempenho do mesmo e influenciar os fatores que poderiam impedir o controle integrado de mudanças, para que somente as mudanças aprovadas sejam implementadas.

Esse monitoramento contínuo fornece à equipe do projeto uma visão melhor sobre a saúde do mesmo e identifica quaisquer áreas que requeiram atenção adicional. O grupo de processos de monitoramento e controle não apenas monitora e controla o trabalho que está sendo feito durante um grupo de processos, mas também monitora e controla o projeto inteiro. O grupo de processos de monitoramento e controle inclui os processos:

- *monitorar e controlar o trabalho do projeto* – acompanhamento, avaliação e regulação do progresso para atender aos objetivos de desempenho definidos no PGP. O monitoramento inclui relatórios de *status*, medições do progresso e previsões. Os relatórios de desempenho fornecem informações sobre o desempenho do projeto com relação a escopo, cronograma, custo, recursos, qualidade e risco. Essas informações podem ser usadas como entradas para outros processos;
- *realizar o controle integrado de mudanças* – avaliação de todas as sugestões de mudança, aprovação das que forem pertinentes, atualização dos documentos correspondentes e gerenciamento das mudanças aprovadas;
- *validar escopo* – formalização da aceitação das entregas que passaram pelo controle de qualidade;
- *controlar escopo* – monitoramento do andamento do escopo do produto e do projeto, como também gerenciamento das mudanças feitas na linha de base do escopo;
- *controlar cronograma* – monitoramento do andamento do projeto para atualização do seu progresso e gerenciamento das mudanças feitas na linha de base do cronograma;
- *controlar custos* – monitoramento do andamento do projeto para atualização do seu orçamento e gerenciamento das mudanças feitas na linha de base dos custos. Controlar escopo, controlar cronograma e controlar custos são processos muito próximos e interligados para o efetivo gerenciamento do valor agregado do projeto;
- *controlar qualidade* – monitoramento e registro dos resultados da execução das atividades de qualidade para avaliar o desempenho e recomendar as mudanças necessárias;
- *controlar comunicações* – coleta e distribuição de informações sobre o desempenho, inclusive relatórios de andamento, medições do progresso e previsões, o qual chamamos de relatório de desempenho (RD);

- *controlar riscos* – implementação de planos de respostas aos riscos, acompanhamento dos riscos identificados, monitoramento dos riscos residuais, identificação de novos riscos e avaliação do processo de risco durante todo o projeto;
- *controlar aquisições* – gerenciamento dos relacionamentos cliente/fornecedor em cada contrato e monitoramento de seus desempenhos, sugerindo/fazendo mudanças e correções conforme necessário;
- *controlar o envolvimento dos* stakeholders – processo de monitorar os relacionamentos dos *stakeholders* no projeto em geral e ajustar as estratégias e planos para o engajamento dos mesmos.

Grupo de processos de encerramento

O grupo de encerramento consiste nos processos executados para finalizar todas as atividades, de todos os grupos de processos de gerenciamento do projeto, visando completar formalmente o projeto ou a fase, ou obrigações contratuais. Esse grupo, quando concluído, verifica se os processos definidos estão completos em todos os grupos para encerrar o projeto ou uma fase do projeto, da forma apropriada e definir formalmente que o projeto ou a fase do projeto está concluída. No encerramento do projeto ou da fase, podem ocorrer as seguintes atividades:

c) obter aceitação do cliente ou *sponsor*;
d) fazer uma revisão pós-projeto ou de final de fase;
e) registrar os impactos da adequação de qualquer processo;
f) documentar as lições aprendidas;
g) aplicar as atualizações apropriadas aos ativos de processos organizacionais;
h) arquivar todos os documentos relevantes no sistema de informações de gerenciamento de projetos (SIGP ou PMIS), para serem usadas como dados históricos e encerrar as aquisições.

O grupo de processos de encerramento inclui os processos:

- *encerrar o projeto ou fase* – finalização de todas as atividades de todos os grupos de processos de gerenciamento para terminar formalmente o projeto ou a fase;
- *encerrar aquisições* – finalizar cada contrato do projeto, fase a fase.

Conclusão

A realização de projetos, cada vez mais complexos e desafiadores em termos de tempo para realização, estruturação de equipes e restrições orçamentárias torna a competência do seu gerenciamento com maior nível de efetividade uma necessidade estratégica e vital para as organizações contemporâneas em praticamente todos os segmentos de negócios e da atividade humana.

Apresentamos neste capítulo os principais conceitos que norteiam as chamadas "boas práticas" em gerenciamento de projetos, assim como os elementos constituintes do PMBOK (PMI, 2013), que é a referência estrutural mais usual no mercado, especialmente para projetos de média a alta complexidade.

Se você não tem responsabilidade direta em gerenciamento de projeto, muito provavelmente tem atuação técnica, apoio/suporte ou em ações no âmbito executivo. Se ainda não desempenha nenhum desses papéis, com certeza em breve estará em um deles ou outros pertinentes.

O papel do RH é fundamental em diversos aspectos de um projeto, desde funções clássicas no sentido de identificação, seleção, alocação e treinamento dos talentos técnicos e gerenciais necessários, até o apoio nas dimensões emocionais, solução de conflitos, gestão da mudança e aspectos estratégicos em que a demanda por um RH estratégico seja parte da solução e um dos fatores-chave de sucesso do projeto.

Referências

BOURNE, Lynda. *Stakeholders relationship management*: a maturity model for organisational implementation. Birmingham: Gower Publishing, 2009.

DINSMORE, Paul Campbell; PINTO, Américo; CAVALIERI, Adriane. *Projetos brasileiros*: casos reais de gerenciamento. Rio de Janeiro: Brasport, 2007.

HIATT, Jeffrey; CREASEY, Timothy J. *Change management*: the people side of change. Loveland, CO: Prosci Research, 2003.

KERZNER, Harold. *Gestão de projetos*: as melhores práticas. 2. ed. Porto Alegre: Bookman, 2006.

MORGAN, Gareth. *Imagens da organização*. São Paulo: Atlas, 1996.

PROJECT MANAGEMENT INSTITUTE (PMI). *Um guia do conhecimento em gerenciamento de projetos (Guia PMBOK®)*. 5. ed. Newtown Square: PMI, 2013

PROSCI INC. *Best practices in change management*. Loveland, CO: PROSCI, 2012.

9. Aspectos legais das relações de trabalho

Ênio Sperling Jaques

Introdução

O mundo é plano e está em sistemática transformação, e o direito do trabalho surfa nessa onda; portanto, se a empresa não se preocupar com a gestão das questões laborais, com certeza sofrerá impactos negativos em seus resultados, o que implicará a deterioração do seu clima organizacional. Dito isso, cabe ao gestor de recursos humanos adotar atitudes proativas e estratégicas para os novos desafios que advirão nas relações de trabalho. Assim, esse gestor precisa estar muito bem qualificado e preparado, inclusive no que se refere ao domínio da legislação trabalhista, principalmente no que concerne às novas normas sobre a modernização das relações de trabalho, definidas pela Lei nº 13.467, que passou a vigorar a partir de 11 de novembro de 2017. Essas novas regras quebram paradigmas e estabelecem profundas alterações no meio ambiente do trabalho, por exemplo, o negociado prevalece sobre o legislado. A nova lei também regulamentou o teletrabalho, o trabalho intermitente, a terceirização, o empregado hipersuficiente, comissão para representar os empregados perante a administração da empresa, visando apresentar reivindicações dos empregados, assegurar tratamento justo e imparcial e coibir discriminações, acompanhar o cumprimento das leis trabalhistas e das negociações coletivas e aprimorar o relacionamento entre o empregador e os empregados, promovendo o diálogo com a direção da empresa. Desse modo, poderá ajudar a solucionar os conflitos no ambiente de trabalho, de forma rápida e autocompositiva, evitando que divergências nas relações de trabalho cheguem à Justiça do Trabalho por meio de uma ação trabalhista, criando um enorme passivo para a organização.

À luz desse raciocínio, trataremos de um tema de extrema importância no âmbito das relações de trabalho, que são os princípios aplicados no direito laboral, em virtude de serem suas diretrizes e seus pilares, de forma que o gestor de recursos humanos precisa compreendê-los para exercer de maneira competente e ética suas funções.

Conceito de direito do trabalho

Historicamente, o direito do trabalho nasceu como um instrumento capaz de assegurar uma superioridade jurídica ao empregado, a fim de compensar sua inferioridade econômica em relação ao empregador. Portanto, sua primordial função é proteger o mais fraco economicamente, no caso, o empregado, a fim de garantir melhores condições de trabalho e de salário capazes de permitir sua subsistência com um mínimo de dignidade humana.

De acordo com essa lógica, o Estado passou a intervir nas relações de trabalho, editando leis e princípios com o objetivo de proteger o empregado, e a principal delas é a Consolidação das Leis do Trabalho (CLT), que trouxe em seu bojo benefícios até então inexistentes aos empregados. A CLT também regulamentou o funcionamento dos sindicatos, as negociações coletivas e a atuação da Justiça do Trabalho.

E foi nessa esteira que também conduziu-se a Carta Magna de 1988 (CF/1988), que consagrou amplamente os direitos fundamentais dos empregados e foi intitulada "CLT Constitucional", dispondo que a dignidade da pessoa do empregado e os valores sociais do trabalho sustentam o estado democrático de direito (arts. 7º a 11 da CLT).

Nesse contexto, conceitua-se o direito do trabalho, como o ramo do direito que regulamenta e disciplina as relações jurídicas laborais existentes entre os empregados e os empregadores de maneira individual e coletiva. Considere-se que as relações individuais de emprego envolvem unicamente os empregados e os empregadores, e as relações coletivas de trabalho compreendem a representação sindical de ambas as partes, recepcionando a autonomia privada coletiva, conferindo poder para criação de norma jurídica, por via da negociação coletiva. Também, o direito do trabalho alicerça-se em um conjunto de princípios e normas jurídicas relativas à relação de emprego e seu campo de atuação está focado estritamente no trabalho subordinado, visando proporcionar ao empregado melhores condições de trabalho e sociais, por meio de normas jurídicas protetivas.

Princípios específicos aplicáveis no direito do trabalho

Os princípios são as diretivas e as colunas do edifício jurídico laboral, fornecem validade às regras de direito e aplicam-se a inúmeras situações fáticas. É por essa razão que se assevera: "Quando a lei for omissa, o juiz decidirá o caso de acordo com a analogia, os costumes e os princípios gerais de direito" (art. 4º do Decreto-Lei nº 4.657/1942 - Lei de Introdução às Normas do Direito Brasileiro. Ementa com redação dada pela Lei nº 12.376/2010).

O princípio de maior amplitude no direito do trabalho é o da proteção, uma vez que visa amparar o empregado, que é a parte mais frágil da relação empregatícia. Assim, reconhece que a relação laboral entre empregado e empregador é desigual e, portanto, possui o objetivo de reduzir a desigualdade no contrato de emprego celebrado. À luz desse pensamento, de sempre proteger o empregado, é que foram esculpidos todos os princípios do direito do trabalho.

Princípio in dubio pro operario *ou* in dubio pro misero

Cabe destacar que aplicação do princípio *in dubio pro operario* apenas decorre da existência de dúvida no que concerne à interpretação diferente sobre uma idêntica lei trabalhista; portanto contempla somente matéria de direito. Por conseguinte, entre duas ou mais interpretações possíveis de uma mesma regra trabalhista, o intérprete opta pela mais favorável ao empregado.

Contudo, no âmbito probatório, na ocorrência de matéria fática (envolvendo ação trabalhista) não se aplica esse princípio de maneira a favorecer o empregado, uma vez que não se beneficia o empregado quando a dúvida depende de prova. Assim, deve-se recorrer à prova dos fatos. Nessa situação, pratica-se a *regra do ônus da prova* prevista pela Lei da Reforma Trabalhista, que determina que o ônus da prova incumbe ao reclamante, quanto ao fato constitutivo de seu direito e ao reclamado, quanto à existência de fato impeditivo, modificativo ou extintivo do direito do reclamante. Previsão legal: art. 818 da Lei nº 13.467/2017.

Então, o fato é constitutivo de direito quando o autor visa criar um direito, por exemplo, empregado (autor) ajuíza uma ação trabalhista contra seu empregador pleiteando uma indenização por dano moral causado por assédio moral.

Nessa circunstância, cabe ao autor (empregado) provar a existência do referido direito. O mesmo se aplica quando se trata de comprovação da existência de vínculo empregatício e de realização de horas extras.

No que concerne ao fato impeditivo, entende-se pela impossibilidade do exercício do direito, por falta de amparo legal para o caso concreto. Exemplo: pedido de aviso prévio numa dispensa por justa causa.

Em caso de fato modificativo, que diz respeito à alteração do direito, compara-se o pedido do empregado (reclamante) com a realidade dos fatos. Exemplo: autor reivindica vínculo empregatício sem nunca ter trabalhado na empresa. Já o fato extintivo significa deixar de existir o direito, o que ocorre quando finda o direito pelo seu cumprimento – por exemplo, o empregador quitou todas as verbas rescisórias quando finalizou o contrato de emprego e o empregado alega que não recebeu – ou pela prescrição.

A Lei da Reforma Trabalhista também não interferiu nesse princípio, ao impedir que o Poder Judiciário Trabalhista, por intermédio da edição de suas súmulas, crie ou restrinja direitos, tendo em vista que constitui método de interpretação e não de complementação da legislação (art. 8º, § 2º, da Lei nº 13.467/2017).

Princípio da manutenção da condição mais benéfica

Trata-se da relação da norma *versus* condição mais benéfica no trabalho e ocorre quando há divergência entre o preceito de norma jurídica e uma condição de trabalho existente, predominando a condição se for mais benéfica ao empregado. Como se percebe, possui correspondência com o direito adquirido, previsto na Constituição Federal, que estabelece: "A Lei não prejudicará o direito adquirido, o ato jurídico perfeito e a coisa julgada" (art. 5º, XXXVI), pois mesmo que sobrevenha lei nova, ficam asseguradas ao empregado as condições mais vantajosas já existentes no contrato de emprego.

Aqui, pressupõe-se a existência de uma situação concreta, tais como contrato de trabalho ou regulamento de empresa. Assim, determina-se que as condições mais vantajosas estipuladas no contrato de trabalho ou mesmo constantes no regulamento da empresa prevalecerão, independentemente da edição da norma superveniente dispondo sobre a mesma matéria. Então, quando no curso do contrato de trabalho ocorrem alterações de leis que o regulam, permanecem intocáveis as condições mais benéficas conquistadas na vigência da lei anterior e somente podem sofrer alterações aquelas condições pactuadas de forma transitória, no caso a percepção de adicional de insalubridade ou de periculosidade. É lícita a extinção dos respectivos pagamentos pelo empregador no momento que neutraliza ou retira o empregado da exposição a agentes nocivos à saúde ou das atividades perigosas (art. 191 da CLT).

Dessa forma, o empregador firma contrato com o empregado, mas verifica-se que ofereceu na prática uma condição de trabalho mais proveitosa do que aquela estampada no contrato de emprego, devendo, portanto, prevalecer esta última. Por exemplo, o empregador estipula no contrato de emprego a carga semanal de 44 horas de trabalho, mas pratica 40 horas semanais: deve prevalecer essa condição mais benéfica.

A Lei da Reforma Trabalhista trouxe modificações nesse princípio, uma vez que não prevalece a condição mais favorável ao empregado, nas hipóteses seguintes:

1. É vedada a ultratividade da norma coletiva, uma vez que não permite estipular a duração de convenção coletiva ou acordo coletivo de trabalho superior a dois anos. Dessa maneira, se o acordo ou convenção coletiva perderem a vigência não prevalecerá a condição mais favorável ao empregado (art. 614, § 3º, da Lei nº 13.467/2017)
2. É permitida a supressão, ainda que habitual, das importâncias pagas a título de ajuda de custo, limitada a 50% da remuneração mensal, auxílio-alimentação, diárias para viagem e prêmios, mesmo concedidos habitualmente por liberalidade do empregador, tendo em vista que

expressamente determina que tais benefícios não integram a remuneração do empregado, "não se incorporam ao contrato individual de trabalho e não constituem base de incidência de qualquer encargo trabalhista e previdenciário" (art. 457, § 2º, da Lei nº 13.467/2017).

3. É permitida a supressão da gratificação de função de confiança quando o empregado é revertido ao cargo efetivo, mesmo que tenha exercido a função de confiança por 10 ou mais anos, em virtude de que o pagamento da gratificação não será incorporado na remuneração do empregado, independentemente do tempo do exercício da respectiva função (art. 468, § 2º, da Lei nº 13.467/2017).

Princípios da aplicação da norma mais favorável

Aqui há conflito entre norma *versus* norma. Quando dois dispositivos de normas jurídicas são conflitantes, aplica-se a mais favorável ao empregado, independentemente de sua posição na escala hierárquica das leis. Por exemplo, a Carta Magna (art. 7º, XVI) fixou que a hora suplementar deve ser quitada com um adicional mínimo de 50% sobre a hora normal de trabalho, e a convenção coletiva de trabalho fixou que a hora extra deve ser paga com percentual de 130%. Por esse princípio, aplica-se a regra da convenção coletiva de trabalho.

Pelo princípio da aplicação da norma mais favorável, utilizam-se os critérios: da hierarquia, da elaboração da norma e da interpretação da norma pela aplicação da teoria do conglobamento.

A Lei da Reforma Trabalhista apresentou uma mudança na lógica desse princípio, quando expressamente determinou que *as* condições estabelecidas em acordo coletivo de trabalho sempre prevalecerão sobre as estipuladas em convenção coletiva de trabalho (art. 620, da Lei nº 13.467/2017).

Antes da Lei da Reforma Trabalhista, havia a prevalência da convenção coletiva de trabalho sobre o acordo coletivo de trabalho e vice-versa, ou seja, aplicava-se a norma que fosse mais benéfica. Também o Poder Judiciário Trabalhista se utilizava da teoria do conglobamento, em havendo conflito de norma *versus* norma, a lei válida aplicável ao caso concreto será a mais benéfica no todo.

Observa-se que a Lei da Reforma Trabalhista privilegiou a prevalência da autonomia da vontade coletiva, quando permite, via negociação coletiva, que um acordo coletivo fixe direitos menos favoráveis ao empregado do que a convenção coletiva de trabalho, pois estabeleceu que o acordo coletivo têm prevalência sobre a convenção coletiva, mesmo quando este instrumento coletivo fixe direitos menos favoráveis ao empregado do que a convenção coletiva de trabalho.

Nessa esteira, mais uma situação foi criada: a figura do empregado hipersuficiente, que é aquele portador de diploma de nível superior e que ganha salário mensal igual ou superior a duas vezes o limite máximo dos benefícios do Regime Geral de Previdência Social. Esse empregado poderá negociar cláusulas do seu contrato individual do trabalho da forma que melhor lhe aprouver, não necessitando do envolvimento do sindicato dos trabalhadores; portanto, será permitida a livre estipulação de direitos no contrato individual de emprego, que tem preponderância sobre os direitos mais benéficos previstos na CLT ou na convenção coletiva de trabalho (art. 444, parágrafo único, e art. 507-A da Lei nº 13.467/2017).

Há outras exceções que permitem reduções ou supressões de direitos, via negociação coletiva, em virtude de que a convenção coletiva e o acordo coletivo de trabalho têm prevalência sobre a lei (art. 611-A da Lei nº 13.467/2017).

Princípio da hierarquia

Nessa situação, existindo inúmeros dispositivos legais em uma escala hierárquica praticável, aplica-se o que for mais benéfico para o empregado, não se levando em conta sua posição hierárquica superior, inclusive sendo possível a inversão da pirâmide hierárquica das leis, a fim de que a norma mais benéfica seja aplicada.

A Lei da Reforma Trabalhista, trouxe uma alteração na lógica desse princípio ao definir que as condições estabelecidas em acordo coletivo de trabalho sempre prevalecerão sobre as estipuladas em convenção coletiva de trabalho, ainda que não mais favoráveis ao empregado. (art. 620 da Lei nº 13.467/2017).

Princípio da elaboração de normas mais favoráveis

Novas disposições legais devem estabelecer regras mais favoráveis ao empregado. Nesse sentido, a Constituição Federal, dispõe: "São direitos dos trabalhadores urbanos e rurais, além de outros que visem à melhoria de sua condição social" (art. 7º, *caput*). Nessa senda, a Lei da Reforma Trabalhista, no que concerne ao negociado prevalece ao legislado, assegurou que os direitos trabalhistas previstos na Carta Magna (art. 7º e incisos) não podem ser objeto de negociação coletiva (art. 611-B, da Lei nº 13.467/17).

Princípio da interpretação mais favorável

Quando existir duas ou mais correntes interpretativas sobre determinada lei, deve-se aplicar a mais favorável delas na interpretação das regras jurídicas. Trata-se de uma complementação do princípio *in dubio pro operario.*

Teoria do conglobamento ou do conjunto

A teoria do conglobamento ou do conjunto aplica-se no momento em que há duas normas conflitantes e estas são comparadas no seu todo, sem qualquer separação. Segundo essa teoria, existindo a viabilidade razoável de aplicação das duas normas diferentes em semelhante caso concreto, cada norma é analisada em sua totalidade, aplicando-se no somatório a norma mais vantajosa, de maneira que o intérprete, ao aplicar a norma mais vantajosa, anula na íntegra a outra menos benéfica.

Importa ressaltar que a modernização da legislação trabalhista determinou que, se for pactuada cláusula que reduza o salário ou a jornada, a convenção ou acordo coletivo de trabalho deverá prever a proteção dos empregados contra dispensa imotivada durante o prazo de vigência do instrumento coletivo. Como se verifica, há exigência de uma contrapartida para validade do pacto coletivo. No que tange à teoria do conglobamento, a Lei da Reforma Trabalhista fixou restrições, quando determina que "a inexistência de expressa indicação de contrapartidas recíprocas em convenção ou acordo coletivo de trabalho não ensejará sua nulidade por não caracterizar um vício do negócio jurídico" (art. 611-A, § 2º, da Lei nº 13.467/2017).

Princípio da irrenunciabilidade ou da indisponibilidade dos direitos trabalhistas

Veda que o empregado renuncie os direitos fixados na legislação trabalhista. Desse modo, esse princípio torna os direitos dos empregados irrenunciáveis e indisponíveis em face da pressão exercida pelo empregador, o qual, utilizando-se de mecanismo de coação, obriga o empregado em determinados casos a dispor de seus direitos contra sua vontade.

Ademais, o empregado não pode renunciar voluntária ou previamente os direitos que lhe são garantidos por lei e na fase de formação e execução do contrato. Assim, o empregado não pode renunciar ao direito ao aviso prévio, ao direito de férias e ao pagamento de horas extras.

Outrossim, a legislação trabalhista determina serem passíveis de livre estipulação entre empregado e empregador tudo quanto não contravenha as disposições de proteção ao trabalho, as normas de ordem pública cogentes, as normas coletivas e as decisões das autoridades competentes em matéria trabalhista.

Também a renúncia é proibida no tocante aos direitos conseguidos na empresa durante a vigência do contrato individual de emprego, com intuito de coibir atos fraudulentos do empregador, visando diminuir vantagens alcançadas pelo empregado.

Como se vê, esse princípio limita a autonomia da vontade do empregado em virtude de que a irrenunciabilidade decorreria do vício presumido no consentimento do empregado quando da renúncia aos seus direitos, pois não teria total liberdade para manifestar sua vontade graças à subordinação hierárquica, ou seja, o empregado estaria sob coação psicológica ou econômica.

Nesse contexto, não tem nenhuma eficácia jurídica a cláusula liberatória que compreenda genericamente todos os possíveis direitos, ou seja, a quitação do direito vale exclusivamente pelas importâncias e parcelas discriminadas no termo de rescisão contratual (Súmula nº 330 do TST).

Portanto, as alterações contratuais que impliquem renúncia a direito garantido por lei ou contratualmente é declarada nula de pleno direito. Por sua vez, esse princípio é considerado um grande obstáculo à flexibilização de direitos trabalhistas.

Esse princípio não é absoluto, uma vez que não é vedado, em certas situações, ao empregado transigir determinados direitos de relativa indisponibilidade, ou seja, é possível haver uma composição (transação) entre o empregado e o empregador, sempre em conformidade com a forma preconcebida pela lei. No que tange à renúncia de direitos, apenas será possível se for efetuada de forma expressa e segundo as situações previstas na legislação vigente. Nessa senda, a transação constitui-se em um acordo bilateral, envolvendo vantagens e renúncias mútuas, podendo ocorrer transação extrajudicial e judicial (arts. 9º, 444 e 468 da CLT).

A Lei da Reforma Trabalhista prevê renúncias e transações do contrato individual do empregado, ou seja, criou exceções ao princípio da irrenunciabilidade, nas situações seguintes:

1. Trabalho intermitente – é uma nova modalidade de contrato de emprego, sendo que o exercício da atividade laboral não é contínua, mas flexível, ocorrendo alternâncias de períodos de prestação de serviços que podem ser determinadas por horas, dias ou meses. São pagos apenas os dias trabalhados e devem ser respeitados todos os direitos trabalhistas. Por sua vez, o empregador irá chamar o empregado para atendê-lo em momentos específicos. O empregado somente trabalhará quando houver convocação, de modo que poderá possuir, simultaneamente, inúmeros vínculos empregatícios com outros empregadores (arts. 443 e 452-A da Lei nº 13.467/2017).
2. Distrato do contrato de emprego – é permitida a extinção do contrato individual de emprego por comum acordo entre empregado e empregador, caso em que serão devidas as seguintes verbas trabalhistas: metade do valor do aviso prévio, se indenizado; multa do FGTS paga por metade (20%); saque de 80% do valor dos depósitos do FGTS; as demais verbas trabalhistas são percebidas integralmente e não há direito ao seguro-desemprego (art. 484-A da Lei nº 13.467/2017).
3. Quitação anual das obrigações trabalhistas – é facultado ao empregador e ao empregado, na vigência ou não do contrato de emprego, firmar o termo de quitação anual de obrigações trabalhistas, com eficácia liberatória, perante o sindicato dos empregados da categoria. (art. 507-B da Lei nº 13.467/2017).

4. Redução do intervalo intrajornada, respeitado o limite mínimo de 30 minutos para jornada superior a seis horas (art. 611-A, III, da Lei nº 13.467/2017).
5. Telempregado – poderá renunciar muitos direitos trabalhistas, tais como abrir mão livremente da duração do trabalho, renunciando às horas extras, à hora noturna, ao adicional noturno e aos intervalos e intrajornadas, desde que não ocorra controle e fiscalização formal do cumprimento de horários. Quanto à responsabilidade pela aquisição, manutenção ou fornecimento dos equipamentos tecnológicos e da infraestrutura necessária e adequada à prestação do trabalho, devem estar previstas num contrato escrito, que poderá ser repassado ao empregado (art. 75-D da Lei nº 13.467/2017). Também, a lei autoriza que a simples assinatura de um termo de responsabilidade exclua cuidado da empresa pelas doenças profissionais, mesmo as decorrentes da atividade exercida (ex.: tenossinovite) (art. 75-E, parágrafo único, da Lei nº 13.467/2017).

Princípio da primazia da realidade

Esse princípio está sedimentado na teoria objetiva da vontade, cuja regra é que a verdade real prevalecerá sobre a verdade formal, compreendendo-se que os fatos se sobrepõem aos documentos. Sendo assim, prevalece não a forma ou o texto expresso nos documentos entre empregado e empregador, mas sim aquelas disposições que são estabelecidas pela prática, ou seja, no terreno dos fatos e no cotidiano do trabalho.

Aqui se está diante do denominado contrato/realidade, que abre a possibilidade de reverter o pactuado expressamente em favor do empregado quando a realidade mostra que a execução do trabalho real não corresponde ao registrado nos documentos da empresa.

Registre-se que se as anotações na carteira de trabalho e previdência social (CTPS) do empregado não corresponderem à realidade dos fatos, não terão nenhum efeito trabalhista. Por exemplo, se determinado empregado tem a CTPS registrada na função de analista de recursos humanos, mas, de fato, trabalha como supervisor de recursos humanos, pela aplicação desse princípio fará jus à remuneração e todas as demais vantagens da função que exerce na prática.

Nesse sentido, a jurisprudência consagrou que as anotações apostas pelo empregador na CTPS do empregado não geram presunção *juris et de jure*, mas apenas *juris tantum*. Isso quer dizer que a presunção contida na anotação da CTPS é relativa (*juris tantum*) e não absoluta (*juris et de jure*). Por conseguinte, denota-se que não é absoluto o valor probatório das anotações contidas na CTPS do empregado (art. 9º da CLT, Súmulas nºˢ 12 e 338 do TST e arts. 157 e 167, § 1º, do Código Civil). Muito embora a Lei da Reforma Trabalhista adotou a flexibilização de direitos, por meio de acordo ou convenção coletiva de trabalho, não impediu a aplicação do princípio da primazia da realidade.

Princípio da continuidade da relação de emprego

Esse princípio constitui uma presunção favorável ao empregado, uma vez que a regra geral é que os contratos de emprego sejam firmados por prazo indeterminado, consoante ao antigo pensamento de que o empregado ingressa numa empresa quando jovem para construir uma carreira nela, deixando-a somente ao término de sua vida profissional.

Por outro lado, apenas por exceção, admite-se a contratação individual por prazo determinado do empregado, desde que atendidos os requisitos legais, como: serviço cuja natureza ou transitoriedade justifique a predeterminação do prazo, atividades empresariais de caráter transitório, limite máximo de dois anos, possibilidade de uma única renovação e contrato de experiência com duração limitada a 90 dias (arts. 443, § 2º, e 445, *caput* e parágrafo único, da CLT). Portanto, inexistindo o tipo de contratação por ocasião da admissão do empregado, presume-se que o contrato é por prazo indeterminado e não a termo.

Atualmente, debate-se muito a questão da dispensa sem justo motivo do empregado, em face de que a Constituição Federal preceitua que é direito dos trabalhadores: "relação de emprego protegida contra despedida arbitrária ou sem justa causa, nos termos de lei complementar, que preverá indenização compensatória, dentre outros direitos" (art. 7º, I).

Desse modo, a Carta Magna protege a relação de emprego contra a despedida arbitrária ou sem justa razão. Portanto, para atender ao estipulado no citado preceito constitucional, surge a ideia de aplicar as regras da Convenção nº 158 da Organização Internacional do Trabalho (OIT), que introduz o princípio da justificação, uma vez que assevera:

> Não se dará o término à relação de emprego de um empregado a menos que exista para isso uma causa justificada, relacionada com sua capacidade ou seu comportamento ou baseada nas necessidades de funcionamento da empresa [art. 4º da Convenção nº 158 da OIT].

E quando se trata de alterações na estrutura jurídica da empresa e de mudança na propriedade, estas não afetarão os direitos adquiridos e os contratos de emprego já existentes, ou seja, são protegidos os empregados no caso de venda, de fusão e de incorporação das empresas (arts. 10 e 448 da CLT e Súmula nº 212 do TST).

Princípio da inalterabilidade contratual lesiva

Repousa sua origem na cláusula *pacta sunt servanda*, que significa que o acordo é a lei entre as partes e os pactos devem ser cumpridos.

Por esse princípio, a alteração do contrato de emprego é proibida se for prejudicial ao empregado e não pode o empregador fazê-lo unilateralmente, ou mesmo com a anuência do empregado, visando reduzir direitos. O fundamento desse princípio é evitar que o empregado fique à mercê da vontade arbitrária de seu empregador.

A lei trabalhista não permite a modificação unilateral do contrato individual de emprego, isto é, uma mudança substancial de seu conteúdo. Se esta ocorrer, presume-se vício de consentimento, ensejando a nulidade da alteração.

O princípio da inalterabilidade contratual lesiva protege o conteúdo do contrato individual de emprego ajustado, ainda que as alterações sejam decorrentes de mútuo acordo, se forem prejudiciais ao empregado (art. 468 da CLT).

Por via de consequência, esse princípio comporta exceções, nas situações que se seguem.

1. Empregado revertido ao cargo efetivo, anteriormente ocupado, deixando o exercício de função de confiança. Assim, existe a possibili-

dade de o empregador retirar a função de confiança, sedimentado em justo motivo. Por seu turno, se o empregado ocupou a função de confiança por mais de 10 anos e a reversão ocorreu sem justo motivo, o empregado tem direito a continuar recebendo gratificação de função, com base no princípio da estabilidade financeira (art. 468, parágrafo único, da CLT, e Súmula nº 372, I, do TST). Ressalte-se que a Lei da modernização trabalhista (art. 468, § 2º, da Lei nº 13.467/17) contraria a Súmula nº 372, I, do TST, pois deixou claro que a gratificação de função de confiança estabelecida pela empresa, independentemente do tempo que for paga, não será incorporada ao salário, podendo ser suprimida se o empregado retornar à função anterior, ou seja, o empregado perderá a aludida gratificação.

2. Substituição de caráter não eventual, ou seja, empregado que retorna ao cargo anterior, deixando de ocupar, em comissão, interinamente ou em substituição eventual ou temporária, cargo diverso do que exerce na empresa. Assinale-se o empregado substituto fará jus ao salário contratual do substituído (art. 450 da CLT e Súmula nº 159 do TST).
3. Readaptação de empregado. O empregado readaptado em nova função por motivo de deficiência física ou mental atestada pelo órgão competente da Previdência Social, poderá ter modificada sua função e não servirá de paradigma para fins de equiparação salarial (art. 461, § 4º, da CLT).

Importa registrar que o rebaixamento do empregado de função é vedado pela legislação trabalhista, pois resulta em prejuízos morais e patrimoniais ao empregado.

A Lei da Reforma Trabalhista também trouxe exceções ao princípio da inalterabilidade contratual lesiva. Citamos algumas.

1. Alteração unilateral do regime de teletrabalho para presencial por determinação do empregador (art. 75-C, § 2º, da Lei nº 13.467/2017).
2. Alteração do trabalho de prazo indeterminado para trabalho intermitente, desde cumprida a quarentena de 18 meses (art. 452-G da MP nº 808/2017).
3. Redução de direitos trabalhistas, via norma coletiva (art. 611-A da Lei nº 13.467/2017).

4. Renúncia ou transação de direitos do empregado hipersuficiente (art. 444, parágrado único, da CLT).
5. Supressão de ajuda de custo, limitada a 50% da remuneração, auxílio-alimentação, diárias de viagem, prêmios por determinação do empregador (art. 457, § 2º, da Lei nº 13.467/17 e MP nº 808/17).

Princípio da alteridade

Esse princípio estabelece que o empregador assume os riscos da atividade econômica, o custo do empreendimento, não podendo repassá-los a seus empregados. Dessa forma, a empresa deve responder pelos resultados positivos e negativos do negócio. Assim, é possível a distribuição de lucros, mas nunca a participação dos empregados nos prejuízos da empresa.

Portanto, não são lícitas quaisquer medidas do empregador que objetivem transferir para o empregado o risco do negócio. Por exemplo: determinar que o empregado utilize recursos próprios para aquisição de matéria-prima, ferramentas ou produtos que serão aplicados no empreendimento; descontar do salário cheques sem provisão de fundos apresentados por clientes; descontar importâncias roubadas ou efetuar descontos pelo desaparecimento de produtos, sem apurar e comprovar a culpa do empregado (art. 2º da CLT).

Também é obrigação do empregador preservar o meio ambiente de trabalho saudável, visando obter uma qualidade de vida melhor para os empregados e proteger a dignidade da vida humana (art. 200, VIII, e 225 da CF/1988 e leis nºs 6.938/1981 e 7.804/1989).

Princípio da preservação da empresa

Como vimos, até então e de modo amplo, o direito do trabalho preocupava-se quase de forma absoluta na aplicação do princípio da proteção, dando uma superproteção ao empregado. Ressalte-se que já se percebe que o compromisso excessivo de proteção ao empregado, como foi delineado no passado, poderá, no futuro, representar um prejuízo ao empregado, ou seja, desproteção e desemprego.

Atualmente, também se deve olhar de forma objetiva para o empreendimento. Ao implementar uma vantagem legal, precisa-se considerar se ela será razoavelmente suportável pela empresa, à qual não se podem impor encargos e tributos impossíveis de serem honrados sem prejuízo de sua existência, isto é, a norma trabalhista deve observar os limites da razoabilidade e da sustentabilidade econômico-financeira.

O princípio da preservação da empresa objetiva a busca da harmonização dos interesses entre o capital e o trabalho, na obtenção de produtividade e de empregabilidade, e está de acordo com a nova concepção do direito do trabalho, uma vez que visa minimizar conflitos laborais, bem como colocar no plano de igualdade duas regras: os valores sociais do trabalho e da livre iniciativa (art. 1º, IV, da CF/1988).

Insta afirmar que foi promulgada a Lei de Recuperação Judicial (nº 11.101/2005) com inspiração no princípio da preservação da empresa, e seu maior escopo é solucionar uma situação de crise econômico-financeira da empresa devedora, em que os volumes de seu passivo, de seus empregados e da tecnologia empregada e sua relevância social e econômica no contexto regional ou nacional evidenciam condições de recuperação.

Assim, a falência da empresa não beneficia ninguém. Ao contrário, ao quebrar uma empresa, todos saem perdendo: o empresário perde seu empreendimento, o empregado perde seu emprego e seu sustento e o governo perde uma fonte geradora de impostos.

A Lei de Recuperação Judicial sedimenta-se no princípio da preservação da empresa, adotado por países ditos de primeiro mundo. Os credores participam ativamente do plano de recuperação judicial, podendo auxiliar a encontrar soluções para uma recuperação mais sólida e rápida.

Nessa situação, o empregado participa na recuperação da empresa no tocante ao pagamento de direitos trabalhistas, uma vez que o valor da quitação do crédito trabalhista limita-se a 150 salários mínimos por credor, sendo que a importância remanescente deverá ser incluída na categoria de credor quirografário (art. 83 da Lei nº 11.101/2005).

Importa frisar que o surgimento do princípio da preservação da empresa alicerça-se na ideia de repensar o princípio de proteção do empregado na contemporaneidade.

Princípios específicos do direito do trabalho aplicáveis ao salário

Princípio da irredutibilidade do salário

O salário do empregado é sagrado e tem natureza alimentar.

Por isso, é protegido pela lei, não pode sofrer redução por parte do empregador, exceto por meio de negociação coletiva, consubstanciado por meio de acordo ou convenção coletiva de trabalho (art. 7º, VI, da Carta Magna).

Princípio da impenhorabilidade do salário

O salário é protegido da penhora por credores, e isso ocorre por causa de seu caráter alimentar. Portanto, o salário não pode ser penhorado por qualquer dívida, exceto para pagamento de pensão alimentícia decretada por meio de determinação judicial (sentença). Hoje, há uma nova hipótese que admite a penhora dos salários referente às importâncias excedentes a 50 salários mínimos mensais para pagamento de dívidas não alimentares (art. 833, § 2º, do Novo Código de Processo Civil).

Princípio da intangibilidade do salário

A intangibilidade significa que o salário é intocável. Esse princípio impede que o empregador efetue descontos abusivos no salário do empregado, tendo em vista seu caráter alimentar, exceto nos casos previstos em lei, tais como imposto de renda e a contribuição previdenciária. Com relação ao desconto da contribuição sindical, com o advento da lei da modernização trabalhista, tornou-se facultativo: doravante esse desconto está condicionado à prévia autorização do empregado. Outrossim, é possível realizar descontos no salário, nas situações de dolo e de culpa (negligência, imprudência e imperícia) praticados pelo empregado (art. 462, *caput*, da CLT).

No caso de culpa, deve estar previamente acordado entre o empregado e o empregador, por meio de um documento expresso (art. 462, § 1º, da CLT). Observa-se que, por esse princípio, o empregado também poderá arcar com os prejuízos que provocou ao seu empregador na ocorrência das hipóteses de dolo e culpa devidamente comprovados.

Denota-se que o princípio da intangibilidade visa proteger o salário de retenções ou descontos abusivos por parte do empregador. Também se constitui crime, por parte do empregador, reter dolosamente o salário do empregado (art. 7º, X, da CF/1988).

Princípios gerais que são postos em prática no direito do trabalho

Os princípios gerais aplicam-se em todo o ordenamento jurídico pátrio, não apenas ao direito do trabalho.

Princípio da razoabilidade

Com efeito, esse princípio contribui para diminuir a intensidade do princípio da proteção ao empregado. Trata-se de um princípio fundamental, uma vez que está sedimentado no critério da razão e da justiça; visa evitar que absurdos e atitudes abusivas sejam cometidos na elaboração de normas.

É o comumente chamado de bom senso e somente se legitima a conduta se ela for adequada ao fim almejado, sem arbitrariedade. Portanto, empregador e empregado devem atuar em conformidade com a razão, segundo o que é sensato e sem prática de arbitrariedades.

Esse princípio é utilizado para afastar condutas abusivas e absurdas, sem qualquer racionalidade, pois é inaceitável o fato em que um empregado alegue que ficou 15 anos sem receber salários de seu empregador, bem como o empregador fornecer falsas informações sobre a vida profissional do empregado para que o mesmo não consiga outro emprego.

Princípio da boa-fé = honestidade = princípio da inocência

Esse princípio, se fosse sistematicamente praticado, resolveria a maioria dos conflitos trabalhistas entre empregados e empregadores. Pois é um dever de conduta não se frustrar a confiança alheia, bem como não praticar atos com o propósito de prejudicar outra pessoa. A boa-fé sustenta-se na lealdade, na confiança, na lisura e na retidão de conduta do empregador e do empregado, devendo os mesmos honrar seus deveres e obrigações, sempre, norteados pela honestidade.

Em síntese, a boa-fé equivale ao princípio da inocência e, até que se prove o contrário, todos têm a presunção da inocência, pois "os negócios jurídicos devem ser interpretados conforme a boa-fé e os usos do lugar de sua celebração" (art. 113 do Código Civil). E ninguém será considerado culpado até o trânsito em julgado de sentença penal condenatória (art. 5º, LVII, da CF/1988).

Assim, em qualquer caso, exige-se sempre que o indivíduo aja imbuído pela boa-fé, aplicando a máxima romana: "Dê a cada um o que é seu, não lese a ninguém e viva sempre de forma honesta."

Esse princípio insere-se nos programas institucionais de *compliance* das empresas –, uma vez que *compliance* significa estar em conformidade com as normas e a legislação laboral vigentes – e na implantação de um código de conduta. Assinale-se que o desenvolvimento de programas de *compliance* foram valorizados e intensificados após a promulgação da Lei de Improbidade Empresarial (Lei nº 12.846/2013), que prevê a responsabilização civil e criminal dos gestores da empresa.

Princípio da não discriminação ou princípio da igualdade ou da equidade

A discriminação plasma-se em estabelecer diferenças e preconceitos; portanto, é uma conduta, por ação ou por omissão, em que se determinam diferenças que violam o direito das pessoas com base em critérios ilegítimos e injustos.

Nessa senda, a Carta Magna estatui:

> Todos são iguais perante a Lei, sem distinção de qualquer natureza, garantindo-se aos brasileiros e aos estrangeiros residentes no país a inviolabilidade do direito à vida, à liberdade, à igualdade, à segurança e à propriedade e homens e mulheres são iguais em direitos e obrigações [art. 5º, *caput* e inciso I].

Nessa esteira, pode-se afirmar que esse princípio:

a) veda práticas discriminatórias no ambiente do trabalho contra a mulher, como exigir teste de comprovação de gravidez ou de esterilidade na admissão ou permanência no emprego (art. 373-A, IV, da CLT);
b) proíbe a diferença de salários, de exercício de funções e de critérios de admissão por motivos de sexo, idade, cor ou estado civil (art. 7º, XXX, da CF/1988);
c) proíbe a discriminação do empregado portador de deficiência (art. 7º, XXXI, da CF/1988);
d) determina os requisitos para o reconhecimento da equiparação salarial, tais como identidade de funções, simultaneidade no exercício das funções, trabalhar para o mesmo empregador, no mesmo estabelecimento empresarial, mesma localidade, trabalho de igual valor, que é feito com igual produtividade e com a mesma perfeição técnica, entre pessoas cuja diferença de tempo de serviço para o mesmo empregador não seja superior a quatro anos e a diferença de tempo na função não seja superior a dois anos (art. 461, caput e § 1º, da Lei nº 13.467/17);
e) proíbe a distinção entre trabalho manual, técnico e intelectual (art. 7º, XXXII, da CF/1988);
f) estabelece a igualdade de direitos entre o empregado e o trabalhador avulso (art. 7º, XXXIV, da CF/1988);
g) proíbe o trabalho forçado e infantil;
h) institui a liberdade sindical e a negociação coletiva (art. 8º, *caput* e incisos V e VI da CF/1988);
i) vedado a publicação de anúncio de emprego no qual haja referência ao sexo, idade, cor, situação familiar ou qualquer outra forma que possa ser interpretada como fato de discriminação, salvo quando a natureza da atividade a ser exercida notoriamente assim o exigir (CLT, art. 373-A, I);
j) para fins de contratação, o empregador não exigirá do candidato ao emprego comprovação de experiência prévia por tempo superior a seis meses no mesmo tipo de atividade (art. 442-A da CLT);
k) configura-se como crime, por parte do empregador, discriminar os empregados portadores de HIV e doentes de Aids (Lei nº 12.984/2014).

Nesse contexto, é assegurada a igualdade de todos perante a lei, segundo a regra de tratar com igualdade os iguais e desigualmente os desiguais, na medida das suas desigualdades. Portanto, homens e mulheres são iguais em direitos e obrigações.

Uma questão muito debatida na prática, quando da contratação ou da manutenção no emprego, é se o empregador pode exigir determinados documentos, tais como atestados de bons antecedentes, atestados criminais, atestados relativos ao estado de gravidez, certidão negativa de reclamação trabalhista etc.

Nesse sentido, o Ministério do Trabalho e Emprego (MTE), no tocante à exigência de documentos no momento da contratação do empregado, determina que:

> É proibido ao empregador, na contratação ou na manutenção do emprego do empregado, fazer exigências de quaisquer documentos discriminatórios ou obstativos para a contratação, especialmente, a certidão negativa de reclamatória trabalhista, teste, exame, perícia, laudo, atestado ou declaração relativos à esterilização ou a estado de gravidez [Portaria MTE nº 41/2007].

Na mesma linha sobre regras de admissão e de manutenção da relação de emprego, é proibida a adoção de qualquer prática discriminatória e limitativa para efeito de acesso à relação de emprego, seja admissional ou de permanência, por motivo de sexo, origem, raça, cor, estado civil, situação familiar, deficiência, reabilitação profissional e idade (art. 1º da Lei nº 9.029/1995). Nesse caso, são ressalvadas as hipóteses de proteção ao menor e ao adolescente (art. 7º, XXXIII, da CF/1988).

Como se vê, a exigência, por parte do empregador, de documentos discriminatórios, obstativos ou de exames para a contratação de empregados ou para manutenção de emprego poderá ser considerada um ato de discriminação em relação aos empregados e implicar pagamento de indenização por danos morais ao candidato ao emprego em eventual ação trabalhista.

Entrementes, ainda é uma questão muito debatida a possibilidade de a empresa exigir do candidato ao emprego, no ato da contratação, a apresentação de certidão de antecedentes criminais, em razão da nova da Lei de Improbidade Empresarial, que obriga a empresa a instituir programa de *compliance*. Nesse sentido, há exceções legais, a saber:

1. na admissão do empregado(a) doméstico(a), o empregador pode exigir a apresentação de atestado de antecedente criminais (art. 2º, II, da Lei nº 5.859/1972);

2. na contratação do empregado vigilante, a empresa pode exigir certidão de antecedentes criminais (art. 16, IV, da Lei nº 7.102/1982);
3. com relação à declaração de atestado de bons antecedentes, quando firmada pelo interessado e sob as penas da Lei, presume-se verdadeira (art. 1º da Lei nº 7.115/1983).

Impende assinalar que o atestado de antecedentes criminais não está incluído entre os documentos de apresentação obrigatória no ato da contratação do empregado. Por outro vértice, se o atestado de antecedentes criminais for exigido pela empresa, o candidato, sentindo-se discriminado, poderá acionar a Justiça do Trabalho, objetivando resguardar seus direitos (arts. 3º, IV, e 5º, *caput* e inciso I, da CF/1988).

Princípio da dignidade da pessoa humana

Esse princípio verifica-se no tratamento ético, legal e digno que deve ser dispensado ao empregado como ser humano. Destaque-se que numa situação de assédio moral, o princípio violado é o da dignidade da pessoa humana, compreendendo danos à vida privada, à honra e à imagem da pessoa. Com o advento da Constituição Federal de 1988, foi erigido como um dos fundamentos da República o princípio da dignidade da pessoa humana (art. 1º, III e 170, *caput*, da Carta Magna, e art. 186 do Código Civil).

Nesse diapasão, tal princípio alicerça-se no dispositivo constitucional, que estipula: "São invioláveis a intimidade, à vida privada, a honra e a imagem das pessoas, assegurado o direito a indenização pelo dano material ou moral decorrente de sua violação" (art. 5º, X, da CF/1988). Como se percebe, o poder disciplinar do empregador encontra limite na dignidade da pessoa humana do empregado.

Contudo, as relações de trabalho devem-se nortear e valorizar pelo princípio da dignidade da pessoa do empregado, como cidadão, com trabalho decente e digno (art. 1º, II, da CF/1988).

Assim, atualmente, o empregador precisa repensar seus poderes e suas atitudes e evitar práticas antijurídicas, tendo em vista que não pode violar os direitos fundamentais dos empregados, ligados à proteção de sua vida privada, sua honra, sua imagem, sua vida pessoal e sua cidadania. É inadmissível, portanto, a prática de assédio moral e sexual no ambiente de trabalho, plasmada em atos ofensivos, humilhantes, intimidatórios e discriminatórios que visam desvalorizar, humilhar, injuriar, caluniar ou subjugar os empregados, exteriorizados em agressões, ocasionando dano à personalidade, à dignidade ou à integridade física ou psíquica do empregado.

Princípio da função social do contrato

Trata-se de um novo princípio do direito, em que a liberdade de contratar será exercida em razão e nos limites da função social do contrato, implicando os valores primordiais da boa-fé e da probidade (art. 421 do Código Civil).

Portanto, esse princípio é perfeitamente aplicável no direito do trabalho, pois o trabalho é considerado um direito social, pela ótica da valorização do trabalho humano, contribuindo para o bem-estar e a distribuição da justiça social (art. 6º da CF/1988).

A flexibilização das normas trabalhistas ou o novo direito do trabalho

Na atualidade, constata-se que o excesso de proteção e de direitos tem gerado falta de proteção, uma vez que uma legislação trabalhista excessiva e rígida não possibilita a empregados, sindicatos e empregadores construírem um direito do trabalho negociado segundo suas realidades. Nesse contexto, surge o problema em encontrar a justa medida do equilíbrio entre o proveito econômico e os interesses dos empregados e empregadores.

Assim, vem sendo reivindicada uma revisão dos fundamentos e da finalidade de alguns direitos trabalhistas tradicionalmente estampados no ordenamento jurídico pátrio, por meio de uma reforma trabalhista.

Esse fenômeno denomina-se "flexibilização do direito do trabalho", e significa adaptar o direito à realidade, visando conferir efeitos plenos à autonomia da vontade privada coletiva entre empregadores, empregados e sindicatos.

Hoje, enfrenta-se um grande debate, que é a modernização da legislação trabalhista, em virtude de a CLT estar ultrapassada. Verifica-se que inúmeros dispositivos acarretam o engessamento das negociações coletivas entre empregados, empregadores e sindicatos, que ao invés de facilitar, termina dificultando a contratação pelas empresas, resultando em desemprego ou aumento do trabalho informal. Percebe-se, inclusive, que a legislação trabalhista como está posta propicia o conflito e não o entendimento entre os atores sociais.

Nesse quadro, há necessidade de flexibilizar as relações do trabalho, propiciando a redução do intervencionismo estatal, portanto, incentivando mais o direito negociado do que outorgado, resultando na prevalência do negociado sobre o legislado, isto é, o reconhecimento pleno das convenções e acordos coletivos de trabalho.

Aqui citamos um caso de flexibilização da legislação trabalhista, que foi a negociação coletiva entre a Usina Central Olho D'Água S/A e o Sindicato dos Trabalhadores Rurais, em que pactuaram a supressão dos pagamentos de *horas in itinere* (que são pagas pela empresa quando não existe transporte público e regular no trajeto entre a casa do empregado e o local de trabalho e empresa fornece a condução). Em substituição ao pagamento desse direito, a empresa e o sindicato negociaram que os empregados receberiam: cesta básica durante a entressafra, seguro de vida e acidentes além do obrigatório e sem custo para o empregado, pagamento de um abono anual aos empregados com ganho mensal superior a dois salários mínimos, pagamento de salário-família além do limite legal, fornecimento de repositor energético e adoção de tabela progressiva de produção além da prevista na convenção coletiva (Recurso Extraordinário nº 895.759 de 12/9/2016, do STF).

Diferença entre a flexibilização e a desregulamentação

A flexibilização é uma forma de amenizar o rigor das normas trabalhistas, todavia fixa uma base limitadora de proteção legal ao empregado, que são os direitos estatuídos na Constituição Federal. Por outro lado, há uma redução da intervenção do Estado e do Poder Judiciário nas relações de trabalho, abrindo espaço para um direito alicerçado na negociação coletiva entre os atores sociais, conferindo mais poderes à autonomia da vontade privada entre empregado e empregador, bem como desburocratizando a relação de emprego. Portanto, a flexibilização procura adaptar os direitos trabalhistas aos interesses dos empregados e das empresas, ou seja, à realidade do respectivo segmento econômico-profissional.

Nesse sentido, foi promulgada a Lei nº 13.467, que entrou em vigor em 11 de novembro de 2017, que versa sobre a reforma trabalhista, alterando mais de 200 dispositivos da CLT, propiciando a flexibilização dos direitos trabalhistas, quebrando a rigidez da regra laboral e, por sua vez, fazendo prevalecer o negociado sobre o legislado (especificando o que pode ser negociado e o que não pode ser negociado (arts. 611-A e 611-B da Lei nº 13.467/2017), em que destacamos os pontos seguintes: contrato por tempo parcial (art. 58-A da CLT), compensação de jornada (art. 59 da CLT), teletrabalho (arts. 62,e 75-A e seguintes da CLT), intervalo intrajornada (art. 71 da CLT), parcelamento das férias (art. 134 da CLT), trabalho intermitente (arts. 443, 452-A e seguintes da CLT), livre autonomia contratual para empregado hipersuficiente com curso superior (art. 444 da CLT), *lay-off* (art.476-A da CLT), extinção da homologação contratual (art. 477 da CLT), distrato do contrato de emprego (art. 484-A da CLT), quitação anual das obrigações trabalhistas sem rescisão contratual (art. 507-B da CLT) e representação do empregados na empresa (arts. 510 e seguintes da CLT). No que se refere à desregulamentação do direito do trabalho, não se deve confundir com a flexibilização das normas trabalhistas, pois, como visto, na flexibilização há uma intervenção do Estado para assegurar os direitos básicos dos empregados (art. 611-B da Lei nº 13.467/2017). Quanto à desregulamentação, ocorre a manifestação autônoma e livre da vontade privada das partes para regulamentarem as regras das relações de trabalho por meio de negociação individual ou coletiva. Dessa forma, não há um mínimo de proteção legal, deixando-se que a negociação individual ou coletiva estabeleça as normas sobre as condições de trabalho que serão seguidas pelos empregados e empregadores. O Estado, por sua vez, afasta-se totalmente da normatização da relação de emprego.

Assim, no âmbito do direito do trabalho, é possível asseverar que se concretizarão os novos paradigmas da modernização da lei trabalhista, que objetivam flexibilizar as normas trabalhistas, valorizando plenamente as negociações coletivas em que o negociado prevalece sobre o legislado.

Posição mundial referente às questões trabalhistas – Norma social SA 8000 da Accountability international

Trata-se de uma norma internacional que se preocupa com a responsabilidade social do empregador, elaborada com base nas convenções da Organização Internacional do Trabalho, na Declaração Universal dos Direitos Humanos e na Declaração Universal dos Direitos da Criança, e versa sobre os temas: não utilizar trabalho infantil, abolir o trabalho escravo, promover a segurança e a saúde no trabalho, respeitar a liberdade de associação e da negociação coletiva, coibir a discriminação, não adotar práticas disciplinares abusivas, cumprir os horários de trabalho, manter políticas de remuneração dos empregados compatíveis com mercado e desenvolver um sistema de gestão moderna fundamentada na participação.

Ademais, o propósito dessa norma social é oferecer um padrão referente às normas internacionais em direitos humanos e em leis trabalhistas, bem como proteger todos os empregados e habilitar a empresa para poder exportar seus produtos, mediante realização da respectiva certificação da SA 8000.

Conclusão

Vale destacar que da análise realizada sobre os princípios específicos e gerais aplicados no direito do trabalho, faz parte a gestão estratégica das relações de trabalho, sendo ela um dos fatores de incremento das competências do gestor de recursos humanos, bem como de melhoria do seu desempenho funcional.

Por conseguinte, por meio de um trabalho profissional, em conjunto com a área jurídica, o gestor poderá evitar a criação de um volumoso passivo trabalhista e contribuir para melhorar os resultados e o clima organizacional da empresa.

Referências

BRASIL. *Constituição da República Federativa do Brasil*. Brasília, DF: DOU, 5 out. 1988.

________. *Decreto-Lei nº 4.657/1942*: Lei de Introdução às Normas do Direito Brasileiro. Rio de Janeiro, DF: DOU, 9 set. 1942.

________. *Decreto-Lei nº 5.452/1943*: Consolidação das Leis do Trabalho (CLT). Rio de Janeiro, DF: DOU, 9 ago. 1943.

________. *Lei nº 10.406/2002*: Código Civil Brasileiro. Brasília, DF: DOU, 11 jan. 2002.

________. *Lei nº 13.106/2015*: Novo Código de Processo Civil. Brasília, DF: DOU, 16 mar. 2015.

________. Ministério do Trabalho e Emprego. *Portaria MTE nº 41/2007*. Brasília, DF: 30 mar. 2007.

CARRION, Valentin. *Comentários à Consolidação das Leis do Trabalho*. São Paulo: Saraiva, 2017.

HIRIGOYEN, Marie France. *Mal-estar no trabalho*: redefinindo o assédio moral. Rio de Janeiro: Bertrand Brasil, 2002.

MARTINS, Sérgio Pinto. *Curso de direito do trabalho*. São Paulo: Atlas, 2017.

NASCIMENTO, Amauri Mascaro. *Iniciação ao direito do trabalho*. São Paulo: LTr, 2015.

ORGANIZAÇÃO INTERNACIONOAL DO TRABALHO (OIT). Convenção nº 158. Genebra: OIT, 1982. Disponível em: <www.conjur.com.br/dl/convencao-oit-158.pdf>. Acesso em: maio 2017.

RODRIGUEZ, Américo Plá. *Princípios de direito do trabalho*. São Paulo: LTr, 2000.

10. Atração, seleção e retenção de pessoas

Márcia C. Furtado de Mendonça

Introdução

Toda organização deve saber para onde pretende ir e quando. Precisa de foco. Para isso, observa o ambiente externo, presente e futuro, projeta cenários e mercados, ameaças e oportunidades. E olha para dentro. Analisa seu ambiente interno: cultura, valores, forças e fraquezas. Conjugando as duas visões, elabora objetivos alinhados ao negócio e ao seu planejamento estratégico.

Como desdobramento, a área de recursos humanos (RH), em parceria com gestores, seus clientes internos, busca formas de alinhar e manter pessoas com foco no planejado. Para que haja sustentação e alinhamento, formula políticas, identifica competências e se utiliza de práticas, entre as quais atração e seleção e retenção de pessoas.

Com base nas competências, e pela perspectiva estratégica, são esses os assuntos que iremos abordar. Pensando no longo prazo, atraímos, selecionamos e desenvolvemos pessoas, visando ao alcance dos objetivos futuros da organização. Por esta razão, é preciso retê-las, motivadas e produtivas.

Foco e alinhamento

A efetivação de um RH estratégico, como visto nos capítulos anteriores, é mais do que ocupar uma posição superior na estrutura hierárquica ou uma vaga no Conselho de Administração da organização. Sua legitimação acontece, efetivamente, quando se posiciona como um parceiro de negócios, formula políticas, participa das decisões, alinha e direciona ações, indivíduos e equipes aos objetivos estratégicos.

Para tanto, é necessário foco. Ao manter-se focado no negócio e na visão de futuro, o RH tem a possibilidade de identificar e mapear as competências organizacionais e funcionais necessárias para alinhar pessoas e processos no mesmo sentido e direção, apesar da grande quantidade de mudanças e situações que fogem, frequentemente, de controle. A manutenção do foco e do alinhamento aos objetivos estratégicos possibilita à área de RH a visão do todo, o direcionamento e a correção de rumo de seus processos e subprocessos. As competências das pessoas e da organização servem de base para que isso aconteça, como veremos em seguida e ao longo do capítulo.

Competências como base

Lentamente, muitas organizações vêm buscando romper com o modelo taylorista/fordista, que privilegia o cargo como âncora. Em troca, esforçam-se para fazer sua gestão de pessoas com base no conceito de competência. A premissa é que, embora os cargos existam, são as competências das pessoas que agregam valor e fazem o diferencial competitivo, quando sinergicamente alinhadas com as competências das organizações.

Fleury e Fleury (2000:20) advertem que a organização que ainda mantém sua gestão de pessoas focada no cargo e nas tarefas não possui uma visão clara das suas competências organizacionais, ou seja, daquilo que ela sabe fazer e que agrega valor ao seu negócio. Os autores explicam:

> O trabalho não é mais o conjunto de tarefas associadas descritivamente ao cargo, mas torna-se o prolongamento direto da competência que o indivíduo mobiliza em face de uma situação profissional cada vez mais mutável e complexa.

No entanto, ainda há resistências, indefinições, culturas, legislações e outras tantas barreiras que desanimam e impedem e gestores de organizações de gerenciarem seus profissionais por competências. Eles se sentem inseguros.

Na verdade, o modelo mecanicista é mais "confortável", propicia certezas ao enquadrar indivíduos em regras e normas predeterminadas, igualando-os como objetos. O modelo por competências lida com incertezas. Pessoas são diferentes e, como tal, requerem tratamentos diferentes. Têm competências – conhecimentos, habilidades e atitudes (CHA) –, que são mobilizadas em função de fatores subjetivos, conforme descrito no quadro 1.

Quadro 1
Competências

Conhecimentos (C)	Habilidades (H)	Atitudes (A)
Informações, fatos, procedimentos, conceitos – SABER. O que sabemos, mas não necessariamente, colocamos em prática,	Capacidade de colocar seus conhecimentos em ação para gerar resultados, domínio das técnicas, talentos, *expertise* – SABER FAZER	Valores, princípios, crenças, percepções comportamentos, modo de ver o mundo – QUERER FAZER.

Fonte: Rabaglio (2004).

Segundo Gramina (2007), competências podem ser metaforizadas pela figura de uma árvore, em que comportamentos (copa) e habilidades (tronco) advêm de atitudes (raízes da árvore). As atitudes só são conhecidas quando um ou mais comportamentos associados acontecem, ou seja, "emergem da raiz" que dá sustentação à árvore. Das atitudes, vêm a predisposição e a prontidão para fazer acontecer os demais componentes das competências. O "A" de atitude é que faz com que o "C" de conhecimento e o "H" de habilidade sejam "entregues", ou seja, mobilizados, colocados à disposição das organizações.

A entrega é que faz o diferencial das pessoas e das organizações acontecer, agregando valor a ambas. Esse ensinamento vem de Zarifian (2001) e de outros autores da escola francesa, como Le Boterf (2003), que defendem que não existem competências *a priori*, ou seja, elas só existem se forem mobilizadas. A competência é o tomar iniciativa e assumir responsabilidades, conforme explica Zarifian (2001).

A escola francesa difere da americana, de David McClelland (1973), que limita o conceito de competências a um conjunto de qualificações que uma pessoa possui e que irá levá-la a uma *performance* superior. Embora seja um conceito ainda em discussão, a abordagem francesa vem ganhando adeptos por incorporar "entrega" e "agregação de valores" independentemente do cargo que a pessoa ocupe. A previsão de *performance* superior, apregoada pela escola americana, é apenas uma suposição, o que não atesta que existam competências. É preciso mobilizá-las, entregá-las. E quanto mais entregas, maior será o valor agregado, tanto para a organização, quanto para o profissional (Brandão e Borges-Andrade, 2007; Zarifian, 2001).

Enquanto a teoria nos mostra a possibilidade de ganho de ambas as partes, na prática, ainda observamos dificuldades para que essa troca aconteça. Em primeiro lugar, o modelo mental dos executivos ainda é, predominantemente, mecanicista. E sem o apoio da alta administração, a gestão de pessoas com base nas competências não se concretizará. Nesses casos, o RH terá um árduo trabalho para implantá-la e fazê-la acontecer.

Outro ponto a salientar é a falta de informação, ou o excesso, e a divergência de conceitos sobre o que são competências, como devem ser aplicadas e quais os ganhos de sua prática. Tal lacuna é maximizada pela insegurança dos profissionais envolvidos. Afinal, ainda há a mentalidade errônea de que o oposto da competência é a incompetência. Ninguém é competente ou incompetente em tudo que sabe ou faz. Além disso, em um mundo em que os profissionais estão cada vez mais parecidos pela facilidade de acesso ao conhecimento, o que vai diferenciá-los é o que cada um é, ou seja, suas atitudes; como elas impulsionam os conhecimentos e as habilidades e como são utilizadas no momento em que são requisitadas.

Além das pessoas, que têm competências individuais (CHA), as organizações precisam ser competentes, possuindo o necessário para que seu negócio aconteça. São as denominadas "competências organizacionais básicas". Hamel e Prahalad (1990) foram os primeiros a ir além. As organizações ganham vantagem competitiva quando possuem competências que as diferenciam de seus concorrentes, resultando em valor percebido pelos clientes e difíceis de serem imitados. São as competências essenciais ou *core competences*, conforme denominadas pelos autores. Portanto, ao se voltarem para o mercado e traçarem suas estratégias, as organizações precisam se assegurar de que possuem competências – básicas e essenciais – capazes de propiciar o alcance dos objetivos desejados. Por sua vez, para que as competências organizacionais se sustentem, competências funcionais ou profissionais precisam ser mapeadas e desdobradas em competências individuais.

De acordo com Carbone e colaboradores (2016), competências profissionais são aquelas associadas aos cargos, funções, processos e subprocessos. O desdobramento das competências – organizacionais em profissionais e, por sua vez, em individuais – a partir do planejamento estratégico é fator crítico de sucesso para o alinhamento das pessoas e das equipes ao alcance dos objetivos traçados. Na falta de competências individuais, o RH, como parceiro dos gestores, deve definir o que for mais vantajoso: desenvolver pessoas internamente ou promover um processo externo de atração e seleção na busca e escolha de um profissional que mais se aproxime do que a empresa necessita. Esse é o nosso próximo assunto.

Atração e seleção

Um questionamento recorrente dos profissionais de RH é o porquê de não conseguirem atrair os melhores profissionais do mercado. As respostas são simples e, ao mesmo tempo, complexas. Vamos a elas: o melhor candidato não sabe que a empresa existe, o que quer dizer que ela não é atraente o suficiente; o concorrente é melhor, oferece um salário maior – salário é um poderoso fator de atração – ou condições mais atrativas de trabalho, de crescimento, benefícios etc.

Aí surge a complexidade embutida na resposta, porque gerar atratividade em um processo de atração não depende só do RH. Enquanto as melhores organizações querem os melhores profissionais, os melhores profissionais querem aquelas que lhes agreguem valor. Não necessariamente as melhores empresas (como as classificadas pelo GPTW),[1] mas aquelas que melhor atendam às suas necessidades. A imagem da organização no mercado também interfere no valor percebido, influenciando na escolha pelo candidato.

Analisando pelo lado da organização, o trabalho conjunto RH e gestor é indispensável. Conforme Faissal e colaboradores (2015), enquanto o RH conhece o processo e as técnicas de atração e seleção, o gestor conhece o perfil de competências (ou deveria conhecer) mais adequado ao alcance dos objetivos: seus e da organização. Com foco na visão organizacional, ele sabe do que precisa, conhece sua equipe e o ambiente em que o novo profissional irá atuar. Acompanha o processo seletivo e cabe a ele a decisão final. Para isso,

[1] GPTW – Great Place to Work. Empresa americana que atua em 41 países, na elaboração de análise e avaliação de ambientes de trabalho, clima organizacional, práticas e políticas de RH, por meio de pesquisas realizadas com os próprios empregados.

o RH deve apoiá-lo, treiná-lo e subsidiá-lo com informações. O gestor está mais ligado ao ambiente externo, como o mercado, enquanto o RH conhece o ambiente interno da organização, como o clima e a cultura. O foco estratégico no processo exige essa parceria e complementaridade.

A cultura organizacional, logo, deve ser considerada nos processos de seleção. "Para que uma pessoa possa gerar os resultados esperados pela organização em que trabalha, é preciso que se sinta parte da cultura dessa organização" (Faissal et al., 2015:150). Na cultura estão os valores que, se compartilhados entre candidato e organização, apontam para a retenção. Por outro lado, a falta de sintonia entre ambos poderá gerar desmotivação, conflitos, perdas financeiras e de imagem, desgaste do RH e a saída do profissional.

No modelo contemporâneo, portanto, recrutar e selecionar vai muito além de preencher uma vaga e encontrar o "homem certo para o lugar certo". Dessa forma, recomenda-se que o processo seletivo seja feito com muito planejamento e pouca pressa, além do uso de técnicas de seleção complementares. E, sem dúvida, conduzido de forma íntegra, ética e imparcial (Faissal et al., 2015), para que tenhamos mais chances de acerto ao final.

Além das competências do candidato e da cultura organizacional, antes, durante e depois da decisão de escolha, devem ser considerados todos os detalhes do candidato, comparativamente com o negócio, as estratégias, as variáveis externas, bem como as características do trabalho e as características da situação do trabalho, ou seja, políticas, ambiente, estilo de liderança, mecanismos de reconhecimento e recompensa etc. Elaborado o perfil de competências alinhado aos objetivos organizacionais, inicia-se o processo seletivo com a etapa de atração, em que as pessoas procuram a organização ou são procuradas por ela.

Atração

"Cada processo seletivo tem sua própria característica em função da modalidade de contratação e exigências" (Almeida, 2004:33). Diversas fontes/meios de atração, encontrados nos mercados interno e externo, podem ser utilizadas para divulgação das vagas e atração de candidatos. No mercado interno, que é a própria organização, encontra-se uma fonte rica e efetiva, que são seus profissionais. A atração interna gera menor custo e maior rapidez no processo. Encoraja as pessoas ao aprimoramento profissional e ao crescimento pessoal, uma vez que percebem que são valorizadas. Aumentam as chances de retenção, comprometimento e motivação, potencializando o processo sucessório. Os empregados, por já conhecerem a cultura da empresa, mais facilmente se adaptarão às novas atividades.

Conforme Faissal e colaboradores (2015:49-50):

> As estratégias de atração variam de acordo com as políticas de gestão de pessoas adotada pela organização. Por exemplo, uma organização que tem como política de gestão oferecer aos seus empregados oportunidades de desenvolvimento e de crescimento profissional, antes de atrair pessoas no mercado de trabalho, procurará preencher suas posições em aberto com as competências disponíveis internamente. A divulgação das vagas no mercado externo só deverá ocorrer depois de esgotadas as possibilidades internas.

Porém, havendo apenas o preenchimento das vagas internamente, a não ser para posições na base da pirâmide, faltará "sangue novo". Consequentemente, a organização não se "oxigenará", o que afetará, entre outras coisas, a inserção de novas competências e a inovação. Quando a organização amplia sua atuação, por exemplo, além de fabricar produtos, deseja prestar serviços, é preciso que seja observado se há, internamente, competências a desenvolver. Caso contrário, a solução será a atração no mercado externo.

A atração externa pode ser feita por diferentes fontes/meios, conforme Faissal e colaboradores (2015). Como prática corrente de mercado, seguem as mais utilizadas, agregando-se a elas uma visão crítica, ainda que parcial.

- *anúncios na imprensa*, outrora maciçamente utilizados, hoje são mais postados em jornais para cargos operacionais ou direcionados a altos executivos, em revistas especializadas;
- agências, consultorias de emprego e *headhunter*[2] têm custo elevado (ou muito levado no caso dos *headhunters*), mas, em função de possuírem

[2] A utilização de *headhunter* (caçador de cabeça) é mais indicada para níveis executivos e profissionais raros no mercado.

um amplo cadastro, possibilitam a busca de candidatos mais adequados ao perfil que se necessita. No entanto, como não conhecem a cultura, nem os objetivos da organização, requere-se uma etapa de seleção mais apurada;

- sites corporativos ou de emprego são os grandes aliados do RH, pela divulgação, baixo custo e por facilitarem a busca, com base em palavras-chave, excluindo candidatos que não atendam aos requisitos iniciais. Alguns sites disponibilizam questões que podem ser aprofundadas em entrevistas posteriores (Almeida, 2004);
- redes sociais são bastante utilizadas para a divulgação de vagas, porém seu uso deve se restringir às redes de contatos profissionais, como o LinkedIn;
- indicações são altamente recomendadas, evitando-se, porém, aquelas que possam gerar, de forma negativa, impactos políticos, religiosos ou na imagem da organização. A indicação feita pelos profissionais da organização acelera o processo, tendo em vista que eles zelam pelo indicado, além de já conhecerem a cultura e o ambiente de trabalho. No entanto, cabe lembrar que as indicações atendem à etapa de atração, mas não substituem o processo de seleção (escolha);
- instituições de ensino, como a Fundação Getulio Vargas (FGV), são fontes de rápido retorno e bem atraentes. Embora sejam fontes de baixo custo, atrairão candidatos, em sua maioria, com potencial a ser desenvolvido, o que irá requerer investimentos em capacitação e desenvolvimento;
- cadastro de ex-empregados e de outras organizações são fontes válidas e interessantes pelo custo baixo e rápido retorno, respeitando-se a política interna de cada organização;
- profissionais da concorrência são uma fonte de atração que poderá gerar impactos no relacionamento de mercado. Sugere-se atenção e respeito aos princípios éticos estabelecidos, mesmo que informais;
- sindicatos, órgãos do governo, como Sistema Nacional de Emprego (Sine), panfletos, cartazes etc. são mais indicados para cargos operacionais (ver: <http://portalfat.mte.gov.br/programas-e-acoes-2/sistema-nacional-de-emprego-sine/>.

Para escolher a fonte/meio de atração externa mais efetivo, em função dos objetivos estratégicos, da vaga, das competências de que necessita, da imagem que a organização tem, ou pretende ter, Faissal e colaboradores (2015:49) recomendam considerar critérios relacionados ao custo *versus* benefício. Estes devem ser avaliados em conjunto ou separadamente, evitando que "pessoas sem os requisitos e as competências necessárias se candidatem". Podem ser considerados, entre outros critérios:

- *Adequabilidade do retorno* – Os melhores candidatos terão conhecimento da vaga, ou seja, a fonte/meio irá atrair quem eu preciso, adequado ao perfil de competências e na quantidade ou na qualidade necessária?
- *Rapidez de retorno* – Em quanto tempo receberemos os interessados?
- *Custo* – Qual é o custo da fonte escolhida? É possível utilizar alguma sem custo? Há disponibilidade financeira para remunerar um serviço externo, como *headhunter*, ou para pagar um anúncio em revista especializada?
- *Imagem* – Quais são os impactos, positivos e negativos, que a fonte trará para a organização? A busca de candidatos por indicações ou em comunidades religiosas, políticas, sindicatos reforçará positivamente a imagem?
- *Confiabilidade* – A fonte é confiável? A empresa especializada em contratações é ética e imparcial, desprovida de interesses?

Enfim, a escolha da fonte criteriosa permite que o RH tenha mais chances de acertar, recebendo os melhores currículos e candidatos para a próxima fase que é a pré-seleção.

Pré-seleção

A pré-seleção caracteriza-se como uma triagem. É o primeiro contato com o candidato, presencial, por telefone ou a distância via tecnologia *on-line*. É o momento de ele conhecer o que a organização quer e o que ela oferece. Por outro lado, o RH observará se o candidato atende aos pré-requisitos e obterá suas expectativas e disponibilidades para assumir o oferecido. "Trata-se de uma entrevista superficial, mais breve e que suscitará pontos a serem aprofundados ao longo da seleção" (Faissal et al., 2015:69).

Antes da entrevista de triagem, porém, avaliam-se os currículos recebidos na etapa de atração e os que estão no banco de currículos da organização, comparativamente ao perfil de competências esperado. A avaliação pouco criteriosa de um currículo pode fazer com que um candidato inadequado passe para a próxima fase, que é a seleção, gerando perda de tempo e insatisfação do cliente interno do RH. A vaga permanece aberta e compromete os resultados da organização. Da mesma forma, um bom candidato pode deixar de ser contratado e ir para a concorrência. Para evitar situações como essas, Almeida (2004) recomenda a leitura conjunta de currículos. Aumentando o número de observadores, a precisão é maior. A autora sugere a proporção de 10 a 20 candidatos por vaga, dependendo da complexidade da vaga e do processo, estimando uma taxa de rejeição entre 20 e 50%.

Faissal e colaboradores (2015) ensinam que, ao analisar o currículo, devem ser observados a forma, a apresentação, os objetivos e o conteúdo, buscando-se respostas a perguntas, como: o conteúdo está em acordo com os objetivos? Há coerência entre a idade e a experiência relatada? Atividades paralelas gerarão conflitos de interesse? Trabalhos voluntários, viagens, pretensões foram apresentadas? Até que ponto o currículo representa um retrato fiel da experiência do candidato ou é um falso portfólio de venda da sua imagem? Do que foi apresentado, o que será averiguado na seleção?

Como a pré-seleção é uma etapa rápida, há riscos de erros, comprometendo o processo seletivo. É importante que o RH forneça todas as informações ao candidato antes de ele passar para a próxima fase. São informações sobre a vaga, a remuneração, a cultura, as políticas, o modelo de gestão etc. Esse procedimento evita prejuízos financeiros, perda de tempo e de imagem, tanto externamente para a empresa, quanto internamente para o RH.

Assim, essa etapa caracteriza-se como um "funil". Para os candidatos eliminados, espera-se que o RH os informe da decisão e que mantenha seus currículos cadastrados para futuro aproveitamento. Candidatos pré-aprovados ou pré-selecionados seguem para a próxima etapa, que é a seleção.

Seleção

O processo de seleção caracteriza-se pela escolha do candidato que melhor atenda aos objetivos da organização (Faissal et al., 2015). Requer o uso de diversas técnicas que permitem prognosticar o desempenho e o comportamento futuro dos candidatos. Cada uma das técnicas tem suas características e aplicações. Seguem as mais utilizadas.

- *Testes de conhecimentos e habilidades, teóricos e práticos* – Destacam-se avaliações *on-line* que permitem às organizações prepararem um banco de candidatos, pré-selecionados eletronicamente, ganhando tempo para as próximas etapas;
- *Testes psicológicos* – Medem aspectos de personalidade, aptidões e desenvolvimento intelectual geral (Anastasi, 1977). São de uso exclusivo do psicólogo. Para fins de seleção, os testes de personalidade são os mais utilizados;
- *Testes situacionais* – Caracterizam-se como:

> atividades estruturadas que colocam o candidato diante de uma situação típica de seu dia a dia de trabalho, com vistas a avaliar sua capacidade de percepção, de análise e de solução de um problema concreto [Faissal et al., 2015:95].

Sugere-se que as atividades sejam preparadas, antecipadamente, pelo gestor da vaga em conjunto com o RH.

- *Dinâmicas de grupo* – Podem ser definidas como:

> Possibilidade de criar situações que levem os participantes a desenvolver certos tipos de comportamentos, padrões específicos de inteligência ou determinadas inteligências, de tal forma que, uma vez ativados, em situação similar no dia a dia da organização, os mesmos circuitos possam ser novamente ativados [Andrade, 2004:17].

Devem ser conduzidas por profissionais experientes no domínio de grupos, apoiados por observadores, como o gestor da vaga e o RH.

- *Jogos empresariais* – Atividades estruturadas que podem ser realizadas on-line ou presencialmente, individuais ou em grupos, geralmente com a mediação dos selecionadores. Sugere-se integrá-los a dinâmicas e a testes situacionais, de forma a analisar: conhecimentos específicos; habilidades, como raciocínio lógico e liderança; e atitudes, como querer trabalhar em equipe e resiliência. Mais uma vez, o gestor deve ser parceiro do RH nas observações.
- *Entrevistas* – Naturalmente que tudo dependerá do que se quer avaliar, mas a prática de mercado é que as técnicas de seleção até então descritas subsidiem as entrevistas com mais informações a respeito dos candidatos. Há assuntos, experiências, vivências que somente são revelados no "olho no olho", a partir da confiança gerada pelo entrevistador. É o momento, tanto para a organização quanto para o candidato, de esclarecer dúvidas e contradições, de aprofundar pontos importantes ou específicos com relação ao que virá pela frente. Durante a entrevista, o RH tem a oportunidade de avaliar expectativas, competências, valores do candidato e seu provável alinhamento aos objetivos, bem como observar as linguagens verbal e não verbal, a postura e a desenvoltura indispensáveis ao que se pretende.

Faissal e colaboradores (2015:110) reforçam a importância e os objetivos de uma entrevista:

> A entrevista é um dos instrumentos de seleção mais utilizados para fundamentar as decisões relativas à contratação de um novo empregado. Consiste na proposição de perguntas aos candidatos, tendo como objetivo avaliar o domínio de determinadas competências relacionadas ao perfil profissional, levantar informações complementares sobre competências que não foram investigadas por meio de outras técnicas, investigar mais profundamente aspectos de uma competência que não tenham sido suficientemente explorados e esclarecer fatos, impressões, confirmar ou rejeitar hipóteses que surgiram ao longo do processo seletivo.

O modelo de entrevista comportamental com foco em competências vem ganhando espaço no mercado. Trata-se de uma investigação de competências no repertório comportamental do avaliado. Nesse modelo de entrevista, conforme Rabaglio (2001), utilizam-se perguntas situacionais, isto é, questões relacionadas a competências a serem investigadas. Segundo a autora, não se trata de relatos e sim de explorar fatos e situações vivenciados no passado, extraindo-se competências a partir das respostas. Cabe lembrar que o sucesso e ou fracasso do passado não necessariamente se repetirá no futuro, mas há forte correlação de que comportamentos, gerados pelas atitudes, venham a se repetir. Um dos riscos desse tipo de entrevista é o prévio conhecimento das questões, fazendo com que alguns candidatos participem com respostas prontas. Por meio da internet, ou de empresas inescrupulosas, muitos são "usuários" de processos seletivos, sendo preparados para enganarem o RH e o requisitante com uma imagem diferente da sua realidade.

Para minimizar riscos, toda empresa necessita de profissionais de RH treinados para identificar esse tipo de candidato antes da tomada de decisão. Para tanto, é sempre bom reforçar que todo processo de seleção deve ser bem planejado e processado com técnicas e instrumentos que se complementem, permitindo a visão do todo do candidato e sua comparação com os demais. A conjugação de técnicas de seleção aplicadas de forma adequada, o trabalho conjunto RH e gestor, e a eventual inclusão de mais selecionadores - desde que alinhados - minimizam consideravelmente o risco de contratação de candidatos "preparados".

Nessa linha, ao conduzir uma dinâmica de grupo, por exemplo, o RH deve chamar o gestor para o papel de observador. Além de permitir o conhecimento prévio do candidato e de suas competências, reforça o papel técnico e parceiro estratégico do RH (Faissal et al., 2015). O mesmo deve ocorrer durante a realização de um teste situacional. Ao aplicá-lo, o RH poderá observar e avaliar o comportamento e as atitudes dos candidatos, enquanto o requisitante avalia o conhecimento e a habilidade de análise e de solução de um problema concreto. Jogos também podem ser complementares a dinâmicas e aos testes situacionais, embora haja atividades que, além de presenciais, podem ser realizadas *on-line*, de forma individual ou em grupos. Recomenda-se também a aplicação de ao menos uma entrevista no RH e outra na área requisitante, além de avaliação e decisão criteriosas e éticas.

Em resumo, o RH, em seu papel de parceiro estratégico, fornece ao requisitante mais segurança na decisão de escolha do candidato que melhor se aproxime do que a organização precisa. Porém o processo seletivo não termina aí. O exame médico e o acompanhamento pós-contratação são partes integrantes da seleção.

Cabe ainda ao RH enviar um comunicado para os candidatos não aprovados, agradecendo a participação, além de manter em cadastro currículos para futuro aproveitamento. É bom para o candidato e fortalece a imagem e a integridade do processo. É sinal de respeito a quem participou.

Após a contratação, assunto do capítulo 9, inicia-se o acompanhamento da satisfação, tanto do profissional recém-admitido quanto do cliente interno do RH. Além da satisfação, o desempenho e o resultado do trabalho do novo profissional precisam ser avaliados, pois a partir deles será possível identificar necessidades de capacitação e de desenvolvimento, assunto do capítulo 11, e iniciar o processo contínuo de retenção. É o que abordaremos a seguir.

Retenção

Ao tratarmos do tema, é preciso salientar que de nada adianta um processo de atração e seleção criterioso, com custos altos, envolvimento de vários selecionadores e técnicas apuradas, bem como um sólido programa de capacitação e desenvolvimento, se não houver atenção ao processo de retenção do profissional. "A retenção de talentos passou a ser tão importante quanto o próprio negócio" (Souza et al., 2016:21). Ter os melhores talentos é fator competitivo, de diferenciação e de inovação. Perdê-los significa, igualmente, perda de tempo, dinheiro, mercado, conhecimento e imagem. A organização deixa de ser atraente e sustentável.

No entanto, de acordo Souza e colaboradores (2016), muitas organizações ainda priorizam o atendimento dos seus interesses, principalmente econômicos, em detrimento dos indivíduos, bem como dão pouca importância às ações que visam à retenção e à valorização. O apoio da alta administração e o esforço conjunto de RH e gestor são cruciais. Sem isso, muitas organizações despendem um soma significativa de dinheiro, porque não querem ou não sabem reter, ou retêm quem não deve ou não quer ser retido.

Mendonça (2002:28) explica:

> Se for desejo da organização reter seus talentos, ela precisa saber quem são, onde se encontram, mapear suas competências, assim como reconhecer e premiar seus desem-

penhos. Na medida em que a organização identifica cada talento e suas competências, saberá com quem contar ao inserir-se em um novo campo de atuação ou deparar-se com um problema que requeira conhecimento, habilidade ou atitude específica.

Para a autora, pessoa certa a ser retida é a que é capaz de alcançar os objetivos estratégicos, mobiliza competências e contribui para o reforço das competências organizacionais essenciais. Tem potencial de crescimento e busca seu autodesenvolvimento. Está motivada, quer "ser retida" e se esforça para isso. Para que a empresa conheça, efetivamente, seus talentos, a gestão do desempenho – assunto do capítulo 12 – é o processo recomendado, desde que realizado com integridade e não como instrumento de poder. E o gestor, por estar mais próximo, deve ser o conhecedor da equipe e o incentivador de sua retenção.

Embora liderança seja assunto do capítulo 16, cabe aqui ressaltar o papel fundamental do líder no processo de retenção. Em primeiro lugar, ele deve ser exemplo e gerar confiança, demonstrando que existe um propósito em tudo a ser feito. Antes de liderar o outro, ele precisa praticar a autoliderança. De acordo com Mendonça, Novo e Carvalho (2011:80), "O líder deve agir com intencionalidade, deve ter consciência de seus atos e, sobretudo, das consequências desses atos". Muitos profissionais, principalmente os da chamada geração "Y"; deixam suas empresas a fim de trocarem de "chefes".

O surgimento da geração "Y" (1980-2000) se contrapõe às gerações "baby *boomers*" (1946-1960) e "X" (nascidos no meio da década de 1960 e início da década de 1980). Enquanto as gerações mais antigas prezavam pela segurança e manutenção de seus empregos, as gerações atuais, mais tecnológicas e imediatistas, anseiam por crescimento rápido, reconhecimentos e recompensas. Caso contrário, deixam a organização. "Por isso, a importância de a organização investigar as motivações que impulsionam cada uma das gerações" (Souza et al., 2016:43). E cada pessoa é uma, com diferentes expectativas, motivações, comportamentos e necessidades, segundo Maslow (1987), independentemente da geração a que pertença.

Colocar pessoas e necessidades em primeiro lugar é eliminar fatores de insatisfação (atender às necessidades básicas), possibilitando o surgimento da motivação. A partir disso, investir no seu potencial, respeitando limites, mas incentivando-as com desafios e perspectivas de crescimento – fatores indiscutíveis de retenção. Reter quem não está motivado, não gerará resultados competitivos para nenhuma organização. E um programa de retenção e valorização, para acontecer, necessita da conjugação de diversos fatores e estratégias associados aos objetivos, à disponibilidade financeira da organização e, conforme já salientado, voltado ao atendimento das necessidades individuais dos profissionais.

Do ponto de vista organizacional, as estratégias devem ser claramente divulgadas e o programa de retenção alinhado a elas. Mais uma vez, o trabalho conjunto RH/gestor é requerido. Enquanto o RH elabora políticas de retenção, o gestor as aplica, como macro-orientações que são. Para Freitas (1991), é papel do RH formular, disseminar e fortalecer políticas, além de estratégias e práticas, a partir da identificação de forças presentes nos ambientes interno e externo da organização. Nenhum programa de retenção terá sucesso se não houver políticas claras, abrangentes, flexíveis, disseminadas e desdobradas em ações, direcionadas à permanência dos talentos nas organizações.

Juntamente com o ambiente interno e com o clima organizacional, uma cultura propícia à valorização e à retenção suporta o atendimento às necessidades motivacionais (Maslow, 1987). Os profissionais precisam se sentir parte da organização, assim como devem ser priorizados o relacionamento entre eles, a qualidade de vida, o aprendizado, a geração de desafios e o crescimento na carreira. A percepção de que a empresa se preocupa com seu bem-estar e com sua carreira estimula o sentimento de pertencimento do profissional, o aumento da autoestima e a busca da autorrealização, geradores de retenção.

O ponto de atenção é que, embora as empresas se esforcem, nem sempre esses fatores e estratégias são percebidos igualmente pelos talentos, inclusive quanto ao seu grau de importância (Mendonça, 2002). Qualidade de vida, por exemplo, para alguns é morar perto do local de trabalho; para outros é sair mais cedo às sextas-feiras. Investimentos em capacitação e desenvolvimento só trarão resultados para a retenção quando houver, efetivamente, um diagnóstico alinhado entre as necessidades da organização e a percepção positiva do profissional quanto aos seus resultados. O mesmo acontece na adoção de mecanismos de reconhecimento e recompensa.

Conforme Mendonça (2002), mecanismos de retenção, como os de reconhecimento e recompensa, devem ser percebidos como variáveis psicológicas importantes para os talentos, muito mais do que instrumentos convenientes para a organização. Kohn (1998:63) cita que "se o recebedor da recompensa se sente controlado, é provável que a experiência, no cômputo final, se revestirá de uma qualidade punitiva, ainda que obter a recompensa em si seja habitualmente agradável". A percepção de punição, ao invés de prêmio, poderá ser influenciada pelo meio psicológico, além de gerar um efeito danoso ao desempenho de quem recebe.

Mendonça (2002:33) conclui:

> Partindo dos ensinamentos do autor, pode-se dizer que o efeito de um determinado estímulo como, por exemplo, um elogio ou uma punição, produzirá resultados diferenciados, dependendo do estado e do meio psicológicos em que a pessoa se encontra e da importância dada a estes reforços. Além do mais, o contrato psicológico existente entre o talento e o meio organizacional será cumprido de acordo com o significado que sua consciência lhe atribui, sua percepção e valores pessoais. Quanto mais interado psicologicamente o indivíduo estiver com o meio, mais fortalecido tenderá a ser seu vínculo com a organização e mais chance ela terá em retê-lo.

Receber um aumento de salário ou uma promoção, por exemplo, só será fator de retenção se quem receber perceber que existe uma relação entre seu esforço e o prêmio recebido. Associar desempenho e satisfação de necessidades às ações de retenção significa a manutenção do contrato psicológico entre o profissional e a organização, além da percepção de reconhecimento gerada a partir da relação esforço *versus* resultado e meritocracia. Como a meritocracia deve ser atrelada ao desempenho, o profissional entende, por meio de *feedbacks*, o porquê de receber ou deixar de receber qualquer recompensa, por exemplo (Mendonça, 2002).

Apesar de toda dificuldade, pode-se concluir que a conjugação dos fatores e das estratégias apresentadas, com a aplicação da meritocracia, sempre pelo ponto de vista de quem percebe, desperta sentimentos de pertencimento, autoestima e autorrealização, gerando motivação e, consequentemente, retenção. Cabe ao RH, em conjunto com os gestores, colocar em prática ações que melhor atendam à sua realidade. Como as necessidades e as situações são mutáveis, as ações de retenção devem ser contínuas, dinâmicas, não se esgotando em si mesmas.

Conclusão

As organizações, para se manterem competitivas, precisam ter foco e alinhamento, políticas, propósitos claros etc., mas só gerarão resultados se houver a entrega de competências para o mercado. Pessoas e organizações têm competências e as mobilizam em prol da agregação mútua de valores. Assim, aquelas organizações que atraírem os melhores talentos, os que contribuírem para seus resultados, terão mais chances de sobreviver e crescer. Mas só atrairão os melhores se forem mais atraentes do que seus concorrentes. Além de atrair e selecionar de maneira efetiva, precisam reter. Elaborar um programa de retenção é construir um mosaico que conjugue características da organização e do negócio, especificidades de profissionais de diferentes gerações inseridos em culturas flexíveis com políticas robustas e líderes comprometidos. Como se não bastasse, as organizações preocupadas com a retenção precisam fazer escolhas estratégicas, em um esforço hercúleo de promover qualidade de vida, desenvolvimento profissional e crescimento na carreira, satisfação, motivação e adoção de mecanismos de reconhecimento e recompensa atrelados ao desempenho e às necessidades individuais. Tudo isso, pela perspectiva do olhar do profissional, na tentativa de satisfazer suas necessidades e atender a sentimentos, ambições e poder, em pessoas diferentes que fazem parte da mesma organização.

Enfim, este é apenas um dos papéis do RH estratégico. Complexo e, infelizmente, nem sempre valorizado. Porém, lidar com pessoas é voltar-se para si mesmo, com sentimentos, necessidades etc. Cabe a nós, profissionais de RH, acreditar que o crescimento continuado e a perseverança no comprometimento e na crença do ser humano nos tornarão cada dia melhores. Tudo dependerá do esforço e da entrega que fazemos, ou seja, do desempenho e do resultado que buscamos, a partir do desempenho das competências que temos e que agregaremos ao longo do tempo. Conheça mais sobre aquisição, desenvolvimento de competências e gestão do conhecimento no capítulo a seguir.

Referências

ALMEIDA, Walnice. *Captação e seleção de talentos*. São Paulo: Atlas, 2004.

ANASTASI, Anne. *Testes psicológicos*. São Paulo: EPU,1977.

ANDRADE, Edson. *Construindo relacionamentos através da dinâmica de grupo*. Rio de Janeiro: Qualitymark, 2004.

BRANDÃO, Hugo P.; BORGES-ANDRADE, Jairo E. Causas e efeitos da expressão de competências no trabalho: para entender melhor a noção de competências. *Revista de Administração Mackenzie*, São Paulo, v. 8, p. 32-49, 2007.

CARBONE, Pedro Paulo et al. *Gestão por competências*. Rio de Janeiro: FGV, Ed. 2016.

FAISSAL, Reinaldo et al. *Atração e seleção de pessoas*. 3. ed. Rio de Janeiro: FGV Ed., 2015.

FLEURY, A.; FLEURY, M. T. L. *Estratégias empresariais e formação de competências*: um quebra-cabeça caleidoscópico da indústria brasileira. São Paulo: Atlas, 2000.

FREITAS, M. E. *Cultura organizacional*: formação, tipologias e impacto. São Paulo: Makron Books, 1991.

GRAMINA, Maria Rita. *Modelo de competências e gestão dos talentos*. 2. ed. São Paulo: Pearson Prentice Hall, 2007.

KOHN, Alfie. *Punidos pelas recompensas*. 3. ed. São Paulo: Atlas, 1998.

LE BOTERF, Guy. *Desenvolvendo a competência dos profissionais*. São Paulo: Artmed e Bookman, 2003.

MASLOW, Abraham H. *Motivation and personality*. 3. ed. Nova York: HarperCollins Publishers, 1987.

McCLELLAND, David C. Testing for competence rather than intelligence. *American Psychologist*, Washington, p. 1-14, jan. 1973.

MENDONÇA, Márcia F. *Retenção de talentos por meio de reconhecimento e recompensa*. 2002. 186 f. Dissertação (mestrado) – Escola Brasileira de Administração Pública e de Empresas da Fundação Getulio Vargas, Rio de Janeiro, 2002.

MENDONÇA, Márcia F.; NOVO, Damáris; CARVALHO, Rosangela. *Gestão e liderança*. Rio de Janeiro: FGV Ed., 2011.

PRAHALAD, C. K.; HAMEL, Gary. The core competence of the corporation. *Harvard Business Review*, Boston, p. 79-91, maio/jun. 1990.

RABAGLIO, Maria Odete. *Seleção por competências*. São Paulo: Educador, 2001.

_______. *Ferramentas de avaliação de performance com foco em competências*. Rio de Janeiro: Qualitymark, 2004.

SOUZA, Vera Lucia et al. *Retenção de talentos e valorização profissional*. Rio de Janeiro: FGV Ed., 2016.

SOUZA, Zelia; SOUZA, Vera Lucia. *Gestão de pessoas*: uma vantagem competitiva? Rio de Janeiro: FGV Ed., 2016.

ZARIFIAN, P. *Objetivo competência*: por uma nova lógica. São Paulo: Atlas, 2001.

11. Capacitação, gestão do conhecimento e novas tecnologias de aprendizagem

Marcelo Porto Fernandes

Introdução

> Os comportamentos de passividade e submissão dos alunos, característicos de uma educação fiel ao sistema de produção industrial, estão sendo substituídos por comportamentos de autonomia, curiosidade e ousadia. Uma nova cultura se impõe na prática da ação educativa e da aprendizagem organizacional [Fernandes, 2011:35].

Este capítulo discute conceitos e práticas dessa "nova cultura" da aprendizagem organizacional,[1] trabalhando com as seguintes questões direcionadoras:

- Quais fatores estão transformando a aprendizagem organizacional nos dias de hoje?
- Como trabalhar as iniciativas de capacitação e gestão do conhecimento em uma perspectiva mais estratégica que priorize a melhoria do desempenho dos colaboradores conectada ao negócio das organizações?

---

[1] O conceito de aprendizagem organizacional neste capítulo é entendido como "um processo de apropriação de novos conhecimentos nos níveis individual, grupal e organizacional, envolvendo todas as formas de aprendizagem – formais e informais – no contexto organizacional" (Malanovick, 2008). Essa conceituação reúne as duas abordagens âncoras do capítulo: a capacitação (mais conectada ao nível dos indivíduos e grupos) e a gestão do conhecimento (com maior vínculo ao nível organizacional).

- Qual é o papel das novas tecnologias nesse contexto atual da aprendizagem organizacional?
- Quais competências os profissionais de recursos humanos (RH) devem ter para atuar nesse cenário?

Fatores que estão transformando a aprendizagem organizacional

Richard Elmore (2016)[2] analisa cinco fatores que estão transformando a aprendizagem nos dias atuais, bem como a sinergia e a complementariedade existente entre eles.

1. *Conteúdo em todo lugar* – A realidade atual é muito diferente daquela dos séculos XIX e XX. Naquela época, o aprendizado, para ser legítimo, teria de vir de fontes devidamente certificadas, com um currículo fixo atrelado a conhecimentos que sabíamos fisicamente onde estavam. Para acessar esses conhecimentos, íamos até a biblioteca, consultávamos uma enciclopédia e explorávamos esses saberes em sala de aula dentro de uma escola. Nos dias de hoje, as fontes de conhecimento e os recursos de aprendizagem são extremamente amplos e estão prontamente disponíveis para serem acessados via internet, seja do seu computador pessoal ou do seu dispositivo móvel.
2. *Professores em todo lugar* – Sem dúvida existe um papel claro e uma necessidade de professores no ambiente escolar formal, porém com o crescimento da "cultura digital", a ênfase cada vez mais se encaminha para a busca da *expertise*. Ela pode estar em uma palestra, em uma mentoria ou *coaching*, em grupos específicos nas redes sociais ou em uma coleção de fontes de informação disponíveis no ciberespaço que trazem diferentes pontos de vista, estimulando-nos a pensar. O ensino, portanto, está se tornando uma atividade social amplamente distribuída na sociedade como um todo.

---

[2] Richard Elmore é professor da Harvard Graduate School of Education e autor do curso *on-line* "Leaders of Learning", disponível em <www.edx.org/course/leaders-learning-harvardx-gse2x-0>, em que o vídeo utilizado como referência neste capítulo é parte dos recursos didáticos.

3. *Aprendizado individualizado* – Sabe-se que os indivíduos vêm para uma situação de aprendizagem com diferentes conhecimentos prévios, experiências, expectativas, motivações e estilos de aprendizagem (Kolb, 2015). No entanto, as tecnologias disponíveis há alguns anos não nos permitiam criar ambientes personalizados para a aprendizagem. Atualmente, existem várias iniciativas que exploram esta característica, sendo uma delas a de uma empresa brasileira, a Geekie (s.d.), que está tendo sucesso utilizando o aprendizado personalizado,[3] principalmente na preparação de alunos de baixa renda para o Exame Nacional do Ensino Médio (Enem).
4. *Redes como sala de aula* – Se pensarmos na sala de aula como o único ambiente no qual a aprendizagem acontece, ela é, na maioria das vezes, fisicamente delimitada, ocupada durante certos períodos do dia e está geralmente organizada em torno de uma pessoa, o professor ou instrutor, que é a fonte do conhecimento. Atualmente o ambiente de aprendizagem está migrando para uma estrutura social mais abrangente, incluindo pessoas com interesses comuns e com diferentes níveis de conhecimento, ou seja, uma rede de aprendizagem. No modelo de redes, as pessoas se engajam em aprender algo com pessoas que compartilham o mesmo interesse no conteúdo a ser explorado.
5. *Aprendizado em todo lugar* – Este quinto fator que está transformando a aprendizagem, reúne parte das características descritas nos quatro anteriores. O aprendizado continua a ocorrer em ambientes formais, tais como salas de aula e treinamentos *on-line*, porém ele passa a ocorrer de maneira até mais acentuada nos ambientes não formais que abrangem as comunidades de aprendizagem e de interesse, o acesso a repositórios de conhecimento disponíveis na

[3] Seu sucesso pode ser medido não só pela quantidade de alunos (somente no simulado do Enem em 2016 foram mais de 360 mil alunos, segundo o portal G1 (http://g1.globo.com/educacao/enem/2016/noticia/mais-de-360-mil-estudantes-fizeram-o-segundo-simulado-da-hora-do-enem.ghtml), como pelos prêmios que vem recebendo tais como: Melhor Start-Up da América Latina, Prêmio Global de Empreendedorismo Social da Social Schwab Foundation. É também a única plataforma adaptativa certificada pelo Ministério da Educação e Cultura (MEC).

> internet e na intranet (redes internas das organizações), bem como o aprendizado nos locais de trabalho, incluindo-se aí a utilização de mentores e *coaches*.

Os aspectos mencionados estão sendo trabalhados por alguns modelos atualmente. Entre eles, o modelo conhecido como 70-20-10 vem ganhando espaço nas discussões sobre aprendizagem organizacional. Um dos seus articuladores mais atuantes, Jennings, Arets e Heijnen (2016), advoga que: aproximadamente 70% do nosso aprendizado é oriundo da vida real, das experiências e das interações no local de trabalho, o que inclui a realização de tarefas e solução de problemas; 20% decorre de interações com os outros no ambiente de trabalho e dos *feedbacks* que ocorrem nesse ecossistema, e somente 10% do que aprendemos advém das iniciativas formais de aprendizagem, tais como cursos presenciais ou *on-line*, seminários, oficinas e leituras direcionadas nas quais o nível de estruturação pedagógico-instrucional é alto. A figura 1 ilustra esse modelo.

Figura 1
O MODELO 70-20-10

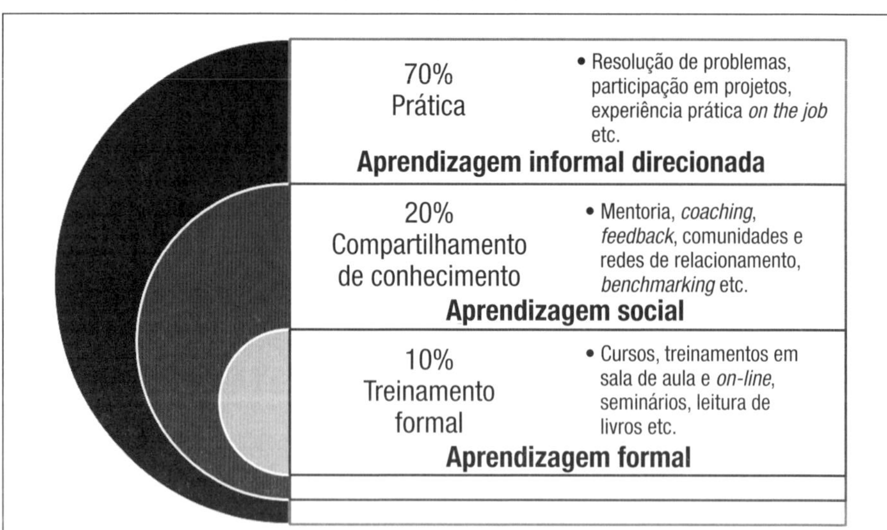

Fonte: adaptada de Jennings, Arets e Heijnen (2016).

Outro modelo que considera estas cinco perspectivas aqui mencionadas é a "arquitetura integrada do aprendizado focado em desempenho" proposta por Rosenberg (2008). Por ser uma arquitetura que incorpora os conceitos de capacitação e de gestão do conhecimento, ela foi adotada como espinha dorsal deste capítulo e será explorada na sequência.

Arquitetura integrada do aprendizado focado em desempenho

Rosenberg (2008:70, tradução nossa) define a arquitetura integrada do aprendizado focado em desempenho como sendo "uma abordagem sistêmica que utiliza várias soluções para facilitar tanto a aprendizagem formal como a aprendizagem no local de trabalho (informal direcionada), com o objetivo de melhorar o desempenho dos indivíduos nas organizações".

A figura 2 reúne os componentes dessa arquitetura.

Figura 2

COMPONENTES DA ARQUITETURA INTEGRADA DO APRENDIZADO FOCADO EM DESEMPENHO

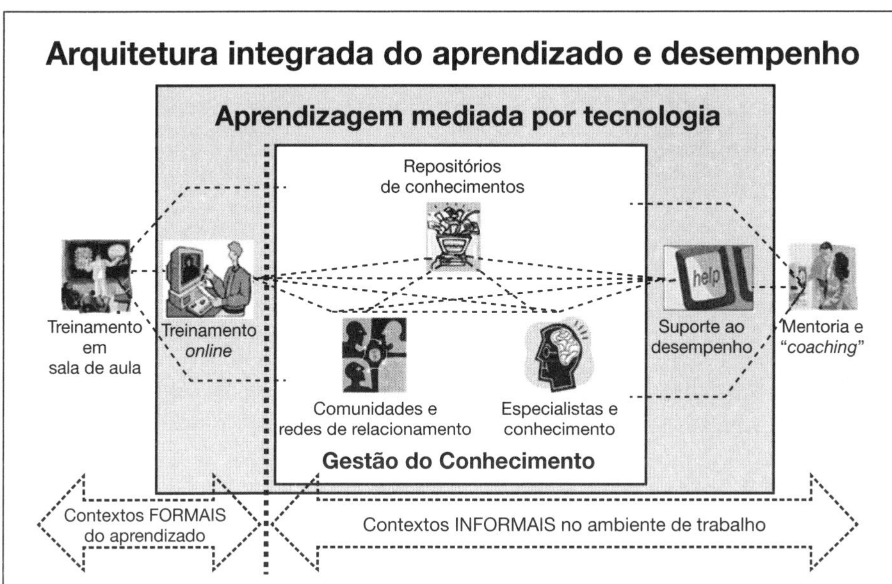

Fonte: adaptada de Rosenberg (2008).

Nota-se, na figura 2, o papel preponderante dos componentes contextualizados à aprendizagem mediada por tecnologia (que por vezes referenciaremos aqui como AMT). Portanto, é importante definirmos esse conceito: aprendizagem mediada por tecnologia é a utilização das tecnologias digitais de informação e comunicação (sobretudo a internet) para criar e disponibilizar um ambiente de aprendizagem que inclua amplo conjunto de soluções/recursos de informação, colaboração e instrução, com o objetivo de melhorar o desempenho dos indivíduos e organizações (Fernandes, 2011).

Vamos explorar, a seguir, cada um dos componentes da arquitetura integrada do aprendizado focado em desempenho, começando pelos componentes inseridos no "guarda-chuva" da AMT.

Treinamento on-line

É uma modalidade de treinamento que utiliza a internet e seus recursos, tais como elementos multimídia (textos, figuras e gráficos, áudio, vídeo e *hiperlinks*) e elementos de comunicação (*chat*, *e-mail* e *webconferência*) para disponibilizar a instrução, ou seja, um conjunto estruturado de atividades desenhadas para atingir resultados de aprendizagem específicos (Clark e Mayer, 2016).

Com esta modalidade de treinamento, podemos atingir um grande número de pessoas dispersas geograficamente de forma rápida e a um custo relativamente baixo quando comparado ao treinamento tradicional em sala de aula.

Suporte ao desempenho

Preparar e preencher a declaração de imposto de renda era uma tarefa trabalhosa que, muitas vezes, requeria a ajuda de um contador ou outro especialista em tributação. No entanto, atualmente milhões de brasileiros estão preenchendo suas declarações de maneira rápida e simples sem necessidade da ajuda de um profissional. Como elas conseguiram isso? Utilizando um programa (aplicativo de *software*) fornecido pela Receita Federal, que pode ser instalado em qualquer computador para facilitar o preenchimento da declaração pelos contribuintes. O programa do imposto de renda é um exemplo de ferramenta de suporte ao desempenho, outro componente da arquitetura integrada do aprendizado focado em desempenho.

Gottfredson e Mosher (2010) descrevem o suporte ao desempenho (ou suporte à performance) como sendo uma ferramenta ou recurso, impresso ou informatizado, que fornece a quantidade certa de orientação e suporte à realização de tarefas no momento da necessidade.

Gestão do conhecimento

De acordo com Rosenberg (2008:73, tradução nossa), a gestão do conhecimento pode ser entendida como sendo "a criação, armazenamento e compartilhamento de informações, experiências e percepções entre comunidades de pessoas que tenham interesses similares, com o objetivo de impulsionar (ou manter) a vantagem competitiva da organização".

O compartilhamento de informações é o pilar principal da gestão do conhecimento (GC), sendo a captura e o armazenamento iniciativas necessárias, porém não suficientes para viabilizar o objetivo maior da GC, que é promover a troca entre aqueles indivíduos que possuem um conhecimento e aqueles que necessitam tê-lo. A GC permite às organizações criar, adquirir, organizar e tornar disponível seu capital intelectual (o que as pessoas sabem e podem fazer). É possível também que sejam melhorados nas organizações:

- o potencial para inovar (criar novos produtos e serviços);
- a organização dos seus processos, metodologias ferramentas e sistemas;
- e até mesmo o relacionamento com seus clientes.

Componentes da gestão do conhecimento

O modelo da arquitetura integrada do aprendizado focado em desempenho trabalha com três componentes para promover a gestão do conhecimento integrada à aprendizagem organizacional: "repositórios de informações", "comunidades e redes de relacionamento" e "especialistas e conhecimentos".

Repositórios de informações

Kimiz (2011 apud Costa, 2017) pondera que os repositórios de informações contêm

> conhecimento valioso, que é uma mescla de conhecimento tácito e explícito.[4] Para que os repositórios cumpram o papel de repositório do conhecimento, devem ser vistos como parte integrante de uma estratégia organizacional maior, que vise não somente à gestão da informação, mas, sobretudo, à GC.

Os repositórios de informações podem facilitar tanto a estratégia de gestão do conhecimento explícito como do conhecimento tácito nas organizações. Como estratégia de gestão do conhecimento explícito, os repositórios possibilitam a inserção de livros, artigos, imagens etc., eliminando lacunas referentes ao acesso e disseminação organizada do conhecimento produzido na organização. No que tange ao conhecimento tácito, os repositórios apresentam algumas características que podem propiciar a supressão de falhas no registro e disseminação do conhecimento referente a processos de produção e compartilhamento de experiências. Nos repositórios podem ser inseridos e armazenados conhecimentos tácitos por meio de narrativas, melhores práticas, lições aprendidas etc.

Comunidades e redes de relacionamento

Acesso a treinamentos e a repositórios de informações não são as únicas formas de as pessoas aprenderem. Aprendemos também por meio de interações com nossos pares no trabalho, com nossos fornecedores, clientes e pessoas do nosso relacionamento. Tornar esse processo mais interativo, estimulando e promovendo a aprendizagem fora da sala de aula, é uma prática que vem crescendo em muitas organizações.

---

[4] Segundo Krogh, Ichijo e Nonaka (2001), conhecimento tácito é um modelo subjetivo e individual de conhecimento, adquirido ao longo das experiências e vivências particulares de cada pessoa, enquanto o conhecimento explícito é aquele tipo de conhecimento formal e sistemático, expresso por números e palavras, facilmente comunicado e compartilhado em dados, informações e modelos.

Vieira (2006) enfatiza outro potencial das comunidades no cenário da aprendizagem organizacional; a rapidez da troca de informações. Às vezes, um grupo de pessoas não sabe o que outros grupos estão fazendo. Outra equipe – do outro lado do corredor ou mundo afora – poderá estar fazendo o mesmo trabalho, talvez melhor. Essa redundância de esforços pode retardar inovações e aumentar os custos, colocando a organização em uma desvantagem nos negócios. As ferramentas *on-line* que promovem a colaboração e formação de comunidades auxiliam as organizações a eliminarem redundâncias removendo barreiras de tempo e distância. Elas podem reproduzir os benefícios dos ambientes organizacionais, como a sala do cafezinho ou as mesas do refeitório, melhorando a consciência de todos sobre o que está ocorrendo.

Especialistas e conhecimento

O acesso a especialistas e a seus conhecimentos é de fundamental importância para o êxito de qualquer iniciativa de colaboração. Mas, mesmo que saibamos quem são os especialistas, eles talvez não tenham tempo para colaborar. E algumas pessoas que, de fato, são especialistas, não sabem que o são ou se esquivam em se identificar como tal porque temem serem abarrotadas com pedidos de ajuda. Qualquer pessoa que já tentou algum dia desenvolver um curso ou elaborar um documento técnico sabe o quanto é difícil encontrar e manter engajado um verdadeiro especialista no assunto.

A tecnologia está oferecendo algumas soluções para ampliar e facilitar o acesso ao conhecimento especializado. Diretórios *on-line* na intranet das empresas (por vezes referenciados como "páginas amarelas") contendo mais do que simplesmente informações sobre contatos, ajudam as pessoas a identificar a pessoa certa a ser contatada sobre determinado assunto. A possibilidade de utilizarmos redes de relacionamento e comunidades de prática para disseminar conhecimento especializado facilita o suporte a um maior número de pessoas que necessitam de auxílio por parte de quem pode ajudá-las.

Para consolidarmos o entendimento dos componentes da arquitetura integrada do aprendizado focado em desempenho contemplados no "guarda-chuva" da AMT, o quadro a seguir reúne as principais diferenças entre treinamento, suporte ao desempenho e gestão do conhecimento.

Quadro 1

PRINCIPAIS DIFERENÇAS ENTRE TREINAMENTO, SUPORTE AO DESEMPENHO E GESTÃO DO CONHECIMENTO

	Treinamento	Suporte ao desempenho	Gestão do conhecimento
Propósito	Instruir.	Executar.	Informar.
Reflexo no trabalho	Posterga o trabalho.	Acontece durante o trabalho.	Desvia momentaneamente o foco do trabalho.
Valor do aprendizado	O aprendizado é estruturado.	O aprendizado acontece pela prática.	O aprendizado não é formalmente estruturado.
Meta	Desenvolver conhecimento e habilidade.	Realizar as tarefas e entregas.	Encontrar e compartilhar informação.

Fonte: adaptado de Rosenberg (2013).

Os próximos dois componentes não estão sob o respaldo da aprendizagem mediada por tecnologia, não significando isso que não possam, em algumas configurações, utilizar algum tipo de tecnologia na sua execução.

Treinamento em sala de aula na conjuntura da arquitetura integrada

O treinamento em sala de aula já é um velho conhecido de todos nós. No contexto da arquitetura integrada do aprendizado focado em desempenho, ele vem agregar suas potencialidades às dos demais componentes da arquitetura para alcançar a proposta de valor final: melhorar o nível de desempenho dos colaboradores.

Embora os objetivos e as metodologias do treinamento em sala de aula e do treinamento *on-line* sejam similares e ambas as modalidades demandem uma interrupção no fluxo normal do trabalho dos indivíduos na organização (não obstante o treinamento *on-line* cause geralmente menos interrupções do que o em sala de aula), eles diferem no modo como os programas são conduzidos e controlados. No treinamento síncrono ("ao vivo", em tempo real), seja em sala de aula presencial ou em sala de aula virtual, a condução e o controle da aula ficam a cargo do instrutor. Já no treinamento *on-line* assíncrono (treinamento que acontece no tempo mais conveniente do indivíduo) a condução é feita pelo aluno, seguindo os parâmetros lógicos definidos durante a etapa de desenvolvimento do curso ou treinamento *on-line*.

Mentoria e coaching *na conjuntura da arquitetura integrada*

Os conceitos de mentoria e *coaching* são tratados com profundidade mais à frente, em um capítulo sobre liderança e *coaching*. O propósito aqui é destacar como essas abordagens são importantes para o aprendizado organizacional e que, quando utilizadas em conjunto com outros componentes da arquitetura integrada do aprendizado focado em desempenho, potencializam o sucesso da chamada "aprendizagem informal direcionada" que acontece no local de trabalho.

Iniciativas de mentoria e *coaching* atreladas a ações de capacitação e gestão do conhecimento vêm sendo praticadas há algum tempo por muitas organizações. Um bom exemplo é a utilização do conceito de "padrinho", em que profissionais mais experientes, maduros e competentes em suas áreas acompanham e orientam os menos experientes, promovendo, de forma consistente e eficaz, a gestão do conhecimento.

Simulador de negócios – um caso ilustrativo da utilização da arquitetura integrada

Como o próprio nome traz implícito, a utilização do modelo da arquitetura integrada do aprendizado focado em desempenho pressupõe a aplicação não de um elemento isolado, mas de um conjunto de componentes do modelo para compor uma solução de capacitação e gestão do conhecimento. Se observarmos a figura 2, notaremos um conjunto de linhas pontilhadas ligando os componentes entre si, denotando essa ideia de interconexão.

Exploraremos neste relato de caso, como uma solução desenvolvida para a Rapid&Healthy (R&H) (nome fantasia de uma grande rede de restaurantes de serviço rápido atuante no Brasil),[5] integrou esses componentes da arquitetura em um contexto de "gamificação".[6]

---

[5] Essa solução de capacitação e gestão do conhecimento utilizando novas tecnologias de aprendizagem foi desenvolvida pelo autor (que também exerce atividades de consultor) para uma empresa que optou por não ter seu nome divulgado.

[6] Gamificação (do inglês *gamification*) é a utilização das técnicas de *design*/mecânica de jogos e pensamentos orientados a jogos para enriquecer contextos diversos normalmente não relacionados a jogos (Kapp, 2012, tradução nossa).

Para descrever esse caso utilizamos a técnica 5W1H.[7]

(*Why*) Por que essa solução para capacitação e gestão do conhecimento foi desenvolvida? Necessidade de melhorar os indicadores de negócio da organização por meio da correta interpretação e correlação dos parâmetros monitorados a acompanhados em uma planilha diária de lucros e perdas de cada restaurante da R&H.

(*What*) O que foi desenvolvido? Um jogo empresarial simulando a operação de um restaurante virtual (com características, números e indicadores semelhantes aos restaurantes reais da organização), em que aconteceram todas as situações e simulações do jogo. O objetivo central de negócio que estava por trás desse jogo era melhorar os indicadores definidos no plano de negócio da R&H. No simulador, foram escolhidos cinco indicadores para serem trabalhados: *turnover*, vendas, quantidade de clientes, avaliação do cliente misterioso e resultado financeiro.

(*Who*) Quem era o público-alvo da solução? Todos os gerentes dos restaurantes da R&H espalhados pelo Brasil – aproximadamente 700 participantes.

(*Where*) Onde ocorreu a implementação da solução? A solução foi disponibilizada para ser acessada na internet por meio dos *tablets* (dispositivos móveis) dos gerentes em cada restaurante.

(*When*) Quando, ou seja, qual a duração da aplicação da solução? A duração do jogo foi de 12 semanas (aproximadamente três meses).

(*How*) Como a solução foi estruturada? Essa é a pergunta-chave para descrição do caso. Os 700 participantes de todo o Brasil foram divididos em 63 equipes formadas por gerentes de restaurante de um determinado setor. Cada equipe teve um padrinho, na pessoa do consultor responsável pelo setor. Esses padrinhos receberam uma capacitação com duração de seis horas no formato presencial, sobre como dar suporte e *feedback* aos gerentes participantes da sua equipe (atuar como *coach*). A dinâmica do jogo foi baseada em desafios e grupos de discussão. Para suprir eventuais deficiências de informação e compreensão, as atividades tiveram o apoio de um conjunto de conteúdos de fácil acesso, reunindo as melhores práticas da organização. Em cada semana ocorria um conjunto básico de atividades:

---

[7] 5W1H: técnica que utiliza uma lista de verificação muito comum no ambiente empresarial para organizar um conjunto de ações planejadas cujas letras são as iniciais para os termos em inglês: *why* (por que); *what* (o que); *who* (quem); *where* (onde); *when* (quando); e *how* (como).

- treinamento de curta duração no formato de autoestudo com duração máxima de 12 minutos (*microlearning*),[8] contendo, ao final, uma verificação da assimilação dos conceitos do módulo de treinamento que seriam trabalhados na semana;
- desafio semanal contemplando a seguinte sequência de atividades:
  - decisão individual com registro da resposta de cada participante ao desafio proposto na semana;
  - fórum de discussão, alinhamento e definição do membro da equipe que iria postar a resposta do grupo para a posterior pontuação e *ranking*. O resultado desta discussão é a "decisão da equipe", com registro da resposta do grupo ao desafio proposto na semana;
- tarefa operacional para execução no "chão" do restaurante de cada gerente participante ("momento da necessidade no ambiente real de trabalho");
- divulgação dos resultados e ranking das equipes

O quadro 2 resume como os componentes da arquitetura integrada do aprendizado focado em desempenho foram utilizados.

Quadro 2

Componentes da arquitetura integrada utilizados no relato do caso "simulador de negócios"

Componente da arquitetura integrada	Forma de utilização no caso "simulador de negócios"
Treinamento em sala de aula	Capacitação dos "padrinhos" sobre como atuar como *coaches* dos gerentes da sua equipe.
Treinamento *on-line*	"*Microlearning*" contendo os principais conceitos dos tópicos da planilha de lucros a serem explorados na semana.
Gestão do conhecimento: repositório de informações	Biblioteca virtual contendo um conjunto de conteúdos de fácil acesso, reunindo as melhores práticas da organização.
Gestão do conhecimento: comunidades e redes	Fóruns de discussão para troca e alinhamento das alternativas para solução do "desafio da semana" pelos membros dos grupos.
Gestão do conhecimento: especialistas e conhecimento	O padrinho de cada equipe atuava como especialista nos conhecimentos relacionados aos temas da semana.
Suporte ao desempenho	Tarefa operacional conduzida semanalmente no "chão" do restaurante por meio de um guia prático de aplicação.
Mentoria e *coaching*	*Feedback* do padrinho a cada gerente de restaurante do seu grupo sobre o resultado da aplicação da tarefa operacional.

[8] *Microlearning*: técnica que utiliza a apresentação do conteúdo em pequenas doses exigindo do participante menos tempo e menos esforço em sua realização, com assuntos específicos e direcionados em cada unidade abordada (Wikipedia, 2017, tradução nossa).

O resultado positivo da aplicação dessa solução de capacitação e gestão do conhecimento na R&H pôde ser confirmado pela melhora média de 10% nos indicadores de negócio trabalhados no simulador, nas duas semanas seguintes à aplicação de cada tema abordado.

Esse relato de caso corrobora o potencial da tecnologia como facilitadora do processo e viabilizadora da implementação de uma capacitação engajante e eficaz. Demonstra também como a utilização coordenada de componentes da arquitetura integrada focada em desempenho foi fundamental para o sucesso do "simulador de negócio". Os participantes não se sentiam fazendo um treinamento nem participando de uma comunidade de prática, mas sim participando de soluções de problemas em que analisavam individualmente as alternativas e, depois, compartilhavam sua análise em um grupo, de forma a obter os melhores resultados (inteligência coletiva).

É essencial, portanto, que os profissionais responsáveis pela gestão estratégica de recursos humanos nas organizações tenham as competências necessárias para gerir o desenvolvimento e a aplicação de soluções de capacitação e gestão do conhecimento que considerem os princípios da aprendizagem corporativa focada na melhoria do desempenho conectado aos indicadores de negócio das organizações. Esse é o tema do próximo tópico.

Competências e metodologias para estruturação de ações de capacitação e gestão do conhecimento

As competências necessárias aos profissionais de recursos humanos para uma atuação estratégica em projetos e soluções ligadas à capacitação, gestão do conhecimento e utilização de novas tecnologias de aprendizagem devem estar focadas no que as organizações esperam de resultado dessas soluções. A eficácia do aprendizado dos colaboradores é muito importante, porém a proposta de valor final é melhorar o nível de desempenho deles, ou seja, o que as pessoas realmente fazem (suas "entregas") relacionado ao negócio das organizações.

Portanto, temos de considerar esse contexto para identificarmos as competências essenciais aos profissionais de RH para que atuem em treinamento, desenvolvimento e educação nas organizações (que referenciaremos a partir de agora como TD&E). Borges-Andrade (2006) descreve um conjunto de competências necessárias aos profissionais de TD&E agrupadas em três tipos: técnicas, políticas e interpessoais. Neste capítulo, vamos nos ater às competências técnicas (mais especificamente às quatro que consideramos essenciais atualmente para atuação em TD&E), pois as competências "políticas" e "interpessoais" são discutidas em outros capítulos do livro:

- interpretação do sentido de metas institucionais e habilidades para transformá-las em objetivos e prioridades dos programas de TD&E;
- construção e aplicação de instrumentos de diagnóstico de desempenho, definição de necessidades de treinamento e seus resultados;
- planejamento e especificação de programas e/ou soluções para treinamento e desenvolvimento;
- análise e interpretação de dados de avaliação.

Segundo Borges-Andrade (2006:187), o entendimento da tecnologia (*design*) instrucional pelos profissionais de TD&E é um caminho seguro para o desenvolvimento dessas competências.

> O enfoque instrucional [[9]] pode ser definido como o modo como os profissionais de educação ou TD&E conhecem, compreendem e predizem os aspectos concernentes ao ensino e à aprendizagem, bem como à relação entre as mudanças de desempenho que se deseja de um determinado indivíduo.

Existe uma ampla gama de modelos para abordagem da tecnologia instrucional, alguns com riqueza de detalhes, explorando cada peculiaridade da metodologia (Forest, 2015). Entre os mais recentes e abrangentes, o modelo "6Ds"[10] (Pollock, Wick e Jefferson, 2011) vem ganhando espaço em algumas organizações. Considerando o propósito deste capítulo, utilizaremos o modelo ilustrado na figura 3 para abordar as competências "essenciais" ao profissional de RH para atuar em TD&E.

---

[9] Instrucional: adj. Que se refere a instrução; que está relacionado ao ensino; educativo. (Wikipedia, 2017, tradução nossa).

[10] Os 6Ds são: determinar os resultados do negócio, desenhar uma experiência completa, direcionar a aplicação, definir a transferência do aprendizado, dar apoio à performance e documentar os resultados.

Figura 3
Modelo de desenvolvimento da tecnologia instrucional com base na abordagem de sistemas

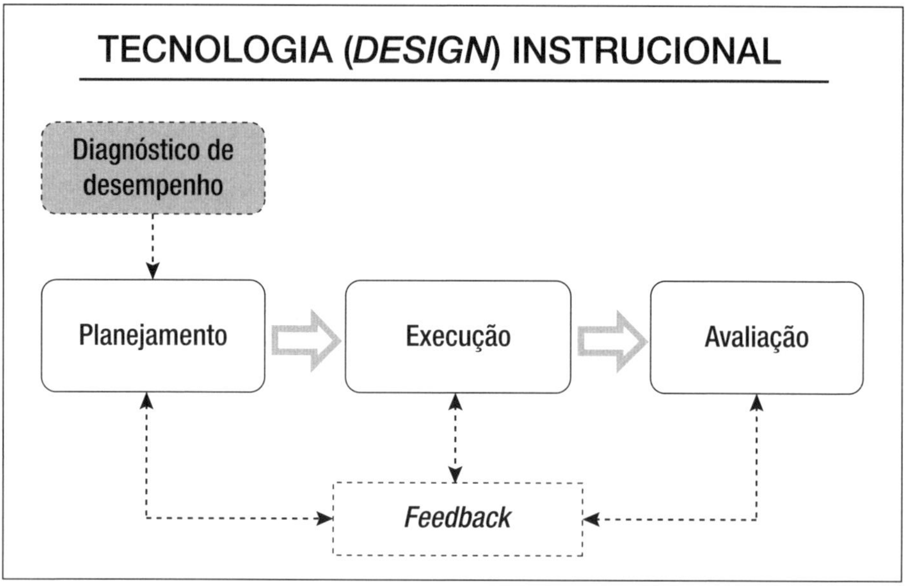

Fonte: adaptada de Borges-Andrade (2006).

O diagnóstico de desempenho não é propriamente uma etapa do modelo de tecnologia instrucional, pois ele ocorre antes de decidirmos se realmente vamos desenvolver uma solução de capacitação e/ou gestão do conhecimento. Por que realizar um diagnóstico de desempenho? Os profissionais de TD&E recebem frequentemente solicitações para desenvolver algum tipo de treinamento quando, de fato, o treinamento pode não ajudar na solução do problema. O desempenho no local de trabalho é influenciado por muitos fatores. Os colaboradores necessitam ter padrões e processos de trabalho claros, *feedbacks* frequentes por seus resultados, incentivos alinhados aos resultados desejados, ferramentas e recursos adequados para exercerem suas tarefas, entre outros elementos. O modelo dos seis drives de desempenho[11] de Thomas Gilbert (2007) auxilia no direcionamento da análise e interpretação de problemas de

[11] Os seis *drives*, ou alavancadores, que impactam diretamente o desempenho humano trabalhados no modelo são: informação/*feedback* dos gestores; recursos/processos/ferramentas; incentivos; treinamento/capacitação; características/perfil pessoal e motivação (Gilbert, 2007).

desempenho, de modo que se possa decidir se o treinamento é uma solução adequada. Esse modelo foi a base para construção da metodologia conhecida como HPT (*human performance technology*) difundida e disseminada pela International Society for Performance Improvement (ISPI).[12]

Uma vez identificado que a discrepância de desempenho está relacionada à falta de conhecimento e/ou habilidade, ou seja, que uma solução de TD&E ajudará na redução da discrepância do desempenho, é hora de efetivamente utilizarmos o modelo de tecnologia educacional na sua etapa de *planejamento*. Como primeiro passo da etapa, tem-se a definição das necessidades de TD&E, em que se determina a diferença entre a proficiência desejada e o desempenho atual, ou seja, a discrepância (*gap*) a ser trabalhada pela solução de capacitação e/ou gestão do conhecimento. Essas necessidades podem ser definidas partindo de uma visão "pontual" focada nos problemas de desempenho (indicadores/resultados de negócio) ou partindo de uma visão "estratégica" focada nas competências (organizacionais e individuais). No primeiro caso, a definição das discrepâncias é estabelecida junto às áreas demandantes que identificaram, nos seus indicadores/resultados de negócio, os problemas que podem ser mitigados por soluções de capacitação e/ou gestão do conhecimento. No segundo caso (focado nas competências), os *gaps* são normalmente identificados por meio de uma avaliação de desempenho dos colaboradores.

Uma vez identificado(s) o(s) *gap*(s) a ser(em) trabalhado(s), seguimos para o segundo passo da etapa de planejamento, que é a elaboração dos objetivos de aprendizagem (também referenciados como "objetivos instrucionais" ou "objetivos de desempenho"). O objetivo de aprendizagem (ou objetivo instrucional) é uma descrição clara do desempenho esperado (comportamentos observáveis) dos colaboradores ao final da aplicação de uma ação de TD&E.

Com base no desempenho esperado, descrito nos objetivos de aprendizagem, se procede, ainda na etapa de planejamento, à escolha da modalidade de entrega da solução de TD&E a ser desenvolvida (treinamentos formais/sala de aula e/ou *on-line*, colaboração, mentoria etc.) e, para tanto, devem-se considerar as peculiaridades e características de cada componente da arquitetura do aprendizado focado em desempenho.

---

12 Ver: <http://www.ispi.org/>. Acesso em: 10 fev. 2017.

Na etapa de *execução* da tecnologia instrucional, desenvolvem-se as estratégias de ensino, bem como os recursos didático-pedagógicos para a efetiva aplicação da solução de TD&E. A escolha das estratégias e dos recursos/componentes arquitetura do aprendizado focado em desempenho que irão compor a solução de TD&E deve ser feita com base no tipo de desempenho esperado (descrito nos objetivos de aprendizagem), nas características do público-alvo (idade, formação, experiência etc.), nos princípios da andragogia (aprendizagem de adultos) e ainda no contexto particular da organização (infraestrutura física e tecnológica, tempo, quantidade de colaboradores, orçamento etc.) (Knowles, 2009).

A terceira etapa da tecnologia instrucional é a *avaliação*. No cenário atual, em que se cobra dos profissionais da área de RH que sejam mais "estratégicos", que trabalhem com indicadores de desempenho, produtividade e qualidade conectados ao negócio da organização, é condição *sine qua non* buscar proficiência em como avaliar as ações de capacitação e gestão do conhecimento capitaneadas pelo setor de TD&E. Kirkpatrick (1996) apresentou um modelo de avaliação das ações de treinamento, desenvolvimento e educação em quatro níveis (ou quatro tipos de avaliação) que se tornou um "clássico". Ele afirma que as avaliações para serem eficazes no contexto organizacional devem ser conduzidas nos quatro níveis, buscando obter respostas para cada um deles: avaliação de "reação" (como os participantes reagiram ao treinamento?); avaliação do "aprendizado" (quais foram as informações e habilidades aprendidas?); avaliação da "aplicação" (como os participantes estão aplicando no seu contexto de trabalho o que aprenderam?); avaliação dos "resultados"[13] (qual o impacto das ações de TD&E nos indicadores de negócio da organização?).

Conclusão

Nesta conclusão, vamos resgatar as perguntas direcionadoras feitas na introdução, buscando respondê-las, de forma sintetizada, com base em todos os conceitos, ferramentas, metodologias e exemplos tratados ao longo deste capítulo.

[13] Encontramos hoje alguns modelos de avaliação, como o do Jack Phillips (2011), que referencia um quinto nível intitulado ROI (da sigla em inglês *return on investment*) que poderia ser considerado um desdobramento do quarto nível do Kirkpatrick.

Primeira pergunta: "Quais fatores estão transformando a aprendizagem organizacional nos dias de hoje?" Entre os cinco fatores abordados no capítulo, a perspectiva de que hoje, com o advento das novas tecnologias de informação e comunicação, o "aprendizado ocorre em todo lugar" sintetiza os demais. Esse fator vem modificando o modo de estruturação e, sobretudo, de disponibilização das soluções de capacitação e gestão do conhecimento.

E então "como trabalhar as iniciativas de capacitação e gestão do conhecimento em uma perspectiva mais estratégica que priorize a melhoria no desempenho das entregas dos colaboradores relacionadas ao negócio das organizações?". Sem dúvida a resposta a essa questão passa pela utilização de um modelo que integre soluções formais e soluções informais do contexto de trabalho e que esteja conectado aos indicadores de negócio das organizações. Um desses modelos, e que foi extensivamente explorado neste capítulo, é o da "arquitetura integrada do aprendizado focado em desempenho".

"Qual é o papel das novas tecnologias neste contexto atual da aprendizagem organizacional?", foi outra pergunta direcionadora. Discutiu-se que é essencial colocar os objetivos da capacitação e desenvolvimento dos colaboradores acima da tecnologia e que esta seja aplicada para atingir nossas metas de melhoria de desempenho. A ênfase no uso da tecnologia deve se fundamentar na compreensão das necessidades e competências a serem desenvolvidas, bem como na conscientização dos métodos para desenvolver e manter nos indivíduos treinados um interesse pelo aprendizado. As "ferramentas" tecnológicas podem e devem ser utilizadas como facilitadores e agilizadores do processo de capacitação e gestão do conhecimento.

Para responder a última questão: "Quais competências os profissionais de RH devem ter para atuar neste cenário?", destacamos quatro que são fundamentais para o profissional de RH atuar de forma estratégica em ações que envolvam treinamento, desenvolvimento e educação (TD&E) nas organizações: interpretar as metas institucionais de modo a priorizar as ações de TD&E; dominar a construção e aplicação de instrumentos de diagnóstico de desempenho e de identificação das necessidades de capacitação e da gestão do conhecimento; ser proficiente no planejamento e especificação de programas e/ou soluções para atender a estas necessidades e, por último, saber analisar e interpretar os dados das avaliações de TD&E de modo a conduzir ações que estejam alinhadas com a proposta de valor final de qualquer solução de capacitação e gestão do conhecimento; melhorar o nível de desempenho dos colaboradores e de suas "entregas" relacionadas ao negócio das organizações. Para trabalhar o desenvolvimento dessas competências, exploramos a abordagem da tecnologia (ou *design*) instrucional.

Ao longo do capítulo, foram abordadas duas tendências que vêm ganhando muito espaço no contexto da capacitação e gestão do conhecimento nas organizações: o "aprendizado personalizado" e a "gamificação". Importante mencionar outra tendência forte na aprendizagem organizacional: a utilização crescente de "trilhas de aprendizagem" (Willians, 2004) para reunir os diversos componentes da arquitetura integrada do aprendizado focado em desempenho, visando trabalhar, de forma organizada e sistêmica, os *gaps* (discrepâncias) identificados nas competências dos colaboradores pelas avaliações de desempenho.

Percebe-se um amplo espaço de investigação neste tema da capacitação, gestão do conhecimento e novas tecnologias de aprendizagem. Assim, é fundamental que os profissionais de RH busquem contextualizar e aplicar as "questões direcionadoras" tratadas neste capítulo à realidade das suas organizações, para que se apropriem e ganhem proficiência no seu papel de gestores estratégicos de recursos humanos.

Referências

ABBAD, Gardênia S. et al. Planejamento instrucional em TD&E. In: BORGES-ANDRADE, Jairo E.; ABBAD, Gardênia S.; MOURÃO, Luciana (Org.). *Treinamento, desenvolvimento e educação em organizações e trabalho*: fundamentos para gestão de pessoas. Porto Alegre: Artmed, 2006, p. 289-321.

BORGES-ANDRADE, Jairo E. Competência técnica e política do profissional de TD&E. In: ________; ABBAD, Gardênia S.; MOURÃO, Luciana (Org.). *Treinamento, desenvolvimento e educação em organizações e trabalho*: fundamentos para gestão de pessoas. Porto Alegre: Artmed, 2006, p. 177-195.

CLARK, Ruth Colvin; MAYER, Richard E. *E-Learning and the science of instruction*: proven guidelines for consumers and designers of multimedia learning. 4. ed. Nova Jersey: John Wiley & Sons, 2016.

COSTA, Veruska da Silva. Repositórios institucionais e repositórios do conhecimento. *Observatório Ipea de Gestão do conhecimento*, [s.l.], [s.d.]. Disponível em: <www.ipea.gov.br/observatorio/palavra-de-espcialista/114-veruska-da-silva-costa/143-repositorios-institucionais-e-repositorios-do-conhecimento>. Acesso em: 10 fev. 2017.

ELMORE, Richard. *The transformation of learning*. [S.l.], 2016. Disponível em: <www.youtube.com/watch?v=AZtrCWzwJrI>. Acesso em: 10 fev. 2017.

FERNANDES, Marcelo Porto. Aprendizagem corporativa mediada por tecnologia. *Revista Conhecer Sebrae*, n. 18, p. 35-37, jun. 2011. Disponível em: <https://issuu.com/ucsebrae/docs/revista_sebrae_n_18>. Acesso em: 10 fev. 2017.

FOREST, Ed. Instructional design models and theories. *International Society for Educactional Technology*, dez. 2015. Disponível em: <http://educationaltechnology.net/instructional-design-models-and-theories/>. Acesso em: 10 fev. 2017.

GEEKIE. Todo mundo pode mais. [S.l.], [s.d.]. Disponível em: <www.geekie.com.br/sobre/>. Acesso em: 10 fev. 2017.

GILBERT, Thomas F. *Human competence*: engineering worthy performance. São Francisco: Pfeiffer, 2007. Tribute edition.

GOTTFREDSON, Conrad; MOSHER, Bob. *Innovative performance support*: strategies and practices for learning in the workflow. Nova York: McGraw-Hill, 2010.

JENNINGS, Charles; ARETS, Jos; HEIJNEN, Vivian. *70-20-10*: towards 100% performance. Maastricht: Sutler Media, 2016.

KAPP, Karl L. *The gamification of learning and instruction*: game-based methods and strategies for training and education. São Francisco: Pfeiffer, 2012.

KIRKPATRICK, Donald L. *Evaluating training programs*: the four levels. São Francisco: Berrett-Koehler Publishers, 1996.

KNOWLES, Malcolm S. *Aprendizagem de resultados*: uma abordagem prática para aumentar a efetividade da educação corporativa. Rio de Janeiro: Campus-Elsevier, 2009.

KOLB, David. *Experiential learning*: experience as the source of learning and development. 2. ed. Nova Jersey: Pearson Education, 2015.

KROGH, Georg von; ICHIJO, Kazuo; NONAKA, Ikujiro. *Facilitando a criação de conhecimento*: reinventando a empresa com poder de inovação contínua. Rio de Janeiro: Campus, 2001.

MALANOVICK, Aline Vieira. Aprendizagem organizacional. *Recanto das Letras*, Porto Alegre, 2008. Disponível em: <www.recantodasletras.com.br/ensaios/946634>. Acesso em: 10 fev. 2017.

MICROLEARNING. *Wikipedia, the free encyclopedia.* São Petersburgo, FL: Wikimedia Foundation, 2017. Disponível em <https://en.wikipedia.org/w/index.php?title=Microlearning&oldid=748181391>. Acesso em: 10 fev. 2017.

PHILLIPS, Jack J. *Return on investment in training and performance improvement programs.* 2. ed. Nova York: Routledge, 2011.

POLLOCK, R.; WICK, C.; JEFFERSON, A. *6Ds*: as seis disciplinas que transformam educação em resultado para o negócio. São Paulo: Évora, 2011.

ROSENBERG, Marc. At the moment of need: the case of performance support. *The eLearning Guild*, Santa Rosa, CA, jun. 2013. Disponível em: <www.elearningguild.com/publications/?id=33>. Acesso em: 10 fev. 2017.

ROSENBERG, Marc. *Beyond e-Learning*: approaches and technologies to enhance organizational knowledge, learning, and performance. São Francisco: Pfeiffer, 2008.

ROSSETT, Allison; SCHAFER, Lisa. *Job aids and performance support in the workplace*: moving from knowledge in the classroom to knowledge everywhere. Nova York: Pfeiffer/Wiley, 2007.

VIEIRA, Naldeir dos Santos. O papel das comunidades de prática na aprendizagem organizacional. In: SIMPÓSIO DE EXCELÊNCIA EM GESTÃO E TECNOLOGIA (SEGeT), III., 2006, Seropédica, RJ. *Anais...* Seropédica: UFRRJ, 2006. Disponível em: <www.aedb.br/seget/arquivos/artigos06/557 _Artigo%20final%20de%20aprendizagem%20Seget.pdf>. Acesso em: 10 fev. 2017.

WILLIANS, Jim. *Learning paths*: increase profits by reducing the time it takes employees to get up-to-speed. São Francisco: Pfeiffer, 2004.

12. Gestão do desempenho e modelo de competências

Vera Lúcia de Souza

Introdução

Este capítulo aborda desafios impostos pela mudança da lógica de gestão subjacente ao processo gestão de desempenho (GD), sobretudo condicionada pela globalização dos mercados, pelos avanços tecnológicos e pela elevação da exigência dos clientes, com o intuito de garantir entregas que asseguram vantagens competitivas. A intenção é estimular reflexões que favoreçam a sustentação de desempenhos em níveis crescentes de excelência, no âmbito do indivíduo, da equipe e da organização.

É oportuno destacar a importância do enfrentamento efetivo de tais desafios, visíveis a partir do descompasso entre discursos e práticas ao se gerir o desempenho humano.[1] Por um lado, observa-se a proliferação de discursos fundamentados em tendências ascendentes e que, portanto, corroboram a relevância da gestão das contribuições humanas para o negócio. Por outro, o olhar atento revela um número significativo de práticas que se contrapõem ao descrito nos discursos em face da insistente valorização das premissas mecanicistas.

Para tanto, inicialmente, o capítulo destacará desafios decorrentes de barreiras culturais que afetam o processo GD, responsável pela concretização

[1] Os desafios abordados no presente capítulo resultaram das experiências profissionais da autora em organizações, públicas e privadas, desde a década de 1980.

da visão organizacional, conforme as exigências da lógica de gestão flexível, valorizada pela nova economia.

Ainda, ele apontará disfunções observadas nas etapas planejamento, acompanhamento e avaliação que desvelam vestígios da influência da lógica mecanicista no ciclo do desempenho. Além de se constituir em desafios à execução de estratégias organizacionais, definidas para a concretização da visão, essa visão dualista dificulta a tomada de decisão pautada na meritocracia.

Finalizando, o capítulo abordará desafios vinculados aos impactos de condicionantes socioemocionais no comprometimento a entregas que adicionam valor ao negócio.

Desafios da gestão estratégica das contribuições humanas ao negócio

As mudanças aceleradas não nasceram no século XXI, conforme destacado anteriormente no capítulo que abordou a gestão da mudança. Há muito, elas se encontram em "fermentação" na sociedade, instigadas pelas demandas da lógica de gestão flexível que fundamentou a reestruturação produtiva mais recente, ocorrida na década de 1990.

Zarifian (2001) alerta que as noções subjacentes à lógica em questão[2] transformaram radicalmente os princípios de gestão de trabalho. Reforçando essa ideia, Dutra afirma que o trabalho não mais se restringe ao prescrito; antes, reflete a capacidade do elemento humano de mobilizar seu saber e sua habilidade em situações específicas.

> Pessoas atuam como agentes de transformação de conhecimentos, habilidades e atitudes em competência entregue para a organização. A competência entregue pode ser caracterizada como agregação de valor ao patrimônio de conhecimentos da

[2] "A noção incidente refere-se ao imprevisto que perturba o sistema de produção, ultrapassando sua capacidade rotineira de assegurar sua autorregulação. A competência não está contida nas definições *a priori* da tarefa. As pessoas precisam mobilizar recursos continuamente para resolver novas situações. A noção comunicação implica a necessidade de as pessoas compreenderem o outro e a si mesmas para propiciar o compartilhamento de objetivos e normas organizacionais. A noção serviços significa que todos precisam compreender que em todas as atividades há um cliente (interno ou externo) que deve ser plenamente atendido" (Souza e Souza, 2016:81).

> organização [...] compreendendo agregação de valor como algo que a pessoa entrega para a organização de forma efetiva, ou seja, algo que permanece mesmo quando a pessoa sai da organização [...] como melhoria em processos [...] introdução de tecnologias [Dutra, 2009:31].

As exigências da nova economia, ao demandarem modelos de gestão orientados para o mercado, substituíram o cargo como unidade básica de gestão pelo indivíduo. Daí o impulso da concepção de modelos de gestão de pessoas centrados no conceito competência em detrimento do cargo.

Em função disso, convém salientar que o conceito competência ainda se encontra em construção, razão pela qual é possível a observação de divergências quanto ao seu significado. Apesar disso, um número expressivo de autores compreende competência como um conjunto de conhecimentos, habilidades e atitudes que devem ser mobilizados para a geração de resultados.

Nessa direção, posturas teóricas, como aquelas defendidas por Brandão e Guimarães (2001), argumentam que gestão de competências (GC) e gestão de desempenho (GD) são tecnologias gerenciais interdependentes, ou seja, integradas em um mesmo construto e complementadas em um contexto mais amplo de gestão organizacional.

Por um lado, gestão de competência refere-se ao modelo de gestão de pessoas que se apresenta como um diferencial para a tomada de decisão relativa ao capital intelectual (Gramigna, 2007). Modelo assentado na crença de que competências humanas sustentam as organizacionais para assegurar vantagens competitivas no atual contexto de negócio.

> A gestão por competências propõe-se fundamentalmente a gerenciar o *gap* ou a lacuna de competências eventualmente existente na organização, procurando eliminá-la ou minimizá-la. A ideia é aproximar ao máximo as competências existentes na organização daquelas necessárias à consecução de objetivos organizacionais [Carbone et al., 2005:69].

Por sua vez, gestão de desempenho diz respeito ao processo organizacional, integrante do modelo gestão por competências, que operacionaliza a relação entre competências e resultados, visando à identificação das contribuições humanas ao negócio, de modo a propiciar a execução das estratégias delineadas para a concretização da visão.

Em última instância, o desempenho individual, de equipe e organizacional, manifesta ou não competências humanas e organizacionais, conforme ilustrado a seguir.

> *In order to be successful, organizations must have capabilities that allow them to coordinate and focus behavior in ways that we tuned to the marketplace and produce high levels of performance – ways that differentiate them from their competitors. Every organization must understand what capabilities it needs to compete in its market and then develop them by creating the appropriate organizational designs and management systems* [Lawler, 1996:xii].

Corroborando essa postura, Souza e Souza (2016) alertam que o gerenciamento estratégico do desempenho humano se insere na lógica da visão baseada em recursos denominada RBV (*resource based view*), ao considerar que a empresa possui um conjunto de recursos internos, tangíveis e intangíveis, a serem configurados para assegurar vantagens competitivas. Para tanto, as autoras argumentam que as organizações devem aplicar seus recursos de naturezas distintas de modo a enfrentar de forma efetiva seus concorrentes.

Para isso, Fleury e Fleury (2000) ressaltam que o gerenciamento do processo GD, alinhado às premissas que fundamentam a lógica de gestão flexível, requer o olhar direcionado para as perspectivas *hard* e *soft*.

A perspectiva *hard* refere-se aos aspectos quantitativos relativos à mensuração do *quantum* de valor que cada um adiciona ao negócio. Para atender às demandas dessa perspectiva, esse processo deve gerar continuamente insumos válidos e fidedignos para subsidiar decisões, particularmente as relativas à identificação de talentos, à gestão de carreiras e sucessões, ao reconhecimento financeiro e não financeiro, à mobilidade e aos investimentos em desenvolvimento, entre outras.

Por sua vez, a perspectiva *soft* prioriza a gestão dos condicionantes socioemocionais que favorecem a efetividade organizacional, como o atendimento de necessidades interpessoais e o diálogo aberto e autêntico. Na prática, essa perspectiva se viabiliza pelo estímulo à criação de condições de trabalho capazes de construir parcerias entre pessoas e áreas, sobretudo sustentadas pelos principais atores sociais envolvidos na execução do processo GD: profissionais de RH e gestores de equipes.

As particularidades do atual cenário corporativo, ao demandar o abandono da função RH como operacional para transformá-la em uma parceira estratégica do negócio, impõem à área de RH iniciativas junto aos gestores visando à obtenção de resultados previstos no âmbito individual, grupal e organizacional. Por sua vez, cabe aos gestores a tomada de decisão condizente com os níveis de contribuições humanas ao negócio e, portanto, pautada na meritocracia, condição necessária à gestão de pessoas alinhada à gestão flexível.

Entretanto, a força do mecanicismo ainda persiste em organizações contemporâneas, influenciando o modo de pensar e agir da gestão do desempenho humano.

A força do mecanicismo

A visão mecanicista, ao privilegiar a fragmentação e o descaso aos sentimentos, entre outros pressupostos, robustece a raiz de inúmeras disfunções na operacionalização do processo GD, praticadas tanto por profissionais de RH como por gestores de equipes. Em função disso, ela provoca, na execução desse processo GD, disfunções que impedem, por exemplo, o alinhamento do desempenho humano ao organizacional.

A maioria das disfunções decorre de condições incapazes de estimular o sentido do trabalho e o comprometimento com entregas previstas. O aprofundamento do olhar sobre as origens das referidas disfunções traz à tona que suas raízes se assentam em premissas de modelos e práticas que valorizam "verdades absolutas". Ilustrando, concepções mecanicistas apreciam metodologias de avaliação cuja ênfase reside na classificação da superioridade de uns em relação a outros (*ranking*), contrariando os critérios sugeridos pela lógica de gestão flexível: identificação das contribuições ao negócio (Souza, 2014).

No entanto há organizações que investem na reinvenção das bases do processo GD, objetivando assegurar patamares sustentados de desempenhos competitivos, ao entenderem que o enfrentamento dos desafios vinculados à gestão estratégica do desempenho humano não é uma escolha. Antes, trata-se de uma exigência do paradigma de gestão modelado para garantir o alto desempenho.

Assim, pressupondo que a gestão do desempenho humano centrado no modelo de competências se fundamenta no valor meritocracia, ela requer decisões alinhadas ao nível da maturidade de competências do profissional, evidenciado por suas entregas (serviços e produtos). Contudo, a meritocracia impõe desafios organizacionais, cuja superação exige o abandono da valorização de vínculos pessoais e símbolos de estratificação social como critérios orientadores de decisões (Souza, 2014).

Desafios na execução das estratégias organizacionais

Tradicionalmente, o foco da gestão do desempenho se restringia à obtenção de ganhos de eficiência. Entretanto, as metamorfoses do mundo do trabalho acentuaram a relevância do alinhamento estratégico. Além de fazer bem-feito, a organização tinha de efetuar as entregas conforme as necessidades do cliente. A economia global, por sua vez, exacerbou essa exigência, tornando o processo GD imprescindível à sustentação de desempenhos excelentes. Conceito esse que, segundo Lawler (1996), implica a melhoria da qualidade, a redução do custo, o aumento da prontidão de atendimento e a inovação constante.

Para tanto, um número crescente de organizações adota práticas que visam à consecução desse propósito, conforme ilustra o quadro 2, mais adiante.

Mas, apesar da relevância desse processo para a organização ser o que ela quer ser (visão), inúmeras experiências profissionais da autora, em organizações públicas e privadas, desde a década de 1980, atestam o nítido descompasso entre os discursos e as práticas nessa direção.

Um número expressivo de discursos se articula com base no disposto em tendências ascendentes que sinalizam a relevância contemporânea da gestão do desempenho humano centrado no modelo de competências. Eles convergem ressaltando que a execução do ciclo de desempenho deve privilegiar:

- a delegação de metas relevantes, específicas e mensuráveis (planejamento);
- a monitoração da construção de entregas previstas, sobretudo utilizando *feedbacks* sistemáticos (acompanhamento);
- a mensuração de contribuições humanas ao negócio, adotando instrumentos válidos e fidedignos (avaliação);

- a tomada de decisão justa e transparente apoiada nos insumos da avaliação (meritocracia).

Mas, nem sempre a ação reflete a intenção. A observação frequente de disfunções comprova a hipótese de que metodologias e ferramentas por si sós não são suficientes para esse processo assumir o papel atribuído pela lógica de gestão flexível: concretizar a visão organizacional. Em outras palavras, o foco exclusivo na perspectiva *hard* não assegura o êxito.

O gerenciamento da perspectiva *soft*, ou seja, dos aspectos socioemocionais, também é uma condição necessária à adequada execução do ciclo de desempenho, sob a responsabilidade da área de RH e dos gestores. Fundamentando essa afirmação, particularmente, Castells (1999) defende que no atual mundo de trabalho, denominado conexionista, o funcionamento da organização é similar ao de uma rede, na qual pessoas e áreas atuam, simultaneamente, como cliente e fornecedor. Para tanto, o gerenciamento das variáveis socioemocionais é uma condição *sine qua non* à atuação em parceria.

Em síntese, o êxito desse processo resulta da competência da organização para construir parcerias entre pessoas e, também, entre unidades de negócios, que fortalecem os elos que asseguram sua transformação em uma cadeia produtiva que gera valor. Desafio em que o olhar atento desvela paradoxos organizacionais em cada etapa do ciclo de desempenho.

Alinhamento do desempenho humano ao organizacional

A etapa planejamento do ciclo de desempenho atua como um filtro que traduz as demandas, provenientes dos contextos externo e interno, que orientam o funcionamento da organização, a partir de decisões (metas) associadas aos seus respectivos indicadores de sucesso.

Por essa perspectiva, decisões apenas podem ser consideradas relevantes para assegurar o alinhamento estratégico quando sua gênese reside em diagnósticos cuidadosos da realidade vigente. Mas nem sempre isso acontece. Em determinadas ocasiões as metas delegadas aos agentes da ação não visam ao aproveitamento de oportunidades, ou ao enfrentamento de ameaças, ou ao robustecimento de pontos fortes, ou, ainda, à resolução de problemas. Assim, mesmo se alcançadas, o impacto no tocante à execução de estratégias é inócuo. A relação custo/benefício quanto à alocação de recursos (financeiros, humanos, tecnológicos e materiais, entre outros) não gera ganhos de eficácia (Souza e Souza, 2016).

Outro fato frequente impede a consecução do principal objetivo dessa etapa: transformar as necessidades das estratégias corporativas em ações. Em atendimento ao princípio da objetividade, entregas previstas devem ser específicas. Mas nem sempre elas são delegadas com clareza, conforme o exemplo: "Contribuir para a melhoria dos serviços da área". Logo, cabe questionar quais são as contribuições previstas para a promoção de melhoria.

Outro fato ainda se destaca em face da sua expressiva frequência nessa etapa que se propõe a assegurar o alinhamento estratégico, a partir da definição de medidas válidas e fidedignas para monitorar a relação entre o previsto e o obtido. É notório que, cada vez mais, organizações brasileiras, inclusive aquelas em que o governo é o principal acionista, utilizam o *balanced scorecard* (BSC)[3] para enfrentar esse desafio. Mas nem sempre indicadores individuais e grupais decorrem de parâmetros vinculados às estratégias corporativas, em atendimento ao princípio da mensurabilidade, visando à verificação *a posteriori* entre o grau de afastamento ou aproximação do obtido em relação ao previsto.

Além disso, há organizações que desconsideram o olhar plural que caracteriza o BSC quando optam exclusivamente por medidas financeiras para mensurar as contribuições ao negócio.

Em suma, tais fatos usuais, entre outros, autorizam o questionamento da utilidade de metas armazenadas em sistemas de apoio à decisão quando elas não se originam de demandas estratégicas e os indicadores não atendem ao princípio da mensurabilidade, restringindo-se aos aspectos financeiros. Elas são relevantes, válidas e fidedignas e, portanto, capazes de assegurar o alinhamento estratégico? Considerando que o papel da avaliação reside na comparação entre o previsto no planejamento e o ocorrido na realidade, os insumos dessa etapa geram valor quanto ao nível das contribuições ao negócio se as metas previstas não se encontram alinhadas às demandas estra-

---

[3] O *balanced scorecard* (BSC) é uma ferramenta de gestão, concebida por Kaplan e Norton (1997), que consolida estratégias corporativas financeiras e não financeiras, visando ao alinhamento do desempenho humano ao organizacional (Souza e Souza, 2016:139; Souza et al, 2009:55-69).

tégicas? E, também, se os respectivos indicadores definidos para monitorar as contribuições do indivíduo ou da equipe não refletem os direcionamentos estratégicos?

Um número crescente de organizações busca respostas para tais indagações investindo quase exclusivamente na adoção de sistemas informatizados, modelados a partir dos avanços impulsionados pelas tecnologias da informação e das telecomunicações. Cabe, portanto, apresentar resumidamente os referidos avanços ocorridos até então.

Quadro 1

MOVIMENTOS HISTÓRICOS DA UTILIZAÇÃO DA TECNOLOGIA NA AVALIAÇÃO DE DESEMPENHO

Período	Características relevantes
Primeiros anos do século XX	Ênfase em indicadores financeiros e controle orçamentário.
Início dos anos 1980	Abandono da ideia de que medidas exclusivamente financeiras são suficientes para gerir organizações e a decorrente inclusão de sistemas de qualidade de modo a agregar medidas não financeiras.
Fim dos anos 1980	Foco em novas medidas para mensurar o desempenho, tais como valor para o acionista, satisfação do cliente e capital intelectual, objetivando complementar os insumos gerados por indicadores financeiros.
Meados dos anos 1990	Ênfase em sistemas de medição de desempenho a partir de metodologias vinculadas ao instrumento de gestão *balanced scorecard* (BSC).

Fonte: resumo adaptado do descrito divulgado no artigo publicado por Neely e Bourne (2000:3-6).

Mas benefícios gerados pelos avanços tecnológicos exclusivamente são suficientes para condicionar decisões que robustecem o conceito meritocracia? A tecnologia amplia a legitimidade dos insumos utilizados para comparar o previsto com o obtido, pelo ponto de vista do *quantum* da contribuição ao negócio. Porém disfunções relevantes observadas no campo das organizações não se restringem à perspectiva *hard* que caracteriza o processo GD. Neely e Bourne (2000:2) corroboram essa linha de pensamento afirmando que:

> *Noting the claim that 70 per cent of balanced scorecard implementations fail, sets out to explore the two main reasons for the failure of measurement systems – namely poor design and difficulty of implementation. Considers the measurement revolution over the past 20 years noting developments such as the early budgetary control measures in DuPont and General Motors during the early 1990s. Looks at the appropriate design of measurement systems and suggests that companies should start with a "success map" – a cause and affect diagram which shows how the company operates. Points to three causes*

of implementation failure - political, infrastructural and focus and details of each of these. Suggests that the challenge for the twenty-first century is how to extract maximum value from our performance measurement data.

Fatos cotidianos em numerosas organizações brasileiras trazem à tona que as origens da maioria das disfunções relacionadas à concretização do conceito meritocracia resultam da influência de condicionantes de natureza cultural e política, constatação que desvela, em última instância, a influência da excessiva valorização da lógica do poder verticalizado, típica do mecanicismo. Ela condiciona obstáculos que dificultam uma visão renovada do processo gestão de desempenho caracterizada, sobretudo, pela tomada de decisão assentada na meritocracia e o abandono da classificação da superioridade de uns em relação a outros.

Necessidade da classificação: uma herança secular

Os desenhos das soluções de avaliação, também designados instrumentos de justiça (Bourguignon e Chiapello, 2004), podem ser tradicionais ou avançados.

> A trajetória dos métodos de avaliação está intimamente relacionada ao abandono gradativo da lógica taylorista-fordista. A maioria dos métodos tradicionais, assentados na lógica mecanicista, julga o desempenho para classificar o indivíduo. Métodos mais recentes, apoiados na lógica flexível, buscam informações úteis à gestão da carreira [Souza et al. 2009:91].

Metodologias avançadas visam à verificação dos níveis de contribuições humanas ao negócio cuja finalidade é a distribuição de bens sociais (dinheiro, poder e *status*). Organizações que caminham nessa direção em busca da superação de desafios impostos pela competitividade optam pela avaliação de competências e resultados (Souza e Souza, 2016).

A matriz de competências e resultados (quadro 2) ilustra uma metodologia de avaliação do desempenho interessada na geração de informações úteis, principalmente, ao alinhamento estratégico e à gestão da carreira, em atendimento às demandas do olhar estratégico.

Quadro 2
MATRIZ DE COMPETÊNCIAS E RESULTADOS

Competências / Resultados	C1	C2	C3	C4
R4	C1R4	C2R4	C3R4	C4R4
R3	C1R3	C2R3	C3R3	C4R3
R2	C1R2	C2R2	C3R2	C4R2
R1	C1R1	C2R1	C3R1	C4R1

Nível de contribuição individual.

Fonte: adaptado da ferramenta de avaliação de desempenho denominada matriz *nine box*, cujos registros de origem são discutíveis até o momento, apesar de sua crescente utilização em organizações públicas e privadas.

Especificamente, a matriz[4] fornece insumos às seguintes indagações: será que Fulano(a) possui as competências no nível de maturidade demandado pelas estratégias organizacionais? Será que ele(a) entrega resultados (produtos ou serviços) que adicionam valor ao negócio a partir da aplicação de suas competências? Para tanto, considerando seu foco no atendimento das necessidades do cliente, tais organizações desenham instrumentos válidos (medem o que pretendem medir e fidedignos (precisos), objetivando dar visibilidade aos níveis de contribuições ao negócio com nitidez necessária à concretização da meritocracia.[5]

Ilustrando, a designação de um profissional para assumir funções mais complexas, a partir de uma promoção devida à obtenção do nível de contribuição C4R4 nessa matriz por três avaliações de desempenho consecutivas, é uma decisão justa se for aderente à política de desempenho da empresa. À semelhança, também é legítimo seu desligamento se obtiver o nível C1R1 nas avaliações desse período nessa organização.

Resumindo, os insumos dessa etapa, se refletirem a realidade e, ainda, se adequadamente gerenciados, são capazes de apoiar decisões gerenciais úteis, em tempo real. Além disso, eles asseguram o "diálogo" entre as demandas dos processos de planejamento estratégico e os demais vinculados à gestão

---

[4] A matriz descrita no exemplo propõe 16 níveis de contribuições ao negócio.

[5] Boltanski e Chiapello (1999) alertam que a lógica meritocrática considera legítimas, ou seja, justas, quaisquer decisões baseadas no desempenho, de modo alinhado às demandas do atual mundo do trabalho que apenas valoriza quem comprova competências que favorecem o negócio para fazer frente às imposições das mudanças aceleradas e constantes que afetam o contexto corporativo (Souza e Souza, 2016:143-144).

de pessoas, permitindo a promoção de melhorias contínuas nos três níveis de desempenho: indivíduo, equipe e organização (Souza e Souza, 2016).

Porém, reiterando, há organizações que ainda utilizam instrumentos de avaliação modelados com base em premissas mecanicistas, que valorizam o *ranking*, como a escolha forçada,[6] apesar de serem alvo de severas críticas por causa da desvinculação entre insumos da avaliação e demandas organizacionais estratégicas (Souza, 2014). Tal situação impede, por exemplo, a identificação de hiatos de competências que dificultam as entregas previstas.

A opção por metodologias tradicionais, filosoficamente, reflete a visão dicotômica (dualista) de olhar a relação sujeito/objeto, uma necessidade secular, inspirada no legado platônico. Assim, a transferência desse raciocínio para o campo das organizações desvela a crença na divisão das coisas em categorias "naturais" superiores e inferiores no modo de pensar contemporâneo. Uma visão de mundo que acredita em categorias "naturais" superiores que subordinam as demais. Nesse sentido, a escolha forçada é um método que evidencia como a ideia da subordinação subjacente ao conceito classificação permeia práticas de avaliação.

Há outras linhas de pensamento que se contrapõem ao defenderem a ideia de que categorias de classificação não são "naturais". Para tanto, argumentam haver intencionalidade com o propósito do atendimento de finalidades específicas (Souza, 2008). Bourdieu (1989) alerta que a lógica de gestão de pessoas orientada para o mercado cria categorias intencionais de classificação para tornar alguns critérios "mais verdadeiros" do que outros. Ilustrando, alguns são denominados talentos, outros são nomeados descartáveis. Trata-se do homem assumindo o seu papel de "construtor de verdades" (Souza e Souza, 2016).

O fato é que, independentemente do posicionamento teórico, a classificação é uma fonte de estresse se entendido que o desempenho do profissional passou

---

[6] A escolha forçada, também denominada distribuição forçada, refere-se à metodologia de avaliação de desempenho e objetiva a redução dos erros da subjetividade a partir da definição *a priori* de fatores objetivos, graduados em padrões considerados ideais visando à comparação entre o previsto e o obtido. Alguns entendem a escolha forçada como uma solução para a resolução desse problema ao demandar a escolha de uma das duas frases descritivas positivas, negativas ou mistas, dispostas em blocos. O intuito é levar o avaliador a identificar as assertivas que traduzam os comportamentos do avaliado que mais se destacaram, positiva e negativamente, no período da avaliação (Souza e Souza, 2016:145-147).

a ser o "ingresso" para sua inclusão e também permanência no mercado de trabalho. Em decorrência, o medo da exclusão é uma realidade constante em organizações contemporâneas.

> Os afastamentos associados ao trabalho subiram de 4% para quase 5% das licenças nos últimos três anos. Algumas delas, como transtornos ansiosos e reação grave ao estresse, cresceram ainda mais – com taxas de expansão na casa dos 30% nesse mesmo período [...]. A ameaça do desemprego tem impacto na vida emocional [Fraga, Carneiro e Pinto, 2016:A21].

Resumindo, a lógica de gestão flexível atribuiu às metodologias de avaliação o papel da separação do "joio" do "trigo". Daí a fragilidade de ideias, argumentos e justificações mecanicistas para o cumprimento desse papel porque desvalorizam culturas meritocráticas.

> Quanto mais a aplicação de competências redundar em níveis de resultados desejados, mais se assegura o direito ao recebimento de bens sociais. Portanto, um número expressivo de organizações submete o indivíduo às provas pessoais de performance para verificar seu nível de contribuição ao negócio [...] mas a classificação exclusivamente pautada em critérios inspirados na lógica de gestão flexível pode prejudicar o clima organizacional, a qualidade de vida e as relações de trabalho [Souza e Souza, 2016:144-145].

Cultura meritocrática

Nem sempre é possível tomar decisões baseadas na meritocracia, se considerada a postura teórica defendida por Handy (1994). O autor preconiza que, dependendo das orientações culturais predominantes na organização, esse critério é substituído por outros. Culturas orientadas para o poder valorizam a confiança naqueles que detêm o poder pessoal ou político. Culturas orientadas para o papel valorizam a legalidade, a hierarquia e o *status* e, em decorrência, tornam o cumprimento de regras mais importante do que o alcance de resultados. Culturas orientadas para a tarefa valorizam o nível da proficiência de competências e o alcance de resultados previstos e, logo, estão aptas à tomada de decisão apoiada na meritocracia. Por sua vez, o paternalismo apoia decisões em culturas orientadas para a pessoa porque elas valorizam praticamente de modo exclusivo o atendimento de necessidades individuais (Souza e Souza, 2016).

Tais posturas distintas ampliam a compreensão dos motivos pelos quais o foco exclusivo em metodologias e ferramentas, ou seja, na perspectiva *hard*, não é suficiente para robustecer o valor meritocracia, condição *sine qua non* para o êxito do processo gestão de desempenho assentado nos pressupostos da gestão flexível.[7]

Pressupondo que culturas são fontes legítimas de geração de códigos de conduta, crenças pessoais que favorecem ou não seu robustecimento, torna-se fundamental a gestão dos aspectos críticos pertinentes à perspectiva *soft*.

Ilustrando, organizações orientadas para o poder, papel e pessoa, principalmente, constroem barreiras que dificultam, ou mesmo impedem, a adoção e a sustentação de processos que valorizam a meritocracia na tomada de decisão.

Em suma, a linha de pensamento adotada no capítulo defende que a visão renovada da gestão do desempenho humano, além de se caracterizar pela ênfase nos aspectos vinculados à perspectiva *hard*, também requer o olhar direcionado para as questões vinculadas à perspectiva *soft*. Exigência que diz respeito à necessidade do enfrentamento de desafios decorrentes das mudanças de suas bases filosóficas (da lógica mecanicista para a flexível), que, por sua vez, demandam mudanças pessoais capazes de sustentar um clima organizacional salutar e relações de trabalho pautadas em parcerias. São as condições que estimulam o sentimento de pertencimento fundamental à postura de comprometimento com entregas previstas que asseguram um desempenho organizacional em nível de excelência.

Desafios do comprometimento com entregas previstas

A capacidade de a organização funcionar a partir de parcerias é outro fator crítico, relacionado à perspectiva *soft*, que condiciona o êxito do processo

[7] A ideia subjacente à concepção de cultura como vantagem competitiva é a de que os funcionários comprometidos com os valores e pressupostos da organização são mais satisfeitos, produtivos e adaptáveis do que os demais (Barbosa, 1999:136).

gestão de desempenho. Parcerias que atuam a partir de uma comunicação aberta e autêntica propiciam a construção de ambientes de confiança porque quanto maior a robustez de vínculos dessa natureza, maior o comprometimento com entregas previstas (Schultz, 1989).

Complementando, a postura teórica de Handy (1994), ressaltada anteriormente, enfatiza que as culturas organizacionais estimulam ou não posturas que favorecem parcerias.

A título de ilustração, a negociação de metas na etapa planejamento estimula o comprometimento com entregas previstas. Ao contrário, metas impostas e, às vezes, meramente enviadas por *e-mail,* desmotivam o desejo do seu alcance. À semelhança, o mesmo ocorre com o acompanhamento de desafios caracterizado pelo compartilhamento de *feedbacks* sistemáticos de modo adequado. Devolutivas de performance pautadas na análise da influência de comportamentos em entregas previstas estimulam o comprometimento, à diferença daquelas caracterizadas por críticas e julgamento.

Tais fatos autorizam afirmar que essas posturas representam desafios usuais enfrentados, sobretudo, pelos integrantes da área de RH e da liderança gerencial. Daí ser oportuno, neste capítulo, chamar a atenção para as sutilezas da interação humana entre os referidos envolvidos, cuja influência também condiciona o sucesso desse processo.

O modelo conceitual clássico de Goffman (2011) traça um paralelo entre o mundo real e o teatral. O autor destaca que a interação humana, à semelhança do mundo teatral, transforma a ficção em realidade constituída por atores, plateia, palco e bastidores.

No mundo teatral, atores imaginam cenários para estimular a indução de mensagens efetivas. Para tanto, criam personagens e usam figurinos para revelar conteúdos e emoções por meio de expressões corporais, formas de olhar e tons de voz. Além disso, atores decidem quais informações querem revelar à plateia, que, em face da ausência do acesso aos bastidores, desconhece quais informações foram retidas e abandonadas.

Por sua vez, no mundo real, atores também se manifestam por gestos, linguagens e vestuários, como se fossem máscaras, que, segundo Schultz (1989), podem dificultar e, inclusive, impedir parcerias, na medida em que ressaltam ou ocultam necessidades interpessoais.

Atendimento de necessidades interpessoais

A facilidade da interação humana é apenas aparente. A dinâmica da interação humana ao se gerir o desempenho humano se assemelha a um "jogo" cuja finalidade é o atendimento das necessidades interpessoais de inclusão, controle e afeição (Schultz, 1989), alicerce da perspectiva *soft* que caracteriza o processo GD. Segundo o autor, quanto maior a prontidão para o atendimento das necessidades interpessoais do outro, maior a possibilidade de haver parceria entre os envolvidos, pressupondo que elas atuam como filtros perceptuais.

Schultz argumenta que tais necessidades estimulam sentimentos que, por sua vez, acarretam posturas e comportamentos distintos. Assim, necessidades interpessoais interferem positiva ou negativamente, por exemplo, na interação entre o gestor e os integrantes da equipe ao planejar, acompanhar e avaliar o desempenho.

Por essa perspectiva conceitual, o atendimento de necessidades de inclusão desperta sentimentos de pertencimento, que denotam a busca do prestígio, frequente no contexto corporativo. Por isso a ausência do atendimento dessa necessidade acirra o medo do indivíduo de ser considerado alguém sem valor, ao passo que, ao contrário, a negociação de metas estimula o "sentimento de dono".

Quanto às necessidades de controle, seu atendimento é fundamental nessa sociedade pós-industrial que exige a sustentação da empregabilidade (Souza, 2008). Particularmente, no contexto da gestão do desempenho, a classificação acentua o medo da humilhação de quem não é percebido como qualificado para ter direito ao ingresso e à permanência no mercado de trabalho (Boltansky e Chiapello, 1999). De modo geral, o clima organizacional é insalubre em ambientes que não se preocupam com o atendimento dessa necessidade. A interação humana se explicita principalmente por posturas autoritárias, competitivas e individualistas que resultam em comportamentos que provocam confrontos e desconfianças. Daí profissionais com excessiva necessidade de controle confundirem *feedbacks* com críticas por se sentirem superiores aos demais.

Por sua vez, *feedbacks* em ambientes de confiança, que atendem a necessidades interpessoais de afeição, se constituem em alavancas para o desenvolvimento, à diferença de ambientes que acentuam o medo da rejeição e, portanto, estimulam sentimentos que fazem com que alguém, por exemplo, ao receber *feedbacks* indicando a necessidade de ajustes em um projeto, imagine que se trata de "algo pessoal" ou, ainda, uma "perseguição".

O fato é que parcerias com pessoas e unidades de negócio são necessárias à efetividade de um processo *destinado* à gestão do desempenho humano de fato interessado na execução das estratégias definidas para a concretização da visão organizacional. Mas parcerias não se constroem por acaso e nem sequer de imediato; antes, elas são nutridas pelo atendimento de necessidades de inclusão, controle e afeição no decorrer do tempo (Schultz, 1989).

Diálogo

Se diálogo, na linha teórica de Schultz (1989), requer uma comunicação interpessoal aberta e autêntica, Lucena (1995), autora considerada uma referência no tema por implantar, nos anos 1970, a avaliação de desempenho por resultados em empresas públicas e privadas, complementa afirmando não ser possível seu negligenciamento na gestão do desempenho de pessoas e equipes.

Em direção similar, Moscovici (1997) alerta quanto à complexidade da interação humana, que requer, principalmente, abertura para lidar com a diferença, bem como preparo psicológico para compartilhar e receber *feedbacks*. Ainda, a autora destaca que sua ausência abre espaço para a interferência de ruídos (fontes de distorções) que impedem a percepção fidedigna dos elementos da realidade.

É oportuno chamar a atenção para os aspectos críticos do *feedback*, relacionados ao seu papel no gerenciamento do processo GD: reforço de comportamentos desejados e inibição daqueles indesejados para o alcance de resultados previstos.

Entretanto, compartilhar e receber *feedbacks* podem ser tarefas árduas, especialmente quando eles revelam facetas que desconstroem imagens construídas intencionalmente para assegurar sucesso. Nessas ocasiões, em vez de diálogos produtivos centrados no impacto dos pontos fortes e fracos sobre o desempenho do indivíduo, da equipe e da organização, a descoberta de pontos fracos mobiliza mecanismos de defesa que se explicitam por modos distintos. Por exemplo, agressões, ironias, negação de fatos e polêmicas impedem o diálogo. Este, por sua vez, nutre parcerias ao favorecer, por exemplo, a empatia e a aceitação da diferença, entre outras posturas típicas de quem aceita visões de mundo diferentes (Souza et al., 2015).

Conclusão

O capítulo em tela sinalizou tendências ascendentes quanto à reinvenção do processo gestão de desempenho, decorrentes da ruptura com a lógica mecanicista causada pelas exigências da gestão flexível, modelada para atender às demandas das pressões competitivas.

Para tanto, buscou estimular reflexões que dizem respeito ao olhar estratégico desse processo que visa à geração de informações úteis ao aperfeiçoamento contínuo de decisões relativas ao capital humano disponível. Daí a linha de pensamento que orientou seu desenvolvimento ter se apoiado na crença de que pessoas são fontes de vantagens competitivas, o que significa dizer que a influência positiva do desempenho humano no organizacional exige, principalmente, profundo conhecimento do negócio e habilidade da organização para estimular o "sentimento de dono".

Em outras palavras, o capítulo salientou que o êxito desse processo depende necessariamente do foco nas perspectivas *hard* e *soft*. Pela perspectiva da racionalidade técnica (*hard*), a reinvenção implica a concepção de modelos e práticas aderentes às premissas da gestão flexível visando à transformação de competências em resultados que viabilizem a concretização da visão organizacional. Na visão da dimensão humana (*soft*), ele ressaltou a importância de investimentos direcionados à criação de ambientes de trabalho que estimulem o comprometimento com entregas previstas (Souza, 2011).

Em última instância, o capítulo defendeu a ideia de que a reinvenção desse processo não decorrerá do uso exclusivo de vantagens oferecidas por avanços tecnológicos aos desenhos de metodologias e ferramentas. Sistemas informatizados simplesmente coletam e atualizam dados, em tempo real, para transformá-los em informações que sustentam decisões gerenciais *a posteriori*. Isso, porém, não é suficiente. O desafio da visão renovada da gestão do desempenho humano depende necessariamente de mudanças nos seus fundamentos filosóficos, o que exige o abandono da naturalização de classificações e, portanto, da crença na possibilidade da coisificação do indivíduo. Ou, ainda, a substituição do olhar dicotômico sobre a relação sujeito/objeto que considera uns critérios mais "verdadeiros" do que outros.

Diante do exposto, a pluralidade de barreiras presentes nos cotidianos organizacionais permite a suposição de que a reinvenção deve ocorrer em um tempo mais distante do que o desejado, uma vez que elas se explicitam por posturas que contrapõem o sujeito ao objeto. Ora elas evidenciam posições demasiadamente subjetivas, sendo exemplo a definição de metas desvinculadas de estratégias, não específicas e nem sequer mensuráveis, ora revelam posturas excessivamente pragmáticas, demonstrando excessiva preocupação com ferramentas que, por sua vez, são incapazes de sinalizar avanços reais na execução de estratégias definidas para a concretização da visão.

Referências

BARBOSA, L. *Igualdade e meritocracia*: a ética do desempenho nas sociedades modernas. Rio de Janeiro: FGV, 1999.

BOLTANSKY, J. L.; CHIAPELLO, É. *Le Nouvel esprit du capitalisme*. Paris: Gallimard, 1999.

BOURDIEU: *O poder simbólico*. Rio de Janeiro: Bertrand Brasil, 1989.

BOURGUIGNON, A.; CHIAPELLO, E. The role of criticism in the dynamics of performance evaluation systems. *Critical Perspectives on Accounting*, v. 16, n. 6, p. 665-700, 2004.

BRANDÃO, H. P.; GUIMARÃES, T. A. Gestão de competências e gestão de desempenho: tecnologias distintas ou instrumentos de um mesmo construto? *RAE*, São Paulo, v. 41, n. 1, p. 8-15, jan. /mar. 2001.

CARBONE, P. et al. *Gestão por competências e gestão do conhecimento*. Rio de Janeiro: FGV, 2005.

CASTELLS, M. *Sociedade em rede*: a era da informação: economia, sociedade e cultura. São Paulo: Paz e Terra, 1999.

DUTRA, J. S. *Competências*. São Paulo: Atlas, 2009.

FRAGA, E., CARNEIRO, M.; PINTO, A. E.S. Afastamento de trabalhador aumenta com a recessão. *Folha de S.Paulo*, São Paulo, 24 jul. 2016. Caderno Mercado, p. A21.

GOFFMAN, E. *A representação do eu na vida cotidiana*. Petrópolis: Vozes, 2011.

GRAMIGNA, M. R. *Modelo de competências e gestão de talentos*. São Paulo: Prentice Hall, 2007.

HANDY, C. *Os deuses da administração*: como enfrentar as constantes mudanças da cultura. São Paulo: Saraiva, 1994.

KAPLAN, R. S.; NORTON, D. P. *A estratégia em ação*: *balanced scorecard*. Como as empresas que adotam o *balanced scorecard* prosperam em um novo ambiente de negócios. 9. ed. Rio de Janeiro: Campus, 1997.

LAWLER III, E. E. *From the ground up*: six principles for building the new logic corporation. São Francisco, CA: Jossey-Bass, 1996.

LUCENA, M. D. *Avaliação de desempenho*. São Paulo: Atlas, 1995.

MOSCOVICI, F. *Relacionamento interpessoal*. Rio de Janeiro: José Olympio, 1997.

NEELY, A.; BOURNE, M. Why measurement initiatives fail. *Measuring Business Excellence*, v. 4, n. 4, p. 3-6, 2000.

SCHULTZ, W. *Profunda simplicidade*. São Paulo: Ágora, 1989.

SOUZA, M. Z. A. *Modernização sem mudanças*: da contagem de cabeças à gestão estratégica de pessoas. 2011. 188 f. Tese (doutorado em engenharia de produção) – Departamento de Engenharia de Produção, Universidade Federal de São Carlos, São Carlos, 2011.

________; SOUZA, V. L. *Gestão de pessoas*: uma vantagem competitiva? Rio de Janeiro: FGV, 2016.

SOUZA, V. L. *A qualificação do conceito assédio moral no Brasil*: implicações nas práticas do gerenciamento do capital humano. 2008. 669 f. Tese (doutorado em engenharia de produção) – Departamento de Engenharia de Produção, Universidade Federal de São Carlos, São Carlos, 2008.

SOUZA, V. L. *Gestão de desempenho*: julgamento ou diálogo? 6. reimp. Rio de Janeiro: FGV, 2014.

SOUZA, V. L. et al. *Gestão de desempenho*. Rio de Janeiro: FGV, 2009.

SOUZA, V. L. et al. *Retenção de talentos e valorização profissional*. Rio de Janeiro: FGV, 2015.

ZARIFIAN, P. *Objetivo competência*: por uma nova lógica. São Paulo: Atlas, 2001.

13. Gestão estratégica de carreiras e recompensa

Elton Ramos Moraes

Introdução

Este capítulo reflete a importância estratégica do subsistema de recompensa e os conceitos de remuneração fixa e variável para estabelecer as melhores práticas recompensatórias nas organizações.

O trabalho é uma atividade que transforma a realidade de uma pessoa, viabilizando sua sobrevivência e seu sentimento de realização. Segundo Malvezzi (2015), a vida humana, sendo um movimento autocriador, permite ao indivíduo escolhas que lhe façam sentido. Por meio das escolhas, as pessoas criam e articulam trajetórias que ofereçam sentidos, sentimentos positivos e realizações. Dessa maneira, a remuneração será um meio compensador dessas realizações.

No ambiente de trabalho, o ser humano cria sua identidade desenvolvendo padrões sociais, culturais e materiais, aplicando seus conhecimentos e habilidades aos processos produtivos. Nessa díade entre o homem e o trabalho, ocorre uma relação implícita de troca, quando o ser humano oferece algo e busca receber algo para se satisfazer. Então, para se entender o tema recompensa, é preciso levar em consideração as normas sociais, que representam a convivência entre profissionais, em que são aplicados regras e critérios para entender as relações de troca nesse sistema. Assim, as organizações utilizam o subsistema de remuneração para atrair, reter e incentivar seus trabalhadores a produzirem mais e melhor.

Nessa interação social entre profissional e empregador, revelam-se expectativas de trocas que vão além do valor material a ser recebido. A organização espera que sua marca seja fortalecida, gere maior crescimento, melhore posicionamento no mercado, e os profissionais, por conseguinte, aspiram, como retorno de seus atos de trabalho, a recursos capazes de satisfazer suas necessidades pessoais, familiares e profissionais.

Por esse motivo, as interações de troca são fundamentais para compreender que o profissional deseja entabular uma troca justa com a organização. Assim, um dos princípios de um modelo ou estratégia de remuneração é a busca pela gestão da equidade interna. A política de remuneração visa constituir critérios para oferecer regras para movimentações, enquadramentos, crescimentos na faixa salarial, promoções que deveriam ser percebidos como práticas justas para determinada organização. Nessa relação, que vai além das questões financeiras/materiais, estão implícitas outras expectativas, como o apoio para o desenvolvimento profissional, crescimento na carreira, *status*, poder, bem como direcionamento para entregar o melhor desempenho. Isso cria um conjunto complexo de expectativas e crenças sobre ofertas e retornos.

Assim, as relações e expectativas entre profissionais e organizações, no que tange a serem recompensados por suas tarefas e à maneira como essas serão estrategicamente adaptadas ao momento econômico e ao momento do mercado, serão alvos das discussões dos próximos tópicos.

O contrato

O termo "contrato" é um pacto celebrado entre duas ou mais pessoas/organizações, que se obrigam a cumprir o que foi combinado para determinadas condições. Na psicologia, esse pacto entre profissional e empregador foi originalmente estudado por Argyris (1964), com o nome de contrato psicológico, ou seja, os profissionais e as organizações estabeleciam uma maneira de operar que permitia a expressão e a gratificação de necessidades mútuas, por meio de acordos implícitos, sem necessariamente estarem escritos em um papel ou termo jurídico. Esforços extras são esforços discricionários que o indivíduo faz voluntariamente sem a expectativa de remuneração.

As relações de troca, segundo Blau (1964), foram denominadas em dois eixos constituídos por troca econômica e troca social. A econômica é aquela que se refere a uma barganha entre duas partes, dentro de um contexto predefinido de atividades e que é formalizada via contrato de trabalho, conforme cada uma das partes conhece o que deve oferecer e receber da outra, por exemplo, horas por dinheiro. E a social, que foge aos conceitos de contrato formal e acontece na base da confiança instalada entre as partes envolvidas, gerando sentimentos de obrigação e gratidão que podem ou não ser retribuídos entre as partes. Gouldner (1960) estudou um princípio da filosofia reconhecido como capaz de preservar e estabilizar os sistemas sociais, que é a existência da reciprocidade entre os seres humanos. A reciprocidade é fundamentada em duas exigências sociais básicas. A primeira: devemos ajudar a quem nos ajuda; a segunda: não devemos prejudicar quem nos beneficia. Segundo Siqueira e Gomide Jr. (2014), o conceito de reciprocidade é importante, pois todo indivíduo, ao longo de sua vida, estabelece diferentes vínculos com pessoas, grupos, organizações, entre outros. Diante das complexidades físicas que compõem o ambiente organizacional, o ser humano desenvolve percepções, afetos e constrói intenções sobre o trabalho ou sobre as relações do trabalho, acarretando diferenças na intensidade com que os vínculos ocorrem. Essa intensidade desperta a intenção de como as pessoas esperam ser recompensadas por estabelecer esses vínculos (Pontes, 2013; Dutra e Hipólito, 2012; Marras e Neto, 2012; Jensen, McMullen e Stark, 2007; Zimpeck, 1992).

Mintzberg (2010) analisa que, frente ao mercado pujante, com a economia sofrendo com a instabilidade e, ao mesmo tempo, cheia de oportunidades, os vínculos com o trabalho se modificaram e vêm se modificando de maneira muito rápida. Esse cenário gerou e gera rupturas nas organizações clássicas, mostrando que um sistema aberto, como é denominado uma organização, sofre para se manter de forma competitiva, com mão de obra capacitada, diferenciada e disposta a permanecer na organização. Assim os temas de atração, retenção, remuneração e produtividade são importantes para essas transformações e passam pelas competências dos gestores em engajar pessoas.

O papel dos gestores

A criação de um plano de remuneração é uma das atividades atreladas à área de recursos humanos (RH) de uma organização. A complexidade e tecnicismo dos planos passavam a mensagem de que a área fosse percebida como uma "caixa preta", ou seja, quanto mais difícil a linguagem e mais complexo o entendimento do plano, melhor, porque ninguém entenderia a formação de sua remuneração total. Graças a essas circunstâncias, os planos de remuneração necessitam de maior participação dos gestores, envolvidos diretamente com a ação de recompensar. Um plano efetivo de remuneração só faz sentido se o grupo de gestores souber aplicar, explicar e for responsável pela sua gestão (Pontes, 2013).

Assim de posse da política de remuneração, essa só faz sentido se o gestor souber aplicá-la corretamente em suas equipes. Segundo Dutra e Hipólito (2012), o gestor é o principal responsável por saber falar sobre o conceito de remuneração total, sua composição, medir desempenho com critérios claros, diferenciar pessoas, desenvolver sucessores, desenhar e validar um novo cargo frente à necessidade da área e oferecer *feedback* a sua equipe. Dutra e Hipólito (2012) ainda afirmam que essa é a expectativa das organizações denominadas de "alta performance" em relação a seus líderes. Segundo a pesquisa "The world's most admired companies – 2015", realizada pela consultoria Korn Ferry Hay Group e veiculada pela revista *Fortune* nos Estados Unidos da América, o grupo de liderança das mais admiradas dedicam até 30% do seu tempo no acompanhamento/*coaching* de seus subordinados contra 15% das outras organizações, e 82% das lideranças das mais admiradas reforçam o papel das recompensas em comunicações e explicações aos profissionais, contra 64% das demais organizações.

Dados das empresas mais admiradas comprovam que quando a liderança investe maior tempo em desenvolvimento das pessoas, o gasto com pessoas em longo prazo é 15% menor do que nas demais organizações. Isso ocorre porque os líderes promovem uma visão de "recompensas totais" em todos os níveis da organização e implementam uma gama de recompensas intangíveis. Consequentemente, 74% das mais admiradas afirmam que seus profissionais entendem e valorizam o fato de que a recompensa é composta de elementos tangíveis e intangíveis, contra 61% de outras organizações. Um fator muito importante é que as mais admiradas também envolvem os gerentes de linha na implantação de programas de recompensas e comunicam melhor as estratégias dessa recompensa.

Esses achados reforçam os estudos (Pontes, 2013; Dutra e Hipólito, 2012; Jensen, McMullen, Stark, 2007) sobre a importância que o gestor tem na aplicação efetiva do plano de remuneração em qualquer organização. Gestores que não assumem seu papel, ou organizações que não permitem a *accountability* dessas atividades, perdem sinergia, o que pode impactar, negativamente, em eficiência e retenção de seus melhores talentos.

Entender a importância do processo de remuneração total é o primeiro passo

A maioria dos manuais de remuneração – remuneração estratégica, remuneração por competências, plano de cargos e salários, entre outros – (Pontes, 2013; Dutra e Hipólito, 2012; Marras e Neto, 2012; Jensen, McMullen e Stark, 2007; Zimpeck, 1992) é direcionada aos profissionais da área de recursos humanos. Em consequência, esses manuais possuem um foco técnico voltado muitas vezes para questões legais, estatísticas ou teóricas, com pouca atenção às questões práticas de sua utilização.

Segundo dados da consultoria Korn Ferry Hay Group (2015), somente 25% das organizações de sua base de informações de remuneração estão com o foco voltado a educar ou desenvolver sua linha gerencial para lidar, tomar decisões e comunicar aspectos de recompensa dentro da organização. Esse mesmo dado é comprovado por outras consultorias especializadas no tema, como Mercer e Willis Towers Watson.

Jensen, McMullen e Stark (2007) estudaram alguns problemas que necessitam ser discutidos nas organizações para que estas alcancem eficiência na gestão da remuneração. Os autores apontam para a necessidade de se entender os indicadores financeiros utilizados pela organização (EBTIDA, lucro líquido, EVA, margem operacional etc.). Ou seja, qual é o dinheiro disponível que o acionista está disposto a compartilhar para obter melhores resultados ao se falar em remuneração variável? Estão dispostos a fazer movimentações e enquadramentos sob que orçamento? E qual será o impacto no negócio?

Consegue-se motivar pessoas com 1% de aumento? As organizações estão dispostas a oferecer a autonomia apropriada a seus gestores para aplicar a política de remuneração? A organização permite que os gestores tomem decisões sobre milhões de reais em investimentos, mas não permite gastar um "tostão" extra para bonificar as melhores pessoas? O que seria meritocracia para a organização (estão dispostos a diferenciar pessoas)? Quando esses temas são levantados para implementar uma política de remuneração, será que as organizações realmente estão dispostas a dividir seus lucros, a possuir uma gestão que gere consequências (escolher entre ficar ou não com alguns profissionais), aprender a fazer diferenciação e realmente ter um sistema de bônus que nem sempre as pessoas sabem como funciona? Segundo Jensen *et. all* (2007) essas perguntas mostram que as organizações muitas vezes não conseguem enxergar a conexão entre o quanto se entrega e quanto realmente é pago.

Jensen, McMullen e Stark (2007) também instigam as organizações a realmente questionarem se possuem uma orientação para desempenho e se a querem. Será que o salário é mais em função do tempo que as pessoas têm de casa do que em relação ao que elas realmente podem entregar de resultados nos cargos que ocupam? A organização, ao se comparar ao mercado, está disposta a gerir a equidade interna e externa? Está disposta a questionar se o valor que o mercado está pagando reflete necessariamente o valor das pessoas-chave? Ou manterá o erro de dizer que as pesquisas de mercado é que estão? Ou entenderá que para evitar polêmicas é melhor dividir o *budget* (orçamento) da meritocracia igualmente entre as pessoas da equipe do que realmente pagar desempenhos que foram superiores?

Essas perguntas são rotineiras no processo de gestão de pessoas, e o principal desafio é como atrelar uma remuneração eficiente a bons indicadores de desempenho. Existem dois aspectos muito importantes por trás desses exemplos. O primeiro deles é o corpo gerencial não acreditar que o programa de remuneração da organização é eficiente ao auxiliar as pessoas a trazerem e se responsabilizarem pelo resultado organizacional. O segundo são os estilos de liderança em que os gestores se posicionam mais como vítimas do processo e menos como protagonistas das mudanças; preferem jogar a culpa em quem escreveu a política a discutir e encontrar outras soluções.

Para Becker e Gerek (2016), essa incapacidade percebida dos programas de remuneração em realmente recompensar resultados superiores sinaliza uma enorme oportunidade de elevar as discussões, no meio gerencial, sobre o real impacto da remuneração no desempenho e no engajamento. Isso porque, para a maioria dos gestores, a folha de pagamento é a sua maior despesa operacional controlável. Então, se a organização acredita que a oportunidade de ganhar mais dinheiro pode influenciar o comportamento e o desempenho das pessoas, descobrir como gerenciar essas recompensas deve ser uma prioridade. Para obter os melhores resultados das pessoas e, consequentemente, dos negócios, saber fazer a gestão das expectativas das pessoas e desenvolvê-las, premiando as melhores contribuições, será um forte diferencial estratégico. Os autores apontam que um dos grandes erros é gerenciar os custos da folha de pagamento sem levar em consideração o ROI (*return-on-investiment* – retorno sobre o investimento) que se espera do negócio, até porque se pode ter um EBTIDA positivo, porém uma organização com problemas de caixa. No Brasil, ainda há algumas particularidades relacionadas à legislação que é importante gerenciar, como a irredutibilidade do salário, mas essas não devem se sobrepor à discussão do quanto a remuneração pode ser ou não estratégica para o negócio, entendendo a estrutura de cargos mais adequada e depois quem serão os ocupantes mais eficientes.

Becker e Gerek (2016) argumentam que a maioria dos programas de recompensa de uma organização tende a buscar dois extremos. O primeiro é o de seguir fielmente o mercado. Muitas organizações contratam pesquisas de mercado e tendem a segui-las cegamente, primeiro porque infelizmente muitos profissionais à frente da área de remuneração possuem pouco aprofundamento nos conceitos e acabam seguindo os valores encontrados entre medianas e percentis ou aplicando fórmulas (algoritmos) sem entenderem o porquê da sua composição, fora o fato de que, infelizmente, muitas informações são passadas de maneira incompleta para as consultorias.

Vale lembrar que a pesquisa de mercado também pode ser questionada frente à quantidade de organizações, massa salarial tabulada, painel de organizações (tipo de negócio, segmentos, tamanho, geografia), nível dos cargos, nomenclatura dos cargos, pontuação ou título, descrição das atividades etc. Em segundo, a falha é da própria organização (diretoria), que prefere ser tradicional e seguir o que o mercado pratica sem questionar, apenas utilizando a marca de uma metodologia famosa, de forma incorreta. A falta desse entendimento pode passar a falsa sensação de evitar transtornos jurídicos, mas pode suportar gestores medíocres (que evitam falar sobre o assunto remuneração para não ter problemas judiciais). Por isso, muitas vezes, as decisões sobre capital humano ficam em segundo plano, reforçando a ideia de que pessoas deixam seus gestores e não a organização.

Outro ponto que pode cegar as organizações (Becker e Gerek, 2016) é desejarem ser as mais-mais do mercado, criando indicadores belíssimos de negócio, inovando na gestão da remuneração, elaborando planos para que o profissional ganhe pontos, mas se tornando quase indecifráveis na forma de comunicar ou executar os seus programas de recompensa, conectados com a estratégia e as competências necessárias para o alcance dos resultados do negócio. O que se constata é que muitas inovações em programas de remuneração falham por não possuírem o equilíbrio entre as metas, o desempenho c a recompensa, porque não estão alinhados com as reais necessidades do negócio ou porque os gestores não estão com a clareza necessária do que deve ser realizado. Assim, no final do ano, algumas organizações não conseguem alcançar os lucros desejáveis, mas graças às inovações no programa de recompensa, paga a participação nos lucros (PLR, PPL ou PL)[1] sem obter lucro. Isso coloca em risco o próprio negócio, por exemplo, ao pedir empréstimo para pagar a própria participação nos lucros. Ressalta-se que um ótimo plano de remuneração tem como premissa ser autossustentável, com metas bem definidas e cascateadas e o entendimento do desempenho esperado pela organização com seu devido acompanhamento. Muitas buscam as melhores práticas de mercado em remuneração, porém é importante ressaltar que a melhor prática de mercado é aquela que funciona para o profissional e para a organização.

Pfeffer (2015) afirma que um conhecimento que se constitui como uma melhor prática em qualquer domínio e, certamente, na área de gestão da remuneração, será transmitido com muita rapidez se as pessoas o reconhecerem como prática no dia a dia e com uma comunicação face a face eficaz e constante. Dessa forma, a fonte de vantagem competitiva real reside na capacidade de realmente implementar gestão sobre as práticas que outras organizações

[1] A PLR é o pagamento que a organização faz ao profissional em virtude da distribuição de lucros ou resultados semestralmente ou anualmente. Esse foi atualizado de acordo com a Lei nº 12.832/2013, que alterou os procedimentos para negociação e pagamento da PLR e definiu que nesse valor não há incidência da contribuição previdenciária (INSS) e de Fundo de Garantia do Tempo de Serviço (FGTS).

acharam difícil executar. Ou seja, o autor aconselha que os métodos para criar um programa de remuneração devam seguir o KISS (*keep it simple, stupid* - mantenha o simples). A gestão sobre o programa é que irá trazer o verdadeiro aspecto motivacional e direcionar a forma como os resultados devem ser alcançados. A questão não é mudar o plano de remuneração, mas entender, naquela cultura organizacional, que comportamentos são, ou não, admitidos no alcance do real resultado do negócio. Não existe uma fórmula ou metodologia única para todas as empresas; cada organização tem sua realidade e precisa se adaptar, porém a ideia de recompensa total é a mais vencedora.

Remuneração fixa

No cenário brasileiro, graças à forma como se interpreta a economia e como foi concebida a ideia de salário mínimo, as pessoas ainda pensam sua remuneração de maneira mensal. Segundo a Constituição Federal de 1988, o salário mínimo é o menor valor de remuneração que a legislação permite que os empregadores paguem aos seus profissionais pelo tempo e esforço gastos na produção de bens e serviços. Em 2000, foi aprovada uma lei complementar que autoriza os estados da federação a estipularem um piso salarial regional. Para apoiar o entendimento da composição da remuneração de um profissional, adota-se que a parte fixa da remuneração associada ao cargo ocupado é denominada salário-base. Ele contempla tudo aquilo que é pago como remuneração fixa (periculosidade, insalubridade, anuênio, abonos, horas extras, adicional noturno, adicional de transferência, comissões, 13º salário e férias). Outra prática utilizada no mercado para executivos e que pode ser considerada como remuneração fixa é o *hiring* bônus (quando o profissional recebe um valor a mais, um prêmio inicial, um passe para ser tirado de uma organização). Sempre existiu a máxima de que o salário seria uma decorrência direta do cargo dentro de uma estrutura ou modelo operacional, sem impacto do ocupante. Entretanto, cada vez mais se percebe que as pessoas formatam os cargos que ocupam de acordo com seus desejos ou reconhecimento pela sua fidelidade ao patrão e que, consequentemente, moldam sua remuneração. A concepção do salário mínimo é perfeita para um país em evolução e com tamanha desigualdade social e financeira. Em termos de governança da população é uma forma de evitar que o trabalhador receba um salário menor do que o necessário para sua sobrevivência.

Outro conceito importante é o da inflação, que pode ser sumarizado como a alta dos preços. Para medir essa variação dos preços, desde o Plano Real, o governo adota alguns indicadores do Instituto Brasileiro de Geografia e Estatística (IBGE), buscando sempre cobrir a variação da inflação nos salários. Dessa forma, para cálculo da remuneração, é fundamental pensar o salário-base de forma anualizada, somando tudo o que é contemplado na remuneração fixa mensal e depois multiplicado por 13,33, incluindo abono de férias e 13º salário (Pontes, 2013; Marras e Neto, 2012; Dutra e Hipólito, 2012; Jensen, McMullen e Stark, 2007).

Visto que, mesmo com esses reajustes no salário mínimo, o poder de compra da população ainda não se iguala ao que seria desejável, as organizações começaram a fazer o complemento do salário por meio de benefícios que, dentro da remuneração fixa, são denominados "remuneração indireta". Os benefícios cobrem uma boa parte da questão de sobrevivência do trabalhador (convênios de saúde, refeição, alimentação etc.), e, sofrerem uma carga tributária diferenciada, menor do que no salário, foram e são uma boa negociação para as organizações. O que acontece é que a variação de preços ao longo dos anos também impactou os benefícios, tornando alguns deles muito onerosos para sua manutenção. Segundo o estudo de *total compensation* da consultoria Mercer (2016), possuir planos de saúde para os profissionais já custa o equivalente a 11,54% das despesas com folha de pagamento. Depende de alguns fatores, como segmento, tamanho da organização, automatização, mas o custo de benefícios na folha de pagamento pode chegar a 25% do seu faturamento. Se calcularmos impostos e a margem de receita que a organização deve fazer para suportar esse percentual, o benefício se torna caro. Os benefícios têm, em geral, baixo impacto na motivação dos profissionais de nível operacional e médio, sendo percebidos como complemento da remuneração. Normalmente, o profissional só sentirá falta dos benefícios quando os perder ou quando tiver de utilizar o próprio dinheiro para cobrir esses custos.

Em contrapartida, outros benefícios têm sido utilizados como diferenciais para a atração e retenção de pessoas, como a previdência privada, carro de luxo, blindagem, motorista particular, *check up* médico etc. que, na maioria das vezes, são oferecidos aos cargos gerenciais e/ou executivos. São considerados por especialistas da área "mimos" executivos, porém com efeitos positivos. Outro ponto importante para as organizações é que esses benefícios são pagos como despesa, não possuindo o efeito de encargos do salário. Os benefícios executivos são um dos componentes da remuneração total e se tornam importantes como fator motivacional quando estão equiparados ao mercado, mas esses também podem ser facilmente substituíveis por uma política de remuneração fixa e/ou variável ou de benefícios flexíveis. Por esse motivo, uma das estratégias adotadas pelas organizações é a criação do benefício flex. A organização oferece pontos, ou uma gama de benefícios por cargo, adequados à expectativa do profissional. O grande desafio dos benefícios flexíveis é a gestão de custos por parte da organização, pois, em alguns contratos, perde-se o poder de negociação por diminuir o volume de utilização de tal benefício tornando-o mais caro para administrar.

Segundo Pontes (2013), no Brasil, a cultura do salário mínimo criou a crença de que ele deve ser aumentado todos os anos em função da inflação e indicadores de sobrevivência do trabalhador. As organizações devem pensar na dicotomia entre remuneração fixa e variável. É por esse motivo que, ao se pensar no crescimento, sustentação ou *turnaround* de uma organização, a parte da remuneração variável é a mais discutida.

Segundo Jensen, McMullen e Stark (2007), é nas questões estratégicas que a organização deve entender a importância da contratação de uma pesquisa salarial do seu mercado ou criar um clube de referência para analisar a remuneração entre seus competidores ou mercado de referência. O entendimento correto da remuneração fixa e seus componentes é o primeiro passo para adotar uma política estratégica de remuneração. Entender a composição da remuneração fixa ajudará na composição da recompensa total e, posteriormente, ajudará a fazer o *mix* de remuneração adequado aos cargos do seu negócio.

Remuneração variável

Segundo o relatório anual de tendências em aumentos salariais e remuneração variável da Willis Tower Watson (2015), mesmo a remuneração sendo considerada um dos principais fatores de atração e retenção de profissionais, as organizações ainda não conseguem tratar do tema de maneira eficiente.

Muitos são contratados pelo conhecimento e *expertise*, mas são demitidos pelos comportamentos que adotam na relação do dia a dia organizacional. Uma das grandes frustações vem da maneira como a remuneração é administrada pelo grupo de liderança, gerando injustiças, ilusões e desconfianças no ambiente de trabalho. Na percepção dos profissionais, há falta de informação em relação às políticas de remuneração, afetando diretamente sua visão sobre meritocracia e justiça das práticas recompensatórias. A consequência dessa má gestão é a perda do profissional ou a perda de produtividade. A remuneração é um conceito estratégico, pois auxilia as organizações a passar mensagens sobre a forma como buscam resultados superiores nas pessoas. No relatório da Willis Towers Watson (2015), a remuneração variável é um risco que mostra ao profissional o quanto é positivo quando todos os lados alcançam seus resultados e ganham em função disso e o quanto devem ser conscientes das responsabilidades quando os resultados não forem positivos. Estima-se que 70% das organizações, fora a área de vendas, ainda não trabalham com a remuneração variável.

Para montar a recompensa total nas organizações, Jensen, McMullen e Stark (2007) escrevem que os conceitos de remuneração estão fundamentados em dois aspectos: os tangíveis (salário-base, incentivos de curto prazo – ICP –, incentivos de longo prazo – ILP – e benefícios) e os intangíveis (clima organizacional, engajamento, cultura de trabalho, exemplo da liderança – *walk the talk* –, oportunidade de crescimento profissional, reconhecimento etc.). Segundo os autores, a junção de remuneração fixa, remuneração variável (tangível) e os intangíveis irá gerar o conceito de *total reward* (recompensa total), englobando todo tipo de recompensa utilizado pelas organizações. Assim, o conceito de remuneração total é a junção do *salary* (salário-base), benefícios, o total de ganhos no ICP (incentivo de curto prazo) que se refere ao bônus, participação nos lucros e gratificações dentro dos 12 meses do ano fiscal trabalhado e, para muitos cargos executivos, também o ILP (incentivo de longo prazo), que pode ser definido por planos baseados em *cash* (dinheiro) ou baseado em ações (*stock options, restricted stocks, phantom stock, divisão do resultado, performance shares*). Cada conceito apresentado vai auxiliar no posicionamento e construção de estratégias eficientes de recompensas na organização e na comparação com o mercado de referência.

Definição de recompensa e remuneração total

Figura 1

Definição de recompensa total

		Exemplos	Elementos	Definições
Valor e/ou motivação internos. NÃO são mensuráveis em $.	INTANGÍVEL	Oportunidades de carreiras.	Recompensas NÃO financeiras.	Recompensa total.
		Qualidade de vida.		
		Liderança efetiva.		
		Engajamento.		
		Propósito.		
Tudo o que pode ser medido em $.	TANGÍVEL	Carro.	Benefícios.	Remuneração total.
		Plano de previdência.		
		Assistência médica.		
		Auxílio alimentação/refeição.		
		Transporte.		
		Stock options.	Incentivos de longo prazo - (ILP).	Remuneração direta.
		Bônus diferido.		
		Restricted options.		
		Phantom shares.		
		Comissão sobre vendas.	Incentivos de curto prazo - (ICP).	Total em dinheiro *(Total cash)*.
		Bônus.		
		Participação nos lucros.		
		Salário fixo.	Salário-base - (SB).	
		Adicionais fixos (horas extras, insalubridade, periculosidade etc.).		
		13º salário		
		Férias.		

Fonte: Jensen, McMullen e Stark (2007).

Os incentivos de curto prazo, conhecidos como ICP, foram desenhados para atrair e reter profissionais com desempenhos superiores e premiar melhor a produtividade e o alcance de metas. Porém, para que o programa funcione como o esperado, torna-se fundamental que os indicadores estejam alinhados à estratégia da organização e às reais possibilidades de ganho do mercado. Se a estratégia for bem definida, e o ganho de desempenho acontecer (nada é inalcançável), a melhora na produtividade será apenas consequência do efeito do ICP. Um dos principais problemas dos programas de incentivo de curto prazo é que nem sempre o profissional possui a real possibilidade de interferir nos resultados esperados e, muitas vezes, o cenário macroeconômico tem um peso muito maior no alcance de metas do que o desempenho dos profissionais. Isso precisa ser bem equilibrado, pois numa crise econômica a organização corre maior risco de perda de pessoas e produtividade, precisando encontrar maneiras de recompensar suas pessoas-chave, mas, ao mesmo tempo, quando o cenário é positivo, todos têm possibilidade de alcançar ganhos superiores. O ICP, então, é tudo aquilo que é pago como recompensa dentro do ano fiscal sem ser remuneração fixa. Pode ser considerado no ICP o plano de participação nos lucros, comissões, gratificações e bônus (bônus de vendas, prêmios esporádicos, *lump sum* – quando a organização possui um profissional extraordinário cujo salário já esteja em 120% ou acima da faixa salarial, é oferecido um bônus em múltiplos salários pagos de uma única vez ou bônus por desempenho ou retenção de talentos).

Dentro de um plano de ICP, algumas técnicas de remuneração devem ser observadas. Segundo Becker e Gerek (2016), a principal, e primordial, é a cultura da organização. Existe uma filosofia de gestão que permite às pessoas serem pagas por desempenho? A organização está disposta a implementar um plano que diferencie pessoas? Meritocracia? Segundo os autores, a maioria dos planos de desempenho falha porque a cultura das organizações não está preparada para agir sobre o desempenho. O acionista está disposto a dividir parte de seus lucros? Para se desenhar um plano de incentivos, a arquitetura financeira (a forma como a organização contabiliza seus dados) deve estar bem estruturada, pois a apuração dos dados é plenamente financeira. Um erro coloca todo o sistema e a sustentabilidade do plano e do negócio em risco. Por isso, entender se a matriz de custos da organização está baseada em mercado (ações, capital aberto) ou em referenciais internos (balancete com os indicadores utilizados para desenhar o plano de incentivos) é uma das grandes funções do responsável por remuneração.

Depois de analisada a matriz financeira, segundo Becker e Gerek (2016), a organização investe no desenho dos incentivos e precisa analisar se o programa é competitivo em relação ao mercado e autossustentável. Esse teste deve ser realizado com comparação entre seus concorrentes, organizações que competem com seu negócio e mercados especializados pelo porte e tamanho da organização. Nessa linha de raciocínio, o desenho dos ICPs é realizado por consultoria de referência no subsistema ou são criados grupos de pesquisas entre as organizações que estão dispostas a dividir tais informações. Segundo os autores, é nesse momento que as organizações devem definir e colocar ênfase em seu mix de remuneração, ou seja, o que será competitivo para aquela organização em função do tipo de resultado ou desempenho que ela espera.

E, por último, checar a modelagem técnica de um plano de incentivos (ICP), analisar o *funding* do plano, verificar se ele tem a captação de recursos suficientes para pagar as pessoas, caso elas alcancem suas metas – de onde serão levantados os recursos que tornarão o plano sustentável. Estabelecer o gatilho (*trigger*) – a partir de qual percentual de alcance da meta o(s) acionista(s) está(ão) disposto(s) a pagar os lucros? Normalmente, nos desenhos de metas do ICP, segundo Becker e Gerek (2016), os percentuais mínimo e máximo das metas, denominados "elástico ou defrator", variam de acordo com a previsibilidade dos negócios no segmento em que a organização está inserida. Nos negócios em que há maior previsibilidade, tipicamente esse elástico é mais curto, por exemplo, entre 95% e 105% (como empresas administradoras de rodovias). Já em negócios mais voláteis ou menos previsíveis (negócios vinculados ao câmbio), o elástico tende a ser mais amplo, por exemplo, de 50% a 150% das metas. Em linhas gerais, a mensagem é que quanto mais previsível o resultado, mais na gestão do executivo está o poder para atingir as metas. É importante entender que sempre o número inicial da meta é considerado o gatilho que irá começar a juntar o montante para pagar bônus (ICP) aos profissionais. Se os profissionais superarem muito a meta, estabelece-se um CAP (limite para pagar, até quanto o acionista está disposto dividir o lucro). Outra questão é o elástico de pagamento, que é a definição dos limites mínimos e máximos de pagamento da remuneração variável. A combinação entre o elástico das metas e o elástico de pagamento é a parte da estratégia da remuneração variável que deve considerar tanto o cenário ou ambiente em que a organização está inserida quanto as práticas do mercado competidor.

Em todo esse processo, definir critérios e políticas para quem são os elegíveis, além das penalidades caso não se alcance o esperado, é fundamental para o funcionamento do plano. Serão importantes para o funcionamento eficiente de um plano de incentivos (remuneração variável): a definição do peso dos indicadores no cascateamento de metas da organização (indicadores corporativos, coletivos, individuais), qual será o desempenho esperado da organização em contrapartida ao *payout* (ou seja, a proporção dos lucros que uma organização paga em forma de dividendos para os acionistas, que é o mesmo que elástico de pagamento) e a capacidade de pagamento do plano de incentivos que pode ser realizada: pelos múltiplos de salários recebíveis por nível hierárquico (maneira mais fácil de calcular o valor necessário para pagar os incentivos – faz-se a somatória dos salários e seus múltiplos) ou via *bônus pool* (os profissionais participam de um *pool* de bônus gerado de uma percentagem dos lucros, geralmente originada pelo lucro excedente, e depois esse lucro poderá ser dividido proporcionalmente ao alcance das metas dos profissionais e ao seu correspondente nível hierárquico).

Em outro nível de incentivos estão aqueles destinados aos grupos executivos, que Becker e Gerek (2016) denominam "incentivos de longo prazo" ou ILP. Esse é o tipo de incentivo mais certeiro e arriscado que as organizações estão dispostas a implementar, gera fortes discussões e envolve todo o *board* (conselho) para definir os ganhos do presidente e diretores de uma organização. Segundo esses autores, o ILP são planos de remuneração variáveis para executivos, desenhados de duas maneiras: ou são planos baseados em dinheiro (*cash*) ou planos baseados em ações (*stock*).

Os planos baseados em dinheiro podem ser desenhados para pagar o executivo com bônus de longo prazo, ou seja, existe um preestabelecimento de metas com o executivo (ex: dobrar a margem em três anos, triplicar o tamanho do negócio etc.); se o executivo alcança as metas no prazo acordado, sua premiação é paga em dinheiro, de uma vez só, na apuração do resultado, ou pode ser diferida, paga anualmente segundo o grau de variação frente ao *target* proposto. O ILP em dinheiro também pode ser pago na forma de divisão do resultado, quer dizer, paga-se um percentual em cima do adicional de lucro gerado. No plano pode ser acordado um percentual fixo em cima do ganho ou uma referência de resultados a partir da qual será paga determinada premiação. E, por último, nos planos por dinheiro, a organização pode utilizar a técnica de *phantom shares* (ações fantasmas) – a organização decide avaliar seus ativos, verificar quanto ela vale no mercado (como se fosse abrir capital) e assim define cotas (ações) não comercializadas. Utilizando-se desse artificio financeiro, simula um plano de *stock options*, oferece ações fictícias que, depois de alcançados os resultados, podem ser trocados por dinheiro. A referência para valorização da *phantom stock* pode ser o valor da ação negociado na bolsa de valores ou algum outro indicador financeiro estabelecido pela organização. Não existe nenhum plano de remuneração igual para as organizações. Cada qual tem sua particularidade, e o cruzamento e definição de seus indicadores para pagar o valor variável dependerá, exclusivamente, de seus indicadores de negócio e decisões acionárias ou societárias.

Nos planos baseados em ações (Becker e Gerek, 2016), é muito importante que o especialista em desenhar plano de incentivos tenha conhecimentos do mercado financeiro de capitais abertos e navegue sobre seus termos para explicar e verificar o melhor plano para aquela organização. Alguns termos (como *vesting*, *blue chips*, cota, *flipper*, *private equity*, *swap*, outorga, preço de exercício, *expiration date*, *underwater* etc.) devem ser estudados e aprofundados para desenho e gestão eficiente do plano. Assim, os planos em ações podem ser desenhados como ações restritas (*restricted options*). Nesse tipo de plano, a organização define um valor restrito para a ação e o executivo ganha com o lucro acima do valor fixado. A outorga das ações da organização está condicionada a fatores como tempo e permanência. O executivo terá direito ao exercício da ação depois de um tempo e valorização da ação, podendo receber novas ações por um novo período contratado de metas, também em função de seu desempenho no negócio. Outro modelo muito utilizado é o *stock options*, em que a organização oferece ao executivo o direito de comprar as ações no futuro a um valor predefinido no presente. Normalmente, o cálculo do valor presente da ação é definido por técnicas matemáticas de *fair value*. O executivo compra a ação por um valor X e poderá, depois de um tempo de valorização das ações, exercer a venda por um valor Y, ganhando seus rendimentos. O autor alerta que, em países em desenvolvimento, como o Brasil, a oscilação dos mercados de capitais tem transformado as ações em pó, o que, em longo prazo, pode ser um desmotivador para o executivo continuar sua jornada naquela organização. E, por último, os planos baseados em *performance share*. Essa técnica de remuneração variável é a combinação entre uma ação restrita e um bônus por desempenho, ou seja, determinado lote de ações é destinado ao executivo e este terá as ações transferidas para seu nome. Esse montante que será transferido pode variar conforme algum indicador de *performance*, seja ele interno, voltado para a organização em comparação com ela mesmo, ou externo à organização *versus* mercado.

Em todos esses planos de remuneração variável apresentados, é importante entender a realidade e o quanto a organização está disposta a fazer tais incentivos. Um modelo de ações não é apropriado para toda organização; deve-se avaliar qual é a oportunidade de ganho que as pessoas e os acionistas querem ter, e essa é uma forte discussão ao decidir desenhar um plano como esse. O plano servirá para gerar desempenho ou retenção? Quais são as regras de saída do plano (morte, aquisição, fusão etc.)? O mais importante de toda essa discussão é entender que tipo de remuneração estratégica irá direcionar o tipo de comportamento e performance a esperar dos profissionais.

A origem do cargo

A definição de organização (Bastos et al., 2014) está calcada em duas dimensões: uma verbal, na qual a organização remete a uma ação ou ao processo de organizar, e outra que indica uma entidade possuidora de existência própria, independentemente das pessoas e de suas atividades. A forma de funcionar é chamada de modelo operacional, que é a maneira como a organização pretende desenvolver suas atividades.

A partir do desenho dos processos, o próximo passo é desenhar a estrutura organizacional e os cargos que serão necessários para o sucesso daquele negócio. Nesse momento é que se consolida o porquê de fazer o plano de cargos e salários para sustentar a estratégia do negócio. Então, é a partir dos processos mapeados que surge a definição da descrição de cargos. O cargo é o nome atribuído à posição que uma determinada pessoa ocupa na estrutura, e a função é um conjunto de tarefas atribuídas àquele. Cada cargo possui um objetivo e atividades definidas. Dessa forma, o primeiro passo para uma avaliação é sua correta descrição, sendo esse o documento para clarificar papéis, responsabilidades e definir a matéria-prima para a avaliação da "cadeira". Na construção da estrutura, é importante frisar que o que se avalia é o tamanho e a responsabilidade do cargo para executar aquelas atividades, e não as competências ou perfil da pessoa que irá ocupá-lo.

Segundo Marras e Neto (2012), para qualquer profissional que deseje se aprofundar no campo das recompensas, entender medidas estatísticas de posição (média, mediana, percentil, desvio padrão etc.) será importante. Mesmo para a nova onda da remuneração em um cenário de organizações modernas em transformação digital, preocupadas com a competitividade e com a qualidade de seus produtos, serviços e pessoas, os conceitos básicos sempre serão essenciais. Pontes (2013) afirma que tudo que era usual na remuneração, hoje está sendo questionado. Então, o caminho seria abandonar as técnicas tradicionais? A resposta seguramente é não. A técnica continua a ser válida para os tempos atuais, mas é importante entender o que mudou no mundo organizacional. As necessidades das organizações e das pessoas estão se modificando em tempo e velocidades incríveis, as descobertas tecnológicas e o acesso à informação são outros e, com isso, é preciso mudar os modelos mentais de como remunerar as pessoas.

Como as organizações são preparadas para essas tendências?

A qualidade que foi buscada por vários processos da ISO (International Organization for Standardization) hoje é básica para a sobrevivência de qualquer negócio. De acordo com Pontes (2013), quem julgar que tem qualidade suficiente para competir e parar por aí, fatalmente não sobreviverá. Essa busca constante tem gerado uma infinidade de teorias, das mais simples às mais sofisticadas e radicais. Contudo, há uma concordância: a preocupação em fazer melhor todos os detalhes de um processo, utilizando tecnologia de ponta e pessoas capazes. O mundo digital exigirá novos comportamentos, mas o ser humano sempre será requisitado a resolver as encruzilhadas de como recompensar as pessoas em seus *pizzas teams*, projetos temporários, *jobs* específicos, talentos para fazer transformação cultural desejada etc.

Segundo Becker e Gerek (2016), uma vez definida a estrutura organizacional (funcional), os profissionais da área de remuneração analisam os conteúdos das descrições de cargos e determinam seu valor interno relativo, em alguns casos atribuindo pontos a esses cargos, de acordo com suas atividades, ou criando uma nomenclatura específica para eles, ou adotando uma metodologia tradicional do mercado. Os autores afirmam que o século XX foi dominado pela remuneração que visava controlar custos de salários. A descrição é base para a avaliação de um cargo e, utilizando de critérios estabelecidos de conhecimentos e habilidades requeridos, pontuará cada atividade, atribuindo uma lógica segundo uma metodologia própria ou comprada no mercado. A grande dificuldade em realizar a pontuação é saber descrever o cargo e não o ocupante. A vantagem de adotar uma metodologia global de pontos é ter o mesmo critério em toda a estrutura organizacional em qualquer parte do mundo em que a organização estiver. Se uma determinada organização montar sua forma de pontuar seus cargos, somente ela entenderá seus critérios.

Outra técnica importante é por título de cargo *(job matching)*. A organização pode determinar níveis pela nomenclatura do cargo, reunindo-os assim em famílias de cargos (*job family*) de analistas, coordenadores, gerentes etc. Não existe uma técnica certa ou errada para construir cargos. É necessário entender o que é válido para cada organização e como ela irá utilizar essa técnica para gerar maior retenção, produtividade e relação ganha-ganha entre os envolvidos.

Os impactos de um projeto de remuneração

O trabalho era operado por um acordo implícito: os profissionais trabalhavam duro em seus empregos, eram fiéis a uma única organização, sendo recompensados com a segurança do emprego, benefícios e outras vantagens colhidas na aposentadoria. Para Pfeffer (2015) esses contratos implícitos estão sendo violados. As organizações de trabalho não só deixaram de reconhecer a lealdade como as contribuições trazidas pelo empregado ao longo do tempo, além de, por causa de tantas mudanças, renegar o que foi implicita ou explicitamente prometido no começo do contrato de trabalho. É muito comum verificar a dispensa de profissionais com muito tempo de casa, ainda produtivos, mas cuja gestão de remuneração ficou inviável para esse novo momento. O erro é da remuneração, da atualização do profissional ou da gestão? Quando uma organização adota um modelo de gestão da remuneração, sua política, gestão e práticas devem estar alinhadas para alcançar o que foi definido para sustentar o negócio e cultivar seus valores.

Segundo Jensen, McMullen e Stark (2007), quando a organização decide elaborar uma política de remuneração, ou seja, as normas, procedimentos e controle que definem e mantêm critérios equitativos de valorização, ela está disposta a buscar o equilíbrio interno e a competitividade externa. Assim, cada cargo é posicionado em grade salarial construindo a tabela salarial, que é um referencial para gestão dos cargos. A faixa salarial é um intervalo contínuo de valores que tem pontos mínimo, médio e máximo de valores. Cada nível da faixa salarial corresponde à estrutura organizacional desenhada pela organização, representando, na tabela salarial, o tamanho do cargo (a importância do cargo na hierarquia daquela organização). Normalmente, em um modelo padrão, esses valores correspondem a uma amplitude de 50%. O objetivo desses percentuais é mostrar que quando um cargo está posicionado a 100% da faixa salarial, ou no ponto médio, está recebendo um salário na zona de adequação do mercado. Isso significa que o ocupante do cargo produz um desempenho satisfatório de acordo com o esperado. As pessoas normalmente são contratadas, por política, no início da faixa salarial. O que isso significa? Ao ser contratado a 80% da faixa salarial do cargo, o profissional é classificado como novo e/ou sem experiência, com desempenho ainda abaixo do nível desejado. Anualmente, a massa salarial se desloca. Por isso, a gestão de expectativas, desempenho e acompanhamento do desenvolvimento das pessoas em seus cargos é tão importante para uma gestão eficaz da remuneração.

Pfeffer (2015) aponta que o mundo corporativo tem negligenciado a experiência ou as mudanças do mercado e na economia, o que parece justificar a falta de gestão sobre as situações de remuneração. É por isso que em quase 99% dos diagnósticos de remuneração encontram-se pessoas ocupando cargos abaixo ou acima da faixa salarial. Por último, Pfeffer (2015) postulou que as pessoas que percebem estar sendo tratadas injustamente em um cenário de promoção, carreira, promessas ou qualquer ação organizacional voltada à recompensa, são mais propensas a se envolver em comportamentos desviantes, bem como a faltar mais, ter queda em sua produtividade e, no limite, levarem a organização a uma reclamação trabalhista.

Porto (2016) defende que o volume de informações no mundo dobrou entre o nascimento de Jesus Cristo e o descobrimento do Brasil, 1.500 anos depois. Desde então, passou a dobrar a cada 250 anos até que, nos anos 90 do século XX, duplicava a cada 18 meses. As estimativas atuais, se já não estão superadas, são de que, lá por volta de 2025, esse volume dobre a cada 20 dias. O Google saltou de 90 mil para três bilhões de consultas diárias, cerca de 100 bilhões por mês, das quais 15%, cerca de 15 bilhões, são de termos inéditos. A era da informação mostra que a dinâmica das mudanças alterou a expectativa de como as pessoas buscam informações, querem ser informadas e, principalmente, que tipo de recompensa esperam de suas ações na organização formal ou fora dela, como empreendedoras. Se há 100 anos uma pessoa nascesse sapateiro, teria a certeza de que sapateiro seria pelo resto da vida e, melhor, sem nenhuma crise de existência. Para muitas mães do século passado, o normal seria o filho estudar, se formar, entrar em uma grande organização e passar ali bons anos de sua vida, esperando por uma boa aposentadoria.

A atual conjuntura, é que os filhos deste século questionem seus pais sobre como conseguiram ficar tanto tempo dentro de uma mesma organização.

Demerouti e Bakker (2014) mostram que o significado do trabalho está relacionado à sua centralidade, isto é, ao grau de importância que o trabalho tem para a vida da pessoa. Os planos de remuneração da organização e suas gestões devem estar a serviço de auxiliar o trabalhador a entender seu papel na organização, seu desempenho e qual é esse grau de importância do trabalho na vida do profissional. Outro tema que deve ser levado em consideração para entender os processos da organização e seu impacto na remuneração é a forma como as atividades estão sendo desenhadas (*job design*, *job crafting*). Essas alterações incluem a mudança nas organizações, da produção em massa para uma economia orientada para os serviços; o aumento na indústria baseada no conhecimento; crescimento das operações de globalização em diferentes países, sociedades e culturas; e o crescente uso de tecnologias inovadoras e métodos de trabalho flexíveis que variam de equipes virtuais para teletrabalho e novas formas de trabalhar.

De acordo com Grant e Ashford (2008), o redesenho do trabalho reflete o movimento no sentido de individualização e perspectivas mais proativas do trabalhador, descentraliza a ideia de avaliar cargo, para entender o peso da pessoa no seu negócio. Cresce a importância dos profissionais que tomam a iniciativa de antecipar e criar mudanças na forma como o trabalho é realizado, pois cada vez mais há aumentos de incerteza e de dinamismo. Essa perspectiva incide, particularmente, sobre as ações tomadas pelos profissionais para criar mudanças na forma como empregos, funções e tarefas são executados, e de como serão recompensados. De acordo com Wrzesniewski e Dutton, (2001), o *job craft* (maneira como os funcionários moldam seu trabalho) mostra que os profissionais podem ativamente alterar o desenho de seus postos de trabalho, escolhendo tarefas e negociando as entregas a serem realizadas, buscando maior eficiência. Em troca, esperam um sistema de remuneração ou gestão que seja justo e recompense seu esforço. Na busca por entender as novas tendências de recompensas, o objetivo deste capítulo foi levar o leitor a refletir se os atuais modelos de descrição de cargo, avaliação de cargo e se o pagamento percebido são realmente os modelos que geraram o resultado desejado pelo indivíduo e pelas organizações. As técnicas e processos de remuneração podem sofrer pequenos impactos, mas o que muda é a forma de entender o contexto organizacional, a cultura e que tipo de gestão é esperado para reconhecer e recompensar pessoas nessas perspectivas.

E as carreiras?

Ao longo do capítulo, foi importante frisar que os intangíveis correspondem também a trabalhar as expectativas de carreira nas organizações. Questionamentos sobre onde trabalhar, área profissional a focar e o tipo de formação a buscar são relacionados à carreira, e farão parte das preocupações ou interesses do indivíduo. De acordo com Oliveira-Silva e Silva (2015), ao iniciar uma trajetória profissional e delimitar objetivos e metas para a carreira, um dos anseios mais comuns é o desejo subjacente de sentir prazer no trabalho. Uma vez que as pessoas estão cada vez mais responsáveis pelas próprias carreiras, o indivíduo enfrenta a necessidade de fazer as escolhas que são compatíveis com seu perfil para que possa tirar o máximo do seu trabalho. Porém alcançar um estado de satisfação e bem-estar com a carreira representa um desafio para qualquer profissional, pois muitas vezes não se tem o conhecimento das estratégias necessárias para obter uma carreira frutífera. E, ao mesmo tempo, entender que ao longo da vida, as atividades que eram executadas tão bem podem deixar de existir ou de ter qualquer significância como trabalho. Será necessário aprender a fazer mudanças rápidas, e muitas vezes drásticas, para adaptar-se às novas demandas do trabalho.

Em um momento mercadológico no qual a pressão, longas horas de trabalho, exaustão, busca desenfreada por resultados e produtividade fazem parte do modelo laboral implementado nas organizações, encontrar um ambiente que trabalhe as expectativas dos modelos atuais de carreira torna-se algo complexo e desafiador, pois na satisfação com a carreira, recompensa é uma consequência daquilo que o profissional faz muito bem. Para Oliveira-Silva e Silva (2015), o funcionamento saudável (físico e psicológico) está sob o controle do indivíduo. Logo, a oportunidade de experimentar o estado de florescimento na carreira pressupõe que o indivíduo tem liberdade, ou ao menos um controle significativo, sobre sua vida, fazendo escolhas sobre onde e como desfrutar sua vida profissional. Ao estabelecer prazos e metas para a carreira, o indivíduo sente que há um propósito em suas atividades, o que aumenta seu otimismo e felicidade. Esse estado é reforçado quando a pessoa está comprometida com sua carreira e com suas escolhas sobre quais atividades devem ser desenvolvidas.

O planejamento contínuo da carreira, por meio da busca de metas significativas e avaliação constante do avanço em relação a tais metas, também é importante para que a atividade laboral desempenhada tenha sentido. Entretanto se faz necessário haver comprometimento com as escolhas feitas na carreira. Entendendo que carreira está conectada a um propósito maior, entende-se que a remuneração será consequência de escolhas. O processo remuneratório é simplesmente instrumento para, frente ao mercado, proporcionar uma ferramenta para prover justiça, equidade interna e competitividade.

Não se melhora resultado somente pagando mais às pessoas. O papel da gestão será o de ajudar a fazer corretamente escolhas estratégicas, planejar, empoderar a equipe e auxiliar o indivíduo em seu desenvolvimento. Papel sem o qual não adiantará ter as melhores práticas remuneratórias, pois os resultados demorarão a ser colhidos.

Considerações finais

A literatura sobre recompensas tem comprovado que o grande diferencial é a gestão sobre os critérios de como as práticas remuneratórias realmente acontecem e as políticas às quais estão submetidos. Não adianta as organizações terem somente os critérios estabelecidos; é preciso, sobretudo, que os profissionais tenham acesso a essas informações oriundas dos canais internos de comunicação da organização e de seus gestores. Um sistema de recompensas eficiente deve estar atrelado a políticas claras de avaliação de desempenho e a programas de remuneração que gerem um impacto positivo na existência do negócio e no bem-estar dos profissionais.

Em resumo, não há dúvidas de que a maneira como as pessoas serão recompensadas pelo trabalho que desenvolvem será a discussão do novo século. Isso porque, quando se fala em liderança, cultura, fusões, aquisições, retenção e atração, sempre haverá uma vertente de custos e benefícios, justos ou não. Por isso, o subsistema de recompensa é convidado a pensar e ajudar todos esses esforços a realmente terem propósito e equilibrar expectativas pessoais e organizacionais.

Referências

ARGYRIS, C. The organization: what makes it healthy? *Harvard Business Review*, n. 36, p. 107-116, nov./dez. 1964.

BASTOS, A. V. B. et al. Conceito e perspectivas de estudo das organizações. In: Bastos, A. V. B.; BORGES-ANDRADE, J. E.; ZANELLI, J. C. (Org.). *Psicologia, organizações e trabalho no Brasil*. 2. ed. Porto Alegre: Artmed 2014, p. 73-108.

BECKER, I.; GEREK, W. *Understanding executive compensation & governance*: a practical guide. 3. ed. Washington, DC: WorldatWork, 2016.

BLAU, M. *Exchange and power in social life*. Nova York: John Wiley&Sons, 1964.

DEMEROUTI, E.; BAKKER, A. D. *An introduction to contemporary work*. Nova York: John Wiley&Sons, 2014.

DUTRA, J. S.; HIPÓLITO, J. A. M. *Remuneração e recompensas*. Rio de Janeiro: Elsevier, 2012.

GOULDNER, A. W. The norm of reciprocity: a preliminary statement. *American Sociological Review*, v. 25, p. 161-178, 1960.

GRANT, A. M.; ASHFORD, S. J. The dynamics of proactivity at work. *Research in Organizational Behavior*, n. 28, p. 3-4, 2008.

JENSEN, D.; MCMULLEN, T.; STARK, M. *The manager's guide to rewards*: what you need to know to get the best for and from your employees. Nova York: AMACOM, 2007.

KORN FERRY HAY GROUP. *O futuro da remuneração*: mundo tem maior aumento de salários em três anos. [S.d.]. Disponível em <www.haygroup.com/downloads/br/ Previsao_Salarial_2016_>. Acesso em: 15 fev. 2017.

________. The world's most admired companies. *Fortune*, [s.d.]. Disponível em: <http://fortune.com/worlds-most-admired-companies/>. Acesso em: 10 fev. 2017.

MALVEZZI, S. Felicidade e trabalho In: BENDASSOLLI, F.; BORGES-ANDRADE, J. E. (Org.). *Dicionário de psicologia do trabalho e das organizações*. São Paulo: Casa do Psicólogo, 2015.

MARRAS, J. P.; NETO, M. *Remuneração estratégica*. Rio de Janeiro: Campus, 2012.

MERCER. Custo de planos de saúde para funcionários cresceu 42,17% em 4 anos. *Economia SC*, 9 jun. 2016. Disponível em: <http://economiasc.com.br/

custo-de-planos-de-saude-para-funcionarios-cresceu-4217-em-4-anos/>. Acesso em: 15 set. 2016.

MINTZBERG, H. *Managing*: desvendando o dia a dia da gestão. São Paulo: Bookman, 2010.

OLIVEIRA-SILVA, L. C.; SILVA A. P. S. S. Florescimento no trabalho: interfaces com comportamentos de carreira. *Revista Brasileira de Orientação Profissional*, v. 16, n. 2, p. 197-205, jul./dez. 2015.

PFEFFER, J. Why companies no longer reward loyal employees. *Stanford Business*, 2015. Disponível em: <www.gsb.stanford.edu/insights/jeffrey--pfeffer-why-companies-no-longer-reward-loyal-employees>. Acesso em: 10 mar. 2017.

PONTES, R. B. Administração de cargos e salários, carreiras e remuneração. 17. ed. São Paulo: LTR, 2013.

PORTO, F. *Antecipe o inevitável*: a arte e ciência de liderar mudanças. São Paulo: Évora, 2016.

SIQUEIRA, M. M. M.; GOMIDE JR. S. Vínculos do indivíduo com o trabalho e com a organização. In: Bastos, A. V. B.; BORGES-ANDRADE, J. E.; ZANELLI, J. C. (Org.). *Psicologia, organizações e trabalho no Brasil.* 2. ed. Porto Alegre: Artmed, 2014, p. 316-348.

TENDÊNCIAS em aumentos salariais e remuneração variável. Willis Tower Watson, abr. 2015. Disponível em: <www.towerswatson.com/pt-BR/Insights/IC-Types/Survey-Research-Results/2015/04/aumentos-salariais--e-remuneracao-variavel>. Acesso em: 9 maio 2017.

WRZESNIEWSKI, A.; DUTTON, J. E. Crafting a job: revisioning employees as active crafters of their work. *Academy of Management Review*, n. 26, p. 179-294, 2001.

ZIMPECK, B. G. *Administração de salários*. São Paulo: Atlas, 1992.

14. Gestão da saúde corporativa

Carlos Alberto Legal Filho

Introdução

Uma organização é uma entidade viva (GEUS, 1988). As semelhanças entre um corpo/organismo e uma corporação/organização não se limitam ao prefixo das palavras, mas penetram a natureza viva, complexa e dinâmica de uma entidade biológica formada por unidades interdependentes. Ao comparar uma organização a um organismo vivo, vemos que um corpo é formado por células, que compõem órgãos e tecidos, que formam sistemas e, para viabilizar a vida, precisam estar saudáveis e interagir sinergicamente. Num corpo, uma célula tem o potencial de contribuir para a saúde ou para a doença, suas ações podem edificar ou comprometer a vida. Por outro lado, uma organização é uma entidade formada por pessoas interdependentes que, reunidas por afinidade de conhecimentos e especializações, formam áreas e departamentos que interagem sinergicamente para garantir a eficiência e estratégia da organização. A lógica é a mesma. A saúde do profissional é capital intelectual e conhecimentos disponibilizados para a organização. Pessoas doentes prejudicam o próprio potencial, não desempenham como poderiam e geram custos para as organizações. Cuidar da célula é cuidar do todo, e tanto na perspectiva humana quanto na organizacional, saúde é condição para a longevidade.

Este capítulo tem por objetivo sensibilizar sobre o cenário que tem mobilizado as organizações no sentido de prestarem atenção ao tema saúde e qualidade de vida, e verificar como a área de recursos humanos pode mostrar seu valor estratégico ao realizar a gestão da saúde, controlar custos e desenvolver uma cultura de saúde e desenvolvimento. Pretende-se, também, fortalecer a ideia de que as organizações mais longevas, bem-sucedidas e admiradas possuem políticas, práticas e ações que visam promover, proteger e garantir a saúde, o bem-estar, a segurança e a felicidade dos profissionais, gerando menores índices de afastamentos por doenças e acidentes no trabalho, melhor produtividade no longo prazo, melhor qualidade de seus produtos e serviços e melhores taxas de retenção e atração de talentos.

Vamos iniciar abordando alguns dados e informações de instituições referenciais, que nos alertam sobre o impacto da saúde e segurança do trabalhador sobre os negócios e mercados, além dos desafios das organizações frente a um cenário de altos custos com a saúde, inflação médica e de legislação que encoraja a boa gestão. Num segundo momento, será abordada a gestão da saúde populacional na organização, demonstrando o papel da área de recursos humanos no mapeamento da saúde de sua população e administração dos custos com saúde. Abordaremos também a evolução do conceito de qualidade de vida no trabalho para gestão da saúde corporativa, tornando as ações de saúde encaradas de maneira mais estratégica pelas organizações. E, por fim, quais os pilares para a construção de um ambiente de trabalho saudável, possibilitando que a organização fortaleça a cultura de saúde, bem-estar e felicidade entre seus trabalhadores e se desenvolva com sustentabilidade.

Dados para reflexão sobre saúde organizacional

Temas como segurança, saúde e bem-estar dos profissionais são preocupações vitais de centenas de milhões de profissionais em todo o mundo, por representar suprema importância para a produtividade, competitividade e sustentabilidade das empresas e comunidades, assim como para as economias nacionais e regionais (OMS, 2010:1).

> Atualmente, estima-se que dois milhões de pessoas morrem a cada ano como resultado dos acidentes de trabalho e de doenças ou lesões relacionadas ao trabalho. Outros 268 milhões de acidentes não fatais no local de trabalho resultam em uma média de três dias de trabalho perdidos por acidente, e 160 milhões de novos casos

de doenças relacionadas ao trabalho ocorrem a cada ano. Além disso, 8% do ônus global causado por doenças oriundas da depressão são atualmente atribuídos aos riscos ocupacionais [OMS, 2010:27].

A NIOSH - *The National Institute for Occupational Safety and Health* (NIOSH, 2012) identificou quatro razões para as organizações se esforçarem para integrar iniciativas de segurança, saúde e qualidade de vida no trabalho, tanto para o cumprimento das normas legais, quanto para proporcionar resultados financeiros em termos de redução de custos e aumento da produtividade, além dos benefícios para a saúde do profissional. São eles: (1) A chance de adoecimento dos trabalhadores é aumentada pela exposição concomitante aos riscos ocupacionais e comportamentos não saudáveis; (2) Os trabalhadores com maior chance de exposição a condições de trabalho de risco são também aqueles mais predispostos a ter mais estilos de vida não saudáveis; (3) A integração entre a promoção da saúde no ambiente de trabalho e a SST (Segurança e Saúde no Trabalho) podem aumentar a participação do trabalhador e a efetividade para os de alto risco, onde trabalhadores de maior exposição a riscos ocupacionais têm maior predisposição em participar de programas integrados de promoção de saúde e SST do que somente de programas de promoção da saúde; e (4) A integração dos esforços em promoção da saúde e SST podem trazer benefícios mais amplos para o ambiente de trabalho, desde redução de custos e absenteísmo até aumento da produtividade [Ogata e Simurro, 2015:30].

Esses dados, naturalmente, não consideram os profissionais informais de inúmeras organizações que não fazem qualquer acompanhamento, registros ou ações de prevenção de lesões ou doenças no ambiente de trabalho, o que representa um imenso desafio para governos, organizações e profissionais das áreas de saúde, recursos humanos e segurança para lidar com o impacto e o ônus causado pelas doenças, incapacidades, perda de conhecimentos e custos econômicos.

Os desafios e os custos relativos à saúde na organização

As organizações vivem um cenário de intensa complexidade e competitividade, em que a área de recursos humanos é chamada a atuar de forma cada vez mais estratégica em seus diversos subsistemas, tanto para a gestão de custos quanto para a otimização de recursos. Em saúde, isso significa compreender melhor os custos e os riscos que impactam o negócio e a vida dos profissionais.

Há diversos custos, conhecidos e desconhecidos, que impactam o subsistema saúde. O mais conhecido deles são os benefícios ligados à assistência à saúde, como: assistência médico-hospitalar (plano de saúde), plano odontológico, ambulatório próprio, auxílio-farmácia, *check-up* etc. Esses custos representam o desembolso objetivamente percebido pela organização e representam os custos diretos. É natural que a área de recursos humanos tenha uma crescente preocupação com esses custos, pois representam o segundo maior custo com os profissionais, depois da folha de pagamento. A preocupação sobre os custos diretos em saúde se justifica ainda mais quando incluímos alguns estudos sobre o crescimento da inflação médica no Brasil.

> O primeiro estudo, realizado pela Mercer Marsh Benefícios, constatou que entre os anos de 2003 e 2011, houve um aumentou de 155% sobre os gastos com assistência médica dos profissionais de 342 empresas pesquisadas, enquanto que a inflação neste período cresceu 87%. Em 2012, os gastos médios com assistência médica representavam 10,38% da folha de pagamento, e especialistas afirmam que o custo com esse benefício poderá chegar a 13% da folha de pagamento em 2022 [Pinto, 2015:25].

O segundo estudo, publicado em maio de 2016 pelo Instituto de Estudos de Saúde Suplementar (IESS, 2016), intitulado “Variação de custos médico-hospitalares (VCMH)”, demonstra a variação do custo *per capita* das operadoras de planos de saúde comparada à variação do índice de inflação pelo IPCA médio de 12 meses relativamente aos 12 meses anteriores, preservando uma série histórica desde dezembro/2007. O índice VCMH/IESS atingiu 19,30% no período de 12 meses terminados em dezembro/2015, enquanto o IPCA atingiu 10,70% no mesmo período. No período analisado, o item “internações”, seguido por “terapias”, apresentou os maiores índices da VCMH.

Muitos especialistas têm atribuído o encarecimento da saúde a práticas observadas no mercado de serviços de saúde, como uso indiscriminado de exames sofisticados, disponibilidade de procedimentos tecnológicos e consequentemente mais caros, falhas assistenciais e administrativas, “distorções em precificação de procedimentos, uso desnecessário de insumos e recursos, complexidade administrativa e práticas fraudulentas e abusivas" (Pinto, 2015:24).

Figura 1
VCMH *vs.* variação do IPCA (edição: maio 2016)

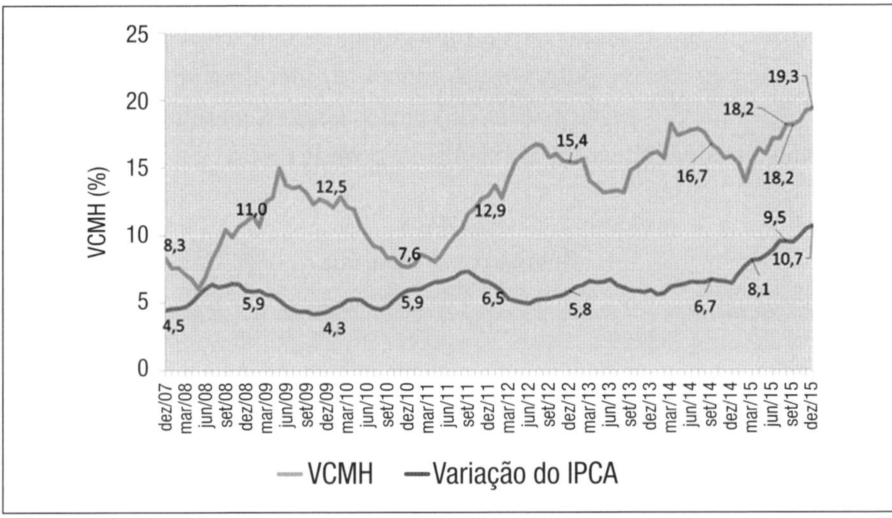

Fonte: IESS (2016).

No entanto, há ainda outros custos desconhecidos pela área de recursos humanos, que não são claramente relacionados à saúde e que geram impactos para as organizações, como o absenteísmo, o presenteísmo,[1] perda de produtividade, seguro acidente de trabalho (SAT) e as variações do FAP (fator acidentário de prevenção), seguro de vida em grupo, processos contra a organização por acidentes de trabalho, entre outros. Esses são os custos indiretos. O desconhecimento desses custos por parte da área de recursos humanos se deve ao fato de, muitas vezes, não estarem sob a responsabilidade ou gestão da área. São custos que são contabilizados nas áreas financeira/fiscal (tributos), jurídica (ações e indenizações trabalhistas), segurança do trabalho (afastamentos por acidentes) e não são considerados como custos de saúde objetivamente percebidos, mantendo-se, assim, desconhecidos pela área de

[1] Presenteísmo é o nome dado ao fenômeno de se estar de corpo presente no ambiente de trabalho, mas, por vários motivos relacionados à saúde física ou mental, o profissional não ter produtividade correspondente.

recursos humanos. O somatório dos custos diretos e indiretos representa o custo total em saúde.

Para conhecer melhor o custo total em saúde, a área de recursos humanos deve promover uma integração melhor de informações, sobretudo entre a saúde ocupacional e a saúde assistencial da organização. Quando a área de recursos humanos consegue realizar uma gestão melhor de saúde, integrando e articulando bem essas e outras áreas, consegue obter uma visão mais ampla do perfil de saúde dos profissionais, dos custos e riscos inerentes, atuando de forma mais proativa na gestão da saúde corporativa.

Quadro 1
Custos totais em saúde

Custos diretos	Custos indiretos
Plano de assistência médico-hospitalar	Afastamentos por acidentes ou doenças
Plano odontológico	Absenteísmo e presenteísmo
Ambulatório próprio	SAT e FAP
Check-up	Perda de produtividade estimada
Consultorias	Processos contra a organização
Fornecedores de qualidade de vida[2]	Seguro de vida
	Substituição do trabalhador

Legislação e impactos para as organizações

Um dos tributos que merecem grande atenção da área de recursos humanos e que impacta diretamente no custo indireto, é o seguro acidente do trabalho (SAT), também chamado de riscos ambientais do trabalho (RAT) e as variações do fator acidentário de prevenção (FAP), que tem como propósito financiar os benefícios pagos pela Previdência Social decorrentes de acidentes de trabalho e doenças ocupacionais.

O SAT/RAT é uma contribuição da organização, prevista no inciso II do art. 22 da Lei nº 8.212/1991 (Lei de Custeio da Previdência Social) e consiste em percentual que mede o risco da atividade econômica, com base no qual é cobrada a contribuição para financiar os benefícios previdenciários decorrentes

[2] Fornecedores de qualidade de vida são empresas ou prestadores de serviços diversos (empresas de ginástica laboral, nutrição, yoga, consultorias específicas).

do grau de incidência de incapacidade laborativa (Giil/RAT). O enquadramento do risco da organização é definido pela CNAE (classificação nacional de atividades econômicas), determinando a alíquota de contribuição para o SAT/RAT em 1% se a atividade é de risco mínimo; 2% se de risco médio e de 3% se de risco grave, incidentes sobre a folha de pagamento aos segurados empregados e trabalhadores avulsos. Havendo exposição do trabalhador a agentes nocivos que permitam a concessão de aposentadoria especial, há acréscimo das alíquotas na forma da legislação em vigor.

O fator acidentário de prevenção (FAP) entrou em vigor em 2010 e fundamenta-se na Lei nº 10.666/2003; fiscaliza o desempenho da organização, dentro da respectiva atividade econômica, relativamente aos afastamentos por acidentes de trabalho e doenças ocupacionais ocorridos num determinado período. É um índice multiplicador aplicado ao SAT/RAT que varia de 0,5% a 2%, de acordo com a frequência e gravidade desses casos. Passou a ser encarado como um instrumento das políticas públicas relativas à saúde e segurança no trabalho, permitindo a flexibilização da tributação coletiva do SAT/RAT, beneficiando organizações que preservam a segurança e a saúde dos trabalhadores.

Nesse cenário, a área de recursos humanos precisa atuar conjuntamente com as áreas jurídica e de saúde ocupacional para:

- identificar condições que possam conduzir a doenças ocupacionais;
- identificar possíveis portadores de doenças ligadas ao Código Internacional de Doenças (CID) do Nexo Técnico Epidemiológico Previdenciário (NTEP), para atuar preventivamente:
  - análise do banco de dados de utilização em saúde;
  - integração de dados com a saúde ocupacional e outros prestadores, para facilitar a compreensão do cenário particular de cada organização;
- estabelecer uma árvore de causas para identificar as exposições;
- definir quais medidas preventivas precisam ser adotadas;
- gerenciar os afastados (Pinto, 2015:34).

Gestão de saúde populacional na organização

As ações de saúde corporativa se ocupam da gestão da saúde populacional na organização, e para se fazer uma boa gestão, precisa-se de informações. Para isso, é necessário conhecer detalhadamente o perfil de saúde dos profissionais, quais as condições de saúde (desde os saudáveis até os casos de doenças complexas), a distribuição da população e os respectivos custos com a assistência médico-hospitalar. Numa população organizacional, há profissionais saudáveis, em risco, doentes crônicos, doentes agudos e doentes terminais, sendo que a maioria dos profissionais encontra-se na condição saudável e, consequentemente, representa custos assistenciais menores, enquanto uma minoria encontra-se com doenças mais complexas, representando custos assistenciais bem mais elevados. Com a doença já estabelecida, os custos de tratamento são cada vez maiores.

Quando a organização tem à sua disposição um quadro diagnóstico do perfil de saúde de sua população, ela tem melhores condições de avaliar e desenvolver ações específicas e mais efetivas de gestão de saúde para cada público. As ideias apresentadas aqui são alguns exemplos de ações direcionadas para cada público, não necessariamente com exclusividade.

Figura 2

Perfil populacional e ações de saúde e qualidade de vida

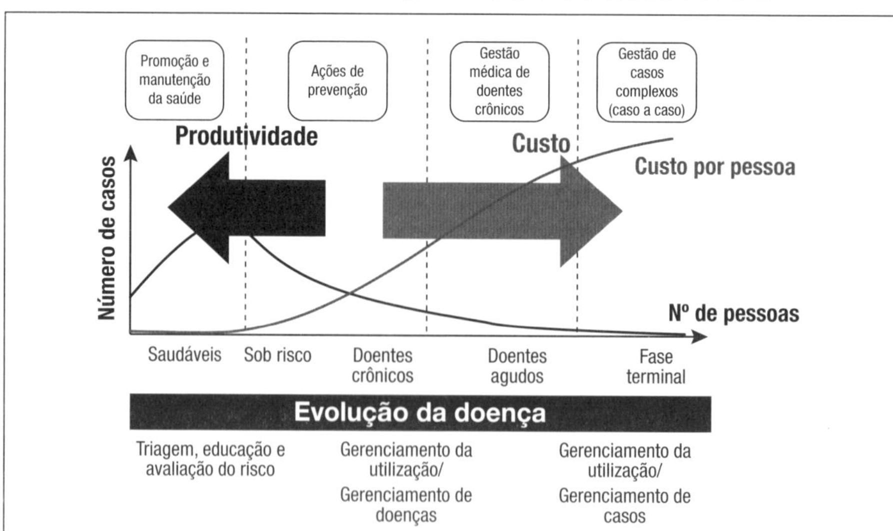

Fonte: Pinto (2015:46).

Detalhando as ações da figura 2, temos:

- *promoção e manutenção da saúde* – ações voltadas para a população saudável com enfoque em manter, promover e fortalecer saúde, qualidade de vida e bem-estar, como profissionais com hábitos e estilo de vida adequados e que não apresentam fatores de risco estabelecidos;
- *ações de prevenção* – ações voltadas para a população que não possui doenças estabelecidas, mas apresenta fatores de risco como sobrepeso, tabagismo, uso de álcool, má alimentação, sedentarismo e estresse excessivo;
- *gestão médica de doenças crônicas* – ações e programas voltados para a população portadora de alguma doença crônica estabelecida (diabetes, doenças cardiovasculares, respiratórias, câncer etc.), que utiliza assessoria especializada médica, nutricional ou fisioterápica com acompanhamento presencial ou a distância;
- *gestão de casos complexos* – gestão caso a caso, que exige adaptações e necessidades especiais como *home care*, internações e procedimentos especiais (Pinto, 2015:44).

Além do impacto no custo direto e indireto, há também outra preocupação para a área de recursos humanos, relacionada à percepção de valor com relação à assistência médica e outros benefícios oferecidos pela organização, sua influência para a atração, engajamento, satisfação e retenção dos melhores profissionais do mercado. Esse cenário é um grande desafio aos profissionais de recursos humanos, que precisam compreender de forma sistêmica o impacto dos custos, dos riscos e ameaças ao capital humano, criando condições para minimizá-los enquanto atuam para preservar e melhorar a produtividade, a saúde e o bem-estar dos profissionais, garantindo a saúde do negócio.

Da qualidade de vida para uma cultura e gestão da saúde

Nos últimos 20 anos, as organizações mais responsáveis atuaram para promover saúde e garantir qualidade de vida e bem-estar ao trabalhador, motivadas inicialmente pela ideia de que prevenir era mais barato do que remediar. No entanto, algumas poucas organizações tiveram êxito em vincular as ações de qualidade de vida com as estratégias de negócio, gerando percepções para a alta administração de que tais iniciativas não fossem vistas como mais um custo ou um investimento secundário. Parte dessa baixa valorização das ações de qualidade de vida se deu pela dificuldade da área de recursos humanos em demonstrar valor dessas ações para o negócio, sobretudo pela falta de indicadores, informações e articulação com outras áreas da organização.

Na medida em que se percebeu o capital humano como sendo um ativo-chave para o negócio, assim como o impacto do adoecimento das pessoas para o negócio (custos e perda de produtividade e de conhecimento), a saúde passou a ser percebida como essencial para que as pessoas pudessem manter sua condição de trabalho, enquanto a falta da saúde passou a ser associada a prejuízos para as pessoas, suas famílias e para a organização. Investir em saúde virou sinônimo de produtividade.

Sendo a organização uma entidade viva, dinâmica e complexa – exatamente como uma pessoa –, tornou-se claro que um ambiente e um clima mais humanizados, regidos por valores como segurança, respeito, saúde e confiança proporcionam um contexto capacitante em que as pessoas sentem-se encorajadas a disponibilizar suas competências, seus saberes e conhecimentos para um propósito comum. A sobrevivência, a sustentabilidade e a inovação das organizações dependem disso. Um ambiente humanizado cria condições favoráveis para as pessoas darem o melhor de si, explorarem seu potencial e desenvolverem seus talentos e atividades de forma mais eficiente.

E essa humanização envolve ações que vão desde oferecer um espaço físico adequado para o trabalho, criar condições para o desenvolvimento das pessoas, uma cultura de aprendizado e desenvolvimento, até lideranças mais maduras e lúcidas. Uma organização humanizada internamente, com clima e cultura fortalecidos, cria condições essenciais para se tornar mais competitiva no mercado. Cuidar das pessoas ajuda a alcançar resultados mais sustentáveis.

Outros fatores que estimularam as organizações a prestarem atenção ao tema qualidade de vida, promoção da saúde e bem-estar estão relacionados as doenças crônicas não transmissíveis (DCNT). "As doenças cardiovasculares, câncer, doença obstrutiva pulmonar e diabetes são responsáveis por mais de 60% de todos os óbitos" (Gaziano e Pagidipati, 2015). "A Organização Mundial da Saúde elegeu também como alvo seus quatro principais fatores de risco – fumo, inatividade física, alimentação inadequada e uso abusivo de álcool" (Ogata e Simurro, 2015).

Esses fatores de riscos modificáveis passaram a ser encarados pelas organizações como hábitos a serem combatidos para redução de custos e desenvolvimento de uma cultura de saúde no ambiente organizacional.

Outro fator prioritário dentro das organizações é a saúde mental dos trabalhadores. Segundo a Organização Mundial da Saúde, diversos fatores podem colocar em risco a saúde mental das pessoas; entre eles: rápidas mudanças sociais, condições de trabalho estressantes, discriminação de gênero, exclusão social, estilo de vida não saudável, violência e violação dos direitos humanos (OMS, 2016). Depressão, estresse e ansiedade são fatores associados à saúde mental que representam impacto para a produtividade, causando, sobretudo, presenteísmo. Isso tudo gera custos diretos e indiretos para a organização, impactando na performance profissional e organizacional. Nitidamente, pessoas saudáveis custam menos e criam a base para contribuírem mais e melhor para a organização realizar sua estratégia.

O *boom* de investimentos em ações de qualidade de vida, promoção da saúde e bem-estar nas décadas de 1990 e 2000, certamente foi motivado por uma necessidade das organizações de reduzirem os custos médicos, promoverem a mudança de hábitos de seus profissionais e fortalecerem suas imagens como socialmente responsáveis. Ao trazerem o tema em pauta, visaram sensibilizar seus profissionais para a importância do autocuidado, do autogerenciamento e do equilíbrio entre vida profissional e pessoal. Os avanços nessa área são percebidos pela responsabilidade das organizações de oferecerem condições de trabalho apropriadas, com espaços ergonomicamente saudáveis que garantam a segurança e a integridade do profissional. Em espaços onde o risco físico é pequeno ou nulo, como num escritório moderno, as ações de qualidade de vida e promoção da saúde priorizam um enfoque mais educacional, ofertando ações que promovam mudanças de hábitos, como ações de combate ao tabagismo, nutrição saudável, estímulo à atividade física e programas de gestão de estresse que contribuem para fortalecer uma cultura de saúde, engajamento e alta performance.

As ações de qualidade de vida, promoção de saúde e bem-estar são um convite das organizações aos seus profissionais para assumirem a responsabilidade sobre o cuidado com eles mesmos, prestarem mais atenção à sua saúde e adotarem hábitos e estilo de vida com autonomia.

As próprias organizações trataram de evoluir o conceito – de qualidade de vida para gestão da saúde corporativa – em função da necessidade de adotar práticas de gestão, ampliar a visão sobre o tema e vincular saúde com a estratégia organizacional. Saúde corporativa passa a ser um subsistema de recursos humanos que incorpora ações que envolvem promoção da saúde, prevenção e tratamento de doenças, gestão dos custos, segurança e prevenção de acidentes, saúde ocupacional e assistencial, qualidade de vida, gestão de benefícios e bem-estar no ambiente de trabalho. Ações que se articulam e agem simultaneamente para atender à necessidade de uma gestão mais integrada da saúde da organização e contribuir efetivamente com o negócio.

Figura 3
PILARES DA SAÚDE CORPORATIVA

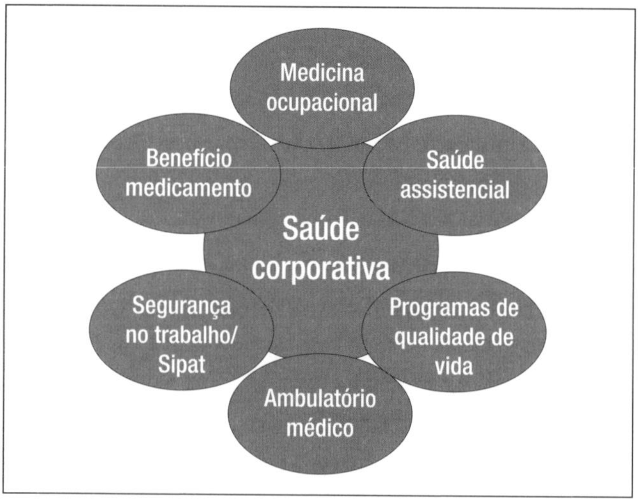

Erros e acertos dos programas de qualidade de vida

Historicamente, muitos programas de qualidade de vida se enfraqueceram por se tornarem desalinhados com as estratégias de negócio e necessidades dos colaboradores. Podem ser observadas algumas características comuns nos programas mais bem-sucedidos, entre elas:

- realizam levantamento de informações, por meio de pesquisas e dados da saúde ocupacional e assistencial, para mapear o perfil de saúde dos profissionais. A falta de levantamento de dados e informações sobre a população pode motivar a oferta de ações inócuas e que representem desperdício de recursos;
- definem diretrizes e planejam ações alinhadas com os dados coletados, além de se dedicarem a conhecer os interesses dos profissionais, por meio de pesquisas de interesse e satisfação, evitando desenvolver ou manter iniciativas que são pouco aproveitadas pela população;
- mantêm um comitê permanente composto por lideranças e profissionais da linha de frente ou pessoas responsáveis pela gestão do programa, com autonomia para decisões;
- todas as ações de qualidade de vida são informadas aos líderes com objetivo de apresentar os benefícios aos profissionais e para a organização, evitando boicotes e proibições por parte dos líderes quanto à participação de seus subordinados nas ações e programas oferecidos pela própria organização. As lideranças devem ser sensibilizadas sobre os benefícios para o negócio (melhoria da produtividade, queda do absenteísmo e presenteísmo, melhoria da saúde geral do trabalhador, prevenção de acidentes etc.). O líder que não percebe valor nas iniciativas poderá boicotar a participação de profissionais de sua equipe;
- objetivos claros e utilização de indicadores. Todas as ações dentro das organizações precisam ser medidas para que ganhem credibilidade. Além disso, os indicadores ajudam a vender/manter ideias/ações junto à direção da organização e identificar ações corretivas durante o ciclo de vida do programa;
- ações com foco educativo e que promovam o autogerenciamento, mudança de hábitos e autonomia, estimulando a responsabilidade pela própria saúde e bem-estar. O entretenimento pode ser um meio, mas nunca o fim;
- equipe qualificada e atualizada para gerenciar os programas de qualidade de vida. Os profissionais da organização, responsáveis pelos

programas de qualidade de vida, devem se preparar tecnicamente, manter-se atualizados sobre tendências do tema, melhorar a capacidade de gerenciamento e aprimoramento das ações sob sua responsabilidade. Devem também manter-se atualizados e envolvidos com as estratégias da instituição, visando sempre adaptar as ações às estratégias;

- sinergia entre diversas áreas na organização. Dependendo da organização, os programas de qualidade de vida estão subordinados ao departamento médico, RH, serviço social, comunicação ou até cria-se uma área específica de qualidade de vida. Independentemente de qual área é responsável, é importante aproveitar o *know-how* de diversas áreas, como T&D, segurança no trabalho, entre outras. A criação e manutenção de um grupo permanente com representantes das diversas áreas de conhecimento da organização promovem ações mais integradas. Isso facilita a contratação de fornecedores, adaptação e alinhamento de estratégias, visão sistêmica nas ações (por exemplo, treinamentos de vendas que também agreguem dicas de saúde física e mental para a força de vendas).

A construção de um ambiente de trabalho saudável

A construção e manutenção de um ambiente de trabalho saudável é um processo contínuo, sistêmico e estratégico, em que a saúde corporativa ganha *status* de subsistema de recursos humanos para alcançar objetivos estratégicos. Atualmente, há diversos modelos conceituais para direcionar as ações de saúde e qualidade de vida dentro de uma organização, e um dos modelos referenciais é o "Healthy workplaces: a model for acition: for employers, workers, policymakers and practitioners" (Ambientes de trabalho saudáveis: um modelo para ação para empregadores, profissionais, formuladores de políticas e profissionais) publicado em 2010 pela Organização Mundial de Saúde-OMS e traduzido para o português pelo Sesi Nacional. O modelo se apoia em quatro pilares que podem ser mobilizados por meio de iniciativas voltadas a ambientes de trabalho saudáveis.

Figura 4

MODELO DE AMBIENTE DE TRABALHO SAUDÁVEL DA OMS: VIAS DE INFLUÊNCIA, PROCESSO E PRINCÍPIOS ESSENCIAIS

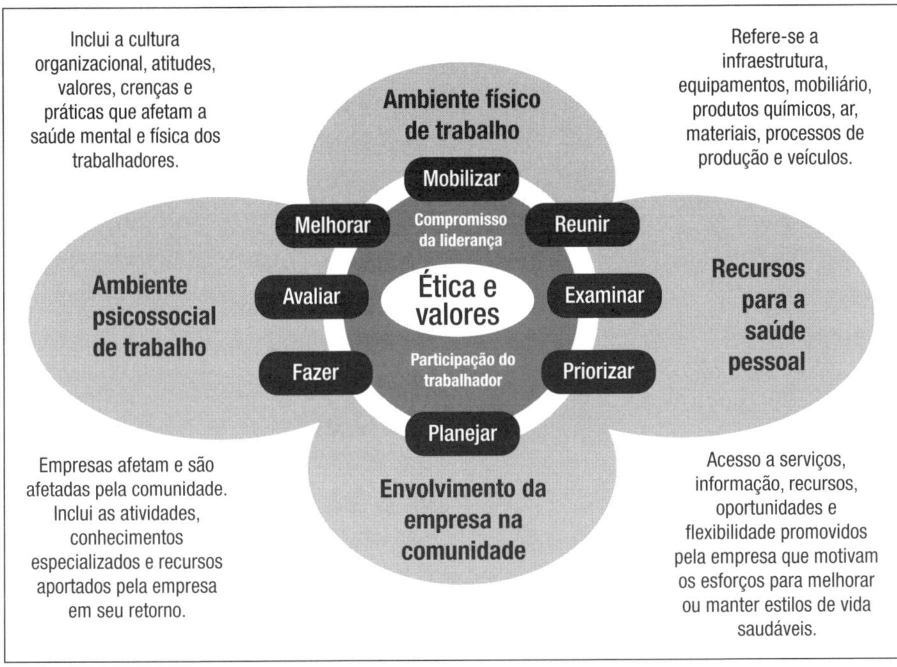

Fonte: OMS (2010).

Detalhando os pilares da figura 4:

- *ambiente físico de trabalho* – refere-se à infraestrutura: equipamentos, mobiliário, produtos químicos, ar, materiais, processos de produção e veículos. São fatores que afetam a segurança, o bem-estar e a saúde física e mental dos profissionais e envolvem perigos químicos (solventes, fumaça, pesticidas etc.); físicos (ruídos, radiações, vibrações, calor etc.); biológicos (vírus, mofo, instalações sanitárias etc.); fatores de risco ergonômicos (posturas desconfortáveis, tarefas repetitivas, guindastes etc.); perigos relacionados à energia; condução de veículos (condução de veículos em situações adversas, sem manutenção adequada). *Ações para influenciar o ambiente físico de trabalho*: os perigos devem ser identificados, examinados e controlados por meio de uma hierarquia de processos de controle, que envolve: (1) eliminação ou substituição; (2) controles de engenharia; (3) controles administrativos; (4) disponibilidade de equipamentos de proteção individual (OMS, 2010:9);

- *ambiente psicossocial de trabalho* – refere-se à cultura organizacional. Atitudes, valores, crenças e práticas cotidianas da empresa podem gerar estresse e afetar o bem-estar físico e mental dos profissionais. Incluem-se nesse pilar: problemas com a demanda de trabalho, pressão com relação ao cumprimento de prazos, flexibilidade nas decisões, recompensa e reconhecimento, apoio das lideranças, comunicação deficiente, falta de políticas, normas e procedimentos relacionados à dignidade e respeito para com todos os profissionais, assédio e intimidação, discriminação de gênero, preconceito por condições de saúde (HIV), falta de apoio a estilos de vida saudáveis, intolerância à diversidade étnica ou religiosa, ausência de comunicação recíproca, *feedback* construtivo, gestão de desempenho não respeitosa etc. *Ações para influenciar o ambiente psicossocial de trabalho*: realocar ou reduzir a carga de trabalho, treinar gestores em comunicação e liderança, aplicar tolerância zero para assédio ou discriminação no local de trabalho, permitir a flexibilidade para lidar com situações de conflito entre trabalho e vida pessoal, proporcionar apoio e recursos emocionais, promover comunicação aberta e honesta e treinamentos (OMS, 2010:10-11);
- *recursos para a saúde pessoal no ambiente de trabalho* – refere-se ao acesso dos profissionais a serviços, informação, recursos, oportunidades e flexibilidade promovidos pela empresa que motivam os esforços para melhorar ou manter estilos de vida saudável, bem como para acompanhar e apoiar sua saúde física e mental. Incluem-se nesse pilar: os riscos inerentes à inatividade física, má alimentação, tabagismo, falta de diagnóstico e tratamento de doenças por causa da falta de acesso à assistência médica e aos cuidados primários de saúde, falta de conhecimentos ou recursos para a prevenção de doenças. *Ações para influenciar os recursos de saúde pessoal no ambiente de trabalho*: disponibilizar acesso a serviços de saúde, informação, treinamento, apoio financeiro, instalações, políticas de apoio, ações de promoção da saúde para incentivar os profissionais a adotarem hábitos e estilo de vida saudável (OMS, 2010:11, 13);

- *envolvimento da empresa na comunidade* – refere-se à participação da empresa na comunidade, promovendo atividades nas quais uma empresa pode participar, ou disponibilizando conhecimentos e recursos que pode prover para apoiar o bem-estar físico e social de uma comunidade. Isso se refere especialmente à saúde física, mental, segurança e bem-estar dos profissionais e suas famílias. Incluem-se nesse pilar: controle de emissões de poluentes e produções limpas nas operações e ajuda para resolver problemas de poluição que afetam a comunidade; apoiar o diagnóstico e tratamento de doenças; ampliar a atenção básica em saúde gratuita ou subsidiada para os profissionais, suas famílias e comunidade; incluir políticas de igualdade de gênero no local de trabalho; alfabetização suplementar gratuita ou subsidiada aos profissionais e seus familiares; trabalhar em parceria com administradores das comunidades; viabilizar transporte gratuito para o trabalho etc. *Ações para influenciar o envolvimento da empresa na comunidade*: atividades de controle de impacto da operação da empresa no meio ambiente (controle de emissões de poluentes e produções limpas ou ajudar a comunidade a resolver problemas de poluição e cuidados com meio ambiente); apoiar o diagnóstico e tratamento de doenças; ampliar a atenção básica em saúde gratuita para a comunidade, oferecer planos de assistência médica e hospitalar aos profissionais e seus familiares; políticas de igualdade de gênero ou a outros grupos vulneráveis no local de trabalho, quando não sejam legalmente obrigatórios; proporcionar alfabetização suplementar gratuita ou a preços acessíveis aos profissionais e suas famílias; proporcionar desenvolvimento de lideranças e conhecimentos relacionados à segurança e saúde no trabalho; ampliar o acesso a medicamentos às famílias dos profissionais; trabalhar em parceria com administração pública, comunidades e órgãos não governamentais; viabilizar transporte gratuito aos profissionais (OMS, 2010:13-14).

O modelo tem por propósito sensibilizar e orientar as organizações sobre diretrizes para a construção de ambientes de trabalho saudáveis, vinculando o sucesso organizacional a práticas empresariais éticas, que no local de trabalho significam garantir um local de trabalho seguro e saudável (OMS, 2010). Apresenta, de forma simples e aplicável, uma visão integrada da saúde no ambiente de trabalho com a proposta de um processo de gestão e melhoria contínua.

Conclusão

Na complexidade a que as organizações estão expostas, inclui-se, entre seus desafios, a crescente expectativa de vida da população brasileira, os questionamentos sobre a capacidade da atual Previdência Social e o crescente aumento da inflação médica, fatores que influenciam as relações de trabalho e os custos dos benefícios de assistência médico-hospitalar, que impactam a sustentabilidade e a lucratividade das organizações. É um cenário em que o tema saúde ganha relevância estratégica e econômica, exigindo da área de recursos humanos uma visão mais amplificada sobre o tema e uma postura proativa e articuladora para realizar a gestão da saúde corporativa de forma sistêmica. Esse tema representa uma grande oportunidade para a área de recursos humanos demonstrar seu valor estratégico para a organização ao conseguir articular suas práticas humanísticas com uma visão clara dos custos e práticas de gestão em saúde que poderão gerar uma efetiva contribuição para as pessoas e para o negócio.

Referências

BRASIL. Lei nº 8.212, de 24 de julho de 1991. *Lei de Custeio da Previdência Social*. Brasília, DF, *DOU*, 25 jul. 1991.

GAZIANO, T.A.; PAGIDIPATI, N. *Building cultures of health and wellness in population health*: creating a culture of wellness. *Burlington*, MA: Jones & Bartlett Learning, 2015.

GEUS, Arie de. *A empresa viva*: como as organizações podem aprender a prosperar e se perpetuar. Rio de Janeiro: Campus, 1988.

INSTITUTO DE ESTUDOS DE SAÚDE SUPLEMENTAR (IESS). *Variação de custos médico-hospitalares*. São Paulo: IESS, maio de 2016.

OGATA, A. J. N. (Org.). *Temas avançados em qualidade de vida*. Londrina: Midiograf, 2015. v. 1.

_______; SIMURRO. S. A. *Temas avançados em qualidade de vida*. Londrina: Midiograf, 2015, v. 2.

ORGANIZAÇÃO MUNDIAL DE SAÚDE (OMS). *Ambientes de trabalho saudáveis*: um modelo para ação para empregadores, profissionais, formuladores de políticas e profissionais. Genebra: OMS, 2010. Trad. Serviço Social da Indústria (Sesi).

PINTO, Ana Claudia A. Gestão integrada de saúde e qualidade de vida na organizações. In: OGATA, A. J. N. (Org.). *Temas avançados em qualidade de vida*. Londrina: Midiograf, 2015, v. 1, p. 21-63.

15. Comportamento organizacional

Denize Athayde Dutra

Introdução

Os capítulos anteriores deste livro tratam da importância estratégica e dos sistemas da função recursos humanos (RH). Este capítulo inicia a abordagem comportamental do papel do profissional de RH, que durante décadas foi entendida como a única, mas, hoje, como vimos ao longo desta obra, para dignificar o ser humano, precisa também olhar para os resultados e contribuir com a sustentabilidade da organização em todas as suas dimensões.

O objetivo deste capítulo é apresentar os diferentes aspectos do comportamento organizacional e seus impactos na melhoria da qualidade das relações interpessoais no trabalho e na humanização das organizações. Nesse sentido, entender a essência do ser humano é o alicerce para engajar as pessoas no propósito da organização e intervir na cultura organizacional, como tratado no capítulo 4 desta obra.

Reflexões preliminares

Para iniciar estas reflexões é preciso definir comportamento organizacional, como o

> campo de estudos que investiga o impacto que indivíduos, grupos e estrutura organizacional têm sobre o comportamento das pessoas dentro das organizações, com

> o propósito de utilizar este conhecimento para melhorar a eficácia organizacional [Robbins, Judge e Sobral, 2011:7].

Nesse sentido, entender o conceito de indivíduo é o primeiro passo para avançar em nossas reflexões.

> O indivíduo é produto de um ciclo de reprodução, mas este produto é, ele próprio, reprodutor em seu ciclo, [...]. Assim, também, quando se considera o fenômeno social, são as interações entre os indivíduos que produzem a sociedade, com sua cultura, suas normas, e esta retroage sobre os indivíduos humanos e os produz enquanto indivíduos sociais dotados de uma cultura [Morin, 2004:118].

A noção de sujeito considera que toda dimensão biológica necessita de uma dimensão cognitiva, que é individual, porque "é o ato pelo qual o sujeito se constitui posicionando-se no centro de seu mundo para lidar com ele, considerá-lo, realizar nele todos os atos de preservação, proteção, defesa etc." (Morin, 2004:120).

O autor afirma que cinco princípios (egocentrismo, autorreferência, exclusão, inclusão e incerteza) regem a construção do sujeito. O primeiro movimento do sujeito seria o egocentrismo, ou seja, se colocar no centro do mundo. "O eu é o ato de ocupação do espaço que se torna o centro do mundo. A identidade do sujeito comporta um princípio de distinção, de diferenciação e de reunificação" (Morin, 2004:120).

Há um segundo princípio de identidade, ou da autorreferência, isto é,

> apesar das transformações e por meio delas, o EU pode continuar o mesmo, a despeito de suas modificações (mudança de caráter, de humor, transformações físicas devidas à idade), já que o indivíduo se modifica somaticamente do nascimento até a morte, mas o sujeito continua o mesmo [Morin, 2004:121].

Esse aspecto parece útil para tentar explicar o limite da influência do grupo sobre o indivíduo, pois mesmo assumindo uma identidade grupal, aceitando decisões por consenso, cedendo em alguns pontos de vista, cooperando com terceiros não necessariamente o indivíduo perde a noção de que é sujeito.

O terceiro e quarto princípios não podem ser tratados separadamente, pois apesar de antagônicos, são complementares: a exclusão e a inclusão. O princípio da exclusão refere-se ao fato de que o "eu" é único e ninguém pode dizê-lo em meu lugar. Já o dá inclusão refere-se ao "nós", isto é, "eu posso incluir o meu EU em um NÓS, posso introduzir, em minha subjetividade e minhas finalidades, os meus parentes, minha família, minha pátria [...]" (Morin, 2004:122).

Esse princípio supõe a possibilidade de comunicação entre os sujeitos de uma mesma espécie, de uma mesma cultura, de uma mesma sociedade, fato que tem significativa importância para o trabalho em equipe, já que não há equipe sem comunicação e sem esse sentido de "nós". Sabemos que trabalhar em equipe exigirá, em alguns momentos, ceder posições, o que não significa ser necessária a alienação do próprio "eu".

Hoje, uma das grandes preocupações da área de RH é a retenção das pessoas, como já tratado nos capítulos anteriores, além das políticas de atração, seleção, desenvolvimento, remuneração e da qualidade das relações legais e éticas entre o profissional e a empresa com a qual mantém algum tipo de vínculo. O engajamento das pessoas é essencial neste processo de retenção e entender os princípios abordados anteriormente ajudará na definição das estratégias de engajamento, pois engajar exige a percepção de inclusão, de contribuição individual com o coletivo.

Morin (2004:127), quando se refere à incerteza como o quinto princípio da construção do sujeito, esclarece que essa incerteza diz respeito à dúvida de "até que ponto Eu faço um discurso pessoal e autônomo, ou sob a aparência, que acredito ser pessoal e autônoma, não faço mais do que repetir ideias impressas em mim?". Esse princípio nos reporta a Guerreiro Ramos (1989), quando distingue entre o comportar-se e o agir, que nos leva ao entendimento de que comportamento é uma forma de conduta que se baseia na racionalidade funcional ou na estimativa utilitária das consequências – conveniência pessoal – desprovido de compromisso ético, e a ação é própria de um agente que delibera, que está consciente de suas finalidades intrínsecas e de uma ética de conduta.

Para o autor, a sociedade moderna se define como um precário contrato entre indivíduos que maximizam a utilidade na busca da felicidade pessoal, entendida como uma busca de satisfação de uma interminável sucessão de desejos. O mundo social competitivo se torna estranho ao homem, que tenta superar sua alienação, seja anulando-se através da passiva conformidade a papéis ou se recolhendo dentro de si mesmo.

No sentido atribuído por Guerreiro Ramos (1989), os seres humanos não agem; apenas comportam-se. O mundo vai se desdobrando de acordo com um esboço já estabelecido, em que o puro cálculo das consequências substitui o senso comum do ser humano. A síndrome comportamentalista constitui o credo não anunciado das organizações que funcionam em uma sociedade centrada no mercado. Os indivíduos interiorizam seus padrões cognitivos sem perceber, e eles passam a ser naturais, ou seja, a síndrome comportamentalista é uma disposição socialmente condicionada – as pessoas confundem as regras e normas de operações peculiares a sistemas sociais episódicos com regras e normas de sua conduta como um todo – ofuscando seu senso pessoal. O indivíduo, ilusoriamente, ganhou melhora material em sua vida e pagou por ela com a perda do senso pessoal de auto-orientação (Ramos, 1989).

Na noção de sujeito, entre outros paradoxos já comentados, vale agora ressaltar a ideia de "tudo-nada": ora sou tudo, ora, em face da consciência da própria morte, sou nada! Nesse aspecto, é preciso reconhecer que o "Sujeito não é apenas ator, mas autor, capaz de cognição/escolha/decisão. A sociedade não está entregue somente a determinismos materiais, ela é um mecanismo de confronto/cooperação entre indivíduos sujeitos, entre os 'Nós' e os 'EU'" (Morin, 2004:127).

A liberdade "supõe, ao mesmo tempo, a capacidade cerebral ou intelectual de conceber e fazer escolhas, e a possibilidade de operar essas escolhas dentro do exterior [...] o sujeito pode, eventualmente, dispor de liberdade e exercer liberdades" (Morin, 2004:126).

Mesmo dispondo de liberdade, podemos não exercê-la, o que se tratando de ambiente corporativo pode ocorrer com muita frequência. Essa reflexão é fundamental quando falamos de protagonismo das pessoas na organização, pois a forma como as pessoas querem atuar nas organizações é uma escolha delas, mesmo considerando todas as possíveis influências positivas e/ou negativas da organização sobre o comportamento humano (tecnologia, modelo de gestão, estrutura, cultura, normas, código de conduta, procedimentos etc.). Esse entendimento diminui a probabilidade do fenômeno da vitimização que é tão comum no mundo corporativo e na sociedade, fazendo com que as pessoas terceirizem seus fracassos.

A literatura sobre gestão trata o empoderamento das pessoas como práticas que visam aumentar o senso de autodeterminação de uma pessoa, que depende da crença na própria capacidade, gerando um sentimento de fortalecimento pessoal e de autonomia. Para tal, precisamos criar ambientes organizacionais que estimulem esse tipo de ação por meio de uma comunicação transparente e assertiva que gere confiança e autonomia, que substitua o medo de errar pela capacidade de aprender com erros. Na mesma linha de pensamento, as diferentes origens da identidade do indivíduo podem impactar sua vida social. Segundo Castells (2001:26), "sujeito é o ator social coletivo pelo qual os indivíduos atingem o significado holístico em sua experiência".

A identidade geralmente é abordada pela perspectiva do perfil psicológico ou do perfil de competências, que pode ser conhecido por ferramentas bem estruturadas com base em alguma teoria de personalidade, como no caso do MBTI,[1] DISC,[2] eneagrama,[3] entre outras. No entanto, quando se amplia essa perspectiva para entender identidade como resultado de alinhamento estratégico individual, observa-se que diversos desses elementos já abordados no texto precisam ser conectados para fazer sentido para o indivíduo. Utilizando conceitos da psicologia, filosofia, educação e de estratégia, será apresentado a seguir um modelo[4] que ajudará o leitor a entender a forma como a identidade afeta a ação, e esta, o protagonismo do sujeito no contexto social.

---

[1] Do inglês *Myers-Briggs type indicator*, *MBTI* é um instrumento utilizado para identificar características e preferências pessoais. Katharine Cook Briggs e sua filha Isabel Briggs Myers desenvolveram o indicador durante a II Guerra Mundial, baseadas nas teorias de Carl Gustav Jung sobre os tipos psicológicos.

[2] DISC é um modelo baseado no trabalho do dr. William Moulton Marston (1893-1947) para examinar o comportamento dos indivíduos em determinado ambiente. Para Marston, existem quatro tipos básicos de comportamentos previsíveis observados nas pessoas, e tais respostas comportamentais ocorrem a partir da combinação de duas dimensões: uma interna (referente à percepção do poder pessoal no ambiente) e outra externa (percepção da favorabilidade do ambiente). Como resultantes dessa matriz, temos os seguintes fatores: dominância (D), influência (I), estabilidade (S) e conformidade (C).

[3] Eneagrama é um estudo da personalidade de origem sufi baseado num diagrama de nove pontas. No mundo moderno, a presença do eneagrama se deve a George Ivanovich Gurdjieff, filósofo armênio que ensinou filosofia do autoconhecimento profundo no começo do século passado.

[4] Modelo proposto pela autora, objeto da tese de doutorado em andamento.

Figura 1

MODELO DE ALINHAMENTO ESTRATÉGICO INDIVIDUAL

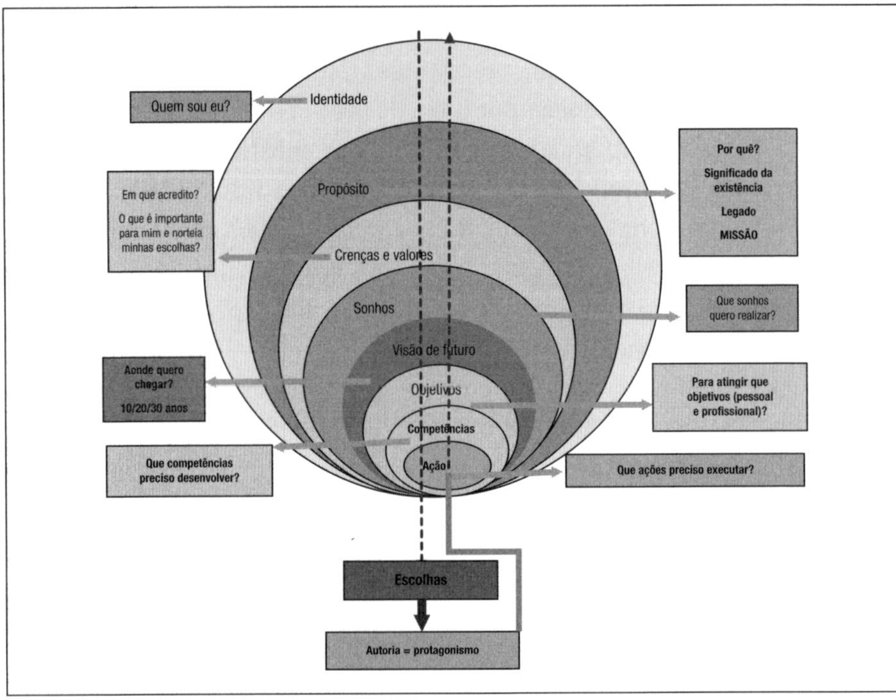

A identidade entendida como uma concepção coerente de si mesma, constituída de metas, valores e crenças com as quais a pessoa está solidamente comprometida (Erikson, 1976), é construída pela trajetória de vida e pelo entrelaçamento que as experiências vão criando e fazem sentido para o indivíduo, mas esse sentido dependerá da clareza de seu propósito (significado das ações, causa pela qual valha a pena viver, legado, finalidade, "o porquê"), como foi tratado por Frankl (1994) e Seligman (2004). O propósito deve estar pautado nas crenças e valores.

Os sonhos alimentam a nossa visão de futuro, que se desdobra em objetivos de vida (geralmente relacionados a estas três dimensões: ser, fazer, ter), onde se inclui a carreira, são mutáveis, especialmente quando atingidos, pois passamos a ter outros desejos, outros sonhos e novos objetivos. Mas, pode-se notar, analisando a história de vida das pessoas, que existem aspectos que se repetem qualquer que se seja o objetivo, o que caracteriza o senso de propósito, presente em tudo que buscamos para ter uma vida significativa.

Esse alinhamento possibilita identificar que ações são necessárias para atingir os objetivos, e aumentam a motivação, pois os tais "motivos para ação" estão claros, à medida que sempre estão relacionados à satisfação das necessidades humanas, como propôs Maslow (1954), e que ainda será tratada com mais detalhe adiante, neste capítulo.

As ações são movidas pelas necessidades, direcionadas pelos valores e condicionadas pelos nossos modelos mentais (Senge et al., 1998).

A qualidade do que fazemos e a forma como trabalhamos dependerão das competências técnicas ou emocionais desenvolvidas. As competências técnicas são específicas para as diferentes atividades que podemos realizar nas diferentes áreas do conhecimento humano. As competências emocionais são mais generalistas, pois qualquer que seja a atividade, são necessárias para que haja bons resultados. Independentemente da definição ou da descrição de tais competências, elas estarão sempre relacionadas aos cinco atributos da inteligência emocional estudados por Goleman (1996).

Inteligência emocional

Goleman (1996) e sua equipe estudaram os modelos de competência de 188 empresas, a maioria de grande porte, tentando identificar como funciona a inteligência emocional no ambiente de trabalho. Esse estudo levou o grupo a analisar os cinco principais componentes da inteligência emocional: autoconhecimento, autocontrole, automotivação, empatia e sociabilidade.

A importância do autoconhecimento vem sendo tratada neste capítulo de forma especial, pois entende-se que é a base para os demais atributos da inteligência emocional, decorre do alinhamento pessoal já abordado, é uma condição essencial para a autogestão, o primeiro *pipeline* da liderança, postulado por Charam, Drotter e Noel (2009) em seu modelo, tratado com maior profundidade no capítulo sobre liderança.

Autoconhecimento é resultante de dois processos: autopercepção e busca de *feedback*. O primeiro constitui-se de uma profunda percepção das próprias emoções, pontos fortes e fracos, necessidades e impulsos; e o segundo trata da importância de conhecermos como somos percebidos pelos outros, pois isso ajuda a identificar nossos pontos cegos. Pessoas com elevado nível de autoconhecimento reconhecem o efeito que seus sentimentos têm sobre si mesmas, sobre as outras pessoas e sobre seu desempenho no trabalho. Esse atributo pode ser identificado num processo de seleção por meio de uma entrevista bem estruturada e poderá ser percebido pela avaliação de desempenho, pela postura no trabalho quanto a assumir erros, pela coerência das atitudes e pela qualidade das relações humanas.

O desconhecimento de uma forma humanizada de lidar com as emoções tem gerado profundas crises e perda de potenciais energéticos dos seus componentes. Nesse sentido, o autocontrole emocional é, sem dúvida, um elemento-chave no sucesso profissional e pessoal, já que estamos num ambiente de turbulência e incertezas. Segundo Goleman (1996), "o autocontrole é o componente da inteligência emocional que nos impede de sermos prisioneiros dos sentimentos. É uma espécie de diálogo interno constante". As pessoas que se dedicam a esse diálogo interno têm momentos de mau humor como todo mundo, mas encontram maneiras de controlá-los e até canalizá-los para algo útil.

Nossas emoções são motivadas por impulsos biológicos. Não podemos eliminá-los, mas conseguimos administrá-los. Pessoas que têm controle sobre os sentimentos e impulsos são capazes de criar um ambiente de confiança, justiça e honestidade dentro da empresa. Muitas coisas negativas que acontecem em uma organização são resultado de reações impulsivas, geradas pelo oportunismo. Os sinais de autocontrole emocional são observáveis nas seguintes atitudes: análise cuidadosa das situações para tomada de decisão; estar à vontade com a ambiguidade e a mudança; capacidade de dizer não aos impulsos.

O autocontrole está diretamente relacionado ao quociente de adversidade, como denomina Stoltz (2001), isto é, à capacidade de lidar com situações adversas sem perder a integridade pessoal, ainda que passando por desequilíbrios emocionais momentâneos; a recuperação é rápida e não leva a uma perda da identidade exatamente por causa do autocontrole, do senso de responsabilidade, do foco na solução do problema e não na causa, da percepção de que o problema tem prazo de validade e é focal. No Brasil, esse conceito é mais conhecido por resiliência e bastante buscado nos profissionais.

Pessoas automotivadas desejam profundamente alcançar um objetivo independentemente de fatores externos favoráveis, demonstram paixão pelo trabalho em si, uma energia inesgotável para fazer as coisas de forma cada vez melhor. São inquietas, buscam desafios constantes, adoram aprender e se orgulham de um trabalho bem-feito.

A empatia significa se colocar no lugar do outro, ou seja, levar em consideração os sentimentos das pessoas na sua tomada de decisão, o que não significa fazer exatamente o que o outro quer ou agradar as pessoas o tempo todo. A empatia impacta diretamente a qualidade da relação líder/liderado, o senso de cooperação dentro e entre equipes e a retenção dos talentos. Somente com empatia um líder consegue identificar as expectativas de sua equipe para poder fazer a gestão do contrato psicológico de trabalho, de forma a afetar a percepção positiva dos envolvidos, gerando um sentimento de satisfação, ou, se possível, de encantamento.

A globalização é um fator que amplia a importância desse atributo da inteligência emocional, pois a diversidade de culturas pode facilmente levar a percepções equivocadas e conflitos, que poderão ser evitados ou resolvidos com a empatia.

A sociabilidade pode ser reconhecida de várias formas: na facilidade de criar elos; na habilidade de comunicação; na persuasão; na colaboração e na articulação política. Ela é influenciada pelo autoconhecimento, autocontrole, automotivação e empatia, e torna-se um fator crítico de sucesso profissional, porque as organizações, movidas pela constante necessidade de melhoria de seus resultados, acabam por contribuir para que as pessoas se tornem mais frias, fechadas, excessivamente competitivas, desconfiadas, o que afeta negativamente a habilidade de relacionamento interpessoal.

Sabemos que a dificuldade de trabalhar em equipe, a perda da criatividade gerencial, a baixa qualidade do processo decisório, a pouca integração dos vários setores, a competição interdepartamental e os conflitos interpessoais são alguns subprodutos indesejáveis dos bloqueios afetivos e emocionais nas organizações.

Face às grandes tensões do mundo contemporâneo e à crescente desumanização tecnológica dos sistemas produtivos, os profissionais de RH precisam refletir sobre uma nova visão do homem nas relações de trabalho, nas quais a inteligência emocional assuma relevância e a liderança tenha o papel de desbloquear o potencial positivo das emoções e dos laços de afeto que estão latentes em todas as organizações humanas.

Valores

A complexidade do sujeito não decorre apenas de sua pluralidade e diversidade, mas, em grande parte, de seus valores. A palavra valor é uma das que possuem significação mais rica, complexa e difícil de definir. Valores referem-se às qualidades avaliadas pelos homens, apreciadas em função do interesse que as coisas apresentam para os mesmos. Na verdade, o valor é a capacidade que um objeto (coisa, ideias ou outra pessoa) tem de satisfazer um desejo, uma necessidade ou uma aspiração humana.

A maioria dos autores concorda que os valores orientam e guiam a vida das pessoas, mesmo quando não podem ser observados diretamente. Nos anos 1970, Milton Rokeach, um estudioso do assunto, concluiu, em suas pesquisas, que "o conhecimento dos valores de uma pessoa nos deveria permitir predizer como ela se comportará em situações experimentais e em situações da vida real" (Rokeach, 1973 apud Tamayo e Porto, 2005:8). Como os valores são diferentes de uma pessoa para outra, Shalom H. Schwartz desenvolveu, a partir de pesquisas, uma teoria de valores em que identificou as principais características destes: "Valores são um constructo motivacional; transcendem situações específicas; guiam a seleção e avaliação de ações, políticas, pessoas e eventos; são ordenados pela importância relativa aos demais" (Schwartz, 1992 apud Tamayo e Porto, 2005:22). Para ele, os valores estão relacionados a aspectos motivacionais, dos quais Schwartz ressalta três como sendo de caráter universal, pois estão relacionados à existência humana, independentemente de quem seja o indivíduo ou sua cultura. São eles:

> as necessidades dos indivíduos como organismos biológicos, os requisitos de ação social coordenada e as necessidades de sobrevivência e bem-estar dos grupos. Os indivíduos não podem lidar com estes requisitos da existência humana de forma bem-sucedida sozinhos [Schwartz, 1992 apud Tamayo e Porto, 2005:24].

Motivação

Talvez a maior preocupação de um gestor seja como obter o comprometimento das pessoas com a alta performance, de modo a assegurar o atingimento das metas organizacionais. A matéria-prima do comprometimento é a motivação, ou seja, nos comprometemos com aquilo para o qual temos motivos.

A motivação foi estudada por muitos autores, sendo um dos mais conhecidos Abraham Maslow (1954) que identificou e hierarquizou numa pirâmide as necessidades individuais, conforme figura 2.

Figura 2

Hierarquia das necessidades humanas

Fonte:<www.portal-administracao.com/2014/09/maslow-e-hierarquia-das-necessidades.html>. Acesso em: 20 dez. 2017.

Alguns autores fizeram outras leituras dessa hierarquia, mas ela continua ainda hoje sendo a base do entendimento sobre a busca de satisfação humana. A satisfação não equivale necessariamente ao prazer. Pode existir satisfação sem prazer; por outro lado, não existe prazer sem satisfação. Vivenciar prazer no trabalho não depende só do *querer*; depende das condições nas quais o trabalho é realizado, da natureza da tarefa e do tipo de exigências que envolvem as capacidades do indivíduo. Não sendo prazerosa, por causa de forças externas, uma atividade exige um gasto de energia maior do que o necessário e, muitas vezes, maior do que o indivíduo seja capaz de dar. Essa é a razão para tantos investimentos na melhoria do clima organizacional, no sentido de levar as pessoas a encontrarem significado no seu trabalho, diante de uma participação ativa e de outras condições que promovam um sentimento de valorização e reconhecimento, especialmente, na relação com as chefias e com colegas.

Com o avanço da neurociência nas quatro últimas décadas, muitos estudos de motivação e sobre o comportamento humano em geral têm sido revisitados. David Rock, em a "Gestão do cérebro", relata que o pesquisador Matthew Lieberman, da Universidade da Califórnia (UCLA), defende a hipótese de que os seres humanos desenvolveram esse elo entre a conexão social e o desconforto físico no cérebro "porque, para um mamífero, estar conectado socialmente com quem fornece carinho é necessário para a sobrevivência" (Rock, 2010). Esse e outros estudos que estão surgindo trazem uma mensagem clara: *o cérebro humano é um órgão social.* As reações fisiológicas e neurológicas são direta e profundamente moldadas pela interação social. Na verdade, como explica Lieberman, "a maioria dos processos que operam em segundo plano quando o cérebro está em descanso se relaciona ao pensamento sobre outras pessoas e sobre si mesmo".

Diversidade

A globalização da economia e todos os efeitos sociais que ela trouxe, em especial a mobilidade dos profissionais no mercado de trabalho, aumentaram a necessidade de tratar da questão da diversidade nos ambientes corporativos.

Segundo Morgado (2012), o conceito de diversidade, no entanto, ainda carece de rigor e desenvolvimento teórico, e as definições atuais variam: as mais específicas enfatizam raça, etnia e gênero; definições mais amplas incluem a necessidade de considerar diferenças individuais.

Morgado (2012) cita Nkomo e Cox Jr. (1999:339, tradução nossa) quando afirma que, apesar das diferentes definições sobre diversidade, existe um senso comum na academia que se refere à *diversidade de identidades* baseada no conceito de pertencimento a grupos sociais e como as diferenças de identidade afetam as relações sociais nas organizações. Assim, para ele, diversidade é uma "mistura de pessoas com diferentes identidades de grupo dentro de um mesmo sistema social", o que coloca o conceito de identidade como central para compreensão da diversidade nas organizações.

Para Morgado (2012), a partir dos anos 1970, com a entrada das mulheres no mercado de trabalho, houve um avanço nas pesquisas acadêmicas sobre a temática das mulheres nas organizações. Considerando que a área de RH é uma das poucas áreas da gestão predominantemente feminina, esse tema merece uma referência especial. A maioria dos estudos aponta para as discriminações sofridas pelas mulheres no contexto do trabalho: questões de discriminação por gênero quanto à remuneração e ascensão na carreira; assédio sexual; as barreiras enfrentadas pelas mulheres que se tornam gerentes; dificuldades e particularidades da mulher no cargo gerencial; a influência da cultura organizacional nas relações de gênero que dificultam a ascensão das mulheres; teto de vidro (barreiras invisíveis encontradas pelas mulheres para subir na hierarquia das organizações); relação trabalho/família e estrutura organizacional.

Outro tema hoje exaustivamente discutido é a questão das diferenças geracionais. Além das mudanças que a tecnologia provocou nos padrões de comportamento de cada geração, outras transformações sociais, políticas, econômicas e culturais que impactam o modo de vida da sociedade em geral e que, décadas atrás, só se observavam nos conhecidos conflitos de gerações entre pais e filhos, professores e alunos, hoje ocorrem no ambiente corporativo. O aumento da expectativa de vida e as novas formas de acesso ao mercado de trabalho pelos muito jovens, levarão a trabalhar juntas pessoas com intervalos de idade de até mais de 50 anos, o que caracteriza a convivência de pelo menos quatro gerações. Esse fato exige respeito às diferenças dos padrões de comportamento, muita empatia, diálogo e abertura para descobrir o que a cada geração tem de melhor para contribuir com a organização. Somente com alinhamento de valores e propósito, as diferentes gerações conseguirão estabelecer relações produtivas e harmoniosas, capazes de ultrapassar os desafios presentes em todas as organizações.

Trabalho em equipe

Conforme defende Chanlat (1996:30), "a constituição de todo o Ser Humano como Sujeito passa por esta relação poliforme com o outro". É por meio do outro que o Sujeito se constitui, se reconhece, sente prazer e sofrimentos, satisfaz ou não seus desejos e suas pulsões. Seguindo ainda uma perspectiva psicanalítica, Bion (1970:46) afirma que "o grupo é essencial para a realização da vida mental de um homem – tão essencial para isto, quanto para as atividades evidentes da economia e da guerra". Para ele, a vida psíquica exerce um papel fundamental no comportamento humano individual e coletivo, e o ser humano se reúne em grupo para obter segurança de um indivíduo de quem depende.

A afetividade é o que permite os vínculos, e pode ser expressa de diversas formas em nossas atitudes com as pessoas. É um fator fundamental no trabalho em equipe, pois sem esse vínculo afetivo entre as pessoas, o sentimento de coesão fica comprometido e, consequentemente, seu funcionamento e seus resultados, sejam eles de qualquer natureza, econômica ou social. A capacidade de expressão emocional é reunida em padrões comportamentais inatos, mas o significado psicológico que passa a ser associado a essas expressões é adquirido gradualmente e depende essencialmente do contexto em que o indivíduo se desenvolve.

Para Moscovici (1999), o processo de interação humana, além de estar presente em todas as organizações, é o que mais influi no rumo de suas atividades e nos seus resultados. Segundo a autora, a interação se dá em dois níveis distintos, mas concomitantes e interdependentes: o da tarefa e o socioemocional, que é o responsável pela manutenção, crescimento, amadurecimento e produtividade do grupo e satisfação de seus membros.

Somos seres sociais por natureza, mas o fato de estarmos juntos, em bando ou em grupo não significa que sejamos equipe. Segundo Vergara (1999:149), para que um grupo "se torne uma equipe é preciso que haja um elemento de identidade, elemento de natureza simbólica, que una as pessoas, estando elas fisicamente próximas, ou não".

Katzenbach e Smith (1994) demonstram por que as equipes tornaram-se cada vez mais importantes para o sucesso das organizações e por que as equipes de alta performance são tão raras. Os autores também analisam como aproveitar melhor o potencial das equipes, como e por que elas podem ter um papel fundamental na capacitação e nas mudanças de valores e comportamentos organizacionais, e como podem contribuir para a alta performance das organizações. A premissa destes autores é que

> As equipes superam a performance de pessoas que atuam sozinhas ou em meio a grupamentos organizacionais maiores, especialmente quando a performance exigida inclui múltiplas habilidades, capacidade de julgamento e experiências diversas [...] a

> equipe é sempre um resultado do enfrentamento de um grande desafio de performance [Katzenbach e Smith, 1994:3].

Assim como Vergara (1999), Katzenbach e Smith (1994:9) diferenciam grupo de equipe e acreditam que:

> Grupos se tornam equipes por meio de uma ação disciplinada. Eles expressam um propósito comum, concordam com as metas de performance, definem uma abordagem comum de trabalho, desenvolvem altos níveis de conhecimentos complementares e permanecem mutuamente responsáveis pelos resultados.

Os autores chamam essas verdadeiras equipes de "equipes reais" para diferenciá-las dos grupos. Ao descreverem detalhadamente cada um dos requisitos de uma equipe real, os autores ressaltam o aspecto de que "o significado do trabalho e do esforço realizado vai se tornando mais profundo, até que a performance da equipe se transforme na sua própria recompensa" (Katzenbach e Smith, 1994:13).

Katzenbach e Smith (1994:13) dizem que "o prazer mais profundo e gratificante advém do fato de termos sido parte de algo maior que nós próprios". Eles defendem a ideia de que a mudança comportamental é muito mais efetiva e eficaz no contexto da equipe por causa do compromisso coletivo e também pelo fato de as pessoas se sentirem menos ameaçadas por mudanças externas do que os indivíduos isoladamente. Além disso, a flexibilidade e o desejo de ampliar seu espaço de soluções acabam permitindo maior espaço para o crescimento individual. Por outro lado, eles também alertam para ao fato de que as equipes não são, e nem serão, a solução para todos os desafios e problemas da gestão moderna. Admitem que equipes, utilizadas de forma errada, podem ser desperdiçadoras de recursos e geradoras de maiores problemas.

Os mesmos autores (1994:80) concluem que o que distingue a equipe de alta performance de outras equipes é o "profundo compromisso pessoal de cada um para com o crescimento e o sucesso dos outros". Energizada por esse acentuado senso de compromisso, a equipe de alta performance potencializa as características fundamentais das equipes: senso mais profundo de propósito, intercambialidade e complementaridade de conhecimentos, responsabilidade mútua, abordagens mais amplas e completas, liderança compartilhada e o equilíbrio da aprovação das decisões e ideias, que reside na equipe e não na figura do líder.

No início dos anos 1990, Wellins, Byham e Wilson (1994) apresentam outro conceito, bastante polêmico sobre equipes, que não poderia ser aqui ignorado: trata-se das equipes autogerenciáveis, isto é, pequenos grupos de pessoas investidas de poder para gerenciar a si próprias e o trabalho que realizam diariamente. Elas são diferentes de outros grupos por serem estruturas organizacionais formais e permanentes, e porque seus membros planejam, tomam decisões e providências e compartilham as responsabilidades inerentes à liderança. Para os autores, tais equipes não só são possíveis como podem ser peças essenciais para a competitividade das organizações. O conceito de equipes autogerenciáveis está baseado em três princípios: (a) quem lida mais diretamente com o trabalho sabe melhor como executar e como melhorar suas tarefas; (b) as pessoas se sentem realizadas quando percebem que estão contribuindo de forma significativa com a organização, por meio do trabalho que realizam e que é de sua propriedade; (c) equipes oferecem a possibilidade de autogerenciamento e de o colaborador se sentir empoderado, o que, individualmente, é mais difícil. É comum os membros de uma equipe autogerenciável passarem de papéis mais passivos e reativos para papéis mais atuantes, assumindo responsabilidades sobre seu trabalho, trocando informações, cooperando, demonstrando maior flexibilidade nas situações e respondendo, rápida e eficazmente, às demandas externas.

Comunicação

A comunicação desempenha papel fundamental no processo grupal.

> Toda interação, qualquer que seja, supõe por definição um modo de comunicação, isto é, um conjunto de disposições verbais, que se encarregam de exprimir, traduzir, registrar, em uma palavra, de dizer o que uns querem comunicar aos outros durante uma relação [Chanlat, 1996:37].

Mendes, Almeida e Polo (2007) afirmam que a linguagem é a matéria-prima da comunicação verbal. Embora seja uma ferramenta de uso coletivo, seu aprendizado é complexo. A linguagem é a palavra articulada ou escrita, usada como meio de expressão e de comunicação entre as pessoas, que distingue objetos, noções e ideias, nomeia coisas e, consequentemente, dá forma a elas. Elabora e transmite o pensamento, modela a nossa noção de universo, reconstrói o real e organiza-o de acordo com suas leis, promove a interação social. Graças à linguagem, podemos organizar o pensamento e em seguida transmiti-lo de maneira articulada e clara.

No entanto, não é só por meio da linguagem que se estabelece essa interação. Watzlawick (1967 apud Maldonado, 2004:31) afirma que a comunicação é um "fenômeno que compreende os sujeitos e determina a sua essência [...] cada comportamento implica uma comunicação e, portanto, é impossível não se comunicar". Nesse sentido, todo gesto, até o mais casual, é um gesto comunicativo, o que demonstra a importância da comunicação não verbal como forma de desvendar os mistérios e complexidade do comportamento humano.

A comunicação no seu sentido mais amplo (verbal ou não verbal) é a principal ferramenta de gestão, e hoje ela pode ser facilitada pelo uso de tecnologias que, se não forem devidamente utilizadas, podem gerar mais problemas do que soluções, por exemplo, o uso dos *e-mails*.

Nas pesquisas de clima organizacional a comunicação comumente é uma grande vilã, aparecendo como um dos pontos críticos para garantir melhoria do desempenho organizacional. Tanto a comunicação institucional com o mercado como a comunicação interna extrapolam a questão das estratégias e tecnologias de informação para a questão da comunicação interpessoal, célula básica do processo comunicativo entre as áreas e diferentes níveis hierárquicos de uma organização.

Comunicação interpessoal eficaz exige mais que estar atento a todos os elementos de um processo comunicativo; é necessário compreender o contexto em que essa comunicação se estabelece e estimular a assertividade das pessoas, ou seja, seu posicionamento claro frente às situações, sem medo de expressar suas ideias, levando em conta as percepções alheias. Para assumir esse comportamento assertivo, as pessoas precisam se sentir seguras, ter empatia, autocontrole das suas emoções, para não perderem o ponto de equilíbrio tornando-se agressivas ou impositivas, expressando com tal veemência suas opiniões que, mesmo sem perceber, desconsideram as posições diferentes das suas. A assertividade está diretamente relacionada à transparência. Por isso, gera mais confiança e credibilidade, podendo, se fortalecida por argumentos consistentes, levar a um processo de influência consciente, sem autoritarismo.

Conclusão

Este capítulo procurou abordar alguns dos importantes aspectos que influenciam o comportamento humano nas organizações e, dessa forma, contribuir para uma reflexão sobre o papel fundamental do profissional de recursos humanos na elaboração de políticas, práticas e ferramentas de gestão de pessoas, considerando a complexidade do que é ser "humano", assim ajudando a melhorar a relação entre capital e trabalho.

Referências

BION, W.R. *Experiências com grupos*: os fundamentos da psicoterapia de grupo. Rio de Janeiro: Imago, 1970.

CASTELLS, Manuel. *O poder da identidade, a era da informação*: economia, sociedade e cultura. 3. ed. São Paulo: Paz e Terra, 2001, v. 2.

CHANLAT, Jean François (Org.). *O indivíduo na organização*: dimensões esquecidas. 3. ed. São Paulo: Atlas, 1996, v. 1.

CHARAM, Ram; DROTTER, Stephen; NOEL, James. *Pipeline de liderança*. Rio de Janeiro: Campus, 2009.

COHEN, Allan; FINK, Stephen. *Comportamento organizacional*: conceitos e estudos de casos. Rio de Janeiro: Campus, 2003.

ERIKSON, E. H. *Identidade*: juventude e crise. 2. ed. Rio de Janeiro: Zahar. 1976.

FRANKL, Viktor. *Em busca de sentido*: um psicólogo no campo de concentração. Petrópolis: Vozes, 1994.

GOLEMAN, D. *Inteligência emocional*. São Paulo: Objetiva, 1996.

KATZENBACH, Jon A.; SMITH, Douglas K. *A força e o poder das equipes*. São Paulo: Makron Books, 1994.

MALDONADO, Mauro. *O desafio da comunicação*: caminhos e perspectivas. São Paulo: Palas Athena, 2004.

MENDES, Eunice; ALMEDIDA, Lena; POLO, Marco. *Falar em público é fácil*: um superguia para uma comunicação de sucesso. São Paulo: AGWM, 2007.

MASLOW, Abraham Harold. *Motivation and personality*. Nova York: Longman, 1954.

MORGADO, A. P. D. V. *A mulher invisível*: sentidos atribuídos à mulher e ao trabalho na gerência intermediária. 301 f. Tese (doutorado em administração de empresas) - Escola de Administração de Empresas de São Paulo, Fundação Getulio Vargas, São Paulo, 2012.

MORIN, Edgar. *A cabeça bem-feita*: repensar a reforma, reformar o pensamento. 10. ed. Rio de Janeiro: Bertrand Brasil, 2004.

MOSCOVICI, Fela. *Equipes dão certo*: a multiplicação do talento humano. 5. ed. Rio de Janeiro: José Olympio, 1999.

RAMOS, Alberto Guerreiro. *A nova ciência das organizações*: uma reconceituação da riqueza das nações. Rio de Janeiro: FGV, 1989.

RITTO, Antônio Carlos. *Organizações caórdicas*: modelagem de organizações inovadoras. Rio de Janeiro: Ciência Moderna, 2005.

ROCK, David. Gestão do cérebro. *Revista HSM Management*, ano 14, v. 2, n. 79, mar./abr. 2010.

ROBBINS, Stephen; JUDGE, Timothy A.; SOBRAL, Filipe. *Comportamento organizacional*: teoria e prática no contexto brasileiro. São Paulo: Pearson, 2011.

SELIGMAN, M. *Felicidade autêntica*: usando a nova psicologia positiva para a realização permanente. Rio de Janeiro: Objetiva, 2004.

SENGE, Peter et al. *A quinta disciplina*: caderno de campo. Rio de Janeiro: Best Seller, 1998.

SOBRAL, F. J. B. A.; MANSUR, J. A. Produção científica brasileira em comportamento organizacional no período 2000-2010. *Revista de Administração de Empresas (RAE)*, São Paulo, v. 53, n. 1, jan./fev. 2013.

STOLTZ: G. *Desafios e oportunidade*: adversidades – o elemento oculto do sucesso. Rio de Janeiro: Campus, 2001.

TAMAYO, Álvaro; PORTO, Juliana Barreiros (Org.). *Valores e comportamento nas organizações*. Petrópolis: Vozes, 2005.

VERGARA, Sylvia Constant. *Gestão de pessoas*. São Paulo: Atlas, 1999.

________. *Gestão de pessoas*. 3. ed. São Paulo: Atlas, 2003.

WELLINS, S. Richard; BYHAM, William C.; WILSON, Jeanne M. *Equipe zapp*. Rio de Janeiro: Campus, 1994.

16. Liderança e *coaching*

Roberto Hirsch

Introdução

Este capítulo tem como propósito observar com atenção o cenário contemporâneo pelos que se interessam em construir novos caminhos, com a inclusão de um conjunto de conceitos, ideias, pensamentos sobre a importância da liderança no desenvolvimento da gestão empresarial, mais especificamente nas questões ligadas ao desenvolvimento das pessoas.

Além desses conhecimentos sobre liderança, com a evolução dos processos do desenvolvimento da gestão da singularidade, o *coaching* passa a ocupar papel relevante, significativo e contributivo como processo, principalmente no desenvolvimento individual de líderes e executivos.

Nessa caminhada evolutiva das teorias de liderança e as mais recentes do *coaching*, os altos executivos das companhias perceberam que o sucesso de suas empresas dependia de capturar, nutrir e ampliar o conhecimento dos colaboradores. São os indivíduos e não as companhias que possuem e controlam a principal fonte de vantagem competitiva.

Para quem está convencido da evolução organizacional como um processo interatuante de mudança e crescimento contínuo dentro do qual o ser humano é o centro de atenção, acreditamos que o capítulo "Gestão da mudança e do clima organizacional" tenha corroborado essa ideia.

A contribuição mais importante, e de fato a verdadeiramente singular, da administração do século XX, foi o aumento de 50 vezes na produtividade do trabalhador manual da indústria de transformação. A contribuição mais importante que a administração terá de fazer no século XXI é aumentar de forma semelhante a produtividade do trabalho e do trabalhador do conhecimento. O ativo mais valioso da empresa no século XX foi seu equipamento de produção. O ativo mais valioso da organização do século XXI serão os trabalhadores do conhecimento e sua produtividade (Drucker, 1999).

As organizações só aprendem por meio de indivíduos que aprendem. O aprendizado individual não garante o aprendizado organizacional, mas sem ele não há como ocorrer o aprendizado organizacional (Senge, 1990).

Em grupos de alta performance, a liderança é compartilhada entre os membros informalmente, independentemente de hierarquia (Ensley. Hmieleski e Pearce, 2006). As definições de liderança aqui propostas e que norteiam a concepção atual de liderança são:

- "Liderança é uma relação recíproca entre aqueles que optam por conduzir e aqueles que optam por seguir" (Kouzes e Posner 1994:1).
- "Liderança é a conexão dos atributos dos líderes, ou seja, hábitos, traços de personalidade, competências, comportamentos, estilos, habilidades, valores e caráter com os resultados desejados pela organização" (Ulrich, Zenger e Smallwood, 1999:6).
- "Liderança compartilhada é um processo simultâneo, contínuo e de mútua influência dentro de uma equipe, que é caracterizado pela emergência em série de líderes oficiais e não oficiais" (Ensley, Hmieleski e Pearce, 2006:218).

Liderança

Liderança e gestão

Segundo Kotter (1998) e Zalesnik (1998), liderança e gestão (ou gerência) são dois sistemas distintos e complementares.

Liderar é realizar a gestão da mudança, enquanto gerenciar é fazer a gestão da complexidade. As companhias precisam estar preparadas para selecionar, nutrir e encorajar pessoas que possam desempenhar as funções do líder, mas devem contar também com gestores (ou gerentes) eficazes, que podem ser os próprios líderes ou outras pessoas (Kotter, 1998).

Liderar é alinhar as pessoas com a visão e as estratégias. É, na sua essência, um desafio de comunicação e geralmente se dá através do falar com muitas pessoas e de apresentar símbolos a elas. Essas pessoas podem ser colaboradores sob a gestão do líder, ou pares e até superiores hierárquicos. Qualquer um que ajude a implementar a visão ou que queira bloqueá-la é importante. Para complementar essa função da liderança está a complexa função da gerência de organizar as pessoas, um desafio de desenho e engenharia organizacional, que visa definir estrutura e hierarquia, selecionar de acordo com funções, treinar pessoas, decidir sobre delegação de autoridade e desenvolver e comunicar planos de ação (Zalesnik, 1998).

Liderar é ainda estimular pessoas, gerar comportamento altamente energizado para que elas, com uma visão de futuro e alinhadas a esta, possam lidar com as inevitáveis barreiras à mudança. Isso é atingido por meio da oferta às pessoas da possibilidade de satisfazer necessidades de conquista, senso de pertencer, reconhecimento e autoestima, e do desenvolvimento de valores comuns, do envolvimento das pessoas e do apoio ao crescimento pessoal e profissional das mesmas. Já gerenciar nesse nível é controlar pessoas e processos e solucionar problemas. A maneira gerencial de atuar supõe que pessoas e processos se comportem de forma ordeira e previsível, a fim de executar determinadas rotinas. É nesse nível que a conciliação de práticas de liderança e de gerência é mais difícil e desafiadora (Kotter, 1998).

As definições de liderança e de gestão são fortemente influenciadas pelas teorias criadas por determinados autores e em determinados momentos históricos, com o intuito de estudar características do líder, dos liderados e das situações que os envolvem. Muitas definições procuram explicar o que liderança é; outras giram em torno de quais são as características do líder; muitas se fixam em dizer o que o líder faz. Duas noções que podem ser percebidas como constantes são as de processo e influência (Hunt, 1999).

Teorias contingenciais de liderança

Para Stoner e Freeman (1985:350) a "abordagem contingencial é a visão de que a técnica de administração que melhor contribui para o alcance dos objetivos organizacionais pode variar em função de diferentes tipos de situações ou circunstâncias". Essa visão situacional envolve três forças condicionantes da liderança, a saber:

a) forças da situação – tudo o que se refere à organização, tal como valores, tradições, eficiência, problemas típicos da organização, tempo para solução etc.;
b) forças do gerente – valores, convicções e condições pessoais do gerente, confiança nos subordinados, inclinações sobre como liderar, nível de tolerância etc.;
c) forças dos subordinados – necessidades de autonomia, desejo de assumir responsabilidades, tolerância para incerteza, compreensão dos problemas, conhecimentos e experiências, desejo de participar nas decisões.

Podem ser citados, dessa teoria, como principais, os modelos descritos a seguir.

O modelo de favorabilidade situacional, de Fred Fiedler

O modelo situacional de liderança de Fred Fiedler propõe que o desempenho eficaz do grupo, depende do ajuste entre o estilo de liderança e o grau de favorabilidade presente na situação e que permite ao líder controlar e influenciar os colaboradores. Para Fiedler (1971), os estilos de liderança podem ser tanto orientados para as tarefas como orientados para as pessoas. O modelo diferencia os dois estilos de liderança – voltado para tarefas e para relacionamentos –, associando a eficácia desses estilos às variáveis situacionais encontradas na empresa. A análise dessas variáveis é que determinará o estilo de liderança mais eficaz para o líder controlar e influenciar a equipe. Fiedler (1971) concluiu que os líderes orientados para tarefas desempenham melhor suas funções quando estão em situações muito favoráveis ou desfavoráveis, enquanto os líderes orientados para pessoas têm melhor desempenho em situações medianamente favoráveis.

Esse modelo contingencial de liderança propõe que o melhor estilo depende de três dimensões situacionais que influenciam a liderança eficaz:

- relação líder/membros – sentimento de aceitação do líder pelos membros do grupo;
- estrutura da tarefa – grau de estruturação da tarefa (de estruturada a indefinível);
- poder de posição do líder – dimensão de autoridade formal atribuída ao líder.

Como essas três dimensões apresentam várias possibilidades de combinação, haverá várias oportunidades favoráveis ou desfavoráveis para o líder conseguir obter bons resultados. O modelo de Fiedler trata também da dificuldade que existe em mudar o estilo de liderança de um gerente. Segundo ele, o estilo de um gerente, principalmente se ele foi bem-sucedido com esse estilo, é relativamente inflexível. Como não existe um estilo que seja apropriado para todas as situações, o desempenho eficaz do grupo só pode ser alcançado ao fazer o gerente se adaptar à situação ou ao mudar a situação para que esta se adapte ao gerente.

Os tipos de estilos de liderança, de Vroom, Yetton e Jago

Os estudos de Vroom e Jago (2007) sobre os tipos de estilos de liderança foram expandidos da proposta original de Vroom e Yetton (1973) e mostram os estilos de administração preferíveis para vários tipos de problemas. As alternativas para essa escolha estão baseadas em um conjunto de questões que ajuda a construir "uma árvore" de possibilidades de caminhos para a liderança atuar. O modelo propõe que, quando é necessária a tomada de uma decisão, o estilo da liderança e o grau de participação da equipe são afetados por três fatores principais:

- qualidade da decisão – o quão importante é chegar à solução "correta"? Quanto maior a qualidade necessária, mais você deve envolver outras pessoas na decisão;
- compromisso subordinado – o quão importante é o engajamento de sua equipe para a decisão? Quando mais pessoas precisam abraçar a decisão maior deve ser o nível de participação;

- restrições de tempo – em quanto tempo você tem que tomar a decisão? Quanto mais tempo você tem, mais tem o luxo de incluir outras pessoas, e de usar a decisão como uma oportunidade para *teambuilding*.

O impacto desses fatores determina o melhor estilo de liderança e tomada de decisões a ser usado. Vroom e Jago (2007) distinguem três estilos de liderança, e cinco diferentes processos de tomada de decisão que você pode considerar (vide quadro 1).

Quadro 1

ESTILOS DE LIDERANÇA E PROCESSOS DE DECISÃO – MODELO VROOM E JAGO

Estilo	Autocrático – O líder toma a decisão e informa os outros da mesma. Existem dois processos separados para tomada de decisões em um estilo autocrático:
Processos	*Autocrático 1 (A1)* – O líder usa as informações que já tem e toma a decisão.
	Autocrático 2 (A2) – O líder consulta os membros da equipe sobre informações específicas e depois toma a decisão. Não necessariamente diz para que a informação é necessária.
Estilo	Consultivo – O líder coleta informações do time e então toma a decisão.
Processos	*Consultivo 1 (C1)* – O líder informa os membros da equipe o que está fazendo e pode, individualmente, pedir opiniões; no entanto, o grupo não é reunido para discussão.
	Consultivo 2 (C2) – O líder é responsável pela tomada de decisão. Reúne, no entanto, o grupo para discutir a situação, ouvir outras perspectivas, e solicitar sugestões.
Estilo	Colaborativo – O líder e sua equipe trabalham em conjunto para chegar a um consenso.
Processo	Grupo (G2) – A equipe toma uma decisão em conjunto. O papel do líder é facilitar e ajudar a equipe a chegar a uma decisão final com a qual todos concordem ou, ao menos, se comprometam com ela.

Para determinar qual desses estilos e processos é o mais apropriado, há uma série de "sim" e "não" a se responder sobre a situação, permitindo a construção de uma árvore de decisão com base nas respostas. Há sete perguntas no total:

- A qualidade técnica da decisão é importante?
- O sucesso dependerá do engajamento dos membros de sua equipe?
- Há informação e/ou recursos suficientes para se tomar a decisão?
- O problema é bem-estruturado?
- A equipe vai aceitar sua decisão, mesmo se for tomada individualmente?
- Os objetivos da equipe são consistentes com os objetivos da organização?
- Haverá conflito na equipe sobre qual é a melhor solução?

O modelo da liderança situacional, de Hersey e Blanchard

O modelo de liderança situacional, de Hersey e Blanchard (1986), "é baseado na crença de que o relacionamento entre um administrador e seus subordinados passa por quatro fases (ciclo de vida), à medida que os subordinados se desenvolvem e amadurecem". A principal diferença desse tipo de liderança em relação às demais é a habilidade em diagnosticar o liderado, considerando seu desempenho atual nas tarefas, não na pessoa que é ou no seu potencial, e conhecer quais são os estilos de liderança para usá-los nos momentos adequados.

A receptividade das estratégias do líder depende do nível de desenvolvimento dos demais profissionais da equipe e de como estes estão prontos para receber esse modelo de liderança. Existem, segundo os autores, quatro estágios distintos de maturidade numa organização, e eles influenciam diretamente no estilo de agir do líder para alcançar o sucesso da gestão de pessoas:

- *estilo 1: determinar [dirigir]* – nesse nível, os autores classificam a maturidade dos liderados como baixa para executar determinada tarefa, uma vez que estes não sentem plena confiança em suas capacidades ou mesmo vontade para executar as tarefas, e para que elas sejam cumpridas, o líder deve delegar e acompanhar de perto a execução;
- *estilo 2: persuadir [treinar]* – nesse nível, entendemos que o colaborador tem maturidade de média a moderada e suficiente para cumprir a tarefa, porém não as habilidades que a mesma exige. Nesse caso, o líder situacional, além de direcionar o trabalho, deve apoiá-lo e incentivá-lo para que alcance autoconfiança e motivação necessárias para agir;
- *estilo 3: compartilhar [apoiar]* – nesse nível o colaborador tem a maturidade entre moderada e alta, e as habilidades para executar a tarefa, porém não tem as habilidades para ajudar o líder. Esta situação pode estar relacionada a fatores como insegurança em tomar decisões e falta de confiança em seu trabalho e o papel do líder é buscar sua participação e colaboração na tomada de decisões;
- *estilo 4: delegar* – no último nível encontramos o colaborador com maturidade alta e com habilidades e a disposição que a tarefa exige. Nesse nível o líder não precisa apoiar e direcionar efetivamente seu trabalho, uma vez que o colaborador tem autonomia e confiança do líder para

criar as melhores soluções e executá-las, independentemente de seu acompanhamento [Catho, 2013].

Aqui cabe uma observação: nas edições mais recentes, há algumas denominações que sofreram atualizações "linguísticas". Exemplos: treinar por *coaching*; maturidade por desenvolvimento; apoiar por orientar.

Liderança transacional e transformacional

Esta teoria se baseia no conceito de que a liderança é caracterizada por dois estilos, o transacional e o transformacional. A liderança transacional, conforme Potenciar Consultores em seu *blog* (www.psicodramaorganizacional.com/blog/lideranca-transformacional) é fundamentada em (a) recompensas contingentes, trocadas por esforço ou bom desempenho, acessa como o líder define metas e premia; (b) administração por exceção ativa, por meio da qual desvios das regras são procurados e tomadas as *medidas* corretivas necessárias, e; (c) administração por exceção passiva, na qual a intervenção só se dá quando os padrões não são alcançados (Robbins, 2002).

A teoria da liderança transformacional define a mesma como uma atuação que amplia e eleva os interesses dos colaboradores, gerando consciência e aceitação da missão e propósitos do grupo e conduzindo os colaboradores a olhar além dos interesses próprios, para o bem do grupo (Bass, 1990). Há hoje considerável material que demonstra a efetividade dessa forma de atuar e onde o uso da liderança transformacional é associado empiricamente à satisfação dos subordinados, com comprometimento profissional e afetivo com a organização, confiança nos gestores e melhor performance na execução de tarefas (Zhu et. al., 2005). Há, portanto, estudos que estabelecem elos causais entre liderança transformacional e resultados financeiros de unidades de negócios.

A liderança transformacional se fundamenta, portanto, em: (a) senso de direcionamento, oferecendo uma missão e uma visão, estimulando o orgulho e ganhando respeito e confiança; (b) motivação e inspiração, com a utilização de símbolos, expressando propósitos importantes de uma forma simples e articulando a visão de futuro; (c) estímulo intelectual, promovendo a inteligência, a racionalidade e a compreensão sobre os problemas e sua cuidadosa resolução; e (d) consideração individualizada e atenção personalizada, por meio de ouvir, aconselhar e orientar, atitudes hoje chamadas de *coaching* ou *mentoring* (Robbins, 2002 apud Potenciar Consultores, 2017).

Liderança em tempos de redes e arranjos colaborativos

Como estratégia para ganhar controle adicional sobre seus ambientes de recursos, diversas organizações têm aumentado ativamente o número de alianças, parcerias e colaborações com outras organizações. Esse crescimento em redes de relacionamento e arranjos colaborativos mostra diferentes organizações trabalhando em conjunto para tratar de problemas por meio de esforços de cooperação e compartilhamento da propriedade dos produtos e serviços finais.

> O mundo do trabalho já sofreu alterações profundas nos últimos 20 anos, graças às tecnologias e à evolução das práticas de gestão. E, de acordo com a consultoria Gartner, mudanças ainda maiores estão por vir nos próximos dez anos, quando questões como a falta de rotina e a hiperconectividade afetarão diretamente o mercado e as empresas.
>
> Para a Gartner, um dos principais pontos de mudança será o fato de que as organizações terão menos rotinas. Até 2015, a consultoria projeta que 40% ou mais das corporações trabalharão dessa forma, contra menos de 25% neste ano. Além disso, as pessoas dependerão cada vez mais do trabalho em equipe, o que exigirá tecnologias que garantam a comunicação e a interação entre as pessoas.
>
> Para ajudar as companhias a prever cenários futuros e se preparar para novos ambientes de trabalho, a Gartner listou as dez grandes mudanças para os próximos anos, que impactarão diretamente na TI [Computerworld, 2010].
>
> 1. valorização do trabalho que depende da interação humana;
> 2. grupos de trabalho;
> 3. relacionamento em rede;
> 4. equipes externas;
> 5. processos informais;
> 6. trabalho espontâneo;
> 7. simulação e experimentação;

8. sensibilidade a novos padrões;
9. hiperconectividade;
10. caem barreiras entre vida profissional e pessoal [Computerworld, 2010].

O modelo do pipeline *de liderança de Ram Charam*

Alguns executivos de grande potencial circulam por uma série de cargos sem nunca desenvolver as habilidades necessárias em um nível de liderança antes de passar ao próximo. Algumas organizações muitas vezes não percebem o desenvolvimento de líderes como uma parte integral de sua estratégia de negócios, considerando-o meramente parte da função de recursos humanos. Em geral CEOs não alocam tempo a isso porque percebem o desenvolvimento de pessoas como algo fora do seu domínio.

Uma mentalidade organizacional comum é ver as tarefas como "trabalho a ser feito", e não como tarefas de desenvolvimento. Pouco se reconhece a existência de diferentes níveis de liderança e que as pessoas precisam passar por uma transição de habilidades e valores em cada nível. Para esta transição é necessário discernir os verdadeiros requisitos de trabalho em níveis-chave de liderança e o que é necessário para realizar com sucesso a transição de um patamar ao próximo [Schmidt, 2013].

Ram Charan (2009) apresenta de forma clara e simples uma visão de como pode fluir em uma empresa a transição nos cargos de liderança e as mudanças que os líderes devem provocar em seus valores e atitudes para atingir a performance esperada pelas organizações. Essa arquitetura foi desenvolvida para mudar líderes a aumentar o tempo de reflexão, incentivar a inovação, propiciar clareza e permitir foco.

Para o sucesso desse modelo, quatro imperativos devem ser atendidos, conforme proposto por Drotter (2012):

1. *pensar mais, aprender mais*: todo líder deve utilizar diariamente 30 minutos a uma hora ou mais de reflexão ininterrupta;
2. *novos métodos para quase tudo*: todos precisam inovar como uma parte natural e esperada da rotina diária;
3. *clareza de papel e propósito*: os líderes devem fornecer clareza e propósito sobre o verdadeiro papel de cada empregado;

4. *foco em propiciar valor*: os líderes precisam criar um ambiente no qual se alcance um foco adequado.

As seis passagens pelo *pipeline* de liderança

É fundamental reconhecer os requisitos e as ciladas associadas a cada uma, não apenas para os próprios líderes como também para seus chefes e subordinados. Destacamos:

- habilidades: as novas competências necessárias para executar novas responsabilidades;
- aplicação de tempo: nova grade de horários que orienta o trabalho do líder;
- valores profissionais: temas dos quais o líder não abre mão, que são foco constante de esforços.

Reno Schmidt (2013:4-7) nos presenteia com um breve resumo das seis passagens propostas por Ram Charan:

Passagem 1 (autogestor = colaborador individual para gestor de outros).

> De gerenciar a si mesmo a gerenciar outros: ao refinar e ampliar suas habilidades individuais, eles fazem contribuições cada vez maiores e são então considerados "promovíveis" pelas organizações. Do ponto de vista da aplicação do tempo, o aprendizado envolve planejamento (de forma que o trabalho seja concluído a tempo), pontualidade, conteúdo, qualidade e confiabilidade. Os valores profissionais a serem desenvolvidos incluem aceitação da cultura da empresa e a adoção de padrões específicos à área de atuação profissional.
>
> As pessoas de desempenho mais alto, em especial, relutam em mudar; elas querem continuar realizando as atividades que lhes renderam o sucesso. As habilidades que as pessoas deveriam aprender nessa primeira passagem de liderança incluem planejamento do trabalho, definição de tarefas, atribuição de tarefas, motivação, orientação e mensuração do trabalho dos outros [...].

Passagem 2 (gestor de outros para gestor de gerentes)

De gerenciar outros a gerenciar gestores: talvez a maior diferença em relação à passagem anterior é que aqui os gestores devem trabalhar exclusivamente na gestão. Antes disso, as contribuições individuais ainda faziam parte da transição do cargo. Agora, os líderes precisam abrir mão das tarefas individuais. As principais habilidades que devem ser dominadas durante essa transição incluem selecionar as pessoas que deverão percorrer a Passagem 1, atribuir tarefas gerenciais e de liderança a elas, mensurar seu progresso na gestão e orientá-las. Esse também é o ponto no qual os gestores devem começar a pensar além de suas funções e se voltar a questões estratégicas que sustentam o negócio como um todo. [...]

O *coaching* também é essencial nesse nível. Não é de surpreender que relativamente poucos gestores considerem o *coaching* como um fator crítico de sucesso.

Passagem 3 (gestor de gerentes para gestor de função)

De gerenciar gestores a gerente funcional: ao mesmo tempo, nesse ponto os gestores devem se tornar exímios estrategistas, não somente em sua função de especialidade como também mesclando sua estratégia funcional à estratégia de negócios em geral. Do ponto de vista da aplicação de tempo, isso significa participar de reuniões da equipe de negócios e trabalhar com outros gerentes funcionais. [...]

Passagem 4 (gestor de função para gestor de negócio)

De gerente funcional a gerente de negócios: a maior mudança é passar de analisar funcionalmente os planos e propostas (É possível fazer isso em termos técnicos, específicos à área de atuação profissional, ou físicos?) ao ponto de vista dos lucros (Teremos algum lucro se fizermos isso?) e a uma visão de longo prazo (A lucratividade resultante é sustentável?). Os novos gerentes de negócios devem mudar a forma como pensam se quiserem ter sucesso. Nesse nível, os gestores precisam parar de agir a cada segundo do dia e reservar tempo para a reflexão e a análise.

Passagem 5 (gestor de negócio para gestor de grupo)

De gerente de negócios a gerente de grupo: um gerente de negócios valoriza o sucesso do próprio negócio. Um gerente de grupo valoriza o sucesso do negócio de outras pessoas.

Em primeiro lugar, os gestores de grupo devem dominar a avaliação da estratégia para fins de alocação de capital e de pessoal. O segundo grupo de habilidades envolve o desenvolvimento de gerentes de negócios. O terceiro grupo de habilidades tem relação com a estratégia de portfólios, que é bastante diferente da estratégia de negócios e demanda mudança de percepção. Em quarto lugar, os gerentes de grupo devem saber avaliar se têm as competências essenciais certas para vencer.

Passagem 6 (gestor de grupo para gestor de empresa)

De gerente de grupo a gestor corporativo: um CEO que tenha saltado uma ou mais passagens pode reduzir o desempenho não somente dos gestores que respondem diretamente a ele, mas também de todas as pessoas abaixo dele. Eles não apenas deixam de desenvolver outros gestores de maneira eficaz, como também não assumem plenamente as responsabilidades inerentes à posição. [...]

Essa também é a única posição de liderança na organização em que é essencial inspirar todos os empregados por meio de uma variedade de ferramentas de comunicação.

Coaching

Origem do coaching

Entre as muitas definições da origem do *coaching* a opção foi pelo trecho do "Referencial teórico" de "A contribuição do processo de *life coaching* no desenvolvimento das carreiras dos *coachees*" (Ecard et al., 2016).

Teóricos como Stern (2004), Blanco (2006) e Ricci (2006) indicam que a origem do vocábulo *coach* remonta ao século XV na pequena vila de Kocz, localizada no condado de Komárom-Esztergom, às margens do rio Dunaj – atual Hungria. O lugarejo era notável na fabricação de carruagens confortáveis para o transporte de passageiros e condução de mercadorias. Com o passar do tempo, esse meio de transporte se propagou pela Europa, e a evolução do vocábulo o acompanhou (Blanco, 2006; Milaré e Yoshida, 2007; Ricci, 2006; Stern, 2004). O nome do vilarejo gerou a palavra húngara *kocsi* que mais tarde foi traduzida para o alemão como *kutsche*, para o francês antigo como *coche* e, finalmente, para o inglês como *coach* (Blanco, 2006; Ricci, 2006). Na década de 1980, os Estados Unidos passaram a designar o *coaching* como uma atividade profissional, dentro das organizações, que ao longo dos anos foi associada também à instrução, ao desporto, à preparação e ao tutorado (Araújo e Ferreira, 2009; Blanco, 2006; Milaré e Yoshida, 2007; Ricci, 2006; Stern, 2004).

Existem outras versões e histórias sobre a origem do *coaching*. Segundo Gallwey (1974), no livro *The inner game of tennis* (em português em 1996, *O jogo interior de tênis*), em seu trabalho como professor de tênis, observou que ao colaborar com o jogador para que o mesmo entrasse em contato com seu estado de espírito no momento de qualquer ação, este identificaria o quão estava sendo o responsável pelos obstáculos criados em sua mente e imagem mental (que por consequência interferiam em suas ações e resultados alcançados) e dessa maneira buscaria identificar e perceber em si, o "como estava fazendo habitualmente" (movimentos corporais e principalmente concentração), e a partir dessa consciência, qual seria sua responsabilidade para render por meio das mudanças que passaria a realizar.

Distinguindo o que é e o que não é coaching

É importante tornar clara essa distinção de forma a evitar a interposição, aclarar e evitar a duplicidade de papéis.

Coaching não é (Dutra, 2010); (Wolk, 2008):

- *terapia* – terapia é trabalhar com um cliente que procura alívio para sintomas físicos, emocionais e psicológicos. O cliente quer, respectivamente, a cura física, emocional e o alívio do sofrimento mental;
- *aconselhamento* – aconselhamento é trabalhar com um cliente que se sente desconfortável ou insatisfeito com sua vida. Ele está buscando direção e conselhos. O "conselheiro" trabalha de forma "remediativa" o problema do cliente;

- *mentoring* – palavra com origem na literatura grega, narrada na obra Odisseia (Homero), em que o personagem Mentor, amigo de Ulisses, recebe a incumbência de cuidar e aconselhar Telêmaco na ausência de Ulisses, que havia partido para a guerra. *Mentoring* é quando um profissional sênior, considerado uma pessoa com mais conhecimento, competências, habilidades e mais sabedoria, dá conselhos e funciona como modelo, transferindo sua expertise a alguém com menos experiência;
- *treinamento* – treinamento é o processo de adquirir conhecimento ou habilidades por meio do estudo, experiência ou ensino;
- *consultoria* – um consultor oferece seus conhecimento e experiência e resolve problemas de negócios ou desenvolve o negócio como um todo. O consultor lida com a organização como um todo ou com partes específicas e não com pessoas dentro da organização;
- *ensino* – no ensino, o professor transmite seu conhecimento para o aluno. O professor sabe "algo" que o estudante não sabe;
- *gerenciamento* – um gerente atinge resultados por intermédio de outras pessoas. Ele geralmente "precisa dizer" a elas o que devem fazer, para assegurar que os procedimentos da empresa sejam executados.

Se nenhuma dessas ações é *coaching*, então o que é *coaching*?

Entre as várias definições existentes, apresentamos algumas, partindo das definições que mais se aproximam da prática dos *coaches*:

- *Coaching* é um processo de aprendizagem transformacional e assunção de responsabilidade (Wolk, 2008:9).
- *Coaching* é liberar o potencial de uma pessoa para maximizar seu desempenho, é ajudar a aprender ao invés de ensinar (Withmore, 2010:2).
- *Coaching* sistêmico é um caminho de desenvolvimento pessoal, profissional, organizacional que conduz a pessoa a acreditar em seus sonhos, seus projetos e nas possibilidades de transformação, de fazer acontecer a partir do reconhecimento de suas potencialidades, do poder de criar e recriar do ser essencial que habita em nós (Regis, 2013:19).
- *Coaching* é uma relação... *coaching* não é sobre o que o *coach* entrega, mas o que o cliente cria (Whitworth, Kimsey-House e Sandhal, 1998:1).

O processo de coaching

O *coaching* se caracteriza pela tríade formada pelo *coaching* (processo), pelo *coach* (quem faz, quem pratica, quem desenvolve o processo) e pelo *coachee* ou cliente (quem está passando pelo processo). O *coaching* é um processo de descoberta de recursos internos e novas possibilidades, como um processo de "ajudar a aprender", que guia, orienta e ensina (Dutra, 2010). É uma arte, tecida enquanto se caminha, pois cada ser é único, como também é única cada questão levada para uma sessão (Regis, 2013). É uma conexão entre o indivíduo do presente e o que ele deseja se tornar no futuro (Grant, 2003; Hargrove, 2003). A importância desse processo está na flexibilidade dos objetivos traçados e na consciência da utilização dos recursos disponíveis para a mudança (Hargrove, 2003). Dessa forma, o *coaching* pode ser empregado como um método de prosperidade pessoal (Blanco, 2006). O *coach* é o profissional condutor do processo e a ele cabe contribuir para desenvolver o *coachee*, aproximando-o da conquista de sua meta (Withmore, 2010). Já o *coachee* é o indivíduo aberto para um processo de aprendizado pessoal e de desenvolvimento de competências capazes de fazer com que ele alcance seus propósitos de vida ou de carreira (Hargrove, 2003; Withmore, 2010).

Contribuições do processo de coaching

A partir de uma revisão da literatura sobre o processo de *coaching*, pode-se perceber que ele traz essencialmente 10 contribuições que favorecem a vida pessoal e profissional dos indivíduos que buscam o processo:

A primeira contribuição encontrada na literatura refere-se à melhor gestão do tempo. De acordo com Whitmore (2010), é através da administração efetiva do tempo que o *coachee* maximiza sua performance e aumenta sua produtividade pessoal e profissional.

A segunda contribuição revela a maximização da performance e da produtividade como uma das características peculiares do processo de *coaching*, levando os *coachees* a descobrirem as formas mais adequadas para seu autodesenvolvimento e para o incremento de sua performance e produtividade, apoiando-os na gestão das suas carreiras, no desempenho harmônico das suas tarefas e na eficiência dos resultados almejados a partir de um desejo ou necessidade de mudança (Clutterbuck, 2008).

A terceira contribuição verificada na literatura foi o estímulo ao aprendizado. Whitmore (2010) narra que a arte do *coaching* é exercida com o objetivo de incentivar o aprendizado e melhorar o desempenho dos *coachees*, bem como apresentar alternativas que motivem a aquisição de conhecimento, promovam questionamentos, e desobstruam o trajeto até a mudança. Dessa forma, os *coachees* aprendem, criam confiança e passam a desenvolver competências e habilidades que os levem a alcançar seus objetivos.

A quarta contribuição demonstra a expansão da autoconsciência e do autoconhecimento, expondo que, durante o processo, o *coachee* é desafiado a refletir sobre seus objetivos, estimulado a observar profundamente os caminhos que almeja percorrer e aproveitar as oportunidades que coadunam com seu desejo de crescimento (Krausz, 2007; Whitmore, 2010).

A quinta contribuição percebida na literatura foi o incentivo ao *feedback*, que salienta a retroalimentação das competências dos *coachees*, realçando suas habilidades individuais, provocando inquietações e potencializando seus valores e crenças a fim de estimulá-los a atingir os objetivos delineados (Clutterbuck, 2008; Milaré e Yoshida, 2007, Tobias, 1996).

A sexta contribuição é a melhoria nos relacionamentos interpessoais, que abrange o balanço das capacidades, o desenvolvimento dos pontos fracos, a superação de limites e o aumento da autoestima, pontos que devem ser trabalhados conjuntamente para que o *coachee* atinja suas metas predefinidas e alcance resultados efetivos na execução das tarefas e no incremento de sua carreira (Adler, 2003; Lyons, 2003).

A sétima contribuição evidenciada pela literatura foi a maximização da eficácia, que se traduz na pessoa desenvolvida, não nos problemas que a fizeram buscar o processo, pois as mudanças ocorridas nas percepções dos *coachees* geram avanço no seu desenvolvimento e tornam o processo mais efetivo (Clutterbuck, 2008), outorgando a aprendizagem e a consciência necessárias para a mudança de hábitos que maximizem a eficácia do *coachee* nas tarefas diárias e na carreira (Lages e O'Connor, 2004).

A oitava contribuição traz a elevação da autoconfiança, que ocorre quando o *coachee* equilibra sua autoconsciência e restaura sua autoestima, focando nos seus pontos fortes, minimizando os problemas e valorizando seus conhecimentos e aprendizados pessoais (Ferreira, 2008). A participação no processo dá motivação ao *coachee* para se concentrar nas suas atitudes e nas responsabilidades que constroem autoconfiança, e se dedicar aos pequenos sucessos advindos de esforços próprios que dão significado às crenças que o fizeram delinear os objetivos a serem perseguidos (Whitmore, 2010).

A nona contribuição foi o aumento da consciência do ato de planejar. Representa o caráter estratégico do *coaching*, estabelecendo um relacionamento de trabalho entre pares e promovendo o planejamento dos objetivos a serem alcançados, da execução das tarefas diárias e do acompanhamento dos resultados (Lyons, 2003).

A décima contribuição exibe a promoção da qualidade de vida que desperta a percepção do *coachee*, estimula-o a enfrentar seus medos, angústias e frustrações, a quebrar paradigmas e lidar com mudanças, a tomar decisões em favor de sua saúde e bem-estar, ganhar autoestima, autoconfiança, a controlar sua ansiedade, a viver de forma mais saudável, com qualidade de vida, e desenvolver sua inteligência emocional (Griffiths, 2005; Hargrove, 2003; Krausz, 2007; Whitmore, 2010; Whitworth, Kimsey-House e Sandhal, 1998).

Tipos de coaching

Há distintas e diversas definições de tipos de *coaching*. Apresentamos as definições mais usuais que Souza (2010) destaca entre os cinco principais tipos de *coaching*:

- *executive* coaching *ou* coaching *executivo* – destina-se a pessoas que detêm autoridade e poder em uma organização, ou seja, executivos que querem melhorar sua liderança e opinar na tomada estratégica de decisões;
- coaching *de negócios* – indicado para organizações que querem desenvolver seus colaboradores, desde a alta administração até equipes no seu ambiente de trabalho para aprimorar aspectos profissionais;
- coaching *de carreira* – destina-se a pessoas que: estão iniciando uma carreira; estão insatisfeitas com sua carreira; estão passando por transição em sua carreira; querem encontrar um trabalho; querem mudar de carreira; querem voltar ao mercado de trabalho; sonham com uma profissão;

- coaching *de vida* – indicado para pessoas que buscam uma melhoria na qualidade de vida; estão insatisfeitas com sua vida e não sabem a razão; têm dificuldades nos seus relacionamentos; consideram que a vida está bem, mas que poderia melhorar; querem desenvolver suas competências rapidamente; sentem-se perdidas e querem dar um rumo para sua vida; estão em fase de transição; querem superar desafios; têm sonhos, mas estão com dificuldade de realizá-los;
- coaching *de equipe* – destina-se a equipes multidisciplinares e multifuncionais que estão com dificuldades em lidar com conflitos e com diferenças; equipes que não estão alinhadas com uma mesma visão, missão, valores, propósitos e precisam desenvolver competências para aumentar a sinergia e obter melhor desempenho do grupo.

Segundo (Dutra, 2010), o *coaching* também se classifica em *coaching* corporativo e *coaching* individual, sendo que o *coaching* corporativo é aquele patrocinado pelas organizações, e o individual é aquele patrocinado pelo próprio cliente ou alguém de sua relação.

Para que as organizações consigam identificar a real necessidade de contratar um *coach* profissional ou até mesmo analisar a possibilidade de formação de *coaches* internos, faz-se necessário conhecer os tipos de *coaching* e, principalmente, ponderar e identificar as vantagens e desvantagens de ambos os modelos.

Apresentamos um alerta sobre algumas das desvantagens identificadas na prática do *coaching* interno:

- ausência da cultura de *coaching*;
- risco de o *coachee* "não" confiar na confidencialidade;
- chance de o processo não ser bem-sucedido porque o *coach* interno pode estar "refém" dos resultados desejados pela organização;
- risco de considerar que "dar *feedback*" é *coaching*;
- risco de o processo se tornar "aconselhamento" e/ou "mentoria";
- ausência de formação específica e qualificada dos *coaches* internos.

Há um movimento crescente entre as organizações, à medida que percebem os benefícios do *coaching* como uma estratégia vital para:

- melhorar o desenvolvimento da liderança executiva;
- aumentar o envolvimento, satisfação e performance dos colaboradores;
- melhorar as habilidades de comunicação, trabalho em equipe, tomada de decisão.

Esse movimento dentro das organizações pode ser entregue por indivíduos com diferentes capacidades:

- *coach* externo – o mais usual deles, contratado para o desenvolvimento de processos de *coaching* nos níveis executivos, pois, em geral, são contratados *coaches* "profissionais";
- *coach* interno – executado por profissionais da própria organização que têm a responsabilidade de processos de *coaching* específicos e pontuais;
- líder *coach* – que são gestores ou líderes que "usam de competências do *coaching*" para o desenvolvimento de suas equipes, gerando consciência e apoio às mudanças, por meio de interações diferenciadas de um "jeito *coach*" de atuar.

Em sua última pesquisa – 2016 ICF Global Coaching Study, realizada nos anos de 2015/2016 –, a International Coaching Federation (IFC) nos brinda com alguns resultados que mostram a importância e o significado da busca de *coaches* profissionais. Essa pesquisa foi realizada em 137 países, com 15.380 entrevistados, em nove idiomas, e representantes das associações mais respeitadas globalmente. Destacamos os dados mais significativos e relevantes para este nosso estudo:

- 81% dos profissionais de *coaching* e 64% dos gestores/líderes que se utilizam das competências de *coaching* realizaram sua formação em programas acreditados/aprovados, que atestam sua competência. Desses, 68% dos profissionais de *coaching* e 42% dos gestores/líderes participaram de formações com mais de 125 horas.
- As organizações e profissionais que recebem *coaching* esperam que seus profissionais de *coaching* sejam certificados/credenciados: 77% dos profissionais de *coaching* e 72% dos gestores/líderes concordam entre totalmente e parcialmente com essa premissa.

- Entre os obstáculos futuros identificou-se que o mais significativo dos obstáculos são pessoas sem formação atuando como se fossem *coaches*: 44% dos profissionais de *coaching* e 45% dos gestores/líderes.

Como destaca Araujo (2010), as quatro etapas do processo de *coaching* necessitam ser consideradas e analisadas: (a) a primeira etapa é a mais crítica e consiste na construção de uma parceria sólida consciente, com base na confiança mútua e maturidade para assumir e cumprir todas as responsabilidades acordadas; (b) a segunda etapa diz respeito ao cliente, o que ele deseja realizar, sua visão de futuro; (c) a terceira etapa consiste na análise da "bagagem de mão", ou seja, a trajetória das realizações; e (d) a quarta etapa é do plano de ação: conhecendo melhor o cliente, o *coach* pode ajudá-lo a identificar o *gap* entre visão/situação e competências atuais e desejadas.

Coaching *e gestão*

Na atualidade há uma confusão entre técnica e papel, misturando tudo com o processo, na ânsia de explicar e "comercializar programas" denominados "Líder *coach*" ou "Gestor *coach*".

É importante essa distinção entre técnica e liderança, como cita Dutra (2010).

Coaching pode ser uma técnica para se utilizar como ferramenta no alcance de novos níveis de performance, como no desenvolvimento de colaboradores.

A liderança, como um papel, tem uma função organizacional e exige muito mais que uma técnica de *coaching*: exige a visão de aonde se deve chegar, o planejamento e a negociação de metas e interesses, o controle de resultados etc.

Frente às reflexões acima, apresentamos as vantagens da contratação de um *coach* profissional como uma ação estratégica do profissional de recursos humanos, conforme resultado da pesquisa da ICF e da troca de experiência de profissionais *coaches* certificados pela ICF:

- minimizar ocorrências de crises e conflitos nas equipes;
- desenvolver a competência de uma comunicação assertiva por meio de ferramentas conversacionais;

- otimizar a organização pessoal e "administração do tempo";
- melhorar as relações interpessoais;
- ampliar a competência de delegar;
- acelerar o desenvolvimento de carreiras;
- aumentar o índice de qualidade de vida nos contextos profissionais e pessoais;
- enxergar a organização como um ambiente sistêmico;
- tornar-se um ser humano integral.

Conclusão

Com o crescimento cada vez maior dos profissionais de recursos humanos em posições estratégicas, é vital o conhecimento das teorias e práticas que desenvolvam a liderança de suas organizações, o contínuo desenvolvimento de habilidades, atitudes e competências que contribuam com o aprimoramento das relações interpessoais, bem como contribuam com o crescimento dos negócios e resultados, fortalecendo o que denominamos capital humano. É importante também o conhecimento das práticas usuais de *coaching*, seja optando pelo desenvolvimento de *coaches* internos habilitados ou da contratação de *coaches* profissionais, habilitados e acreditados por entidades idôneas e credenciais, que estejam norteadas por códigos de ética e de competências, contribuindo para o aperfeiçoamento profissional contínuo e humanizado do capital humano.

O também docente de MBA na disciplina Liderança e *Coaching*, publicou um excelente resumo que aproveitamos como contribuição na conclusão deste capítulo.

Cada vez mais, o papel do profissional de recursos humanos, além de gerir recursos, é o de pensar estrategicamente em desenvolver pessoas na busca de ampliar as potencialidades existentes em prol do crescimento dos negócios das organizações, mas também do crescimento enquanto ser humano.

Referências

ADLER, N. *Coaching* de executivos globais. In: GOLDSMITH, M.; LYONS, L; FREAS, A. (Ed.). *Coaching*: o exercício da liderança. Rio de Janeiro: Campus, 2003, p. 392-401.

ARAUJO, A. *Coach*: um parceiro para o seu sucesso. São Paulo: Gente, 2010.

ARAÚJO, K.; FERREIRA, M. A. A. O exercício da liderança por meio de estilo *coaching* na gestão de equipes. *Administração em Diálogo*, v. 2, n. 13, p. 47-72, 2009.

BLANCO, V. B. *Um estudo sobre a prática de* coaching *no ambiente organizacional e a possibilidade de sua aplicação como prática de gestão do conhecimento.* 2006. 217 f. Dissertação (mestrado em gestão do conhecimento e tecnologia da informação) – Universidade Católica de Brasília, Brasília, 2006.

CATHO. Liderança situacional e a teoria de Hersey e Blanchard. *Portal Carreira & Sucesso*, 10 maio 2013. Disponível em: <www.catho.com.br/carreira-sucesso/gestao-rh/o-lider-situacional>. Acesso em 17 jan. 2018.

CHARAN, R.; DROTTER, S.; NOEL, J. *Pipeline de liderança*: o desenvolvimento de líderes como diferencial competitivo. Rio de Janeiro: Elsevier Campus, 2013.

CLUTTERBUCK, D. Coaching *eficaz*: como orientar sua equipe para potencializar resultados. 2. ed. São Paulo: Gente, 2008.

COMPUTER WORLD. 10 grandes mudanças que afetarão o ambiente de trabalho. 5 ago. 2010. Disponível em: <http://computerworld.com.br/gestao/2010/08/04/10-grandes-mudancas-que-afetarao-o-ambiente-de-trabalho>. Acesso em nov. 2017.

DROTTER, S. *Pipeline de desempenho.* Rio de Janeiro: Campus Elsevier, 2012.

DUTRA, E. G. *Coaching*: o que você precisa saber. Rio de Janeiro: Mauad, 2010.

ECARD, D. B. T. et al. A contribuição do processo de *life coaching* no desenvolvimento das carreiras dos *coachees*. *Revista de Ciências Administrativas*, Fortaleza, v. 22, n. 2, p. 507-541, jul./dez. 2016. Disponível em:<http://periodicos.unifor.br/rca/article/view/4148/pdf>. Acesso em: dez. 2017.

ENSLEY, M., HMIELESKI, K.; PEARCE, C. The importance of vertical and shared leadership within new venture top managemente teams. *The Leadership Quarterly*, jun. 2006.

FIEDLER, F. E. *A theory of leadership effectiveness*. Nova York: McGraw-Hill, 1971.

GARTNER CONSULTORIA. 10 grandes mudanças que afetarão o ambiente de trabalho. *Computerworld*, 2010. Disponível em: <http://computerworld.com.br/gestao/2010/08/04/10-grandes-mudancas-que-afetarao-o--ambiente-de-trabalho>. Acesso em: dez. 2017.

GOLEMAN, D. *Inteligência Emocional*. São Paulo: Objetiva, 1996.

HARGROVE, R. *Masterful coaching*. Ed. rev. São Francisco: Jossey-Bass Pfeiffer, 2003.

HERSEY, P.; BLANCHARD, K. H. *Psicologia para administradores*: a teoria e as técnicas da liderança situacional. São Paulo: EPU, 1986.

HIRSCH, R.; NOVAES, M. B. *Liderança e* coaching. Rio de Janeiro: FGV, 2015. Apostila do Programa de MBA em Gestão Estratégica e Econômica de Recursos Humanos.

HUNT, J. *Leadership*: a new synthesis, 2. ed. Nova York: Sage, 1999.

INTERNATIONAL COACHING FEDERATION (IFC). *2016 ICF Global Coaching Study*. Lexington, KY: IFC, 2016.

KAMMEI, H. *Flow e psicologia postiva*. Goiânia: IBC, 2014.

KOTTER, J. *What leaders really do*. Harvard: Business Press Harvard, 1998.

LAGES, A.; O'CONNOR, J. *Coaching com PNL*: o guia prático para alcançar o melhor em você e em outros: como ser um *coach* máster. Rio de Janeiro: Qualitymark, 2004.

LYONS, L. O *coaching* no cerne da estratégia. In: GOLDSMITH, M.; LYONS, L; FREAS, A. (Ed.). *Coaching*: o exercício da liderança. Rio de Janeiro: Campus, 2003, p. 41-58.

MASLOW, A. *Motivation and personality*. Nova York: Longman, 1987.

NOVAES, M. B. *Um passeio pelo nevoeiro do* coaching – Partes 1 e 2. 2016. Disponível em: <https://arbache.com/blog/nevoeiro-do-coaching-parte-1/>; <https://arbache.com/blog/um-passeio-pelo-nevoeiro-do-coaching--parte-2/>. Acesso em dez. 2017.

ORLICKAS, E. *Consultoria interna de recursos humanos*: conceitos, cases e estratégias. 4. ed. São Paulo: Makron Books, 1999.

REGIS, L. Coaching *sistêmico*: um caminho de conquistas através do ser. Salvador, BA: Cazulo, 2013.

RICCI, R. *O que é* coaching *e como ele pode transformar você?* São Paulo: Qualitec, 2006.

ROBBINS, S. *Comportamento organizacional.* 9. ed. São Paulo: Prentice Hall, 2002.

SCHEIN, E. H. *Organizational culture and leadership.* Nova York: John Wiley & Sons, 2010.

SCHMIDT, Reno. *Resumo do livro Pipeline de Liderança, de Ram Charan, Stephen Drotter e James Noel.* Dez. 2013. Disponível em: <https://renoschmidt.files.wordpress.com/2013/12/pipeline-de-lideranc3a7a_ram-charan.pdf>. Acesso em: dez. 2017.

SENGE: M. *A quinta disciplina.* Rio de Janeiro: Best Seller, 1990.

SORAGGI, F.; PASCHOAL, T. Relação entre bem-estar no trabalho, valores pessoais e oportunidades de alcance de valores pessoais no trabalho. *Estudos e Pesquisas em Psicologia*, v. 11, n. 2, p. 614-632, 2011.

SOUZA, Flávio. *Os tipos de* coaching. 2010. Disponível em:<www.flaviosouza.com.br>. Acesso em: 22 dev. 2012.

STERN, L. R. Executive coaching: a working definition. *Consulting Psychology Journal*: practice and research, v. 56, n. 3, p. 154-162, 2004.

STONER, J. A. F.; FREEMAN, R. E. *Administração.* Rio de Janeiro: Prentice Hall, 1985.

TOBIAS, L. Coaching executives. *Consulting Psychology Journal*: practice and research, v. 48, n. 2, p. 87-95, 1996.

ULRICH, D.; ZENGER, J.; SMALLWOOD, N. *Results based leadership.* Boston: Harvard Business School Press, 1999.

WHITMORE, J. Coaching *para performance*: aprimorando pessoas, desempenhos e resultados: competências pessoais para profissionais. Rio de Janeiro: Qualitymark, 2010.

WOLK, L. *Coaching*: a arte de soprar brasas. Rio de Janeiro: Qualitymark, 2008.

ZALESNIK, A. *Managers and leaders*: are they different? Harvard: Harvard Business Press, 1998.

17. Negociação

Roberto Jerger Fialkovits

Introdução

A habilidade em processos de negociação como instrumento de geração de valor entre os colaboradores em ambientes internos e externos à organização torna-se cada vez mais necessária pela complexidade, velocidade e agressividade dos mercados globalizados. Respostas cada vez mais rápidas são exigidas pela força do mercado consumidor, causando reações em decisões assertivas entre as diversas áreas. Bom relacionamento, entendimento e espírito colaborativo (clima organizacional de alta maturidade) são imprescindíveis para o sucesso dessas tarefas.

Esse é, sem dúvida, um dos principais desafios da área do RH estratégico, empreendendo ações e disseminando conceitos envolvendo processos de negociação cooperativa, gerando assim um clima integrativo com harmonia e fluidez.

Para que essa tarefa tenha sucesso, são importantes, além dos conhecimentos expostos nos capítulos anteriores, os principais conceitos relacionados à negociação em ambientes corporativos, quais sejam: estruturação do processo de negociação; a negociação como instrumento de geração de valor influenciando o convívio nas organizações; os processos de mediação, conciliação e arbitragem; estratégias de negociação sindical e laboral; aspectos éticos das negociações e negociação em ambientes de fusão e aquisição de empresas.

Estruturando o processo de negociação

Ao pensar em uma abordagem que leve a um processo de negociação, este só pode ser iniciado se uma coleta de informações for feita e uma estruturação cuidadosamente planejada, para que a interação em cada uma de suas fases gere resultados ao menos satisfatórios para as partes.

A seguir, estaremos entendendo cada um dos fatores a serem considerados no processo de estruturação da negociação.

Abordagem integrativa (cooperativa) e abordagem distributiva (competitiva)

O primeiro passo a considerar nesse planejamento é o entendimento de sua decisão em colaborar ou competir (Carvalhal et al., 2014).

A abordagem integrativa está orientada a agregar valor, sendo utilizada para relacionamentos de longo prazo. As informações verdadeiras e abertas são tratadas como importantes recursos, expandindo as possibilidades de acordos satisfatórios para as partes envolvidas, estabelecendo uma relação "ganha-ganha". Nesse tipo de abordagem, impera a confiança e o desejo de um acordo duradouro. Muito recomendada em ambientes corporativos, em que os grandes resultados das interações são a satisfação mútua. As empresas em que colaboradores negociadores atuam de forma cooperativa se beneficiam, pois as diversas áreas ajustam suas diferenças de forma harmoniosa com legitimidade. Esse é um conceito importante a ser estimulado e acompanhado pela equipe de recursos humanos.

A abordagem distributiva está orientada a reivindicar valor, e é utilizada para negociações pontuais com relacionamentos de curto prazo. As informações são tratadas como recursos de trocas, em que as partes buscam o máximo de concessões, o que leva o processo a uma relação "ganha-perde". Esse tipo de abordagem não é recomendável em interações que visam a resultados relacionados a pessoas, pois normalmente coloca em risco o relacionamento. Em ambientes de trabalho, onde integrações e relacionamento interpessoal são fundamentais, esse tipo de comportamento normalmente resulta em conflitos de causa emocional.

Legitimidade

A legitimidade em negociação diz respeito à percepção do quão justo é um acordo. Faz com que as partes se sintam tratadas com justiça, por mais duro que tenha sido o processo de interação. O resultado da negociação traz a sensação de veracidade das informações e recursos utilizados, podendo se basear em parâmetros estabelecidos por critérios internos da corporação, como também padrões externos, como acordos e leis.

A cultura da legitimidade praticada na organização facilita os processos de relacionamento interpessoal e intergrupal, sendo um recurso importante para o RH trabalhar informações que revelem insatisfações individuais ou grupais, interferindo assim no clima organizacional. As negociações internas fluem com facilidade, pois o tempo poupado com a objetividade das interações permite acordos sensatos e assertivos. As respostas são rápidas e objetivas.

A construção da Macna

O termo Macna (melhor alternativa em caso de não acordo), popularmente conhecido por "plano B", é um processo por meio do qual o negociador passa a desenvolver alternativas para os casos de impasses, ou mesmo estabelecer os limites máximo e mínimo para que exista um acordo no processo de negociação. A Macna não existe sozinha; ela precisa ser criada. Portanto, cabe ao negociador formulá-la e fortalecê-la. Ela é de grande importância, pois determina quando o negociador deve retirar-se da negociação, ou seja, é a referência que ele deve seguir para decidir se deve prosseguir e fechar o acordo ou interromper o processo.

Ela é dinâmica, ou seja, quando o negociador aumenta ou diminui suas possibilidades de ficar satisfeito fora da negociação, a MACNA varia também, e o ponto de recuo do negociador é alterado.

Melhor explicando, quando o negociador tem uma Macna forte, ele pode exigir mais durante o processo de negociação. Em contrapartida, quando o negociador não a tem, ele fica fragilizado e muito propenso a fazer concessões.

Os interesses e as posições

Interesses são as reais necessidades das partes que conduzem ao processo de negociação *com o objetivo de satisfazê-las.*

Posições são os pontos relacionados a valores, cotas, descontos, dinheiro, entre outras, *relacionadas a valores financeiros.*

Esse é um item importante nos processos de interação relacionados à negociação e à geração de valor. Deve ser muito bem preparado e estruturado no planejamento, pois as possibilidades de acordos sensatos estão diretamente ligadas à identificação dos interesses dos negociadores. Portanto, saber identificar e valorizar as reais necessidades do seu interlocutor é tão importante quanto conhecer as próprias necessidades. Ainda existe uma tendência muito forte à disputa de preços anterior ao conhecimento das necessidades do interlocutor, dadas as condições adversárias às quais as disputas e pressões por orçamentos e metas nos conduzem. Os negociadores, de forma errônea, ou, de certa forma, tendenciados, trabalham o direcionamento e as guias de raciocínio com foco em posições, buscando reduções em seus orçamentos. Um exemplo clássico que podemos considerar no ambiente de RH é a contratação de um profissional de mercado que venha a insistir em um alto valor de remuneração, sem ter explorado primeiramente, com seu interlocutor, pontos que possam agregar valor antes de discutir o salário. O RH tem de estar bem preparado com um pacote de interesses (necessidades) identificados para aguçar os ânimos do candidato, com a finalidade de fechar um acordo adequado para as partes. Podemos citar alguns exemplos de interesses que podem ser aplicados a esse contexto de negociações em RH. São eles: plano diferenciado de saúde; plano de carreira e desenvolvimento por meio de treinamentos; viagens internacionais que proporcionam abrangência em desenvolvimento profissional e cultural; bônus salarial por fechamento de metas mensais; o excelente ambiente comprovado de trabalho nessa corporação, entre outras vantagens. É importante que o contratante saiba quantificar e valorizar todos esses benefícios junto a seu interlocutor (futuro contratado), e fazê-lo considerar informações nas quais muitas vezes não pensaria.

Fontes de poder de Herb Cohen

Durante o processo de planejamento e estruturação da negociação, devem-se entender e ressaltar todas as fontes de poder que temos para utilização no momento da interação, o que proporciona vantagens que podem ser obtidas frente a seus interlocutores. A força que uma ou mais fontes de poder têm faz diferença em uma decisão e no fechamento de um acordo. Tão importante quanto conhecer as próprias fontes de poder é identificar as dos interlocutores. Devemos lembrar sempre que para cada ação colocada na mesa de negociação, imediatamente surgirão uma ou mais reações dos interlocutores. Entender como as fontes de poder podem rebater ou até mesmo anular argumentações feitas pela contraparte é uma excelente ferramenta, uma vez que ao identificar bases de poder, valores e argumentos da outra parte, o negociador poderá trabalhar para fortalecer suas bases de poder, contra valores e contra-argumentos, ou se preparar para uma transação melhor.

A seguir entenderemos algumas fontes de poder que estão diretamente ligadas a negociações envolvendo recursos humanos.

Cohen (2004) identifica as seguintes fontes de poder:

- *o poder da concorrência* – todas as vezes que é criada uma disputa por uma posse, esta se torna valiosa;
- *o poder da legitimidade* – há grande tendência a aceitar com passividade o que está escrito. Palavras, documentos e sinais impressos têm autoridade.
- *o poder dos riscos* – relativo à disposição a correr riscos enquanto negocia. Arriscar-se envolve uma mistura de coragem e bom senso. Ao não se arriscar, o outro lado ganha poder de manipulação;
- *o poder do compromisso* – um negociador deve envolver outras pessoas, de modo que elas apoiem suas ideias e assumam o compromisso de ajudá-lo a atingir seus objetivos. Pessoas normalmente apoiam aquilo que ajudam a criar. Caso seja necessário o apoio de um grupo para atingir um objetivo, é recomendável negociar antecipadamente com cada membro isoladamente, para que cada um "compre" e patrocine a proposta, que só então será apresentada ao grupo. Os acordos prévios com cada indivíduo terão grande chance de confirmação pelo consenso do apoio na reunião com o grupo;

- *o poder de conhecer as "necessidades"* – em toda negociação, há dois pontos sendo negociados: as questões e as exigências específicas, que são declaradas abertamente, e as verdadeiras necessidades da outra parte, que raramente são verbalizadas. Se puder ser feita uma estimativa das necessidades alheias, será possível prever, com boa margem, o que acontecerá em qualquer interação;
- *o poder do investimento* – há uma razão direta entre o tamanho do investimento e a disposição de chegar a um compromisso. Se houver algo difícil para negociar, deixa-se para o final da negociação, pois o outro lado terá gasto muita energia e tempo;
- *o poder da identificação* – um aspecto que faz uma negociação pender para o lado desejado é a reputação do negociador. Boas referências podem fortificar a imagem de uma pessoa, o que potencializa, consequentemente, sua força argumentativa;
- *o poder da moralidade* – a maioria das pessoas está imbuída de padrões éticos e morais semelhantes; portanto, ao apresentar-se sem defesas e falsidades, existe maior probabilidade de confiança;
- *o poder da persistência* – muitos não persistem o bastante quando negociam; têm receio de parecer desagradáveis. Ser persistente é conseguir um pouco a cada rodada de negociação e não insistir sempre em algum ponto que já se provou imutável;
- *o poder da atitude* – observar o ambiente, captar expressões não verbais emitidas pela outra parte e manter a determinação ao longo da negociação são pontos que compõem este importante poder;
- *o poder da especialização* – a opinião de grandes especialistas é raramente questionada.

Posicionamento estratégico na negociação

O modelo de posicionamento estratégico se baseia nas conhecidas contribuições de Thomas e Kilman (1974) e Blake e Mouton (1975). Nele, as principais formas pelas quais os conflitos e as negociações podem ser abordados são apresentadas a partir da intensidade com que o negociador orienta suas intenções e ações para os relacionamentos/pessoas e tarefas/resultados, conforme podemos observar na figura 1. Dispor de um modelo que caracterize a forma pela qual o negociador pode abordar o conflito ou a oportunidade contribui para que ele defina seu curso de ação e perceba comportamentos e ações prováveis da outra parte.

Figura 1

Estratégias e táticas de negociação

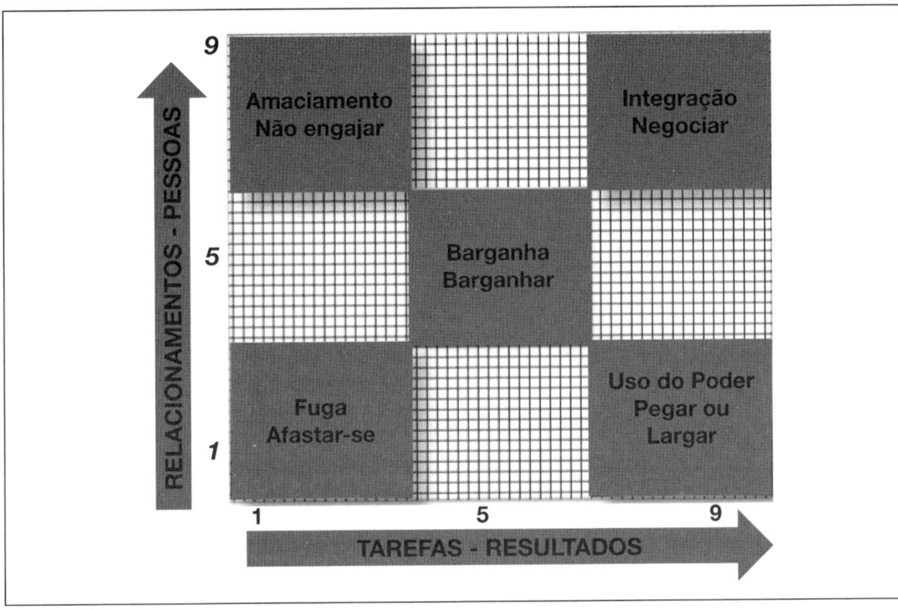

Fonte: adaptada de Thomas e Kilman (1974); Blake e Mouton (1975).

- *Uso do poder (ganhar/perder – dominação/submissão – pegar ou largar)* – Situação em que uma das partes tem poder, grande foco em tarefas/resultados e pequeno foco em pessoas/relações, o que leva a uma situação polarizada e antagônica que impede, ou pelo menos dificulta, o desenvolvimento de abordagens, processos e soluções inovadoras e aceitáveis para as partes.
- *Fuga – desconhecimento (perder/ganhar – submissão/dominação – afastar)* – Refere-se à situação em que uma das partes tem pequeno foco tanto em tarefas/resultados quanto em pessoas/relações, o que a leva a atenuar, ignorar, afastar, enterrar ou fugir da negociação ou conflito. A parte que foge pode tentar retaliar no futuro, se tiver mais poder.
- *Amaciamento (perder/perder – acordo/ compromisso – não engajar)* – As partes priorizam o relacionamento e desistem de alguns ou de todos os seus objetivos, privilegiando a manutenção da relação social.

- *Barganha (perder/perder – acordo/compromisso – barganhar)* – Cada parte desiste de alguns de seus objetivos, mediante a obtenção de alguma forma de compromisso (troca de valores em abundância que uma parte possui e dos quais a outra parte carece). O regateio é uma forma de barganha. Há um equilíbrio de forças, um recuo da situação de abertura, tendendo a uma solução de meio-termo, que muitas vezes não atende à necessidade das partes.
- *Integração (ganhar/ganhar – relações de longo prazo – negociar)* – A integração, confrontação ou ainda o ganhar-ganhar é o método mais racional para a construção de relações duradouras e o fortalecimento da credibilidade entre as partes.

A administração de conflitos em ambientes corporativos

Todo processo de conflito está fundamentado em duas possíveis causas: real ou emocional. Conflitos de causa real envolvem divergências acerca de políticas, normas, prioridades, recursos, papéis e relações formais entre as partes, enquanto os de causa emocional envolvem sentimentos negativos entre as partes, como desconfiança, desprezo, ressentimento, medo e rejeição (Carvalhal et al., 2014).

Normalmente, em ambientes de trabalho, o conflito tem início em situações de causa real. Podemos citar como exemplo um ambiente de projetos em que cronogramas, interdependência entre áreas e prazos com datas apertadas ocorrem o tempo todo. Esses são eventos de causa real que devem ser da melhor forma possível administrados e resolvidos pelo gestor de projetos, mesmo que com uma ajuda da área de RH. No entanto, se não existe um plano adequado de comunicação, com participação de todos no entendimento das reais necessidades de mudanças, o evento fica sem esclarecimentos, tornando-se algo impositivo e que divide opiniões. O que deveria ser simplesmente uma mudança de curso no projeto, por qualquer razão, acaba partindo do campo real para o emocional. Conversas e opiniões paralelas começam a circular (os famosos "ruídos") e tomam grandes proporções, o que prejudica demasiadamente algo que deveria ser simples. Para que situações como essa sejam minimizadas, é importante a entrada e participação do RH estratégico, trabalhando muito bem a comunicação e até mesmo negociações que promovam a integração e o entendimento claro das novas necessidades do projeto.

As cinco formas de administrar conflitos

Os conflitos existem e são inevitáveis, mas podemos administrá-los e tirar proveito da situação. Uma das mais eficazes maneiras para isso é denominada "estilos de administração de conflitos" (Thomas e Kilmann, 1977), que propõem cinco formas de gerenciar conflitos. Os autores afirmam que, consoante Berg (2010:41)

> quando em situações conflituosas, o comportamento de uma pessoa pode ser enquadrado em duas dimensões básicas. A primeira dimensão, assertividade, é a extensão com que cada indivíduo procura satisfazer seus próprios interesses. A segunda, cooperação, mede a extensão com que uma pessoa procura satisfazer os interesses dos outros. Este comportamento bidimensional define os cinco métodos de administrar conflitos, que são: competição, acomodação, afastamento, acordo, colaboração. Não existe estilo certo ou errado em relação a qualquer um desses métodos. Cada qual pode ser apropriado e muito efetivo, dependendo das circunstâncias, do assunto a ser resolvido e das personalidades envolvidas.

Figura 2

AS CINCO FORMAS DE ADMINISTRAR CONFLITOS

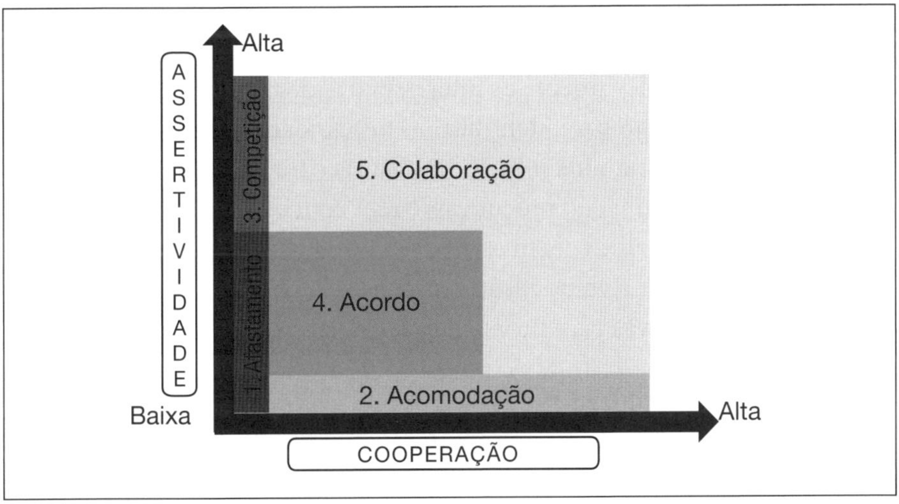

Fonte: Berg (2010).

- *Competição* – é uma atitude assertiva e não cooperativa, onde prevalece o uso do poder. Ao competir, o indivíduo procura atingir os próprios interesses em detrimento dos interesses alheios. A competição pode significar "proteção de direitos", defender uma posição na qual acredita, ou simplesmente querer vencer.
- *Acomodação* – é uma atitude inassertiva, cooperativa e autossacrificante; o oposto de competir. Ao acomodar-se, a pessoa renuncia aos próprios interesses para satisfazer os da outra parte. Caracteriza-se por um comportamento generoso, altruísta e passivo.
- *Afastamento* – é uma atitude inassertiva e não cooperativa. Ao afastar-se, a pessoa não se empenha em satisfazer seus interesses, tampouco coopera com a outra pessoa. O indivíduo coloca-se diplomaticamente à margem do conflito, às vezes adiando o assunto para um momento mais adequado, ou então simplesmente recuando diante de uma situação de ameaça (física, emocional ou intelectual).
- *Acordo* – posição intermediária entre assertividade e cooperação. O indivíduo procura soluções mutuamente aceitáveis, que satisfaçam parcialmente os dois lados. Ele abre mão de algo, desde que, em contrapartida, receba em troca algo que seja de seu interesse. O acordo significa trocar concessões, ou então procurar por uma rápida solução de meio-termo.
- *Colaboração* – é uma atitude tanto assertiva quanto cooperativa. Busca-se trabalhar com a outra pessoa, tendo em vista encontrar uma solução que satisfaça plenamente os interesses das duas partes. Significa aprofundar o assunto para identificar as necessidades e interesses dos dois lados, e encontrar uma solução satisfatória para todos os envolvidos. Ao colaborar, o indivíduo procura aprender com os desacordos, olhando o ponto de vista alheio, bem como resolver situações que de outra forma poderiam levar à competição por recursos, ou ainda tentar encontrar soluções criativas para problemas de relacionamento interpessoal.

Os perfis e características dos negociadores

Podemos entender que nenhum processo de negociação é igual porque as pessoas são diferentes. Muitas características estão envolvidas quando tratamos do ser humano, sendo os processos de interação muitas vezes diferentes. É comum encontrarmos, em mesas de negociações, pessoas mais caladas, outras extrovertidas, algumas mais agressivas e egocêntricas, mas devemos entender que tudo isso é muito normal. Tratamos com pessoas e pessoas são diferentes, pensam diferentemente e possuem valores e características diferentes.

O importante em tudo isso é nos anteciparmos e, de alguma forma, buscarmos conhecer os perfis que enfrentaremos. Esse é um ponto importante a ser considerado no planejamento da negociação. Para cada perfil, podemos ter uma estrutura de argumentações, para assim melhor usarmos no momento da negociação. Em caso de negociações que envolvem várias pessoas, temos de ter muita habilidade para lidar com o perfil de cada uma e tirar o melhor proveito disso.

É importante autoconhecer-se para entender boas habilidades e deficiências no trato com pessoas. Para isso, é indicado um teste como o MBTI (Myers-Briggs *type indicator*), que pode proporcionar boas informações a respeito de características. Lembre-se de que uma boa negociação resulta da formação de um time bem integrado e articulado em que cada um ressalta suas habilidades.

Para Myers e Meyers (1980), são quatro os perfis de negociadores que podemos encontrar:

- *o pragmático* – está entre a razão e a rapidez. Possui como principais características: prefere trabalhar rápido e sozinho; é orientado para resultados; não aceita falhas nem explicações; fala o que pensa; tem dificuldade para lidar com as diferenças; busca poder e controle;
- *o expressivo* – está entre a rapidez e a emoção. Possui como principais características: necessita ser reconhecido; não aceita críticas; rejeita análises detalhadas; impulsivo; decisões são imediatas; orientado para ideias; criativo; compartilha informações;
- *o afável* – está entre emoção e a lentidão. Possui como principais características: busca aceitação do grupo; amigo de todos; orientado para pessoas; trabalha bem em equipe; tem dificuldade em dizer não; decisões são demoradas;
- *o analítico* – está entre a lentidão e razão. Possui como principais características: adora informações e detalhes; cumpre o que promete; cauteloso; busca evidências por escrito; trabalha sozinho; não divide informações; tomada de decisão lenta.

A negociação como instrumento de geração de valor influenciando o convívio nas organizações

É cada vez mais comum em organizações percebermos que pessoas com habilidades e domínio de instrumentos modernos de negociação têm seu desempenho profissional destacado, além de contribuírem positivamente com o clima organizacional e com a solução de conflitos.

O conhecimento voltado para a negociação como instrumento de geração de valor é necessário para a condução de negócios nos mais diversos ambientes competitivos, em que líderes promovem, de forma sustentável, a transformação de tarefas difíceis em desafios aos colaboradores.

Processos estruturados de negociação ajudam a incentivar a maior integração entre as áreas, alavancando o empreendedorismo, o intraempreendedorismo e a eficácia na busca de resultados. Seguem os questionamentos: O quanto você está preparado para processos de negociação que geram valor? O quanto sabe sobre o tema ou procurou saber? Você conhece de forma profunda seu perfil, para assim melhor se planejar para processos mais complexos de interações? Como classificaria seu grau de maturidade e conhecimento para negociar com pessoas de forma cooperativa, gerando valor?

Valores e princípios, como ética, honestidade e espontaneidade são ativos valiosos que produzem melhores resultados em negociações e, em longo prazo, criam um ambiente de confiança e credibilidade para as pessoas. Estes sem dúvida são pilares importantes que formam uma base forte de legitimidade e mútua confiança.

Uma negociação de sucesso requer conhecimento sobre pessoas em seus verdadeiros desejos, receios e temores, que muitas vezes não são diretamente revelados, necessitando muita habilidade do negociador para conseguir trazer à tona tais questões.

Como vimos, planejar e estruturar uma negociação requer metodologia que servirá para qualquer tipo de negociação e solução de conflitos, sejam eles de causa real ou emocional, gerando valor e resolvendo impasses.

Entende-se que a metodologia utilizada no processo de preparação e condução de uma negociação não muda. O que muda é o tipo de negócio e não a metodologia.

Podemos destacar algumas dicas importantes que complementam o planejamento de uma negociação:

- *proximidade* – deve-se iniciar uma interação com as semelhanças, e não com as diferenças. Isso significa falar "nós", e não somente "você";
- *criatividade* – se aliada à estruturação do processo de negociação, é um grande diferencial agregador de valor. Facilita as interações e aguça os interesses do seu interlocutor;
- *empatia* – entender o lado do interlocutor é primordial para buscar aproximação e não causar afastamento;
- *evitar críticas* – ou argumentos que soem como tais. Isto causa ressentimentos e dificulta a interação;
- *estruturação* – criar e planejar estratégias aliadas às metas;
- *linguagem não verbal* – atenção a gestos, expressões e reações. Estes normalmente transmitem mais do que palavras;
- *objetividade* – mostrar dados e fatos que promovam confiança e assertividade.

Os processos de conciliação, mediação e arbitragem

São ferramentas fundamentais utilizadas como formas de contribuição em resolução de impasses.

Podemos citar a melhor aplicação para cada situação:

- *Mediação* – Segundo Mendonça (2003:34), tem a melhor indicação quando existe a necessidade de se manter sigilo sobre a questão controversa. Quando existem problemas de comunicação entre as partes, relacionamento tenso, mas que precisa de continuidade e, sobretudo, quando as partes estão dispostas a buscar uma solução para a questão.
- *Conciliação* – Para Nazareth (2006:130), é mais eficaz em conflitos que chamamos de pontuais. A relação entre as partes é transitória e pode ser resolvida com uma dose de aconselhamentos para as partes, mantendo total imparcialidade, mesmo que um dos lados mostre razão.

- *Arbitragem* – De acordo com Moore (1998:23), pelo fato de as partes escolherem o árbitro (ou árbitros), este normalmente é um especialista no assunto discutido; assim, tem maior propriedade para entender e decidir. Em ambientes corporativos, esse "árbitro" pode ser um especialista interno ou contratado, que venha solucionar impasses de caráter técnico ou em outra área do conhecimento.

Para que um líder venha colaborar com qualquer uma das ações de conciliação, mediação e arbitragem, deve estar extremamente preparado para negociar com muita maestria, priorizando a imparcialidade e buscando conciliar as partes de forma harmoniosa.

Estratégias de negociação sindical e laboral

A negociação sindical, ao contrário de outras espécies de negociação, não é de execução pontual, mas sim de execução continuada. A manutenção constante do relacionamento com o sindicato ou os diversos sindicatos que atuam no segmento da sua corporação proporciona que assuntos impactantes nos momentos de negociação em remuneração, benefícios e outras concessões, sejam entendidos antecipadamente e tratados de forma proativa, de modo a minimizar impactos futuros nos conturbados períodos dos dissídios coletivos. Feita de forma contínua, facilita a compreensão das partes, entendendo ganhos e prejuízos possíveis, e soluções são tratadas com maior prazo, melhor compreensão e menores impactos.

Cenários econômicos, reações do mercado consumidor e seus reflexos no negócio, principalmente em momentos de crise, devem ser levados à mesa de negociação periódica, evitando surpresas futuras. Isso significa dizer que a negociação sindical se renova a cada evento, fazendo emergir então, quase que instantaneamente, um novo ciclo de negociações. É imprescindível, portanto, um bom relacionamento com os líderes sindicais, além da aplicação sistemática do processo de negociação, para que este não perca sua força com o tempo.

Os aspectos éticos nas negociações

A interpretação dos valores éticos pode ser absoluta ou relativa. Quando as pessoas se guiam e tomam decisões com base nas normas de conduta dependentes da situação, estamos diante de um comportamento ético relativo. Contudo, se as pessoas se baseiam em premissas nas quais as normas de conduta são válidas para qualquer situação, o comportamento ético é absoluto.

Cada interlocutor envolvido em uma negociação tem uma visão particular das situações com base em seu ponto de vista e valores. No entanto, há três variáveis básicas influenciando o processo de uma negociação ética:

- *poder* – habilidade de influenciar pessoas ou situações, não sendo, em si mesmo, nem bom, nem ruim. São divididos em pessoas (natos) e circunstanciais (momentâneos);
- *tempo* – implica o período durante o qual o processo de negociação acontece. É importante compreender como a passagem do tempo afeta o processo, uma vez que interfere, favoravelmente ou não, nas partes. Quanto mais uma parte souber estimar o prazo limite do oponente, maior será seu poder;
- *informação* – é o efeito de informar-se acerca de alguém ou algo, o que afeta a avaliação da realidade e as decisões que são tomadas. As partes devem buscar as informações relevantes e úteis dentro do contexto negociação.

É importante salientar que os valores éticos são disseminados pelas organizações, e são influentes nos processos de negociação. As organizações que possuem uma área de *compliance* geram critérios e especificações para evitar riscos de atitudes antiéticas. O RH estratégico assume importante papel nessa questão, mantendo-a presente para mitigar qualquer desvio de conduta que possa comprometer a imagem da organização, e, consequentemente, seus resultados.

Negociação em ambientes de fusão e aquisição de empresas.

Primeiramente vamos entender o que são operações de fusão e aquisição.

Conceitualmente a operação de fusão é a união de duas ou mais companhias que formam uma única empresa, geralmente sob controle administrativo da maior ou mais próspera. A operação de fusão pode ser caracterizada por "concentração" mediante a constituição de uma nova sociedade ou por "incorporação" quando um grupo transfere todo o patrimônio de uma ou mais sociedades para outro (Fagundes, 2016).

A aquisição, por sua vez, é a compra do controle acionário de uma empresa por outra, sendo que, no caso de aquisição global do patrimônio da empresa adquirida, a compradora assume o controle total e a empresa adquirida deixa de existir. Dependendo da estratégia a ser adotada, a aquisição poderá ser classificada em:

- *horizontal* – quando a aquisição ocorre entre empresas que possuem o mesmo foco de atuação. Visa basicamente ao aumento de participação de mercado;
- *vertical* – como o próprio nome designa, refere-se a uma aquisição entre empresas que se encontram em estágios distintos no processo produtivo. Busca ganho de competitividade;
- *congênere* – as empresas envolvidas não atuam no mesmo ramo. Porém pode haver alguma complementaridade em suas linhas, em médio e longo prazos;
- *conglomerado* – envolve a aquisição de participação em companhias com foco de atividades completamente diferentes, objetivando a diversificação das atividades.

O papel da área de recursos humanos com perspectiva estratégica em processos de fusões e aquisições tem peso importante por se tratar de um momento delicado, causador de temores e incertezas. A integração e retenção de equipes que passam por esses processos torna-se prioridade para garantir que um dos elementos-chave, o capital humano, seja preservado e devidamente orientado com transparência, para minimizar os riscos de insucesso.

Nesse momento, a área de recursos humanos tem como grande desafio unir os interesses do negócio aos das pessoas mediante processos estruturados de negociação.

A gestão das expectativas dos colaboradores é muito importante. O RH deve transmitir que o objetivo principal de uma fusão é tornar a empresa mais competitiva, o que é bom para a organização e para os que nela trabalham.

Esse é um ponto estratégico importantíssimo para uma fusão, porque é nessa hora que as empresas fundidas irão ganhar engajamento e sinergia na operação.

Conclusão

A área de RH ganha cada vez mais posições estratégicas nas corporações, tendo participação importante nos altos níveis de decisão, pois tem a responsabilidade de nortear a visão dos colaboradores para o futuro, mantendo o capital humano informado, motivado, desenvolvido e participativo. Tem conhecimento sobre pessoas, sobre o negócio e sobre o mercado, dando sua parcela importante de contribuição. Tal posição requer conhecimentos e habilidades em negociação como instrumento de geração de valor com processos bem estruturados e assertivos, mantendo o equilíbrio necessário entre as estratégias do negócio em cumprimento dos resultados e os interesses dos colaboradores quanto à busca de seu crescimento.

Referências

ACQUISITIONS CONSULTORIA EMPRESARIAL. Fusão & aquisição para uma vantagem competitiva: melhores práticas. *Aquisitions*, [s.d.] Disponível em: <www.acquisitions.com.br/pdf/_fusao_aquisicao.pdf>. Acesso em: 25 jun. 2016.

BERG, Ernesto Artur. *Administração de conflitos*. Brasília: Juruá, 2010.

________. As 5 formas de administrar conflitos. *Administradores.com*, 14 jul. 2015. Disponível em: <www.administradores.com.br/artigos/carreira/as-5-formas-de-administrar-conflitos/88771/>. Acesso em: 8 jun. 2016.

BISPO, Patrícia. Como a negociação influencia o convívio nas empresas? *RH.combr*, 15 dez. 2008. Disponível em: <www.rh.com.br/Portal/Gru-

po_Equipe/Entrevista/5253/como-a-negociacao-influencia-o-convivio--nas-empresas.html#>. Acesso em: 22 jun. 2016.

BLAKE, Robert; MOUTON, Jane. *O grid gerencial.* São Paulo: Pioneira, 1975.

CARVALHAL, Eugenio do. et al. *Negociação e administração de conflitos.* 4. ed. Rio de Janeiro: FGV, 2002.

COHEN, Herb; *Você pode negociar qualquer coisa.* 15. ed. Rio de Janeiro: Record, 2004.

DEFENSORIA PÚBLICA DE MATO GROSSO. Saiba a diferença entre mediação, conciliação e arbitragem. [S.d.]. Disponível em: <http://dp-mt.jusbrasil.com.br/noticias/3116206/saiba-a-diferenca-entre-mediacao--conciliacao-e-arbitragem>. Acesso em 14 jun. 2016.

FAGUNDES, Eduardo. Porque as fusões e aquisições falham e como se prevenir. *Efagaundes*, 24 fev. 2016. Disponível em:<http://efagundes.com/blog/porque-ma-falham-e-como-se-prevenir/>. Acesso em: 10 jul. 2016.

FISHER, Roger; ERTEL, Danny. *Estratégias de negociação.* Rio de Janeiro: Ediouro, 1997.

KARRASS, Chester. *O manual da negociação.* Rio de Janeiro: Ediouro, 1994.

LEVICKI, Roy J.; SAUNDERS, David M.; MINTON, John W. *Fundamentos da negociação.* Porto Alegre: Bookman, 2002.

MENDONÇA, Ângela Hara Buonomo. *Introdução aos métodos extrajudiciais de solução de controvérsias MESC.* 2. ed. Brasília: CACB/SEBRAE/BID, 2004.

MOORE, Cristopher W. *O processo de mediação*: estratégias práticas para a resolução de conflitos. 2. ed. Porto Alegra: Artmed, 1998.

MYERS, Isabel Briggs; MYERS, Peter B. *Gifts differing*: understanding the personality type. Gainesville, FL: Davies-Black, 1980.

NAZARETH, E. R. Mediação: algumas considerações. *Revista do Advogado*, São Paulo, n. 87, p. 129-133, 2006.

PENANTE, Francisco. *Diferença entre mediação, conciliação e arbitragem.* [S.d.]. Disponível em: <http://franciscopenante.com.br/destaques/71/diferenca-entre-mediacao-conciliacao-e-arbitragem>. Acesso em: 14 jun. 2016.

PESSOA, Eliana; SILVA, Glicério F., CALDAS, Cícera das D. de. Estilos de negociadores: uma análise inicial. *Administradores.com*, [S.d.]. Disponível em: <www.administradores.com.br/artigos/marketing/estilos-de-negociadores-uma-analise-inicial/24850/>. Acesso em: 14 jun. 2016.

PORTAL EDUCAÇÃO. *Macna*. 13 fev. 2013. Disponível em:<www.portaleducacao.com.br/administracao/artigos/33300/macna#ixzz4DIoi509B>. Acesso em: 5 jun. 2016.

SILVA, Jaime Marlon. *Negociação e geração de valor*. 11 ago. 2011. Disponível em: *<https://jaimemarlonsilva.com/2011/08/11/negociacao-e-geracao-de--valor/>*. Acesso em: 16 jun. 2016.

THOMAS, Kenneth; KILMAN, Ralph. *Thomas-Kilman conflict mode instrument*. Tuxeo Park, NY: Xicom, 1974.

WANDERLEY, José Augusto. *Negociação total*. São Paulo: Gente, 1998.

18. Tópicos especiais: a produção do conhecimento dos alunos do curso Master Business Administration Executivo em Economia e Gestão: Recursos Humanos

Ana Paula Arbache

Introdução

Revolucionária e desafiadora é a nova era que estamos vivenciando. Seus impactos são sentidos em diferentes espaços de nossa sociedade e fazem com que todos estejam atentos e envolvidos com ela. Dessa forma, devem se debruçar sobre suas características e perspectivas, para que possam estar inseridos positivamente nesse ambiente de grandes mudanças. Não por acaso, a área de recursos humanos é chamada a ser uma parceira relevante nos negócios. Com a abordagem estratégica, a área assume o papel robusto de acompanhar a trajetória das organizações em um período extremamente agudo, entretanto, oportunamente fértil. Em busca das inovações que irão sustentar os próximos passos, a área de recursos humanos instala-se como o elo entre o capital humano, as estratégias e os resultados nas organizações. É nesse ambiente de discussão que os conhecimentos a seguir são abordados.

Este capítulo tem como objetivo trazer à tona um consolidado dos temas e conhecimentos desenvolvidos nos trabalhos de conclusão de curso (TCCs) dos alunos do curso de Master Business Administration Executivo em Economia e Gestão: Recursos Humanos do Programa FGV *Management* da Fundação Getulio Vargas. Em um primeiro momento, propomos uma reflexão a respeito do cenário revolucionário que estamos vivenciando, que impacta sobremaneira a área de recursos humanos e é o ponto de partida para a escolha dos temas dos TCCs. Em seguida, exploramos as diretrizes que estão presentes na disciplina Metodologia Científica e que também orientam as escolhas temáticas dos TCCs: a ciência para o negócios e o ciclo de vida de carreira. A partir de então, compartilhamos os temas, ideias, pesquisas e os estudos dos alunos desenvolvidos por meio de seus TCCs e que trazem o alinhamento necessário e urgente entre a área de recursos humanos em seu viés estratégico, as organizações e suas metas e as carreiras dos alunos. Ao final, afirmamos que os TCCs desenvolvidos ao longo do período delimitado neste capítulo oferecem um rico consolidado capaz de abastecer os profissionais e organizações que têm na área de recursos humanos seu foco de atenção, bem como uma parceira estratégica no ambiente dos negócios.

Do simples ao complexo: os desafios de uma nova era e os impactos na área de recursos humanos estratégica

Estável, lento, previsível, simples, conservador, fechado e isolado. O mundo de antes pode ser caracterizado por essas palavras. A tecnologia era rudimentar e cara, demorava muito para as coisas acontecerem e, por conta disso, era seguro, tudo permanecia no seu devido lugar por muito tempo (Arbache et al., 2016).

As organizações também refletiam esse movimento: tudo estava programado para funcionar como uma engrenagem, cada peça em seu devido lugar e tempo. Com uma hierarquia bem demarcada, as organizações seguiam poderosas, ditando a regra do jogo e, nesse ambiente fixo, o indivíduo repetia sem pensar aquilo que já estava programado para ser feito. A esse tipo de sociedade, dá-se o nome de "sociedade industrial".

No entanto, o que estava parado começou a se movimentar, a tecnologia e a informação passaram a protagonizar a transição para uma nova era, deslocando toda a segurança de antes para um novo cenário e um grande desafio. Para além da previsibilidade, estamos agora diante de uma nova sociedade, mutante e veloz, complexa e incontrolável, aberta e integrada e onde o sucesso de antes não é o bastante para sobreviver hoje!

Estamos no meio dessa mudança. Agora já não é suficiente aprender a regra do jogo, mas é preciso fazer parte dele, adaptando-se, aprendendo e evoluindo sempre. Esse novo modelo de sociedade é denominado sociedade do conhecimento e tem como grande aliada a tecnologia, cada vez mais veloz, barata e acessível, conectando todos em todos os lugares e gerando dados capazes de mudar modelos de negócios da noite para o dia. Com essa tecnologia, o mundo está se transformando e tirando da zona de conforto as organizações e os indivíduos, e por isso é preciso saber o que está acontecendo no mundo, para que possamos fazer parte dele.

Nesse ambiente, as organizações passam a ser um sistema aberto, interativo, ágil, e precisam dar conta do grande desafio de pertencer a esse novo modelo de sociedade pautado no conhecimento (Arbache et al., 2016). Aprender a evoluir constantemente e gerar soluções rápidas e inteligentes para a sociedade torna-se condição *sine qua non* para aquelas organizações que querem fazer parte desse mundo mais complexo. Já não tão poderosas, elas veem um novo indivíduo assumir o poder nessa nova era: ele está conectado em rede; acessa muitos o tempo todo; trabalha e mobiliza pessoas; produz conhecimento, é crítico e interativo e, por isso, gera ideias e soluções. Localizado em pequenas garagens com suas tribos ou sozinhos em seus quartos são capazes de revolucionar o mundo, criando novos negócios que colocam abaixo grandes modelos já estabelecidos e, por meio de propostas disruptivas, fazem com que os consumidores e serviços possam ser conectados com um toque de celular. Tudo isso ocorre sob nossos olhos e num curto espaço de tempo, sem que para isso necessitem das organizações e de suas estruturas para realizar inovações.

Esse novo indivíduo também é móvel, ativo, conectado e muito mais informado; e para estar sob encomenda para fazer parte dessa nova era, ele sabe que é preciso se atualizar sempre para não desaparecer. Ele luta por suas identidades plurais e afirmativas, fazendo com que novas leis e espaços possam ser criados e instituídos para que possam exercer com liberdade e direito suas diferentes visões de mundo e modos de ser. Um indivíduo mais criativo e colaborativo que aciona milhares de redes de contato em diferentes partes do globo, trabalhando em sintonia mesmo estando a distância.

Com o avanço tecnológico, podemos estar diante de uma grande revolução digital provocada pela tecnologia e que traz mudanças significativas no modo de vida das sociedades e no modo como elas trabalham e consomem. Santos (2016) comenta que o

> Banco Mundial considera que o progresso tecnológico é uma força para o crescimento econômico, inclusive a partir da criação de emprego. Nesse contexto, as Tecnologias

da Informação e Comunicação (TIC) estão transformando as economias mundiais, governos e sociedade.

Para responderem com rapidez às novas demandas provocadas por esse avanço, as organizações precisam compreender exatamente o impacto que essa revolução pode causar em seu modelo de negócios, bem como entender quais são os indivíduos que fazem parte desse modelo, ou seja, as partes interessadas que transitam pelo seu modelo de negócio.

Conhecer, entender, integrar são palavras-chave em nossos tempos. É preciso conhecer o tamanho do desafio a ser enfrentado; é necessário entender quais serão as ações que podem agregar valor para vencer o desafio, e é urgente integrar indivíduos e negócios para que possam se fortalecer e vencer juntos. O ambiente mostra justamente isto: a integração de forças pode ser uma grande estratégia para a sobrevivência e o sucesso nessa nova era (Arbache et al., 2016). As organizações vistas como ecossistemas passam a integrar muitos modelos de negócios, estabelecendo parcerias importantes que as habilitam a continuar sua trajetória no mercado e a enxergar o avanço tecnológico como grande aliado.

Para estar sob medida para essa nova era, é preciso reconhecer que a conectividade muda a dinâmica desse mercado e traz com ela outros conceitos que também impactam o cotidiano das organizações e dos indivíduos. O papel da disrupção nos modelos de negócios, os avanços trazidos pela IOT – ou internet das coisas, a computação em nuvem, a servicificação do setor produtivo – a exemplo disso estão o Waze, Airbnb, WhatsApp, Uber entre outras empresas criadas para ligar diretamente consumidores e serviços, a produção e o uso inteligente de dados – como é o caso do Watson (IBM, s.d.), sendo um supercomputador que usa inteligência artificial para diagnósticos clínicos e análises financeiras –, as sociedades colaborativas inovando em redes abertas e aceleradas.

Para se posicionarem competitivamente e simplificarem a complexidade dessa nova era, as organizações buscam nas parceiras a saída possível para enfrentar a grande demanda por inovação. A forma encontrada pelas grandes organizações para viabilizar a transição de modo mais ágil tem sido a adaptação à era digital aproveitando os talentos dentro de casa e incentivando a criação de grupos que possam promover a inovação em células de trabalho com investimentos direcionados para o desenvolvimento de novos projetos, produtos e serviços. Os laboratórios de inovação passam a fazer parte da estrutura das organizações, tornando-se espaços destinados à reinvenção dos negócios. Esse movimento é realizado de dentro para fora; muitas vezes, a área de inovação se une à área da produção para enxergar o novo modelo e fazer a transformação necessária e gerar mais competitividade nesse novo cenário (Arbache et al., 2016).

Outro movimento também é realizado, mas de fora para dentro. É um movimento que se intensifica principalmente em segmentos mais ameaçados pelos avanços tecnológicos, como é o caso do setor automotivo. Grandes montadoras e gigantes da tecnologia americana disputam uma corrida acirrada para assumirem o controle do carro do futuro. Dessa maneira, pressionados pelo ritmo alucinante das inovações no ambiente tecnológico, as montadoras têm realizado aquisições e parcerias com organizações no Vale do Silício (Arbache et al., 2016).

A decisão de estar na direção das mudanças que impactam a nova era faz com que as organizações revejam seus modelos de negócios, suas estratégias, suas estruturas, seus processos produtivos e as competências daqueles que as levarão ao topo. Vale destacar que junto aos desafios trazidos pelos avanços tecnológicos descritos acima e no centro da chamada Revolução 4.0 estão também as diretrizes da Agenda 2030 e de um ambiente financeiro que acolhe, cada vez mais, os preceitos de uma economia verde, cujos investimentos são destinados às organizações pautadas por esses preceitos, que abrem novos postos de trabalho e oferecem produtos e serviços limpos e aderentes ao binômio: desenvolvimento sustentável com crescimento econômico (Arbache, 2012, 2015, 2016b).

Outras tendências abastecem ainda mais o cenário desafiador. A economia criativa e colaborativa oferece boas práticas abrindo novas perspectivas de atuação para empreendedores e profissionais que buscam diferentes formas de atuar no mercado e inovam ao trazerem produtos e serviços criados e produzidos em uma rede integrada de parceiros. Nascidas em um espaço aberto e mais acolhedor à diversidade e à inovação, essas organizações atraem talentos que buscam aliar atuação profissional à qualidade de vida.

Ainda existem as organizações voltadas para gerar impacto social positivo para comunidades fragilizadas socialmente. Muitas dessas organizações atuam em circunstâncias agudas afloradas em nosso tempo, como o drama dos refugiados de guerra, os refugiados ambientais, as vítimas de pobreza extrema, ou seja, questões humanitárias que sensibilizam e impactam as sociedades. Inseridos nessas organizações, estão os profissionais que transformam suas profissões em propósito de vida.

Somando-se a todos os apontamentos acima, ainda estão os efeitos gerados pela crise econômica enfrentada pelo Brasil, que torna ainda mais complexa a agenda das organizações. O baixo desempenho da economia traz consequências graves para o mercado brasileiro, fragilizando ainda mais alguns setores produtivos. Os altos índices de desemprego, juros altos, recessão, entre outros dados negativos da nossa economia alimentam um cenário de instabilidade, tanto interna quanto externamente. Os ajustes que estão sendo feitos em decorrência desse cenário focam na sobrevivência das organizações que traçam estratégias para cortar aquilo que julgam excedentes em busca de maior competitividade (Arbache, 2016). Muitas delas estão na contramão das tendências acima, pois não possuem capacidade para fomentar o investimento em inovação e a compra de recursos tecnológicos que dão suporte às demandas da nova era.

Esse ambiente de redefinição composto por uma trama densa de tendências e desafios altera uma lógica já estabelecida e tira as organizações do centro desse debate. Para que elas transformem a crise em uma oportunidade, é necessário fazer diferente e rápido.

Aqui se estabelece o papel ainda mais estratégico de uma área de recursos humanos, atuando como um grande aliado dos negócios da organização e favorecendo para que a estratégia dela possa ser implementada e bem-sucedida. É preciso que a área conheça e decifre o código dessa nova era e seja capaz de fazê-lo presente nas organizações, não somente para promover a sobrevivência delas nesse tempo desafiador, como também para alavancar as oportunidades embutidas nos desafios. Para tanto, não é possível fazer mais do mesmo (Arbache, 2016c), os avanços que ora se apresentam nutrem a área de recursos humanos de caminhos nada convencionais. A extinção de postos de trabalhos decorrentes da evolução tecnológica e abertura de outros mais aderentes às novas tendências, as novas modalidades de trabalho que desafiam legislações que não acompanharam os novos tempos, a autogestão, a diversidade de gênero, a conectividade facilitando o trabalho de equipes globais e multigeracionais, as aprendizagens *on-line*, a carreira feminina, as redes colaborativas e menos hierarquizadas, a busca por significado e pelo autoconhecimento, o valor do legado dos talentos e das organizações, e a qualidade de vida e a felicidade no trabalho compõem um arcabouço, aqui resumido, acerca daquilo sobre o que a área de recursos humanos terá que se debruçar para assumir estrategicamente seu papel nas organizações.

Todas essas considerações sustentam, portanto, que é nesse ambiente de "grandes novidades" que os TCCs do curso devem ter seu ponto de partida para que possam dar o significado real entre a ciência e o negócio.

A ciência para os negócios e o ciclo de vida de carreira: o TCC como alavanca para gestão de carreira e contribuinte para boas práticas e inovação na área de recursos humanos

Alinhado ao cenário acima, o referido curso busca no conhecimento compartilhado em suas disciplinas e nas vivências de mercado trazidos pelos alunos a chave para as soluções das demandas para vencer os desafios postos. Ao buscar aliar a teoria à prática, as disciplinas do curso promovem uma integração fértil dos conhecimentos, bem como instauram um ambiente propício para o estímulo da discussão, para troca de experiências e de legados e para a construção de novos conhecimentos geradores de práticas e inovação para a área. Desse modo, a disciplina de Metodologia Científica assume o papel de promover uma interlocução entre a ciência e o negócio (Pinto, 2013), como também seus desdobramentos para o ciclo de vida de carreira e o sucesso profissional dos alunos do curso (Arbache, 2014).

Ciência para o negócio é um termo citado por Gandour (Pinto, 2013), ao considerar que a ciência também deve servir ao negócio e gerar lucratividade aos seus investidores. Para Gandour, a ciência evoluiu dentro da academia e adquiriu um caráter doutrinário, sendo que, muitas vezes, não funciona fora dela. A proposta é fazer com que a ciência possa ser orientada para causar impacto positivo para negócios e para aqueles que a promovem e financiam. O que se espera é um equilíbrio entre a doutrina e o mercado, uma vez que o mundo mais complexo exige uma dinâmica diferenciada. O autor relata que a ciência pura continuará existindo, e suas descobertas e conclusões serão usadas para aplicar no modelo de ciência para o negócio; elas irão conviver, no entanto, com objetivos distintos.

Coadunando com o pensamento de Gandour (Pinto, 2013), os trabalhos de conclusão de curso (TCCs) estão localizados dentro de uma discussão mais ampla, conectando os conteúdos das disciplinas do curso ao ambiente de negócios e ao ciclo de carreira dos alunos. Dentro dessa perceptiva, os TCCs podem servir como elementos propulsores para a concretização de metas de carreiras, bem como abastecer a área e os negócios, com conhecimentos e inovações altamente aderentes aos mesmos (Luiziari, 2006, Arbache, 2014).

O potencial dos trabalhos elaborados pelos alunos do curso ganha amplitude a partir de um olhar aguçado para o ambiente de negócios interno e externo, favorecendo uma análise estratégica desse ambiente e promovendo assertividade na escolha dos temas a serem desenvolvidos nos trabalhos. O resultado desse olhar estratégico é a elaboração de TCCs capazes de trazerem resultados tangíveis para seus autores, seja para o aprofundamento em temas aderentes à nova era, seja para promoção da empregabilidade ou progressão na carreira. Os mesmos podem ser desenvolvidos por meio de estudos bibliográficos, de pesquisas de campo, de estudos de casos, pesquisas documentais ou laboratoriais e têm o potencial de promover vantagem competitiva para os alunos em seus ambientes de trabalho, em suas pesquisas futuras e suas carreiras.[1] Tanto os negócios quanto os alunos e a área de recursos humanos estratégica ganham com os TCCs alinhados com a visão da ciência para o negócio. Não por acaso, grandes temas estão presentes na produção escrita dos alunos. É o que passamos a analisar na sequência.

Vale ressaltar que duas grandes discussões estiveram presentes nos TCCs e alicerçaram as delimitações temáticas apresentadas pelos trabalhos: a área de recursos humanos como parceira estratégica para o alto desempenho das organizações, e a crise financeira pela qual passa a sociedade brasileira, impacta diretamente no ambiente de negócios, tanto interna como externamente. Sem deixar de lado essas duas grandes linhas de discussão, os trabalhos passaram

[1] A autora ministra a disciplina de Metodologia Científica e orienta TCCs nos Cursos de MBA de Gestão Estratégica e Econômica de Projetos e MBA Executivo em Economia e Gestão: Recursos Humanos adotando a ciência para o negócio como viés, bem como trabalhando conjuntamente apontamentos a respeito do ciclo e da gestão de carreira dos alunos/orientados.

a abordar as políticas e práticas que compõem a área, bem como os temas correlatos que transversalmente atravessam a área de recursos humanos.

Ao focarmos nessa área como agente estratégico e parceiro dos negócios da organização, vinculamos suas políticas e práticas a um sistema mais amplo, capaz de exercer influência importante no desempenho financeiro da organização. Além de criar valor, a área deve estar afiada para compreender as necessidades da organização, tanto para sua sobrevivência quanto para seu crescimento, e então responder com inteligência e agilidade por meio de suas políticas.

A área de recursos humanos, por ser conhecedora da cultura, dos objetivos e metas, também será responsável por promover os resultados esperados mediante sistemas estratégicos de atração, seleção, contratação, promoção, desempenho e remuneração de talentos de alto desempenho. Ao vincular suas decisões ao apoio, às metas da organização, a área conquista um lugar de grande representatividade e, para tanto, requer profissionais com competências também gerenciais, preparados para desenvolver políticas e práticas de alto desempenho e amalgamadas à estratégia dos negócios. Como parceiros valiosos, não podem deixar de fora análises mais robustas da realidade e dos vetores que interferem em seu ambiente de negócios.

A produção do conhecimento dos alunos do curso de Master Business Administration Executivo em Economia e Gestão: Recursos Humanos

A crise foi o grande ambiente de discussão das produções dos alunos entre 2015 e 2016. Alicerçados pela realidade financeira do país, os alunos refletiram a respeito dos impactos gerados pela crise financeira nas organizações, como também sobre seus desdobramentos na área de recursos humanos. A partir desse cenário, foram trazidos para a discussão temas desafiadores para a gestão estratégica na área e para uma interlocução maior com o ambiente de negócios. A maioria dos temas assume a preocupação em adequar os conhecimentos pesquisados e produzidos à realidade urgente e necessária de pensar e construir uma área de recursos humanos estratégica, capaz de dar suporte às organizações tanto nesse período agudo da crise como em sua perenidade e sucesso.

Como motivar em tempos de crise? A partir dessa discussão, alunos se empenharam em refletir e buscar soluções para o cenário com restrições financeiras na área e demandas por maior produtividade na empresa. Instigados por encontrar respostas que pudessem desvendar o desafio de tornar os colaboradores mais motivados e, consequentemente, capazes de produzir em alto desempenho e ainda estarem satisfeitos no ambiente de trabalho, alguns alunos do curso, que já vivenciavam tal situação em suas organizações, transformaram essa "angústia" em um grande tema pesquisado. Nessa mesma direção estiveram aqueles que se debruçaram para encontrar respostas para os impactos da crise financeira na gestão estratégica da área, buscando compreender como as políticas e práticas poderiam subsidiar uma mudança significativa que gerasse valor agregado em período de crise financeira, sem deixar de lado as responsabilidades socioambientais das organizações. Para tanto os trabalhos foram direcionados para pensar a gestão da mudança para o ambiente árido da crise, bem como seus desdobramentos na cultura, na gestão dos talentos, na qualidade de vida das partes interessadas e nas políticas de desempenho e remuneração. Sob a influência desse cenário, também foi importante trazer à tona os riscos que estão embutidos em períodos delicados como o que estamos vivendo. Sendo assim os trabalhos percorreram a seara do direito do trabalho e seus impactos para os resultados da organização. Ainda nessa discussão, também foi inserido o estudo a respeito do efeito colateral da terceirização na gestão estratégica da área de recursos humanos, a mitigação dos riscos e passivos trabalhistas, as discussões correspondentes ao dano moral e ao dano existencial.

Outro tema que abasteceu o estudo dos alunos foi a revista do empregado pelo empregador, os conflitos envolvidos nesse tema e a discussão de modelos de *compliance* capazes de amparar o direito de intimidade do empregado e o direito de propriedade do empregador. Sustenta-se a importância de a área de recursos humanos estar atenta aos aspectos negativos envolvidos na seara do direito trabalhista, decorrentes da ausência de medidas estratégicas que possam atingir a reputação da organização no mercado, seus efeitos no clima e na cultura, na motivação, no engajamento e na produtividade e que podem impactar sobremaneira nos resultados dos negócios. Ao instalar o papel estratégico da área, apresenta-se a relevância da realização de processos de comunicação interna, gestão do clima, mediação de conflitos e integração das políticas, e treinamento para gestão e lideranças. Pelo exposto, a organização estará mais bem preparada para enfrentar situações advindas dessa seara e poderá estar mais alinhada para mitigar os riscos relacionados a ela.

Também vinculado ao tema do direito, esteve presente o grande e urgente debate em torno da diversidade nas organizações. As políticas para a gestão da diversidade dentro do RH fizeram com que os alunos voltassem sua atenção para compreender como esse tema pode ser contributivo dentro das organizações. Particularmente, foram tratados dois aspectos: a diversidade de gênero e a diversidade de gerações. A primeira demonstrou um esforço dos alunos em compreenderem como a diversidade de gênero pode se tornar um diferencial competitivo para os negócios. Para tanto, focaram seus olhares no papel da mulher no mercado de trabalho. A liderança feminina foi discutida e pesquisada a partir de análises de entrevistas pautadas na trajetória profissional de lideranças femininas, e buscou-se trazer à tona aspectos que evidenciassem as principais características e estilos presentes nas trajetórias dessas lideranças, bem como suas contribuições e diferenciais para os resultados das organizações. Esse tema também realçou a necessidade de se pesquisar a influência da maternidade na carreira feminina. Se por um lado busca-se ocupar espaços em cargos de liderança, por outro nota-se um grande desafio de equilibrar o período da maternidade e a gestão da carreira. Constatou-se, por meio da pesquisa realizada, que ainda é reduzido o número de políticas e programas nas organizações que auxiliem suas colaboradoras a conciliarem vida profissional e pessoal; entretanto já há organizações que reconhecem a necessidade de reter profissionais talentosas e, por isso, investem em políticas voltadas para essa fase de vida de suas colaboradoras.

O segundo tema relativo à diversidade que mobilizou o estudo dos alunos foi a diversidade de gerações no mercado de trabalho. O tema já não era novidade nas discussões do curso, mas ganhou destaque ao se pensar nos impactos que a crise financeira traria para as diferentes gerações no mercado de trabalho. Ao virarmos a "página da alta empregabilidade", os profissionais das diferentes gerações tiveram suas carreiras sacudidas por processos de mudanças organizacionais, demissões, reestruturações internas e movimentações de cargos em processos de recolocação. Todo esse caldeirão tirou colaboradores da "zona de conforto" e fez com que os efeitos da crise fossem pensados pelos alunos do curso. Se até então o foco era captar e reter a geração

Y, hoje a atenção instala-se em não somente reter e motivar, mas aumentar a produtividade desses talentos, para que possam corresponder às metas das organizações. A área de recursos humanos é chamada para compreender como os impactos da crise podem afetar o desempenho desses profissionais e engajá-los de modo mais comprometido com as organizações. A formação de lideranças da geração Y também foi objeto de pesquisa, uma vez que os integrantes trazem contratos psicológicos diferenciados de seus antecessores e novos modelos de trabalho que nem sempre estão em sintonia com a cultura organizacional em que atuam.

Se por um lado a pesquisa em relação à geração Y caminha para a formação de líderes, por outro também ocorreu a motivação para pesquisa a respeito da chegada da geração Z ao mercado de trabalho, uma geração que tem a inovação como estilo de vida, possui alta familiaridade com a tecnologia, está extremamente conectada e interage pouco presencialmente. Eles gostam de customizar, sabem o que querem e são inovadores. As organizações precisarão entender o que esses jovens talentos priorizam para poderem se adaptar a esses colaboradores que não gostam de estruturas formais nem de horários pouco flexíveis, são menos motivados por dinheiro e possuem mais aspirações empreendedoras. Os colaboradores nativos digitais serão um grande desafio para a área de recursos humanos nos próximos tempos e, para estarem preparados para esse cenário, nossos alunos se empenham em compreendê-los para agirem assertivamente.

Os estudos referentes às gerações Y e Z demonstram que a área de recursos humanos não poderá fazer "mais do mesmo", ou o "prato feito" para as diferentes gerações de colaboradores. Nesse sentido, nossos alunos focaram suas pesquisas no entendimento de como as políticas e práticas poderiam estar alinhadas não somente aos propósitos dos negócios, como também aos diferentes perfis de colaboradores que farão parte da organização.

Ao trazer à tona a importância de entender o perfil dos colaboradores, podemos citar os TCCs que tratam a temática bem como evidenciam seus desdobramentos na seleção e recrutamentos nas organizações. Esse foi o caso da avaliação da contribuição do uso da ferramenta que analisa o perfil comportamental de candidatos para cargos de gestão, a partir de estudo de caso realizado em uma organização, buscando-se minimizar a subjetividade inerente à tomada de decisão no referido processo (Barbosa, 2015).

Instigados por trazerem novas práticas e ferramentas, nossos alunos apresentaram ferramentas inovadoras para a atração de talentos, como é o caso do aplicativo de recrutamento e seleção HireMe (Pimentel, 2015), que viabiliza um recrutamento 100% via *smartphones*, trazendo assertividade e agilidade nos processos e baixo custo. Além de oferecer um banco de dados que pode subsidiar a tomada de decisão, é uma ferramenta totalmente aderente à nova era digital. Outra pesquisa investiga a presença das mídias sociais nos processos de recrutamento e seleção. O estudo busca, a partir do olhar de profissionais de área de seleção de organizações multinacionais, analisar a relação entre os comportamentos de profissionais em redes sociais e a forma de serem avaliados por recrutadores em processos seletivos. Os resultados da pesquisa evidenciam que 100% dos recrutadores entrevistados utilizam as informações advindas das redes sociais dos candidatos nos processos de seleção, por serem de rápido acesso e baixo custo, além de fornecerem informações importantes para o processo. Desse modo, a pesquisa afirma que as organizações devem considerar tais ferramentas como recursos significativos para a seleção de seus talentos.

Ainda aderentes às novas tecnologias e suas contribuições para a área, os trabalhos trouxeram as inovações nos modelos educacionais para influenciar a gestão de carreira do profissional, segundo os vetores de fluidez e adaptabilidade. A partir de trilhas estratégicas, busca-se a evidenciação de três tendências em torno da temática: democráticas, tecnológicas e holísticas. As experiências inovadoras de modelos de aprendizagem aberta e *on-line* são trabalhadas no decorrer da pesquisa e, conforme o argumento do trabalho, são facilitadoras para a autogestão, autoconhecimento e autoempreendedorismo voltados para a aprendizagem e o desenvolvimento contínuo dos profissionais.

Do ponto de vista dos alunos, a retenção de talentos também merece o olhar atento da área. Após a captação dos melhores talentos, alinhados com o perfil técnico e comportamental esperado pelas organizações, o passo seguinte é entender os fatores que promovem a permanência deles, para que se estabeleça uma política clara e efetiva. As organizações buscam mais do que a satisfação e a realização dos seus colaboradores; também procuram o engajamento e a felicidade no trabalho, considerando que, dessa forma, conseguirão atrair e reter os melhores talentos, que serão os elementos-chave para o sucesso. Para tanto deverão realizar uma combinação de aspectos como um bom ambiente profissional, oportunidade de desenvolvimento e plano de carreira.

Em grande medida, os TCCs abordaram a qualidade de vida como um aspecto importante para a retenção do talento nas organizações. Dessa maneira, a qualidade de vida no trabalho (QVT) passa a ser considerada uma estratégia competitiva para as organizações, que deverão promover a saúde física e mental no ambiente de trabalho, melhorar processos, motivar colaboradores, promover a retenção deles e aumentar a produtividade. As boas práticas são apresentadas nos TCCs e vão desde pequenas ações até programas que foram implementados e acompanhados em grandes empresas e geraram indicadores importantes para a aplicação de melhoria contínua em QVT, bem como em adaptações de programas em períodos de crise financeira, gerando alto impacto e baixo custo.

Nesse viés, o teletrabalho é abordado como um novo modelo de organização do trabalho e pode ser realizado fora da sede da organização; é viabilizado por meio da conectividade entre redes de comunicação, sistemas e computadores. Também conhecido pelos termos *home office, virtual office, home based business*, entre outros, ele demanda um novo estilo de pensar o gerenciamento dos colaboradores. Para que possam aderir a esse modelo, os colaboradores devem ter automotivação, autodisciplina, ambiente adequado, foco e planejamento, comunicação eficiente e, junto à área de recursos humanos, devem estar atentos à regulamentação do teletrabalho. Por meio de pesquisa, foi possível conhecer casos de sucesso com aumento de produtividade, redução de custo para as organizações e aumento de satisfação e qualidade de vida. A partir do olhar de presidentes de grandes organizações premiadas como "melhores para trabalhar" pelo Great Place to Work (Volpato, 2015), a pesquisa traz a discussão entre cultura organizacional, clima e ambiente de trabalho, e aponta que a qualidade no ambiente de trabalho está diretamente relacionada ao papel significativo dos líderes, cabendo aos fundadores, presidentes e CEOs a continuidade dessa cultura. Os efeitos positivos da QVT nos negócios são evidenciados, pois remetem ao equilíbrio entre o homem e o trabalho, conforme vimos acima, e têm total aderência com os anseios das gerações Y e Z no mercado de trabalho.

A comunicação é outro fator mencionado nos TCCs e tem como argumento sua contribuição para a motivação dos colaboradores. Do ponto de vista dos trabalhos, a comunicação também influencia no desempenho e no sucesso das empresas. Cada vez mais estão sendo utilizadas as ferramentas de comunicação nascidas do ambiente tecnológico e muito conhecidas dos nascidos na era digital. Por meio dessas ferramentas, a comunicação impacta na motivação dos colaboradores, dissemina a cultura, os valores e as estratégias da empresa, e contribui para resultados das organizações.

Os resultados também são foco dos estudos dos alunos, que procuraram entender como a área de recursos humanos estratégica pode gerar impacto positivo no engajamento das equipes e nos resultados organizacionais. Um desses estudos argumenta que a área deve ser um protagonista estratégico por meio de postura ética, como também por meio de mensuração efetiva dos seus resultados, para que possa "conquistar espaço na mesa de negociação" e exercer seu poder de influenciar nos negócios das organizações (Silva, 2015). Para isso, a área de RH deve exercer uma escuta ativa, fomentar o diálogo e saber negociar, promover a busca de lições aprendidas, melhoria contínua e o desenvolvimento de pessoas que possam agregar valor ao negócio.

A mensuração de resultados também é vista como um grande diferencial para o RH estratégico. As decisões financeiras serão determinantes para os rumos dos negócios e a área de recursos humanos não pode estar distante desse território. As ações da área podem auxiliar no monitoramento dos custos relativos aos colaboradores, promover melhor compreensão para a definição de estratégias futuras e ajudar a organização a se preparar para as mudanças de mercado. A fim de responder a seguinte questão: "Será possível mensurar as ações na área de recursos humanos?", Galvão (2015) busca, em grande medida, nas bibliografias internacionais, entender a melhor forma de monitoramento dos resultados a partir da combinação entre os recursos tangíveis e os intangíveis. Para a autora, a área precisa dar uma resposta clara a essa questão, estabelecendo critérios factíveis e um modelo adequado para cada organização.

A remuneração, outro vetor de análise nos TCCs, é considerada importante para a sustentabilidade de programas de longo prazo e para a estratégia da organização. Os alunos argumentam que a inteligência na definição da remuneração traz resultados positivos para as organizações, uma vez que vai além dos critérios tradicionais da mera administração salarial e busca uma composição de itens entre parte fixa, variável e benefícios. Dessa maneira, as políticas salariais e as estratégias de remuneração darão também sustentação a processos de atração e retenção de talentos, bem como contribuirão para o aumento da produtividade deles.

Outros assuntos também foram objetos de pesquisas dos alunos. Alguns deles voltaram seus olhares para estudos de casos a respeito da gestão de mudança, trazendo para os leitores lições significativas para a gestão da mudança em organizações multinacionais. A implantação da área de recursos humanos estratégica em grupo empresarial também foi tema de TCC, a partir de um estudo de caso *post facto*. Não por acaso, também foi fonte de estudo a elaboração de um modelo de gestão estratégica de recursos humanos voltado para as *startups* e que pode ser eficiente desde sua concepção para empresas inovadoras. A área de recursos humanos deve estar imersa na realidade do negócio e fazer com que a mesma tenha o papel de geração de valor.

O empreendedorismo individual e gestão de carreira também são temas de TCCs. Os avanços tecnológicos e seus impactos no mercado de trabalho e na economia são o pano de fundo para as discussões trazidas pelos estudos, mostrando-nos que esses fatores favorecem o aumento do número de empreendedores no Brasil e mudam a relação entre profissionais e organizações. A decisão em empreender é uma tendência. A partir do autoconhecimento, da visão do propósito e da vontade de fazer o que gostam, os empreendedores tendem a escolher uma trajetória de carreira diferente daquelas forjadas em organizações já consolidadas. Essa tendência está presente, principalmente, nas novas gerações de profissionais e impacta sobremaneira nos processos de atração e seleção de talentos das organizações. Para não ficar indiferente a essa tendência, a área de recursos humanos busca fomentar células mais flexíveis e inovadoras dentro das organizações por meio de ações de intraempreendedorismo. Assim, responde, cada vez mais, às demandas do ambiente revolucionário que abriu as discussões deste capítulo.

Conclusão

Uma nova era requer um novo posicionamento. A área de recursos humanos deixa para trás a calmaria dos tempos previsíveis e passa a incorporar os dias velozes e mutantes que avançam sobre as organizações e seus colaboradores. Estratégica e ciente de seu papel nessa trajetória turbulenta sobre a qual as organizações estão transitando, a área de recursos humanos busca se reinventar, inovar e contribuir, para que seja uma testemunha ativa do sucesso da organização da qual faz parte. A partir dos TCCs elaborados e trazidos à tona neste capítulo, é possível confirmar que os alunos dos cursos de Master Business Administration Executivo em Economia e Gestão: Recursos Humanos contribuem sobremaneira para atender às demandas trazidas pela nova era, protagonizando um momento histórico de mudança e evolução nas organizações e no mundo.

Referências

ARBACHE. Ana Paula (Org.). *Sustentabilidade empresarial no Brasil*: cenários e projetos. São José do Rio Preto, SP: Raízes, 2012.

________. *Ciclo de vida de carreira*: gestão estratégica e identidade profissional. Empresa Júnior da Escola Superior de Propaganda e Marketing (ESPM), 30 out. 2014. Disponível em: <https://arbache.com/blog/ciclo-de-vida-de--carreira-gestao-estrategica-e-identidade-profissional-palestra-empresa--junior-espm-30102014/>. Acesso em: 11 jan. 2018.

________. *Um robô quer pegar seu emprego*. Como enfrentar essa ameaça no mercado de trabalho. 6 maio 2016a. Disponível em: <https://arbache.com/blog/um-robo-pode-pegar-seu-emprego-como-enfrentar-essa-ameaca--no-mercado-de-trabalho/>. Acesso em: 8 jan. 2018.

________. *Sustentabilidade*: uma agenda caduca na maioria das empresas brasileiras. 10 maio 2016b. Disponível em: <www.linkedin.com/pulse/sustentabilidade-uma-agenda-caduca-na-maioria-das-empresas-arbache>. Acesso em: 7 jun. 2016.

________. *Too Late!* É hora do RH ser mais estratégico do que nunca. In: ARBACHE, Ana et al (Org). *A crise e o impacto na carreira*. São José do Rio Preto: Vitrine Literária, 2016c. Disponível em: www.amazon.com.br/crise-seu-impacto-carreira- ebook/dp/B01F0IAR5. Acesso em 1 jun. 2016.

ARBACHE, Fernando. O cenário macroeconômico e a revolução do conhecimento: impactos na carreira. In: ARBACHE, Ana et al. (Org). *A crise e o impacto na carreira*. São José do Rio Preto: Vitrine Literária, 2016. Disponível em Disponível em: www.amazon.com.br/crise-seu-impacto--carreira- ebook/dp/B01F0IAR5. Acesso em 01 junho de 2016.

BARBOSA, Ronaldo Fernandes. *Elaboração de um estudo para demonstrar a contribuição da ferramenta DISC (perfil comportamental) na seleção de profissionais para cargos de gestão*. 2015. 41 f. Trabalho de conclusão de curso (Master Business Administration em Gestão Estratégica e Econômica de Recursos Humanos) – Fundação Getulio Vargas, São Paulo, 2015.

GALVÃO, Bárbara R. *Mensuração de resultados em recursos humanos*: possibilidades e desafios. 2015. 35 f. Trabalho de conclusão de curso (Master Business Administration em Gestão Estratégica e Econômica de Recursos Humanos) – Fundação Getulio Vargas. São Paulo.

IBM. *Conheça o Watson*. Disponível em: <www.ibm.com/watson/br-pt/>. [s.d.]. Acesso em: jan. 2018.

LUIZIARI, Denise. *Estudos dos ciclos de vida de carreira, inclinação profissional e crenças pessoais*. 2006. Dissertação (Mestrado em Gestão de Desenvolvimento Regional) – Departamento de Economia, Contabilidade e Administração, Universidade de Taubaté, Taubaté, SP, 2006.

PATI, Camila. 5 tendências (sem volta) do trabalho no futuro. *Exame*, 4 jul. 2016. Disponível em: <http://exame.abril.com.br/carreira/noticias/5-tendencias-sem-volta-do-trabalho-no-futuro>. Acesso em 14 jul. 2016.

PIMENTEL, Denis. Vechier Petrone. *Estudo sobre aplicativo de atração de talentos HireMe e sua avaliação por RHs de empresas*. 2015. 35 f. Trabalho de conclusão de curso (Master Business Administration em Gestão Estratégica e Econômica de Recursos Humanos) – Fundação Getulio Vargas, São Paulo, 2015.

PINTO, Ana Estela de S. País precisa fazer ciência como negócio, diz cientista chefe da IBM. *Folha de S.Paulo*, 9 jun. 2013. Disponível em: <www1.folha.uol.com.br/mercado/2013/06/1292089-pais-precisa-fazer-ciencia-como-negocio-diz-cientista-chefe-da-ibm.shtml>. Acesso em: 7 jun. 2016.

SANTOS, Wandemberg. O avanço da tecnologia da informação como serviço. *Economia de Serviços*, 5. jul. 2016. Disponível em: <http://economiadeservicos.com/2016/07/05/o-avanco-da-tecnologia-da-informacao-como-servico/>. Acesso em: 15 jul. 2016.

SILVA, Tânia M. dos Reis Milleane. *Estratégias em empresas nacionais e multinacionais*: impactos no engajamento e alcance dos resultados organizacionais. 2015. 70 f. Trabalho de conclusão de curso (Master Business Administration em Gestão Estratégica e Econômica de Recursos Humanos) – Fundação Getulio Vargas, São Paulo, 2015.

VOLPATO, Haline. *Um estudo sobre cultura organizacional e ambiente de trabalho com foco na estratégia, segundo a perspectiva de presidentes*. 2015. 35 f. Trabalho de conclusão de curso (Master Business Administration em Gestão Estratégica e Econômica de Recursos Humanos) – Fundação Getulio Vargas, São Paulo, 2015.

Conclusão

Esta obra é o resultado da produção acadêmica de parte do corpo docente do MBA de RH na busca de estabelecer as premissas conceituais básicas para cada disciplina que compõe o programa do curso e dar a outros profissionais de RH um referencial teórico para a gestão de recursos humanos em suas organizações. Contou também com a contribuição de alguns egressos do referido curso, por meio de seus TCCs, citados no último capítulo.

Os conteúdos tratados em cada capítulo, bem como as ferramentas sugeridas para aplicação aos processos de recursos humanos, estão fundamentados numa bibliografia consistente e, principalmente, na experiência como gestores que todos os nossos professores acumularam ao longo de suas trajetórias profissionais. Foram, ainda, enriquecidos pelas trocas em sala de aula com os alunos do MBA de RH da FGV, por meio dos debates, atividades de aplicação, estudos de caso, jogos e outras atividades.

O livro tem a mesma estrutura do nosso curso, pois está alinhado com as competências críticas do profissional dos recursos humanos, identificadas em diferentes fóruns de discussão com a categoria e literatura citada na obra.

Antes de entrar no estudo dos subsistemas de recursos humanos, a ideia é fazer o profissional olhar para fora de sua área e entender os impactos do ambiente econômico, social, político, tecnológico e legal, bem como analisar o cenário de mudanças constantes e aceleradas para adotar uma visão estratégica da organização, com o propósito de expandir fronteiras sobre a importância do papel do profissional de RH, que deve deixar de ser um simples respondente a demandas e assumir uma postura proativa e propositiva de soluções inovadoras.

A quarta revolução industrial nos coloca frente a uma robótica avançada, transportes autônomos, inteligência artificial, biotecnologia e outros impactos da revolução tecnológica que já estão transformando a forma como vivemos e trabalhamos, conforme abordados no último capítulo. Alguns postos de trabalho vão desaparecer, novas ocupações vão surgir, e da futura força de trabalho serão exigidas novas capacitações para acompanhar as tendências emergentes.

O relatório The Future of Jobs,[1] lançado no âmbito do Fórum Econômico Mundial, em 2016, analisa o emprego, as competências e a força de trabalho no futuro, e aponta para as 10 competências imprescindíveis em 2020, a seguir citadas: (1) resolução de problemas complexos; (2) pensamento crítico; (3) criatividade; (4) gestão de pessoas; (5) coordenar-se com outros; (6) inteligência emocional; (7) tomada de decisão e discernimento; (8) orientação para o serviço; (9) negociação; e (10) flexibilidade cognitiva.

O leitor deve ter tido oportunidade de observar, ao longo da obra, que todo o conteúdo tratado tem como objetivo contribuir para o desenvolvimento dessas competências, visto que o mesmo relatório citado acima aponta para a necessidade de reinvenção da função de RH em curto prazo, já que a revisão do sistema educacional, parcerias público-privadas, entre outras ações prioritárias para lidar com este futuro, exigirão mais tempo para acontecer, pois envolvem mudança de atitudes da sociedade, vontade política e competência na gestão pública para encontrar novas soluções para os problemas básicos que enfrentamos ainda no Brasil.

Alguns pontos, como comunicação, liderança, ética e aspectos comportamentais em geral são transversais a todos os temas, porque nossa intenção é colocar o RH como agente das transformações necessárias para a sustentabilidade das organizações, e capaz de responder aos grandes desafios da área na busca por humanização das relações entre capital e trabalho.

Portanto, caberá ao profissional de RH uma autoanálise criteriosa para avaliar o quanto está preparado para contribuir com este propósito da função de RH: transformar nossas organizações em ambientes que dignifiquem a existência humana por meio de um trabalho que seja significativo para o indivíduo e efetivo para as organizações na construção de uma sociedade mais igualitária.

---

[1] Disponível em: <www3.weforum.org/docs/WEF_FOJ_Executive_Summary_Jobs.pdf>. Acesso em: 7 jul. 2016.

Os autores

Almiro dos Reis Neto é presidente e consultor da Franquality e ex-presidente da Associação Brasileira de Recursos Humanos (ABRH) do Estado de São Paulo. É docente na Fundação Getulio Vargas (FGV) na disciplina Arquitetura e Cultura Organizacional no MBA de Economia e RH. Engenheiro de produção pela Escola Politécnica da USP e pós-graduado em gestão de recursos humanos pela Université d'Aix-en-Provence, França. Foi diretor de RH da McDonald's e diretor de consultoria do Grupo Hay. É especialista nas áreas de cultura organizacional, gestão de competências, *coaching* para altos executivos e desenvolvimento de lideranças. Realizou palestras e *workshops* em organizações como o Congresso Mundial de Treinamento & Desenvolvimento, Congresso Brasileiro de RH (CONARH), Encontro Sul Americano de RH (ESARH). Em 2009, recebeu o título de "empresário de destaque de recursos humanos" do Top of Mind de RH. Em 2015 recebeu o título de "empreendedor em RH", concedido pela revista Gestão e RH. É autor do livro Consultoria de campo em franquias e redes de varejo e coautor dos seguintes livros: Desenvolvimento acelerado de talentos nas organizações de alta performance, Manual de gestão de pessoas e equipes, Manual de T&D e O estrangeiro no Brasil. Entre seus clientes estão Basf, Bayer, Carrefour, Copersucar, Duratex, Gerdau, Hochtief, Monsanto, Odontoprev, Oi, Petrobras, Santander, SAP, Springer Nature, Suzano e Votorantim.

Ana Paula Arbache é pós-doutora em educação pela PUC-SP com foco em formação de lideranças para o desenvolvimento sustentável. Doutora em educação pela mesma universidade, com tese premiada pelo Departamento de Educação-Currículo sob a temática "A ética nas cotas raciais da Uerj". Mestre em Educação pela UFRJ. Certificada pelo Massachusetts Institute of Technology (MIT) Challenges of Leadership in Teams. Docente dos cursos de MBA e Pós-MBA da Fundação Getulio Vargas. Orientadora e avaliadora de trabalhos de pós-graduação. Sócia diretora da Arbache Innovation – Brasil/ Canadá, onde é responsável pelas ações de gestão de pessoas, liderança, governança corporativa, sustentabilidade ética, social e ambiental e elaboração e aplicação jogos de negócios. Desenvolvedora e aplicadora do game GetSongs de mapeamento de competências e do Programa de Mapeamento de Competências e Aconselhamento de Carreira Pearson Clinical. Pesquisadora, autora e organizadora das obras: A educação de jovens e adultos numa perspectiva multicultural crítica (2001), Projetos sustentáveis estudos e práticas brasileiras (2010), Projetos sustentáveis: estudos e práticas brasileiras II (2011), Sustentabilidade empresarial no Brasil: cenários e projetos (2012), A crise e o impacto na carreira (2015), Carreira feminina em tempos de empregabilidade 4.0: estudos e caso (2017). Possui certificação em *coaching e mentoring* de carreira para executivos. É mentora voluntária do Capítulo PMI/SP e revisora dos artigos da revista oficial do Instituto Israelita Albert Einstein. Editora do blog <arbache.com/blog>. Sócia e gestora do portal de *mentoring* Arbache Innovation (https://arbache.com/mentoring/). Palestrante em encontros nacionais.

Carlos Alberto dos Santos Silva é doutor em administração de empresas pela Florida Christian University (FCU). Mestre em ciências contábeis pela Faculdade de Administração e Finanças da Universidade do Estado do Rio de Janeiro (Uerj). Pós-graduado em administração de empresas e graduado em economia pela Faculdade de Economia São Luis (SP). Atuou em empresas de grande porte, destacando-se Laboratorios Anakol S.A., Alcatel Telecomunicações e Letraset Brasil S.A., em funções de controller e CFO. É professor e coordenador acadêmico de programas de MBA do FGV Management da Fundação Getulio Vargas. Autor de diversos artigos publicados em revistas especializadas e coautor dos livros Contabilidade para executivos, Gestão de custos, Controladoria estratégica e Relatório integrado.

Carlos Alberto Legal Filho é graduado em administração de empresas pelo Centro Universitário Sant'Anna (UniSantana) e pós-graduado em gestão estratégica do conhecimento e da inovação pelo Centro Universitário Senac. É membro da The Society Organizational Learning (SOL Brasl). Foi membro do conselho fiscal da Associação Brasileira de Qualidade de Vida (ABQV). Sua experiência profissional inclui sete anos na área de recursos humanos da Nestlé Brasil, onde contribui com estudos para o premiado programa "Nestlé de Qualidade de Vida". Desde 2000, como consultor organizacional, vem liderando projetos de educação e programas de qualidade de vida com base em meditação e práticas integrativas para grandes instituições, entre as quais: DOW Brasil, Natura, Hospital Israelita Albert Einstein, Unilever Brasil, Reckitt Benckiser, Roche e Seguros Unimed. É professor da FGV Management para o MBA Executivo em Economia e Gestão: RH para a disciplina "Gestão de Saúde Corporativa".

Denize Athayde Dutra é doutoranda em administração, com pesquisa em comportamento organizacional. Mestre em administração pública pela Escola Brasileira de Administração Pública e de Empresas (Ebape) da Fundação Getulio Vargas (FGV), pós-graduada em gestão empresarial e em educação. Tem certificação internacional pelo Integrated Coaching Institute (ICI) em *coaching* integrado. É professora e coordenadora do MBA em economia e gestão de recursos humanos e desenvolvimento humano de gestores da FGV Management e de programas de liderança da FGV in Company. É psicóloga organizacional com mais de 35 anos de experiência no desenvolvimento de pessoas, tendo atuado em diversas organizações brasileiras públicas, do terceiro setor e privadas, como Petrobras, Vale, Fiocruz, Boticário, Votorantim Cimentos e também em organizações no exterior: Projeto Delfim (União Europeia), ANACOM (Portugal), Banco de Moçambique, Transportes Aéreos de Cabo Verde, Cabo Verde Telecom e Câmara dos Vereadores do Sal (Cabo Verde). Conferencista em eventos nacionais e internacionais, é também autora do programa de e-Learning Desenvolvimento Pessoal e coautora de *Desenvolvendo equipes de alta performance.*

Edmarson Bacelar Mota é doutor em administração pela Universidad Nacional de Misiones (UNAM), na Argentina, mestre em engenharia e engenheiro eletrônico pela Pontifícia Universidade Católica do Rio de Janeiro (PUC-Rio). Como executivo, atuou em funções diversas: projetos, planejamento, marketing, comercial e qualidade. Desenvolve atividades docentes em universidades há 30 anos. Professor, consultor e coordenador em diversos programas de MBA da Fundação Getulio Vargas (FGV), destacando-se gerenciamento de projetos, desenvolvimento humano de gestores e programas corporativos. Dedica-se exclusivamente a atividades docentes e consultoria, com ênfase em projetos e desenvolvimento humano e gerencial. É coautor dos livros Gestão da qualidade e processos e Gerenciamento de *stakeholders* em projeto, ambos publicados pela Editora FGV e também cursos *on-line* pela FGV. É autodidata, com visão e abordagem holística.

Elton Ramos Moraes é professor da Fundação Getulio Vargas (FGV), doutorando em psicologia organizacional pela Universidade Metodista de São Paulo, academic visitor na Judge Business School com foco em people analytics (University of Cambridge, UK), mestre em psicologia organizacional e psicólogo pela Universidade Federal de Uberlândia, além de consultor sênior da Korn Ferry Hay Group.

Ênio Sperling Jaques é mestre e doutor em direito pela Pontifícia Universidade Católica de São Paulo (PUC-SP), especialista em direito sindical avançado pela Università degli Studi di Roma Tor Vergata, professor universitário em cursos de graduação e pós-graduação no Brasil e no exterior, membro da Asociación Iberoamericana de Derecho del Trabajo y la Seguridade Social, diretor titular adjunto do Departamento Sindical da Federação da Indústrias de São Paulo (Fiesp), consultor jurídico de diversas empresas nacionais e multinacionais e do Sindicato das Indústrias Químicas e Petroquímicas do Estado de São Paulo (Sinproquim).

Jorge Cunha é mestre em gestão empresarial pela Escola Brasileira de Administração Pública e de Empresas (Ebape) da Fundação Getulio Vargas (FGV) e pelo ISCTE Portugal. Master em administração pelo Instituto de Pós-Graduação e Pesquisa em Administração (Coppead) da Universidade Federal do Rio de Janeiro (UFRJ), pós-graduado em administração executiva pela UFRJ, em recursos humanos pela Universidade de São Paulo (USP) e em relações trabalhistas e sindicais pela Universidade Candido Mendes (Ucam). Graduado em administração de empresas e direito. Tem experiência profissional de 28 anos consolidada em empresas nos segmentos de energia e telecomunicações, tais como Shell Brasil e Claro Telecom, como diretor executivo de RH/Estratégia. É professor dos cursos de pós-graduação do IAG Master-PUC-Rio, Ibmec-Rio, Coppead/UFRJ, Fundação Getulio Vargas (FGV Management e In Company). Atua como consultor em gestão empresarial e gestão estratégica de pessoas. É coautor dos livros Cargos, carreira e remuneração e Arquitetura dos sistemas de remuneração, ambos da série Gestão Empresarial da FGV. Tem diversas publicações em revistas técnicas e comerciais sobre os temas de gestão de pessoas e estratégia organizacional.

Leyla Nascimento é sócia-presidente do Instituto Capacitare. Especialista em RH, formada em pedagogia pela Universidade do Estado do Rio de Janeiro (Uerj), pós-graduada em educação e desenvolvimento de RH pela Universidade Federal do Rio de Janeiro (UFRJ) e mestre em gestão empresarial pela Fundação Getulio Vargas (FGV-RJ). É a atual presidente da Federación Interamericana de Gestión Humana (FIDAGH), do Conselho Deliberativo da Associação Brasileira de Recursos Humanos (ABRH) Brasil e vice-presidente da Confederação das Associações de Recursos Humanos dos Países da Língua Portuguesa (CRHLP). É secretária-geral da World Federation People of Management Associations (WFPMA). Como professora convidada da disciplina Gestão de RH da FGV-RJ, atuou nos projetos de educação de executivos de Angola e da Escola de Comando e Estado-Maior do Exército. É acadêmica da Academia Brasileira de Administração e autora do livro Gestores de pessoas, editado em 2006.

Marcelo Porto Fernandes é mestre em *instructional systems* pela University of Central Florida e engenheiro eletrônico e de telecomunicações pela Pontifícia Universidade Católica de Minas Gerais. Sua experiência profissional inclui a Embraer, como engenheiro de sistemas, gerente de desenvolvimento de RH e diretor de treinamento de clientes; a Flight Safety, como projetista sênior de instrução e capacitação; a Florida Aviation Management Development Associates (FAMDA), como consultor para projetos de aprendizagem mediada por tecnologia e gestão do conhecimento. Atuou como vice-presidente de novas tecnologias para gestão de pessoas na Associação Brasileira de Recursos Humanos (ABHR – nacional). É sócio diretor da Mentor Interativa, exercendo as funções de consultor, gestor e articulista na área de educação corporativa, competências técnicas, gestão do desempenho, aprendizagem mediada por tecnologia e gestão do conhecimento em diversas empresas privadas e públicas. Tem compartilhado sua experiência como professor convidado em cursos de MBA e especialização na Fundação Instituto e Administração (FIA), na Fundação Getulio Vargas (FGV) e na PUC-Campinas em disciplinas ligadas a conceitos e métodos para aprendizagem mediada por tecnologia, educação corporativa, gestão do desempenho e gestão do conhecimento.

Márcia C. Furtado de Mendonça é mestre em gestão empresarial pela Fundação Getulio Vargas (FGV); MBA em gestão empresarial pelo Instituto de Pós-Graduação e Pesquisa em Administração da Universidade Federal do Rio de Janeiro (Coppead/UFRJ); especialista em psicologia do trabalho pela FGV; psicóloga e bacharel em psicologia (UFRJ) e em administração de empresas pelo Instituto Metodista Bennett. Participou de cursos e congressos no Brasil e no exterior. Possui 38 anos de experiência nas áreas de RH e estratégia empresarial, em organizações de grande porte. Foi diretora da Associação Brasileira de Recursos Humanos (ABRH-RJ) entre 1989 e 1991 e professora das faculdades Metodista Bennett e Estácio de Sá. É professora convidada da Fundação Getulio Vargas, onde atua desde 1982, em cursos MBA, especialização, extensão e in company. É autora de aulas sobre recrutamento e seleção em cursos na FGV On-line e coautora dos livros Atração e seleção de pessoas e Gestão e liderança. Coordena e ministra cursos corporativos pela FGV.

Paulo Monteiro é mestre em comunicação e educação pela Pontifícia Universidade Católica (PUC) do Chile e pela Universidade Autônoma de Barcelona; bacharel em filosofia pelo Ateneo Regina Apostolorum de Roma (filial Nova York) e graduado em comunicação social pela PUC do Rio de Janeiro. Atua como consultor e *coach* em desenvolvimento humano e organizacional, com foco em liderança, comunicação, fortalecimento de equipes, cultura organizacional e gestão de mudanças. Além de ter realizado projetos em alguns países da América Latina, no Brasil já atuou em empresas como: Vale, Nestlé, Natura, Oi, Icatu, Itaú, Sul América, L'Oréal, White Martins, JCA Holding, Enel

Green Power, TV Globo entre outras. É certificado pelo Integral Coaching Canada. Obteve o certificado de *coach* do Leadership Maturity Framework (LMF). É especialista em *polarity management*, uma metodologia utilizada internacionalmente para a gestão de polaridades em indivíduos e organizações. Professor da Fundação Getulio Vargas e autor do livro A reinvenção da empresa: Projeto Ômega.

Roberto Hirsch é mestre em psicologia da saúde e do trabalho pela Universidade São Marcos. Psicologia pela UFMG. Tem especializações em administração de recursos humanos pela Fundação Getulio Vargas (FGV), em criatividade pela Creative Education Foundation da Universidade de Buffalo (Nova York), em psicodrama pedagógico pela Role-Playing-SP, em dinâmica dos grupos pela Sociedade Brasileira da Dinâmica dos Grupos (SBDG) e em consultoria sistêmica empresarial, *coaching* e constelações organizacionais pela Hoffmann & Partners Alemanha/Brasil. *Owner*, consultor em desenvolvimento humano e organizacional, *coach* e psicoterapeuta do Instituto OPUS. Tem formação em *coaching* executivo organizacional pelo Leading Group de Buenos Aires, formação em mentor coaching pelo Goldvarg Consulting Group e formação em *coach* e *master coach* pela Lambent do Brasil, com reconhecimento da International Coaching Community (ICC). Atualmente, cursa *supervising coach* no Goldvarg Consulting Group e supervising mentor coach, na Profitere. Atua como supervisor e facilitador da formação internacional em *coaching* executivo organizacional com fundamentação ontológica, no Brasil – programa reconhecido pela ICF como ACTP – em parceria com o Leading Group de Buenos Aires. É *coach* acreditado como PCC (*professional certified coach*) pela International Coach Federation (ICF) e membro fundador e vice-presidente do capítulo Bahia da ICF. Coach executivo de gestores, equipes e profissionais em diversas organizações na América Latina, além de *coach* de carreira para jovens e estudantes. É professor do MBA e pós-graduação da FGV-SP, ESPM, FIA-USP e PUC. Tem experiência nas áreas de recursos humanos e organizacional, e atuou em funções diretivas em empresas nacionais e multinacionais. Atua como conferencista e facilitador em congressos, encontros e seminários em todos os estados brasileiros e países da América Latina.

Roberto Jerger Fialkovits é mestre e doutorando em *science business administration pela* Florida Christian University. MBA Executivo pela BBS Business School (Brasil) e pela University of Richmond (Virginia - USA), pós-graduado em engenharia de produção de papel e celulose pelo Instituto de Química Oswaldo Cruz, extensão em administração de produção pela Fundação Getulio Vargas (FGV) e bacharel em administração de empresas pelo Instituto Oswaldo Cruz. Desenvolveu sua carreira em empresas de mídia, alimentos e bebidas. Possui larga experiência em negociações internacionais, cadeia de suprimentos, logística internacional e processos de aquisições. Trabalhou na Expand Group ocupando o cargo de COO, atuando no segmento de bebidas e alimentos. Trabalhou também no grupo O Estado de S. Paulo (constituído por cinco empresas) como diretor da área de suprimentos corporativos, e no grupo Abril, gerenciando processos de produção. É consultor nas áreas de logística empresarial e internacional, negociação e gestão de conflitos, estratégia de negócios e reestruturação de empresas. Professor dos cursos de MBA da FGV e palestrante no Brasil e no exterior em empresas, instituições militares, instituições de ensino superior e associações corporativas.

Rogério Mori é professor da Escola de Economia de São Paulo da Fundação Getulio Vargas (EESP/FGV), atuando nos programas de graduação, mestrado profissional e especialização nas áreas de macroeconomia, macroeconomia financeira, economia monetária, política econômica, economia brasileira e matemática financeira. Coordenador da pós-graduação *lato sensu* da EESP/FGV (especializações e MBAs) e do Programa de Certificação da Graduação em Economia da FGV. Coordenador do Curso PEC – intensivo em economia. Conselheiro da FGV/Previ. Ex-secretário adjunto de política econômica do Ministério da Fazenda (1995-97) e ex-assessor econômico do Palácio do Planalto (1998). Atuou no mercado financeiro por seis anos.

Rubens Mazzali é economista com pós-graduação em economia de empresas pela Pontifícia Universidade Católica de Campinas. É presidente do Conselho de Administração da Macrovia S/A e conselheiro independente de empresas. Professor nos MBAs da Fundação Getulio Vargas nas disciplinas de Governança Corporativa; Gestão de Negócios Sustentáveis e Branding e Marketing na Economia Sustentável. Foi economista-chefe do Escritório de

Sustentabilidade Estratégica do Instituto Superior de Administração e Economia (Isae) da Fundação Getulio Vargas (FGV), diretor executivo do Instituto Quasar de Tecnologia e Logística Social, diretor adjunto do Departamento de Responsabilidade Social do CPS no Centro das Indústrias do Estado de São Paulo (Ciesp) e coordenador do Comitê Executivo do Conselho de Administração do Núcleo de Pensamento Estratégico do Paraná. Foi presidente do Comitê Estratégico de Sustentabilidade Corporativa da American Chamber of Commerce for Brazil (Câmara Americana de Comércio), instituição onde também foi membro do Task Force de Educação do Board e vice-*chairperson* do Comitê de Logística e Supply-Chain Management. Ocupou cargos de direção em empresas do setor de autopeças e de tecnologia de informação. É autor do livro Gestão de negócios sustentáveis da Série Gestão Estratégica de Empresas da Fundação Getulio Vargas.

Vera Lúcia de Souza é doutora em engenharia de produção pela Universidade Federal de São Carlos e mestre em administração pública e em psicologia pela Fundação Getulio Vargas (FGV) do Rio de Janeiro. É psicóloga pela Universidade Federal do Rio de Janeiro (UFRJ) e tem formação em *coaching* (SBC), com especialização em dinâmica de grupo pela Sociedade Brasileira de Psicodrama e pela Sociedade Brasileira de Psicanálise, Psicodrama e Dinâmica de Grupo. Tem formação em psiconeuroimunologia pelo Instituto de Stress da Universidade de São Paulo. É psicoterapeuta e sócia diretora da VZ Consultoria Organizacional, especializada em gestão do desempenho e da remuneração. Com mais de 20 anos em funções gerenciais vinculadas à tecnologia educacional, à gestão de pessoas e ao planejamento estratégico, possui expertise na preparação de profissionais de RH e gestores para fazer acontecer o processo gestão de desempenho. É docente convidada em cursos de pós-graduação, desde os anos 1980, em instituições renomadas, destacando-se a FGV, e em cursos *in company* centrados nos desafios da gestão do desempenho humano. Palestrante em congressos no país e no exterior (Buenos Aires, Angola, Texas, Lisboa e Montreal) em temas relativos à psicologia, à filosofia, à administração, à gestão de pessoas e à gestão do desempenho humano.

Este livro foi impresso nas oficinas gráficas da Editora Vozes Ltda.,
Rua Frei Luís, 100 – Petrópolis, RJ.